Aussage gegen Aussage in sexuellen Missbrauchsverfahren

Florian Wille

Aussage gegen Aussage in sexuellen Missbrauchsverfahren

Defizitäre Angeklagtenrechte in Deutschland und Österreich und deren Korrekturmöglichkeiten

Springer

Dr. Florian Wille
Mainz
Deutschland

ISBN 978-3-642-27421-3 ISBN 978-3-642-27422-0 (eBook)
DOI 10.1007/978-3-642-27422-0
Springer Heidelberg New York Dordrecht London

Die Deutsche Nationalbibliothek verzeichnet diese Publikation in der Deutschen Nationalbibliografie; detaillierte bibliografische Daten sind im Internet über http://dnb.d-nb.de abrufbar.

Gedruckt auf säurefreiem und chlorfrei gebleichtem Papier

Springer ist Teil der Fachverlagsgruppe Springer Science+Business Media (www.springer.com)

Vorwort

Die vorliegende Arbeit wurde im Frühjahr 2011 als Inaugural-Dissertation bei der Juristischen Fakultät an der Paris-Lodron-Universität Salzburg eingereicht. Sie stellt den Grundsatz der Unschuldsvermutung und den *in-dubio*–Satz in einer schwierigen Fallkonstellation auf den Prüfstand und misst sie vergleichend an der Verfahrenswirklichkeit in Deutschland und in Österreich.

Meinem Doktorvater, Herrn Prof. Dr. Otto Lagodny danke ich sehr herzlich für seine unermüdliche wissenschaftliche Betreuung. Er räumte mir während der Entstehungsphase des Werkes stets den notwendigen gedanklichen Freiraum ein und trug mit wertvollen Anmerkungen nachhaltig zum Gelingen der Arbeit bei. Mein besonderer Dank richtet sich auch an Herrn Prof. Dr. Hubert Hinterhofer für die schnelle Erstellung des Zweitgutachtens sowie an Herrn Univ. Ass. Dr. Christian Rosbaud für wertvolle Kritik und weiterführende Diskussion.

Bei Herrn RA Dr. Klaus Wasserburg bedanke ich mich herzlich für wichtige rechtliche und praktische Hinweise.

November 2011 Florian Wille

Inhalt

Abkürzungsverzeichnis

a.A.	andere Auffassung
ABl.	Amtsblatt
Abs.	Absatz
aF	alte Fassung
Alt.	Alternative
AnwBl	Anwaltsblatt
Art.	Artikel
Aufl.	Auflage
B-VG	Bundes-Verfassungsgesetz
BayObLG	Bayerisches Oberstes Landesgericht
Bd.	Band
BGBl.	Bundesgesetzblatt
BGH	Bundesgerichtshof
BGHR	BGH-Rechtsprechung in Strafsachen
BGHSt	Entscheidungen des Bundesgerichtshofs in Strafsachen
BT	Besonderer Teil
BT.-Drs.	Bundestagsdrucksache
BVerfG	Bundesverfassungsgericht
BVerfGE	Entscheidungen des Bundesverfassungsgerichts
d.h.	das heißt
DRiZ	Deutsche Richterzeitung
dStGB	Deutsches Strafgesetzbuch
dStPO	Deutsche Strafprozessordnung
dZPO	Deutsche Zivilprozessordnung
EBRV	Erläuternde Bemerkungen zur Regierungsvorlage
EGMR	Europäischer Gerichtshof für Menschenrechte
EMRK	Europäische Menschenrechtskonvention
EuGRZ	Europäische Grundrechte-Zeitschrift
EvBl	Evidenzblatt
FamRZ	Zeitschrift für das gesamte Familienrecht
Fn	Fußnote
FS	Festschrift

GA	Goltdammer's Archiv für Strafrecht
GBl.	Gesetzblatt
GG	Grundgesetz
GOVBl. M-V	Gesetz- und Verordnungsblatt Mecklenburg-Vorpommern
GS	Gedenkschrift
GV. NRW.	Gesetz und Verordnungsblatt für das Land Nordrhein-Westfalen
GVBl.	Gesetz- und Verordnungsblatt
GVG	Gerichtsverfassungsgesetz
Hrsg.	Herausgeber
HS	Halbsatz
idF	in der Fassung
idR	in der Regel
iSd	im Sinne des
iSv	im Sinne von
JA	Juristische Ausbildung
JAG	Juristenausbildungsgesetz
JAO	Juristische Ausbildungsordnung
JAP	Juristische Ausbildung und Praxisvorbereitung
JAPG	Bremisches Gesetz über die Juristenausbildung und die erste juristische Prüfung
JAPO	Ausbildungs- und Prüfungsordnung für Juristen
JAPrO	Juristenausbildungs- und Prüfungsordnung
JAPrVO	Ausbildungs- und Prüfungsverordnung für Juristinnen und Juristen
JAVO	Juristenausbildungsverordnung
JBl	Juristische Blätter
JMBl NW	Justizministerialblatt Nordrhein-Westfalen
JR	Juristische Rundschau
JSt	Journal für Strafrecht
juridicum	Juridicum Journal
JUS-extra	Jus Extra, Beilage zur Wiener Zeitung
JZ	Juristenzeitung
KG	Kammergericht
LG	Landgericht
lit	litera
m.w.N.	mit weiteren Nachweisen
MDR	Monatsschrift für Deutsches Recht
MedienG	Mediengesetz
NJAG	Niedersächsisches Gesetz zur Ausbildung der Juristinnen und Juristen
NJAVO	Verordnung zum Niedersächsischen Gesetz zur Ausbildung der Juristinnen und Juristen
NJW	Neue Juristische Wochenschrift
NJW-RR	Neue Juristische Wochenschrift-Rechtsprechungsreport
Nr.	Nummer
NStE	Neue Entscheidungssammlung für Strafrecht

NStZ	Neue Zeitschrift für Strafrecht
NStZ-RR	Neue Zeitschrift für Strafrecht-Rechtsprechungs-Report
OGH	Oberster Gerichtshof
öJGG	Österreichisches Jugendgerichtsgesetz
ÖJZ	Österreichische Juristen-Zeitung
ÖJZ-LSK	Österreichische Juristen-Zeitung-Leitsatzkartei
OLG	Oberlandesgericht
öStGB	Österreichisches Strafgesetzbuch
öStPO	Österreichische Strafprozessordnung
RB (EU)	Rahmenbeschluss Europäische Union
RGSt	Entscheidungen des Reichsgerichts in Strafsachen
RIS-Justiz	Rechtsinformationssystem Justiz
RiStBV	Richtlinien für das Strafverfahren und das Bußgeldverfahren
Rn	Randnummer
RPG	Rechtspraktikantengesetz
RS	Rechtssatznummer
Rspr.	Rechtsprechung
RStDG	Richter- und Staatsanwaltschaftsdienstgesetz
RZ	Österreichische Richterzeitung
SSt	Entscheidungen des österreichischen Obersten Gerichtshofes in Strafsachen und Disziplinarangelegenheiten
StPÄG	Strafprozessänderungsgesetz
StPONov	Strafprozessnovelle
StPRG	Strafprozessreformgesetz
StraFo	Strafverteidiger Forum
StRÄG	Strafrechtsänderungsgesetz
StRR	StrafRechtsReport
StV	Strafverteidiger (Zeitschrift)
StVRG	Gesetz zur Reform des Strafverfahrensrechts
u.a.	unter anderem
Verst. Senat	Verstärkter Senat
vgl.	vergleiche
Vor	Vorbemerkungen
VRS	Verkehrsrecht-Sammlung
VVDStRL	Veröffentlichungen der Vereinigung deutscher Staatsrechtslehrer
wistra	Zeitschrift für Wirtschaft, Steuer, Strafrecht
Z	Ziffer
ZfRV	Zeitschrift für Rechtsvergleichung, Internationales Privatrecht und Europarecht
ZIS	Zeitschrift für Internationale Strafrechtsdogmatik
ZRP	Zeitschrift für Rechtspolitik
ZStW	Zeitschrift für die gesamte Strafrechtswissenschaft

A. Einleitung

I. Aufgabenstellung und Ziel der Untersuchung

Sexuelle Missbrauchsvorwürfe sind sowohl in Deutschland als auch in Österreich regelmäßiger Verfahrensgegenstand vor den Strafgerichten.[1] Wegen der bei einer Verurteilung drohenden meist hohen Freiheitsstrafe für den Angeklagten[2] oder die Angeklagte[3] und der Schwere der Tatfolgen für das Opfer sind sie besonders akribisch zu behandeln.

In diesem Zusammenhang ist zu beachten, dass Anschuldigungen des sexuellen Missbrauchs des öfteren falsch sind[4] und von den Strafverfolgungsbehörden und den Strafgerichten als solche nicht erkannt werden. Der „Missbrauch mit dem Missbrauch“[5] ist ein Problemfeld, dem sich Richter, Staatsanwälte und Verteidiger

---

[1] So gab es 2009 in Deutschland insgesamt *5690* „Abgeurteilte“, d. h. solche Personen, gegen die wegen §§ 174–179 dStGB das gerichtliche Verfahren eröffnet und rechtskräftig durch Verurteilung oder Freispruch abgeschlossen worden ist; Quelle: Statistisches Bundesamt, Fachserie 10, Reihe 3, 2009, S. 30. In Österreich gab es 2009 insgesamt *270* Verurteilungen wegen §§ 201, 202, 205, 206, 207 öStGB, Quelle: Statistik Austria, Gerichtliche Kriminalstatistik 2009, S. 46.

[2] Von einem *Angeklagten* wird in Deutschland ausgegangen, wenn „gegen den Beschuldigten einer Straftat die Eröffnung des Hauptverfahrens beschlossen ist“, vgl. § 157 dStPO; in Österreich dann, „wenn gegen den Beschuldigten die Anklage eingebracht worden ist“, vgl. § 48 Abs. 1 Z 2 öStPO.

[3] In der folgenden Darstellung wird aus Gründen der Einfachheit auf das Femininum „*die Angeklagte*“ verzichtet, die Feststellungen gelten aber ebenfalls für *Angeklagte.*

[4] Vgl. etwa *Eschelbach*/Graf, StPO, 2010, § 261 Rn. 63; *Schwenn*, StV 2010, 705, 706; *Busse/Steller/Volbert*, Praxis der Rechtspsychologie 2000, 3, 54; *Schade*, in: Marchewka (Hrsg.), Der Verdacht auf sexuellen Mißbrauch von Kindern in familiengerichtlichen Verfahren, 1996, S. 111 ff.; für den angloamerikanischen Raum *Kanin*, Archives of sexual behavior, 1994, 81 ff.: In seiner Untersuchung über einen Zeitraum von neun Jahren haben sich 41 % der Vergewaltigungsvorwürfe als falsch herausgestellt; vgl. auch ferner den Artikel von *Gerbert*, in: FOCUS 37/2007, 2475 verlorene Jahre, S. 116; *Offe/Offe/Wetzels*, in: Marchewka (Hrsg.), Der Verdacht auf sexuellen Mißbrauch von Kindern in familiengerichtlichen Verfahren, 1996, S. 179, 186 ff. m.w.N.; vgl. exemplarisch *Rückert*, Unrecht im Namen des Volkes, 2007; *Rückert*, in: Die Zeit, 09/2011, Zwei blaue Flecke und ein Nullbefund, S. 18.

[5] Missbräuchlich erhobener sexueller Missbrauchsvorwurf, vgl. *Gunsch/Marchewka*, in: Marchewka (Hrsg.), Schuldig auf Verdacht – Ein Interview, 1996, S. 209; vgl. auch *Fegert*, Zeitschrift für Kinder- und Jugendpsychiatrie 1995, S. 9 ff.

F. Wille, *Aussage gegen Aussage in sexuellen Missbrauchsverfahren*,
DOI 10.1007/978-3-642-27422-0_1, © Springer-Verlag Berlin Heidelberg 2012

stellen müssen. Gerade in Missbrauchsverfahren kommt es häufig zu einer Aussage-gegen-Aussage-Konstellation, bei der allein die Aussage des „Opferzeugen“[6] über eine Verurteilung des Angeklagten entscheidet.

Glaubt das Gericht den mitunter falschen Anschuldigungen des „Opferzeugen“, kann sich der Angeklagte trotz Beteuerung seiner Unschuld des Vorwurfs des sexuellen Missbrauchs nicht mehr erwehren. In Zeiten, in denen der Opferschutz sowohl in Deutschland als auch in Österreich eine immer größere Bedeutung erlangt,[7] ist zu besorgen, dass eine Vernachlässigung der Beachtung prozessualer Grundprinzipien für den Angeklagten eintritt.

Gerade bei der in Fällen des sexuellen Missbrauchs schwierigen Beweissituation steht die gesamte strafprozessuale Konzeption, insbesondere das Prinzip der Unschuldsvermutung (Art. 6 Abs. 2 EMRK)[8] und das Gebot der Fairness des Verfahrens (Art. 6 Abs. 1 S. 1 EMRK)[9] auf dem Prüfstand.

Unter der Maxime, dass jedem Verfahrensbeteiligten in einem Prozess wegen sexuellen Missbrauchs daran gelegen sein muss, Fehlurteile zulasten eines Unschuldigen zu vermeiden – gerade wenn aktuell der Ruf nach Opferschutz groß ist – muss das Augenmerk darauf gerichtet werden, etwaige Verfahrensdefizite für den Angeklagten zu erkennen und nach Lösungen zu suchen.

Aufgabe und Ziel der vorliegenden Arbeit besteht somit darin, mögliche Verfahrensdefizite für den Angeklagten in Fällen des sexuellen Missbrauchs bei einer Aussage-gegen-Aussage-Konstellation herauszuarbeiten und etwaige Korrekturmöglichkeiten von Verteidigungsoptionen darzustellen. Zunächst wird die Verfahrenssituation in Deutschland untersucht. Hierbei ausgemachte Verfahrensdefizite sind mit der Verfahrenssituation in Österreich zu vergleichen. Dabei wird analysiert, ob für Deutschland bestehende Defizite auch im Nachbarland Österreich vorzufinden sind. Es soll festgestellt werden, ob sich die Verteidigungsposition für den Angeklagten in Österreich bei Fällen des sexuellen Missbrauchs von der in Deutschland wesentlich unterscheidet.

Eine vergleichende Betrachtung zwischen beiden Ländern bietet sich insbesondere durch die gemeinsame deutsche Sprache und durch die ähnliche Ausgestaltung

---

[6] Von einem „*Opferzeugen*“ wird dann gesprochen, wenn es sich um den Zeugen handelt, an dem der sexuelle Missbrauch begangen worden sein soll.

Allerdings ist die Formulierung des „*Opferzeugen*“ in einem Strafverfahren kritisch zu beurteilen, denn bei den Beteiligten lässt der Begriff bereits vor einer rechtskräftigen Verurteilung des Angeklagten leicht den Eindruck entstehen, dass der „Zeuge“ derjenige ist, der den Missbrauch auch tatsächlich erlitten hat. Das steht im Widerspruch zu der gesetzlich garantierten Unschuldsvermutung zugunsten des Angeklagten und spricht für eine vorherige Antizipation des Beweisergebnisses. Richtiger wäre es, auch und gerade in Missbrauchsverfahren nur von dem „*Zeugen*“ zu sprechen.

[7] Vgl. NK-*Hassemer/Neumann*, StGB, 2010, vor § 1 Rn. 10, 349; vgl. Widmaier/*Endriß/Höfer/Schroth*, Münchner Anwaltshandbuch Strafverteidigung, 2006, § 48 Rn. 6; *Beulke*, Strafprozessrecht, 2010, § 1 Rn. 4; *Kier*, WK-StPO, Loseblatt, Stand: ab 2002, § 10 Rn. 13.

[8] Vgl. hierzu *Roxin/Schünemann*, Strafverfahrensrecht, 2009, § 11 S. 60 f.; *Beulke*, Strafprozessrecht, 2010, § 2 Rn. 25; *Kühne*, Strafprozessrecht, 2010, § 17 Rn. 301.

[9] Vgl. hierzu *Roxin/Schünemann*, Strafverfahrensrecht, 2010, § 11 S. 62 f.; *Beulke*, Strafprozessrecht, 2010, § 2 Rn. 28; *Kühne*, Strafprozessrecht, 2010, § 15 Rn. 286.1.

ihrer Strafprozessordnung an. Auch das Rechtsgut der bei sexuellem Missbrauch vor allem verwirklichten Straftatbestände ist dasselbe: So stellt das österreichische Strafgesetzbuch in §§ 201, 202 und das deutsche Strafgesetzbuch in § 177 die Vergewaltigung und geschlechtliche Nötigung unter Strafe. Das Rechtsgut hierbei ist die freie sexuelle Selbstbestimmung einer Person gleich welchen Geschlechts und Alters.[10] Der sexuelle Missbrauch von Unmündigen wird gemäß §§ 206, 207 öStGB bzw. §§ 176, 176a dStGB bestraft. Das Rechtsgut dieses Delikts ist die ungestörte sexuelle Entwicklung von Personen unter 14 Jahren.[11]

Zeigt sich bei der Untersuchung, dass Deutschland und Österreich gleiche oder ähnliche Verfahrensdefizite aufweisen, können in einem zweiten Teil Verbesserungsmöglichkeiten vorgeschlagen werden. Ergibt dagegen der Vergleich, dass die Verfahrensregelungen in einem der beiden Länder besser ausgestaltet ist, kann Deutschland von Österreich oder Österreich von Deutschland lernen.

Die vorliegende Abhandlung möchte daher auch zur Verfahrensverbesserung in Deutschland und Österreich beitragen.

II. Gang der Untersuchung

Die Arbeit befasst sich nach der Einleitung (**A.**), einer Einführung zur Problematik von sexuellen Missbrauchsvorwürfen (**B.**) und der Darstellung eines Beispielsfalls (**C.**) mit den möglichen Verteidigungsbeschränkungen eines Angeklagten in einer Aussage-gegen-Aussage-Konstellation bei Verfahren wegen sexuellen Missbrauchs in Deutschland (**D.**) und in Österreich (**E.**).

Im Teil **D.** werden zunächst für Deutschland eventuelle allgemeine Verfahrensdefizite (**I.**) untersucht, als auch die möglichen besonderen Beschränkungen aus Gründen des Opferschutzes (**II.**) für den Angeklagten bei Verfahren wegen sexuellen Missbrauchs.

Bei der Untersuchung eventueller allgemeiner Verfahrensdefizite (**I.**) sind die Auswirkungen der Behauptung eigener richterlicher Sachkunde in der forensischen Beweislehre, insbesondere in der Aussagepsychologie und der Angewandten Kriminologie näher zu betrachten. Des weiteren ist fraglich, ob die richterliche Überzeugungsbildung entgegen psychologischen Erkenntnissen überhaupt „frei" sein kann. In einem nächsten Schritt wird geprüft, ob sowohl wörtliche Protokollierung

[10] *Philipp*, WK-StGB, Loseblatt, Stand: ab 1999, § 201 Rn. 5; *Hinterhofer*, SbgK-StGB, Loseblatt, Stand: ab Nov. 2004, Vor §§ 201 bis 220a Rn. 14; § 202 Rn. 3; *Perron/Eisele*, in: Schönke/Schröder, StGB, 2010, § 177 Rn. 2; SSW-StGB/*Wolters*, 2009, § 177 Rn. 5; *Fischer*, StGB, 2011, § 177 Rn. 2; MüKo-StGB/*Renzikowski*, 2005, § 177 Rn. 1; vgl. auch die Überschrift des Zehnten Abschnitts des BT des österreichischen StGB: „*Strafbare Handlungen gegen die sexuelle Integrität und Selbstbestimmung*".

[11] *Philipp*, WK-StGB, Loseblatt, Stand: ab 1999, § 206 Rn. 1; *Hinterhofer*, SbgK-StGB, Loseblatt, Stand: ab Nov. 2004, Vor §§ 201 bis 220a Rn. 16; § 206 Rn. 3; *Perron/Eisele*, in: Schönke/Schröder, StGB, 2010, § 176 Rn. 1; *Fischer*, StGB, 2011, § 176 Rn. 2; SSW-StGB/*Wolters*, 2009, § 176 Rn. 2; vgl. BGHSt 38, 68, 69.

als auch Ton- und Bildaufzeichnungen von Aussagen in der Hauptverhandlung fehlen, obwohl sie erhebliche aussagepsychologische Bedeutung haben. Dann wird die Problematik der Behauptung der Unzulässigkeit der „Protokollrüge" und eines „Verbots der Rekonstruktion der Hauptverhandlung" und insbesondere die Gefahr des revisionssicheren Urteils durch Darstellungslücken erläutert. Schließlich stellt sich die Frage, ob nicht gerade in einer Aussage-gegen-Aussage-Konstellation der „*in dubio pro reo*" – Grundsatz verstärkt zur Anwendung kommen muss.

Unter **II.** werden mögliche Beschränkungen der Verteidigung des Angeklagten untersucht, die sich im Besonderen aus dem Opferschutz ergeben können. Auf die Rolle des „Opferzeugen" als „Quasipartei" am Strafverfahren ist hier einzugehen. Die Folgen der Möglichkeit der Anklageerhebung nach § 24 Abs. 1 Nr. 3 GVG zum Landgericht sind darzustellen. Weiterhin ist aufzudecken, ob die partielle Aufgabe des Prinzips der genauen Tatumgrenzung nach § 200 dStPO bei den Einzelakten einer Tatserie des sexuellen Missbrauchs eine Beschränkung der Verteidigung bedeutet. Und schließlich wird erörtert, ob eine Begrenzung der Überprüfung von Glaubwürdigkeitsbedenken aus tatfernen Umständen stattfindet.

Im Teil **E.** werden mögliche Verteidigungsbeschränkungen für den Angeklagten in Österreich untersucht. Dabei soll herausgearbeitet werden, ob möglicherweise ähnliche defizitäre Verteidigungsrechte im Allgemeinen (**I.**) und im Besonderen aus Gründen des Opferschutzes (**II.**) festzustellen sind.

Dabei werden in **I.** und **II.** die für Deutschland erarbeiteten Verfahrensdefizite der Verfahrenssituation in Österreich spiegelbildlich gegenübergestellt. Bei **II.** wird zusätzlich die kontradiktorische Vernehmung von „Opferzeugen" nach §§ 165, 247 öStPO erläutert werden müssen.

Im Teil **F.** werden die Ergebnisse der Untersuchung schließlich verwertet. Dabei wird unter (**I.**) ein Vergleich zwischen den Ländern Deutschland und Österreich gezogen und dargestellt, welche Gemeinsamkeiten und Unterschiede in der Verfahrenswirklichkeit bestehen. Daraus ergeben sich Verbesserungsvorschläge für beide Länder (**II.**), sowie jeweils für Deutschland (**III.**) und für Österreich (**IV.**).

Abgeschlossen wird die Arbeit in dem letzten Teil mit einer Zusammenfassung und einem Ausblick (**G.**) auf die zukünftige Verfahrenssituation.

B. Einführung zur Problematik von sexuellen Missbrauchsvorwürfen

I. Das Problem im Allgemeinen

Missbrauchsvorwürfe von Kindern oder auch Erwachsenen, die an die Öffentlichkeit gelangen, rufen oftmals großes Aufsehen und kollektives Entsetzen hervor. Das mag einerseits an der Problematik dieses Themengebietes und andererseits an der Berichterstattung liegen. Denn vielfach findet schon kurz nach Bekanntwerden des Vorwurfs eine Vorverurteilung durch die Medien in der Öffentlichkeit statt, ohne dass es zu weiteren Untersuchungen der Beschuldigungen gekommen ist, geschweige denn zu einer rechtskräftigen Verurteilung des vermeintlichen Täters.[1] Sexueller Missbrauch ist einer der schwerwiegendsten Vorwürfe der heutigen Zeit und ist im besonderen fähig, einen Menschen zu denunzieren.[2] Kein anderes Thema wird so emotional behandelt wie dieser Vorwurf.

Dabei ist die Existenz falscher Missbrauchsvorwürfe nicht zu vernachlässigen. Ein Missbrauchsvorwurf ist im Verhältnis zu den Folgen, die er auslöst, relativ einfach zu erheben. Lässt sich die Staatsanwaltschaft von den Aussagen des vermeintlichen Opfers überzeugen und kommt es zur Anklage, gilt es für den Angeklagten ein gerichtliches Verfahren unbeschadet zu überstehen. Denn wird die Anklage zugelassen und das Hauptverfahren eröffnet, wird der Angeklagte mit großer Wahrscheinlichkeit auch verurteilt: Freisprüche erfolgen vor Gericht generell bei allen Verfahren sehr selten (in Deutschland: von 1958 bis 1988 von 8 % unter 4 %, in den neunziger Jahren auf 2,7 %).[3]

---

[1] Vgl. Widmaier/*Endriß/Höfer/Schroth*, Münchner Anwaltshandbuch Strafverteidigung, 2006, § 48 Rn. 1; *Kaiser*, ZRP 2002, 30.

[2] Schon aus dem Mittelalter sind Denunziationen im Rahmen der Hexenprozesse mit schwerwiegenden Folgen bekannt, vgl. hierzu *Spee, v.*, Cautio criminalis oder rechtliches Bedenken wegen der Hexenprozesse, 1939, insbesondere S. 288 f.

[3] *Schünemann*, StV 1998, 391, 395; bspw. in dem Bundesland Rheinland-Pfalz gab es im Jahr 2006 nur 2,1 % Freisprüche. Dabei sollte man sich nicht dazu verleiten lassen, aufgrund der niedrigen Freispruchrate etwa den vorschnellen Rückschluss zu ziehen, dass es (fast) nur schuldige Angeklagte gäbe, weil es etwa zu einer Verbesserung des Ermittlungsverfahrens gekommen wäre und die Staatsanwaltschaft tatsächlich (fast) nur Schuldige anklagen würde. Es ist vielmehr anhand dieser Zahlen zu bedenken, dass sich schon im Ermittlungsverfahren angelegte Fehler auch später

F. Wille, *Aussage gegen Aussage in sexuellen Missbrauchsverfahren*,
DOI 10.1007/978-3-642-27422-0_2, © Springer-Verlag Berlin Heidelberg 2012

Je mehr der Untersuchungsstoff geeignet ist, die Gesellschaft zu emotionalisieren und zu polarisieren, kann es Richtern schwer fallen, Neutralität und Distanz aufzubringen.[4] Insbesondere können sie einer Täuschung in Form von falschen Missbrauchsvorwürfen unterliegen. Fälle hierüber sind dokumentiert[5] und noch öfters nicht aufgedeckt. Die Folgen sind von gravierender Natur: Bei einer Verurteilung droht eine jahrelange Gefängnisstrafe. Dabei muss der als „Kinderschänder" oder „Vergewaltiger" verurteilte Häftling neben der zu verbüßenden Freiheitsstrafe im Gefängnisalltag mit weiteren schwerwiegenden Repressalien von anderen Mitgefangenen und Wärtern rechnen.[6]

Aber selbst wenn es ausnahmsweise vor Gericht zu einem Freispruch kommt, bleibt für den Freigesprochenen die Rufschädigung im gesellschaftlichen Leben, in der Familie, unter Freunden und Bekannten und der Arbeitsstelle. Einen vermeintlichen Täter zu rehabilitieren, wenn sich der Vorwurf als tatsächlich nicht wahr herausstellt, gelingt oft nicht mehr. Es bleibt der Zweifel, dass „vielleicht doch etwas dran sein könnte" („*semper aliquid haeret*").

II. Abgrenzung zwischen „echter" sexueller Nötigung sowie Vergewaltigung und falschen Missbrauchsvorwürfen

Sexuelle Nötigung und Vergewaltigung sind in wenigen Fällen allein anhand von körperlichen Spuren nachweisbar. Echte medizinische Befunde sind vor allem bei Kindern seltener und nur schwer feststellbar. So konstatiert *Herrmann*: „Der überwiegende Teil der Opfer sexuellen Missbrauchs weist körperliche Normalbefunde auf, weil in erster Linie viele Missbrauchshandlungen keine körperlich fassbaren Spuren hinterlassen oder die Opfer erst längere Zeit nach dem Missbrauch ärztlich untersucht werden."[7]

Liegt dennoch einmal ein positiver Nachweis sexuellen Kontakts durch körperliche Spuren vor, beinhaltet das aber nicht zwangsläufig einen Nachweis für einen sexuellen Missbrauch. Es ist zu unterscheiden zwischen den Fällen, bei denen ein solch positiver Befund für sich allein schon einen echten Beweis für eine Straftat darstellt und den Fällen, bei denen weitere Anhaltspunkte für eine Straftat hinzutreten müssen.

---

nicht im Gerichtsverfahren aufklären, und so die Verfolgung eines Unschuldigen oftmals zu einer Verurteilung führt.

[4] *Schaefer*, NJW 2000, 928.

[5] Vgl. hierzu exemplarisch *Rückert*, Unrecht im Namen des Volkes, 2007.

[6] Strafgefangene, die wegen sexuellen Missbrauchs einsitzen, rangieren auf unterster Hierarchiestufe: vgl. zur Gefängnishierarchie: *Heyden/Jarosch*, Missbrauchstäter, 2009, S. 130; *Laubenthal*, Strafvollzug, 2011, S. 118 Rn. 213.

[7] *Herrmann*, in: Deegener/Körner (Hrsg.), Medizinische Diagnostik bei Kindesmisshandlungen, 2005, S. 446, 457.

1. Körperliche Spuren als allein ausreichender Beweis

Körperliche Spuren als alleiniges Beweismittel in einem Verfahren werden immer dann zur Verurteilung des Angeklagten ausreichen, wenn es sich bei dem „Opferzeugen“ z. B. um ein Kind handelt oder der Täter etwa „im Dickicht seinem Opfer auflauert“ und unter Gewaltanwendung sexuelle Handlungen vornimmt, bei dem also keine persönliche Beziehung vor der Tat zu dem Opfer bestand.

2. Körperliche Spuren als nicht ausreichender Beweis

Schwieriger zu beurteilen sind jene Fälle, in denen ein medizinischer Befund vorliegt, der vermeintliche Täter einen sexuellen Kontakt mit dem vermeintlichen Opfer auch einräumt, aber behauptet, dieser Kontakt hätte einvernehmlich stattgefunden. Ein positiver medizinischer Befund bedeutet bei einwilligungsfähigen Opfern unter diesen Umständen keinen Beweis für eine Straftat und genügt nicht für eine Überführung als Täter.

In dieser Fallgruppe sind sexuelle Kontakte ohne Einwilligung, also sexuelle Nötigungen und Vergewaltigungen und sexuelle Kontakte mit Einwilligung, also falsche Missbrauchsvorwürfe zu unterscheiden.

a) „Echte“ sexuelle Nötigung und Vergewaltigung

Mögliche „echte“ Vergewaltigungen, d. h. Geschlechtsverkehr nach Beugung entgegenstehenden Willens des Opfers, sind in ihrer Gestalt vielfältig.[8]

Unter anderem kommt als Form der Vergewaltigung die Teileinwilligung des Opfers in intime Beziehungen vor. Darin wird das Einverständnis des Opfers in sexuelle Handlungen bis zu einem gewissen Punkt verstanden, wobei die weiteren Handlungen gegen den Willen des Opfers vorgenommen werden (so z. B. Petting als eingewilligte Handlung und Vaginalverkehr als unfreiwillige Handlung).

Als eine weitere mögliche Vergewaltigungsform ist die bedingte oder korrigierte Einwilligung des Opfers in einen Geschlechtsverkehr zu nennen. Bei der bedingten Einwilligung besteht ein Einverständnis des Opfers in den Geschlechtsverkehr, das jedoch durch die Art der Ausführung noch während des Verkehrs erloschen ist. Bei der korrigierten Einwilligung handelt es sich um ein anfängliches Einverständnis des Opfers in den Geschlechtsverkehr, das aber im letzten Moment – also vor dem Vollzug des Koitus – erlischt. Meist sind die Opfer noch sexuell unerfahren.[9]

---

[8] Vgl. zu den verschiedenen Vergewaltigungsformen die Ausführungen bei *Michaelis-Arntzen*, Die Vergewaltigung aus kriminologischer, viktimologischer und aussagepsychologischer Sicht, 1994, S. 5 ff.

[9] *Michaelis-Arntzen*, Die Vergewaltigung aus kriminologischer, viktimologischer und aussagepsychologischer Sicht, 1994, S. 8 f.

Weiterhin kommt eine Vergewaltigung nach früherem freiwilligen Sexualkontakt und während oder nach der Auflösung einer Lebensgemeinschaft in Betracht.[10] Beide zeichnen sich dadurch aus, dass einmal eine intime Beziehung zwischen Opfer und Täter bestanden hat, diese aber beendet worden ist. Bei der Vergewaltigung nach früherem freiwilligen Sexualkontakt geht der Täter irrtümlich davon aus, dass das Opfer weiterhin zu sexuellem Kontakt bereit ist. Bei letzterer Vergewaltigungsform ist vor allem die Rückeroberung des Partners mit allen Mitteln oder die Bestrafung für die Verweigerung der Rückkehr charakteristisch.

Schließlich ist noch die provozierte Vergewaltigung anzuführen. Die Grenzziehung zwischen freiwilliger und unfreiwilliger sexueller Begegnung ist schwierig und die Vorlieben für sexuelle Spielarten sind verschwommen. Bei der provozierten Vergewaltigung handelt es sich um eine bewusste Herausforderung des Mannes durch die Frau, „ein Spiel aus Verführung und Abwehr zur Erhöhung des Reizes mit dem uneingestandenen Wunsch des Überwundenwerdens durch den Partner".[11] Vergewaltigungen dieser Art beschäftigen Gerichte sehr selten, da Anzeigen gar nicht erstattet oder frühzeitig wieder fallen gelassen werden.[12]

Ebenfalls schwierig ist die Grenzziehung bei der mangelnden Widerstandsentfaltung infolge der Überrumpelung des Opfers. Dabei wird der Geschlechtsverkehr von dem Opfer subjektiv als Vergewaltigung erlebt, wohingegen objektiv der Geschlechtspartner sich dessen nicht immer bewusst ist. *Michaelis-Arntzen* stellt hierzu fest: „Es handelt sich häufig tatsächlich um eines der typischen Missverständnisse zwischen den Geschlechtern: Die Frau befindet sich in einem Stadium rein psychisch-erotischer Annäherung, ohne zu bedenken, wie nahe hier dem Mann weitergehende Wünsche liegen, und wird gleichsam überrollt von denselben, ohne ihnen eine adäquate Abwehr entgegensetzen zu können."[13]

b) Falsche Missbrauchsvorwürfe

Davon abzugrenzen sind falsche Missbrauchsvorwürfe. Sie können die unterschiedlichsten Ursachen für ihre Entstehung haben: Oft beruhen sie auf einer Instrumentalisierung der verheerenden Wirkung eines Missbrauchsvorwurfs im Scheidungskampf um Geld und Sorgerechte,[14] nicht selten aber auch auf psychopathologischen Befunden.

---

[10] *Michaelis-Arntzen*, Die Vergewaltigung aus kriminologischer, viktimologischer und aussagepsychologischer Sicht, 1994, S. 13 ff.

[11] *Michaelis-Arntzen*, Die Vergewaltigung aus kriminologischer, viktimologischer und aussagepsychologischer Sicht, 1994, S. 5.

[12] *Michaelis-Arntzen*, Die Vergewaltigung aus kriminologischer, viktimologischer und aussagepsychologischer Sicht, 1994, S. 5.

[13] *Michaelis-Arntzen*, Die Vergewaltigung aus kriminologischer, viktimologischer und aussagepsychologischer Sicht, 1994, S. 11.

[14] Vgl. insbesondere *Schade*, in: Marchewka (Hrsg.), Der Verdacht auf sexuellen Mißbrauch von Kindern in familiengerichtlichen Verfahren, 1996, S. 111 ff; vgl. auch *Wille, K.*, Zum sexuellen Missbrauchsvorwurf in familienrechtlichen Streitigkeiten, 1995.

In einer besonders großen Zahl von Fällen führen Borderlinestörungen zu intentionalen Falschaussagen.[15] Borderlinekranke „lügen wie gedruckt", was ohne Kenntnis von der Erkrankung unaufgedeckt bleibt, weil Richter in solchen Fällen gerade nicht die erforderliche Sachkunde zur Feststellung des Befundes, zur Abschätzung seiner Beweisbedeutung und zur Beurteilung der Ursachen und Wirkungen besitzen.[16]

Borderline (emotional instabile Persönlichkeitsstörung) ist geprägt durch Instabilität im Hinblick auf das Selbstbild, die zwischenmenschlichen Beziehungen und die Stimmung. Der Beginn der Störung stellt sich oft im frühen Erwachsenenalter ein. Es bestehen dabei häufig instabile, aber sehr intensive Beziehungen zu anderen Menschen, die sich durch einen abrupten Wechsel zwischen den Extremen der Idealisierung und Entwertung auszeichnen. Auch wiederholte Suiziddrohungen, -andeutungen und -versuche und selbstverstümmelnde Verhaltensweisen sind charakteristisch.[17]

In anderen Fällen kommt es zu einer Falschaussage aufgrund von augenscheinlich „lapidaren" Beweggründen. Dazu gehört etwa die verleugnete Einwilligung des Opfers in den Geschlechtsverkehr. Das Einverständnis ist hier nach dem Verkehr erloschen, da schwerwiegende Nachteile aufgrund des Verkehrs für das Opfer drohen (so z. B. Auseinandersetzungen mit den Eltern oder dem Freund, Verlust gesellschaftlichen Ansehens).[18]

III. Aussage-gegen-Aussage-Konstellation

Besonderes Augenmerk gilt den Fällen, in denen Aussage gegen Aussage steht.[19] In dieser Konstellation ist allein ohne weitere Sachbeweise sowie andere Personalbeweise die Aussage des einzigen „Opferzeugen" Grundlage für eine Verurteilung oder einen Freispruch des Täters. Es liegt eine „Patt-Situation" vor, in welcher der „Opferzeuge" behauptet, sexuell missbraucht worden zu sein und der vermeintliche Täter hingegen aussagt, entweder sexuelle Handlungen überhaupt nicht oder solche mit dem Einverständnis des vermeintlichen Opfers vorgenommen zu haben.

Das Tatgericht hat dann zu entscheiden, ob es den Ausführungen des „Opferzeugen" als Beweis für die Tat als solche und die Täterschaft des Angeklagten folgt oder den Angeklagten von dem Vorwurf freispricht. Die Verurteilung des Angeklagten steht und fällt mit der Bewertung der Glaubhaftigkeit des einzigen Belastungszeugen.[20]

---

[15] Vgl. *Böhm/Meuren/Storm-Wahlich*, Praxis der Rechtspsychologie 2002, 209 ff.; vgl. *Burgheim/Friese*, Sexualdelinquenz und Falschbezichtigung, 2006, S. 71 ff.

[16] *Eschelbach*/Graf, StPO, 2010, § 261 Rn. 6.3.

[17] Vgl. *Saß/Wittchen/Zaudig/Houben*, Diagnostische Kriterien DSM-IV, 1998, S. 255 f.

[18] *Michaelis-Arntzen*, Die Vergewaltigung aus kriminologischer, viktimologischer und aussagepsychologischer Sicht, 1994, S. 9 f.

[19] Zur Aussage-gegen-Aussage-Konstellation siehe *Brause*, NStZ 2007, 505, 509 ff.; *Maier*, NStZ 2005, 246 ff.; *Nack*, StV 2002, 558 ff.; *Sander*, StV 2000, 45, 46 ff.

[20] Vgl. *Brause*, NStZ 2007, 505, 509 ff.; BGHSt 44, 153 = NJW 1998, 3788, 3790.

Der Praxis ist dieses Problem bekannt: In diesen Fällen muss der Tatrichter nach der Rspr. des BGH in Deutschland – im Rahmen einer Gesamtwürdigung – alle Umstände, welche die Entscheidung zu beeinflussen geeignet sind, erkennen und in seine Überlegungen einbeziehen.[21] Eine erhöhte Aufklärungspflicht besteht,[22] und die Beweiswürdigung muss besonders sorgfältig ausfallen.[23] Das Gericht muss in besonderem Maße alle ersichtlichen Beweismittel bemühen, die ihm weitere Anhaltspunkte für seine Überzeugungsbildung geben können.[24] Insbesondere ist die Aussage des Zeugen einer besonders sorgfältigen Glaubwürdigkeitsprüfung zu unterziehen.[25]

Besondere Bedeutung erlangt in der Aussage-gegen-Aussage-Konstellation auch der „*in dubio pro reo*" – Grundsatz, der als rechtsstaatlicher Fundamentalsatz[26] gilt. Voraussetzung für eine Verurteilung ist, dass die subjektive tatrichterliche Überzeugung über das Vorliegen der Voraussetzungen für eine Verurteilung mit dem nach der Lebenserfahrung ausreichenden Maß an Sicherheit, welches keinen vernünftigen Zweifel bestehen lässt,[27] und die Feststellung der Tatsachen mit der hohen objektiven Wahrscheinlichkeit der Richtigkeit des Ergebnisses[28] gewonnen wird. Gerade bei einer belastenden Aussage des „Opferzeugen" und keiner oder einer bestreitenden Einlassung des Angeklagten kann häufig nicht mit dem erforderlichen Maß an Sicherheit hinsichtlich der tatbestandlichen Voraussetzungen ein Schuldspruch gefällt werden. Zwar steht der Zweifelssatz bei einer Aussage-gegen-Aussage-Konstellation grundsätzlich einer Verurteilung nicht entgegen.[29] Doch fehlt das Maß an Sicherheit für eine Verurteilung, müsste der Angeklagte nach der rechtsstaatlichen Konzeption des Zweifelssatzes oftmals freigesprochen werden. Das folgt aus der Überlegung, dass Strafe als *ultima ratio* staatlicher Eingriffsbefugnis und als Ausfluss des in Art. 103 Abs. 2 GG bzw. § 1 öStGB sowie Art. 7 EMRK enthaltenen Grundsatzes „*nulla poena sine lege*" nur verhängt werden darf, sofern ein zweifelsfreier Nachweis der Tatschuld und des Umfangs der Vorwerfbarkeit erbracht ist.[30] Ob dies von der Praxis auch tatsächlich so umgesetzt wird, wird im folgenden noch eingehend beleuchtet werden.

---

[21] BGHSt 44, 153, 159; 44, 256, 257; BGH, NStZ-RR 2002, 174, 175; BGH, StV 1994, 359, 360; 1995, 6, 7; 1997, 513; BGH, StraFo 2005, 510; *Deckers*, in: FS Hamm, 2008, S. 53, 57.

[22] BGH, NStZ-RR 2003, 205, 206.

[23] BGH, NStZ 2003, 164, 165; vgl. auch BVerfG, NJW 2003, 2444, 2445.

[24] LR-*Becker*, StPO, 2006–2011, § 244 Rn. 49.

[25] BGHSt 44, 153; 44, 256; BGH, NStZ-RR 2002, 146 = StV 2002, 470.

[26] *Eschelbach*/Graf, StPO, 2010, § 261 Rn. 44.

[27] BGHSt 41, 206, 214.

[28] Vgl. BGH, NJW 1999, 1562, 1564.

[29] *Sander*, StV 2000, 45, 46 f.

[30] *Michael*, Der Grundsatz in dubio pro reo im Strafverfahrensrecht, 1981, S. 2.

C. Ein Beispielsfall

Um eine Aussage-gegen-Aussage-Konstellation handelt es sich bei dem folgenden Beispielsfall aus Deutschland, bei dem das Tatgericht den Ausführungen des „Opferzeugen" bei mangelhafter Beweislage und trotz der bestreitenden Einlassung des Angeklagten gefolgt ist.

Der aus der Gerichtspraxis stammende Fall soll daher einige der später zu erläuternden und näher zu betrachtenden Verfahrensdefizite anschaulich verdeutlichen.

I. Erstinstanzliches Verfahren

In einem Strafverfahren vor dem Landgericht München II wurde der Angeklagte *A* wegen sexuellen Missbrauchs eines Kindes in 19 Fällen und sexuellen Missbrauchs einer Schutzbefohlenen in 17 Fällen zu einer Gesamtfreiheitsstrafe von drei Jahren verurteilt.

Das nicht psychiatrisch und psychologisch sachverständig beratene Gericht stellte folgenden Sachverhalt fest: *A* lernte im Jahre 1987 seine spätere Ehefrau *E* kennen. Im Laufe des Jahres 1991 zog er in ihre Wohnung ein. Die Heirat erfolgte im Mai 1997. *E* brachte ihre im Mai 1985 geborene Tochter *T* aus erster Ehe mit in diese Ehe. *T* lebte in dem Haushalt ihrer Mutter und des *A*, mit einer Unterbrechung von Sommer 1997 bis Ende 1998, wo sie bei ihrem leiblichen Vater war.

Im Zeitraum von 1990 bis April 2002 sollen Missbrauchshandlungen vor und nach dieser Unterbrechung stattgefunden haben. In den Urteilsfeststellungen schildert das Landgericht die Missbrauchstaten und veranschlagt die Zahl der Einzeltaten nach den jeweiligen unterschiedlichen Wohnorten. Danach sollen sich mindestens ein Fall in L.-Stadt, 18 Fälle in S.-Stadt und 17 Fälle in H.-Stadt ereignet haben. Die Taten in S.-Stadt seien jeweils am Samstagvormittag begangen worden. Nachdem *T* freiwillig den Haushalt ihres leiblichen Vaters verlassen hatte und wieder zu ihrer Mutter und dem *A* zurückgekehrt war, sollen die Taten in diesem Haushalt in H.-Stadt stattgefunden haben.

Es werden im Urteil des Landgerichts auch zwei Aufdeckungsversuche der *T* erwähnt. *T* habe mit Hilfe einer Freundin im Jahre 1995 einen Brief an ihren leiblichen Vater verfasst, in dem sie den sexuellen Missbrauch geschildert habe. Auf

F. Wille, *Aussage gegen Aussage in sexuellen Missbrauchsverfahren*,
DOI 10.1007/978-3-642-27422-0_3, © Springer-Verlag Berlin Heidelberg 2012

Vorhalte ihrer Mutter sei *T* bei den Missbrauchsvorwürfen geblieben. Im Jahr 1997, während der Hochzeitsreise der *E* und des *A*, habe sich *T* mit den Missbrauchsvorwürfen gegenüber *A* bei ihrer Großmutter offenbart. Die Hochzeitsreise sei daraufhin abgebrochen worden. Nach Gesprächen habe *T* ihre Vorwürfe widerrufen.

Zur Beweislage teilte das Urteil mit: *A* habe die Missbrauchstaten bestritten. Das Landgericht folge den „Angaben der glaubwürdigen Zeugin" *T*. Das Gericht sei „davon überzeugt, dass ihre Aussage wahrheitsgemäß und erlebnisfundiert ist." Die zwei Aufdeckungsversuche der Missbrauchstaten seien wichtige Hinweise für die Richtigkeit der Aussage der *T*. Für ihre Glaubwürdigkeit spreche, dass *T* schon als Zehn- oder Elfjährige über Details sexueller Handlungen berichtet habe. Auch habe sie im Jahr 1997 in ihrem Tagebuch vermerkt, dass sie sexuell missbraucht worden sei. Weiterhin sei die Zeugenaussage detailliert. Glaubhaft sei *T* auch deshalb, da sich die Erinnerung in Bildern bei *T* festgesetzt und sie über eigene Gefühle berichtet habe. Die freiwillige Rückkehr der *T* zu *E* und *A* nach ihrem Aufenthalt bei ihrem leiblichen Vater sei aufgrund des Wunsches nach einer Rückkehr zur *E*, der Vernachlässigung durch den leiblichen Vater und des strengen Erziehungsstils des *A* nachvollziehbar. Auch habe *T* nach der Duldung von sexuellen Handlungen Vergünstigungen erhalten.

Es sei eine relative Aussagekonstanz gegeben, Abweichungen zwischen den verschiedenen Aussagen der *T* bei der Polizei, vor dem Ermittlungsrichter und vor dem erkennenden Gericht seien erklärbar. *T* habe eigene Fehler wie Lügen oder Schwindeleien, einen Gelddiebstahl, das Rauchen von Joints, ihr Autofahren ohne Fahrerlaubnis oder die Fälschung einer Unterschrift der Mutter auf einem Bankformular beim unerlaubten Abheben von Geld selbst eingeräumt. Solche Verhaltensauffälligkeiten schienen überwunden und ließen deshalb keinen Anlass für Zweifel an der Glaubhaftigkeit der Aussage der *T* in der Hauptverhandlung zu. Auch dass *T* verächtliche Liedtexte im hip-hop-Stil verfasst und dem *A* einmal einen „Kitzelgutschein" geschenkt habe, spreche nicht gegen ihre Glaubwürdigkeit.

Im Urteil ist weiter festgehalten, dass *A* im Jahre 1974 beschnitten worden sei. Das Gericht führt aus, dass *T* vom Verschieben der Vorhaut des *A* gesprochen habe, obwohl jener zur Tatzeit gar keine mehr besessen habe. Das erschüttere die Glaubhaftigkeit der Aussage der *T* nicht, da auch ein Verschieben der verbliebenen Schafthaut möglich sei und *T* den Unterschied nicht kenne.

Der Mutter *E* attestierte das Landgericht dagegen, dass „eine objektive Auseinandersetzung der Zeugin mit der Frage, ob sexuelle Übergriffe stattgefunden hätten oder nicht, im Rahmen der Hauptverhandlung bei der Zeugin nicht zu erkennen" sei. Bei der Zeugenvernehmung der *E* sei aufgefallen, dass sie keinerlei Zweifel an der Unschuld des *A* gehegt und zugleich aber betont habe, dass *T* schon immer gelogen und ein auffälliges Fehlverhalten als Jugendliche an den Tag gelegt habe.

II. Revisionsverfahren

Gegen das Urteil des Landgerichts legte *A* Revision ein. Zur Begründung seiner Revision rügte *A* die ungenügende Aufklärung der Persönlichkeit der Hauptbelastungszeugin *T*, insbesondere mit der Hilfe eines (aussage-)psychologischen

Sachverständigen. Es läge ein deutlich widersprüchliches Verhalten der *T* vor, da sie ihm Manipulationen an ihrem Geschlechtsteil nach einem harmlosen Kitzelritual vorwerfe, gleichwohl ihm aber zum Geburtstag einen „Kitzelgutschein" geschenkt habe. Zudem habe sie nach Aufdeckungsversuchen zumindest einmal einen „Rückzieher" gemacht. Darüber hinaus sei sie noch freiwillig in den Haushalt ihrer Mutter und des *A* von ihrem leiblichen Vater zurückgekehrt, um angeblich eine weitere Tatserie über sich ergehen zu lassen. Dazu kämen weitere Lügen und Straftaten der *T* als Verhaltensauffälligkeiten. So habe sie aus eigennützigen Motiven fremdes Geld weggenommen, die Unterschrift ihrer Mutter gefälscht, ohne Fahrerlaubnis und unbefugt das Auto des Vaters geführt, Drogen genommen und zudem oftmals gelogen. Das Landgericht habe diese Umstände als pubertäre Erscheinung ohne Vertiefung des psychologischen Sachverhalts übergangen, die jeweils als Indizien für die Unglaubhaftigkeit der Zeugenaussage dienen müssten. Es fehle an einer Gesamtwürdigung der Beweise, dabei hätten auch weitere Ungereimtheiten in der Gesamtschau bewertet werden müssen. Auch habe das Landgericht von dem eigenen Beweisergebnis auf die Unglaubhaftigkeit der Aussage der Mutter geschlossen, statt die Unglaubhaftigkeit der Aussage der Belastungszeugin *T* in Betracht zu ziehen. Das Gericht habe sich der Aufgabe, sich einer neutralen Gewichtung der Indizien für und gegen die Schuld des *A* nicht gestellt. Ein Rachemotiv für die Falschaussage, nämlich die Gesamtsituation der Trennung der Eltern und die anschließende Heirat ihrer Mutter mit *A*, sei nicht beachtet worden. Der Aufdeckungsversuch während der Hochzeitsreise sei ein markanter Anhaltspunkt hierfür. Bei den gerichtlichen Feststellungen sei eine Anpassungsstörung oder Traumatisierung des Kindes bei der Trennung der leiblichen Eltern nicht berücksichtigt worden. Die Prüfung des Rachemotivs allein wegen der strengen Erziehung durch *A* greife zu kurz. Der Beweisantrag auf Einholung eines psychologischen und aussagepsychologischen Sachverständigengutachtens sei zu Unrecht abgelehnt worden, obwohl schon von Amts wegen ein solches Gutachten hätte eingeholt werden müssen. Auch sei dabei ein wesentlicher Antragsgrund übergangen worden, dass *T* laut ihrem Tagebucheintrag den Film „Nathalie II" gesehen hatte, der suggestiv gewirkt und ihr die Vorlage für die Anschwärzung von *A* geboten habe. Im Falle der Einholung eines aussagepsychologischen Gutachtens mit der Bewertung des gesamten Aktenmaterials und der filmischen Vorlage wäre dies erkannt worden, was tatsächlich aber nicht stattgefunden habe. Aus diesem Grunde sei die Beweiswürdigung des Landgerichts hinsichtlich der bildhaften Erinnerung der *T* und der Schilderung sexueller Handlungen schon im Kindesalter trotz fehlender sexueller Aufklärung als Glaubwürdigkeitskriterium unrichtig. *T* habe durch den Film gewusst, wie man „einen runterholt". Daher ließe sich auch die falsche Darstellung der Manipulationen an der nicht existenten Vorhaut des *A* erklären. Die Ablehnung des Beweisantrags mit der Begründung, dass das Gericht derartigen Umständen „bei der Beurteilung der Aussagen von Verfahrensbeteiligten ständig begegnet und zu deren Beurteilung die Kammer wegen eigener Sachkunde keiner fachpsychologischer Beratung bedarf" sei verfehlt. Die Beweiswürdigung des Tatgerichts bei der vorliegenden Aussage-gegen-Aussage-Konstellation sei auch deshalb falsch, da sie nicht annähernd den Kriterien gerecht werde, die für eine aussagepsychologische Begutachtung gelten würden. So fehle eine „Nullhypothese".

Die Sachdarstellung und die Würdigung der Entstehungsgeschichte der Aussage im Urteil seien lückenhaft: Die Umstände bei der Erstattung der Strafanzeige seien vom Landgericht nicht aufgeklärt worden. Die gerichtliche Bewertung von Detailliertheit und Konstanz der Zeugenaussage, als auch der sachlichen Fehlerhaftigkeit der Behauptung masturbatorischer Handlungen an der Vorhaut des beschnittenen *A* sei unrichtig. Die geschilderten jahrelangen sexuellen Handlungen hätten auch in der Geschehensschilderung nie zu einem sexuellen „Erfolg" geführt. Das Landgericht habe weiter anstelle der „Vorhaut" die „Penisschafthaut" gesetzt und dadurch den Äußerungsgehalt der wiederholten Aussage der *T* verändert, um nicht die Fehlerhaftigkeit der Zeugenaussage der *T* feststellen zu müssen. Dies sei mit einer Begriffsverwechslung der immerhin zwanzigjährigen *T* abgetan worden.

Darüber hinaus hätte die Sache tatsächlich vor dem Schöffengericht und nicht vor dem Landgericht verhandelt werden müssen. Dann hätte dem Angeklagten noch die Berufungsinstanz zur Verfügung gestanden. Die Anklageerhebung vor dem Landgericht sei willkürlich erfolgt. Dabei seien die beweglichen Zuständigkeiten früher nur durch eine verfassungskonforme Auslegung vor der Verfassungswidrigkeit gerettet worden. Sie seien heute verfassungsproblematischer als zuvor, weil der Strafbann der Amtsgerichte auf vier Jahre Freiheitsstrafe erweitert und zugleich die Besetzung der erstinstanzlichen Spruchkörper bei dem Landgericht verringert worden sei. Die verfassungsrechtliche These, dass niemandem durch die Anklage an ein höheres Gericht Unrecht geschehe, sei vor dem Hintergrund aufgestellt worden, dass das Fehlen einer zweiten Tatsacheninstanz in den Verfahren, die erstinstanzlich vor dem Landgericht zur Verhandlung kommen, durch eine „bessere" Besetzung kompensiert worden seien. In dieser stärkeren Besetzung des Landgerichts sei eine besondere Gewähr für ein ordnungsgemäßes Verfahren und für eine richtige Sachentscheidung gesehen worden. Daher bedeute die Annahme der Zuständigkeit eines höherrangigen Gerichts bisher keinen revisiblen Rechtsfehler (§ 269 dStPO), außer bei Willkür. Heute wäre § 269 dStPO wegen der reduzierten Besetzung der Strafkammern und damit mangels sachlichen Grundes für die unterschiedliche Länge des Instanzenzuges verfassungswidrig. Der Mangel der Zuständigkeit sei von dem Revisionsgericht von Amts wegen zu beachten.

Letztlich sei auch die Anklageschrift mangelhaft, weil sie willkürlich Fallzahlen nenne und jede Tatkonkretisierung fehlen lasse. § 200 Abs. 1 S. 1 dStPO enthalte als wichtige Konkretisierungsmerkmale Tatzeit und Tatort. Diese Umgrenzungsmerkmale könnten zwar durch andere Umstände ergänzt oder ersetzt werden, aber nur, wenn überhaupt Konkretisierungsmerkmale genannt würden. Daran fehlte es im vorliegenden Fall. Die Rspr. gehe bei Fällen des sexuellen Kindesmissbrauchs davon aus, dass die Strafverfolgung zum Opferschutz unter erleichterten Bedingungen möglich sein müsse. Damit werde das rechtsstaatliche Prinzip des § 200 dStPO geopfert. Der zu Unrecht verdächtigte Beschuldigte als angeblicher Missbrauchstäter werde um die Option derselben Verteidigung wie in Fällen einer nach § 200 Abs. 1 S. 1 dStPO normgerechten Tatkonkretisierung gebracht. Zwar habe der BGH festgestellt, dass die Umgrenzungsfunktion gewahrt sei, wenn bei einer Anklageschrift anstelle einer genauen Einzeltatkonkretisierung nur geschätzte Höchstzahlen von Fällen genannt würden, auch wenn die Verteidigung wegen des verbleibenden Informationsdefizits erschwert sei. Doch die Umgrenzungsfunktion der Anklageschrift sei hier nur fiktiv erfüllt, weil ein neuer Maßstab an eine bestimmte Fallgruppe angelegt werde. Ob diese Sonderbehandlung nach den Art. 3 Abs. 1, 19 Abs. 4, 103 Abs. 1 GG zu rechtfertigen sei, bleibe bisher in der Rspr. offen. Das liefere ein Richterrecht contra legem, das als solches nicht hinzunehmen sei.

Der BGH verwarf die Revision des *A* durch Beschluss nach § 349 Abs. 2 dStPO ohne einzelfallbezogene Begründung der Entscheidung.

Eine hiernach eingelegte Anhörungsrüge, die vor allem eine revisionsgerichtliche Entscheidungsbegründung eingefordert hatte, wies der BGH ebenfalls zurück.

III. Verfassungsbeschwerde gegen die Entscheidung des Erstverfahrens

Eine danach eingereichte Verfassungsbeschwerde des *A* gegen die strafgerichtlichen Entscheidungen des Erstverfahrens wurde durch Beschluss des BVerfG nicht zur Entscheidung angenommen.

IV. Menschenrechtsbeschwerde

Eine Menschenrechtsbeschwerde des *A* vor dem Europäischen Gerichtshof für Menschenrechte ist anhängig und bisher noch nicht entschieden.

V. Erstes Wiederaufnahmeverfahren

A beantragte daraufhin die Wiederaufnahme des Verfahrens bei dem Landgericht Augsburg. Im Rahmen des Wiederaufnahmeantrags legte er ein kriminologisches Gutachten auf Grundlage der idealtypisch-vergleichenden Einzelfallanalyse, das Gutachten eines Medienwirkungsforschers und ein psychiatrisches Gutachten vor. *A* führte aus, dass die Annahme des Erstgerichts, dass bei *T* ein normalpsychologischer Befund vorliege, der ohne sachverständige Beratung des Tatgerichts bei der Glaubwürdigkeitsprüfung in die Beurteilungskompetenz der Richter falle, sei unzutreffend. Es ergäben sich aus dem Blickwinkel dreier Fachdisziplinen – Psychiatrie, Medienwirkungsforschung und Kriminologie – einzeln und erst recht bei einer Gesamtschau überdeutliche Hinweise auf eine schwere Persönlichkeitsstörung der *T*. Die falsche Verdächtigung sei aufgrund eines störungsbedingten Rachemotivs der *T* erfolgt. *A* könne vom kriminologischen Standpunkt aus nicht als Täter der Sexualdelikte in Betracht kommen. Mit dem feststehenden Befund einer Persönlichkeitsstörung entfalle die Prämisse der positiven Glaubwürdigkeitsbeurteilung des Erstgerichts bezüglich der *T*.

Zudem bestünden nun durchgreifende Zweifel an der Glaubhaftigkeit ihrer Zeugenaussagen. Bei der Persönlichkeitsstörung handele es sich mit hoher

Wahrscheinlichkeit um eine Borderline-Erkrankung. Das habe zur Folge, dass ein irreales Geschehen in den Aussagen geschildert worden sei, zumal die sexuellen Handlungen – wie im insoweit zensierten Film „Nathalie II“ – niemals zu einem Orgasmus geführt hätten. *T* zeige auch nach dem psychiatrischen Sachverständigengutachten das „klinische Vollbild einer Pseudologie“, so dass die Ausführungen der *E* entgegen der Auffassung des Erstgerichts sachlich vollkommen zutreffend seien. Schließlich werde das neue Beweisbild einer objektiven Falschaussage der *T* durch die kriminologische Einschätzung der Persönlichkeit des *A*, dass er sich nicht zur Begehung der abgeurteilten Taten eigne und die Tatbegehung durch ihn „geradezu widersinnig“ erscheine, abgerundet.

Das Landgericht verwarf den Wiederaufnahmeantrag durch Beschluss als unzulässig. Dabei stellte es fest, dass dem Erstgericht bewusst gewesen sei, dass es sich bei *T* um eine schwierige Persönlichkeit gehandelt habe. Daher sei eine umfassende Prüfung erfolgt, ob der *T* Glauben geschenkt werden könne. Die Urteilsfeststellungen könne auch nicht erschüttern, dass jetzt dem von dem Erstgericht gezeichneten Persönlichkeitsbild das diagnostische Etikett der „Borderlinestörung“ angeheftet werde. Die als neue Befundtatsachen mitgeteilten weiteren Lügen oder Verhaltensauffälligkeiten änderten an der Beurteilung nichts, auch wenn sie die Urteilsfeststellungen zur Persönlichkeitsproblematik verlängern würden. Die Annahme einer Rachehandlung sei spekulativ. Die Erkenntnisse des Medienwirkungsforschers seien unbeachtlich, da das Wiederaufnahmegericht eigene Sachkunde besitze, um zu beurteilen, ob der Film „Nathalie II“ oder andere Filme suggestiven Einfluss auf die Missbrauchsvorwürfe gehabt hätte. Auch das kriminologische Gutachten sei wegen der eigenen Sachkunde nicht erheblich. Die Erfahrung lehre, dass oft Straftaten begangen würden, die mit wissenschaftlich-kriminologischen Erfahrungsregeln nicht hinreichend erklärlich seien.

Gegen den ablehnenden Beschluss legte *A* sofortige Beschwerde bei dem OLG München ein. Dieses verwarf durch Beschluss die sofortige Beschwerde und wies unter anderem den Antrag auf Feststellung der Notwendigkeit der Gutachteneinholung zurück. Zur Erschöpfung des Rechtswegs erhob *A* die Anhörungsrüge gegen die Beschwerdeentscheidung, die das OLG durch Beschluss zurückwies.

VI. Zweites Wiederaufnahmeverfahren

A stellte dann einen zweiten Wiederaufnahmeantrag bei dem Landgericht Augsburg, über den bisher noch nicht entschieden worden ist.

VII. Verfassungsbeschwerde gegen die Entscheidung im ersten Wiederaufnahmeverfahren

Letztlich reichte *A* gegen die Entscheidungen im ersten Wiederaufnahmeverfahren Verfassungsbeschwerde ein.

Unter anderem[1] führt er dabei aus, es sei auffallend, dass das Landgericht in seinem Urteil Aspekte unerwähnt gelassen habe und von einer weitreichenden Kontinuität der Angaben der *T*, die für eine erlebnisbegründete Aussage sprächen, ausgegangen sei. So stehe in den Akten des strafrechtlichen Erstverfahrens, dass die Großmutter der *T* geradezu den Eindruck hatte, dass *T* wollte, dass „ich es (*das Tagebuch*) finde". Obwohl *T* ihr Tagebuch „immer sehr gut versteckt und darauf geachtet hatte, dass es keiner findet."

Weiter sei der markante Anzeigezeitpunkt, ein Sonntag im März 2004 gegen 20.45 Uhr und der Zeitpunkt der ersten polizeilichen Vernehmung gegen 22.00 Uhr im Urteil nicht angeführt. Dabei wäre *T* zu diesem Zeitpunkt schon Monate vorher aus dem Haus des *A* ausgezogen und die angeblichen Missbrauchstaten wären schon lange beendet gewesen.

Bei den ersten Missbrauchsdelikten stellte das Landgericht nach den Angaben der *T* fest, dass sie zu einem nicht näher bekannten Zeitpunkt zwischen 1990 und 1991 geschehen seien, *T* noch nicht eingeschult und zwischen fünf oder sechs Jahren alt gewesen sei. Im Urteil sei nicht erwähnt, dass *T* in der ersten Vernehmung das Alter mit vier bis fünf Jahren, in der zweiten und dritten Vernehmung mit circa fünf Jahren angegeben habe.

Hinsichtlich der Tatzeit bei den Seriendelikten in S. bleibe im Urteil unerwähnt, dass *T* in ihren polizeilichen Aussagen nicht einen Samstag als wiederkehrenden Tattag dargestellt, sondern vielmehr einen Sonntag oder einen Feiertag benannt habe. In der Vernehmung vor dem Ermittlungsrichter habe sie dann angegeben: „Aus unseren Lebensumständen schließe ich, dass sich die Vorfälle immer samstags zugetragen haben müssen, da meine Mutter an diesem Tag in ihrem Frisörsalon arbeitete, der Beschuldigte aber mit mir zuhause war. An anderen Tagen hat er ja selbst gearbeitet." Das sei ein deutlicher Widerspruch, der nicht aus den Urteilsgründen zu entnehmen und daher angesichts des revisionsrichterlichen „Verbots der Rekonstruktion der Hauptverhandlung" in der Revisionsinstanz nicht zu erfassen sei.

Weiter dokumentiere das Urteil die Art und Weise der Missbrauchshandlungen nicht so, wie sie sich aus den polizeilichen Vernehmungsprotokollen entnehmen ließe. Dort habe *T* angegeben: „Bei späteren Malen habe ich dann allein seine Vorhaut vor- und zurückgeschoben, denn da wusste ich schon, wie ich es machen sollte. Er war dabei erregt, sein Glied war steif, aber er ist dabei nie gekommen. . . " Dass er nie gekommen sei, ergäbe sich nicht aus der späteren Tatbeschreibung („einen runterholen"). Auch bei weiteren angeblichen Manipulationen am Glied des *A* mit dem Fuß der *T* habe *T* gemäß dem polizeilichen Vernehmungsprotokoll angegeben: „Er hatte dabei jedoch niemals einen Orgasmus." Das Urteil enthalte hierzu aber nichts.

Das Landgericht nehme für die Glaubwürdigkeit der *T* an, dass sich ihre Erinnerung in Bildern festgesetzt habe. Dagegen werde im Urteil nicht erwähnt, dass bildhafte Erinnerungen auch aus der Bilderwelt von Filmen entstammen könnten, da *T* unter anderem den Fernsehfilm „Nathalie II, die Hölle nach dem Babystrich"

---

[1] Die Rügen werden nur verkürzt dargestellt, da thematische Überschneidungen mit den vorherigen Rügen des *A* aus den anderen Verfahrenszügen bestehen.

gesehen und begeistert aufgenommen habe, der Szenen sexueller Handlungen und die Anschwärzung einer Hassperson beinhalte.

Das Landgericht folgere schließlich mit Blick auf das Aussageverhalten in der Hauptverhandlung, dass ein Motiv für eine falsche Verdächtigung des *A* durch *T* nicht erkennbar sei. Schriftliche Bemerkungen, die auf Hass hindeuten, seien durch das Landgericht aber nicht aufgenommen.

Über die Verfassungsbeschwerde gegen das erste Wiederaufnahmeverfahren ist bisher noch nicht entschieden worden.

VIII. Zusammenfassung

Bei diesem Beispielsfall wird unter anderem deutlich, wie schwierig es für den Angeklagten ist, eine einmal gefasste Auffassung des Tatgerichts, das von der Schuld des Angeklagten überzeugt ist, im weiteren Verfahren trotz gewichtiger Gegenargumente zu revidieren. Die Schuld des Angeklagten und späteren Verurteilten steht in den folgenden Instanzen unumstößlich fest. Existieren dann noch erhebliche Verfahrensdefizite, welche die Verfahrensfairness schwerwiegend beeinträchtigen oder gar aufheben, hat der wegen sexuellen Missbrauchs Angeklagte wenig Chancen, nicht zu Unrecht verurteilt zu werden.

Vorliegend ist jedenfalls noch zu hoffen, dass wenigstens das Gericht des zweiten Wiederaufnahmeverfahrens, das BVerfG oder der EGMR das Vorbringen der Verteidigung hinreichend bei ihrer Entscheidung beachten.

Eine Erläuterung des Falles wird im Rahmen der nachfolgenden Untersuchung im deutschen Teil[2] der Arbeit bei den einzelnen Verfahrensdefiziten erfolgen.

[2] Da es sich um einen Beispielsfall handelt, der sich in Deutschland zugetragen hat, wird auf eine Erläuterung des Falles im österreichischen Teil verzichtet.

D. Untersuchung der Verteidigungsbeschränkungen des Angeklagten in Deutschland

Nachdem bei dem Beispielsfall durch das Vorbringen des Angeklagten und späteren Verurteilten schon einige Verfahrensdefizite aufgegriffen worden sind, gilt es in der folgenden Abhandlung diese und weitere Mängel bei Verfahren des sexuellen Missbrauchs näher zu betrachten.

In diesem Abschnitt wird auf die Verfahrenssituation für den Angeklagten in Deutschland eingegangen.

I. Mögliche allgemeine Verfahrensdefizite

Zunächst beschäftigt sich die Darstellung mit möglichen allgemeinen Verfahrensdefiziten, denen sich der Angeklagte in der Aussage-gegen-Aussage-Konstellation bei Verfahren wegen sexuellen Missbrauchs ausgesetzt sehen kann.

1. Behauptung eigener richterlicher Sachkunde trotz fehlender Ausbildung?

Bei den meisten Verfahren wegen sexuellen Missbrauchs sind rein medizinisch-körperliche Befunde zur Überführung des Täters nicht ausreichend oder gar nicht existierend. Gerade dann muss sich die richterliche Überzeugungsbildung auf andere wissenschaftliche Erkenntnisse stützen: In den Mittelpunkt der forensischen Beweislehre rückt insbesondere die Aussagepsychologie, die Angewandte Kriminologie, aber auch die Wahrscheinlichkeitsforschung.[1] Denn die richterliche Überzeugungsbildung darf nicht alleine intuitiv gewonnen werden.[2]

Es stellt sich jedoch die Frage, ob der Tatrichter die wissenschaftlichen Erkenntnisse insbesondere der Aussagepsychologie, der Angewandten Kriminologie und der Wahrscheinlichkeitsforschung bei der Würdigung der Beweise auch tatsächlich

---

[1] *Eschelbach*/Graf, StPO, 2010, § 261 Rn. 6.

[2] *Peters, K.*, Strafrechtspflege und Menschlichkeit, 1988, S. 364, 371.

F. Wille, *Aussage gegen Aussage in sexuellen Missbrauchsverfahren*,
DOI 10.1007/978-3-642-27422-0_4, © Springer-Verlag Berlin Heidelberg 2012

berücksichtigt und nicht lediglich intuitiv entscheidet. Dazu müsste der Tatrichter selbst die erforderliche Sachkunde besitzen, die er nur aufgrund einer umfassenden Ausbildung erwerben könnte. Andernfalls bliebe ihm nur der Rückgriff auf sachverständige Hilfe.

a) Glaubwürdigkeit des Zeugen und Glaubhaftigkeit seiner Aussage

Vor allem die Zeugenaussage als „Star des Beweisrechts“[3] und die damit einhergehende Prüfung der Glaubwürdigkeit des Zeugen und der Glaubhaftigkeit seiner Aussage ist von entscheidender Bedeutung für die Beurteilung des Vorliegens sexuellen Missbrauchs. In diesen Fällen stellt es geradezu die Regel dar, dass die Aussage des tatsächlichen oder angeblichen Opfers des Verbrechens die Hauptgrundlage der Verurteilung bildet.[4]

Bei der Glaubwürdigkeit des Zeugen wird dessen personale Kompetenz untersucht.[5] Bei der Glaubhaftigkeitsprüfung einer Aussage wird eine systematische Analyse des Inhalts der Aussage vorgenommen, um Bekundungen des Zeugen über tatsächliche Erlebnisse von solchen erfundenen unterscheiden zu können.[6]

Eine Methodik zur Prüfung der Glaubwürdigkeit des Zeugen und der Glaubhaftigkeit seiner Aussage erfolgt nach allgemein anerkannten und von der Aussagepsychologie entwickelten Grundsätzen:[7]

aa) Glaubwürdigkeitsprüfung des „Opferzeugen“

Grundsätzlich steht die Glaubhaftigkeitsprüfung der Aussage des „Opferzeugen“ im Mittelpunkt der Erwägungen, wobei die Kriterien zur Glaubwürdigkeit des „Opferzeugen“ ergänzend einzubeziehen sind. Das sind Persönlichkeit, Motivation und Aussagesituation.

(1) Persönlichkeit

Bei der Persönlichkeit können intellektuelle und sprachliche Kompetenzen, themenbezogene Kenntnisse sowie Erfahrungen und Persönlichkeitseigenschaften untersucht werden.[8]

---

[3] *Barton*, in: Barton (Hrsg.), Fragwürdigkeiten des Zeugenbeweises, 1995, S. 23.

[4] Vgl. BGHSt 7, 82, 85.

[5] *Steller*, in: Kröber/Steller (Hrsg.), Psychologische Diagnostik – Menschenkenntnis oder angewandte Wissenschaft?, 2005, S. 1, 7.

[6] *Steller*, in: Kröber/Steller (Hrsg.), Psychologische Diagnostik – Menschenkenntnis oder angewandte Wissenschaft?, 2005, S. 1, 7.

[7] *Undeutsch*, in: Undeutsch (Hrsg.), Beurteilung der Glaubhaftigkeit von Aussagen, 1967, S. 26 ff.; *Greuel/Offe/Fabian/Wetzels/Fabian/Offe/Stadler*, Glaubhaftigkeit der Zeugenaussage, 1998; *Steller/Volbert*, in: Steller/Volbert (Hrsg.), Glaubwürdigkeitsbegutachtung, 1997, S. 12 ff.; *Steller*, in: Volbert/Steller (Hrsg.), Glaubhaftigkeitsbegutachtung, 2008, S. 300 ff., m.w.N.; *Volbert/Steller*, in: Foerster/Dreßing (Hrsg.), Die Begutachtung der Glaubhaftigkeit, 2009, S. 817 ff.

[8] *Jost*, Forensisch-psychologische Begutachtung von Straftätern, 2008, S. 106.

Die Persönlichkeit gibt allerdings wenig Aufschluss über die Zuverlässigkeit einer Aussage. Personen, die einmal gelogen haben, können beim nächsten Mal die Wahrheit sagen und umgekehrt, Personen mit gutem Leumund können durchaus die Unwahrheit sagen.

(2) Motivation

Auch die Motivation nimmt in der Aussagepsychologie heute keinen hohen Stellenwert mehr ein: die wirklichen Motive sind – erst recht vor Gericht – nur schwer feststellbar.[9]

Falls die Motivation aber doch einmal erkennbar wird, gibt dies Anlass zu größerer Vorsicht. Sie darf jedoch grundsätzlich nicht dazu dienen, eine Aussage als Lüge zu begründen. Selbst wenn ein motivischer Aspekt erkennbar ist, müssen weitere tragfähige Umstände hinzukommen, die eindeutig belegen, dass tatsächlich eine Beeinflussung stattgefunden hat und deshalb die betreffenden Angaben unzutreffend sind.[10] Notwendig ist insbesondere bei Aussagen mit dem Hintergrund des eigenen Interesses am Prozessausgang eine individuelle Würdigung der Aussage.[11] Unter Umständen ist bei konkreten Anhaltspunkten zu prüfen, ob insbesondere Rache als Motiv für eine Falschbezichtigung ausgeschlossen oder als wenig wahrscheinlich erachtet werden kann.[12]

(3) Aussagesituation

Schließlich ist die Aussagesituation als weiteres Kriterium zur Glaubwürdigkeit zu beachten. Das sind die Beobachtungen, die in der Körpersprache der Auskunftsperson bei einer Vernehmung gemacht werden. Körperliche Erscheinungen, die in bestimmten Situationen (insbesondere bei verfänglichen Fragen) auftreten, dürfen als sogenannte „Warnsymptome der Körpersprache“ gewertet werden. Das sind beispielsweise Schwitzen, Farbwechsel im Gesicht, trockener Mund, erhöhter Puls, Atemnot, Vermeidung des Blickkontakts, Veränderung der Stimmlage, nervöses und verschmitztes Lächeln, Starrheit und andere verräterische Gesten. Allerdings ist auch hier größere Vorsicht zu beachten. Die rein körpersprachlichen Auffälligkeiten der Aussagesituation sind kaum zuverlässig zu deuten.[13] So können körperliche Erscheinungen auch durch die ungewohnte Vernehmungssituation etwa vor Gericht, bei der Staatsanwaltschaft oder Polizei entstehen.

Folgerichtig scheidet generell eine Anwendung eines Lügendetektors (Polygraph) auch mit dem Einverständnis des Betroffenen aus.[14] Mit Hilfe des Detektors

---

[9] *Bender/Nack/Treuer*, Tatsachenfeststellung vor Gericht, 2007, Rn. 219.

[10] Vgl. BGH, NJW 1988, 566, 567.

[11] Vgl. BGH, NJW 1988, 566, 567.

[12] Vgl. BGH, NStZ-RR 2003, 206, 208.

[13] *Bender/Nack/Treuer*, Tatsachenfeststellung vor Gericht, 2007, Rn. 217.

[14] BGHSt 44, 308 = NJW 1999, 657; vgl. auch BVerfG, NStZ 1981, 446; vgl. BVerfG, NJW 1998, 1938, 1939.

sollen Rückschlüsse auf die subjektive Richtigkeit der Aussagen des Vernommenen gewonnen werden können, indem bei diesem Blutdruck, Pulsschlag, Atmung usw. registriert werden. Die Ergebnisse sind aber als völlig ungeeignetes Beweismittel iSd § 244 Abs. 3 S. 2 Alt. 4 dStPO zu behandeln, denn es ist nicht eindeutig nach wissenschaftlichem Kenntnisstand bestimmbar, dass eine gemessene körperliche Reaktion auf eine bestimmte Ursache zurückzuführen ist.[15]

Aufschlussreichstes Warnsymptom ist der sogenannte Strukturbruch in einer Aussage: Der erlogene Teil der Aussage wird in einen wahren Geschehensablauf eingebettet. In dem wahren Teil sind Mimik, Gestik und Sprechweise ungezwungen, natürlich, fließend und modulationsreich, wohingegen der erlogene Teil der Aussage unnatürlich, überzogen, laut oder auch leise, matt, übertrieben seriös, verklemmt und erstarrt erscheint.[16] Die Auskunftsperson durchläuft in ihrer Aussage also einer manchmal von außen wahrnehmbaren Veränderung der Körpersprache (situative Natur). Der Strukturbruch kann aber auch inhaltlicher Natur (Detailreichtum, Individualität) oder sprachlicher Natur (Satzbau, Ausdrucksweise) sein.[17]

bb) Glaubhaftigkeitsprüfung der Aussage

Laut *Deckers*[18] und *Steller/Volbert*[19] steht die moderne aussagepsychologische Analyse unter der Leitfrage: „Könnte dieser Zeuge mit den gegebenen individuellen Voraussetzungen unter den gegebenen Befragungsumständen und unter Berücksichtigung der im konkreten Fall möglichen Einflüsse von Dritten diese spezifische Aussage erstatten, ohne dass sie auf einem realen Erlebnishintergrund basiert.“[20]

(1) Leitentscheidung des Bundesgerichtshofs

Vor diesem Hintergrund ist die Entscheidung des BGH aus dem Jahre 1999,[21] welche die Anforderungen an die Glaubhaftigkeitsbegutachtung formuliert und in Einklang mit den Maßstäben der aussagepsychologischen Wissenschaft[22] steht, bahnbrechend: Bei einer Aussage-gegen-Aussage-Konstellation ist von dem methodischen Grundprinzip auszugehen, die Glaubhaftigkeit der Aussage solange zu negieren, bis diese Negation mit den gesammelten Fakten nicht mehr vereinbar ist. Dabei nimmt man zunächst an, die Aussage sei unwahr (sogenannte „Nullhypothese“). Zur Prüfung

---

[15] BGHSt 44, 308, 312 f. = NJW 1999, 657, 658.

[16] *Undeutsch*, in: Undeutsch (Hrsg.), Beurteilung der Glaubhaftigkeit von Aussagen, 1967, S. 118.

[17] *Bender/Nack/Treuer*, Tatsachenfeststellung vor Gericht, 2007, Rn. 354.

[18] *Deckers*, in: Brüssow/Gatzweiler/Krekeler/Mehle (Hrsg.), Sexualstrafverfahren, 2007, § 20, S. 927, 945 Rn. 35.

[19] *Steller/Volbert*, in: Steller/Volbert (Hrsg.), Glaubwürdigkeitsbegutachtung, 1997, S. 12, 25.

[20] *Volbert*, Zeitschrift für Kinder- und Jugendpsychiatrie 1995, 20, 23.

[21] BGHSt 45, 164.

[22] *Greuel/Offe/Fabian/Wetzels/Fabian/Offe/Stadler*, Glaubhaftigkeit der Zeugenaussage, 1998, S. 45 ff.; *Steller/Volbert*, in: Steller/Volbert (Hrsg.), Glaubwürdigkeitsbegutachtung, 1997, S. 12 ff.

dieser Annahme sind weitere mögliche Subhypothesen zu der pauschalen Unrichtigkeitshypothese zu bilden.[23] Ergibt diese Prüfstrategie, dass die Unwahrhypothese und deren gebildete Subhypothesen mit den erhobenen Fakten nicht mehr in Übereinstimmung stehen kann, so wird sie verworfen, und es gilt die Alternativhypothese, dass es sich um eine wahre Aussage handelt.[24] Die Prüfung wird also solange fortgesetzt, bis entweder alle Subhypothesen als widerlegt gelten oder bis eine Hypothese nicht zurückgewiesen werden kann.[25]

Die Begutachtung hat also nach eindeutig definierten Maßstäben – streng methodisch hypothesengeleitet – zu erfolgen. Mit dieser Entscheidung hat der BGH die bis dahin gängige Praxis – die nach der Gutachtertätigkeit tatsächlich darin bestand, die zunächst als wahr unterstellte Aussage des zu begutachtenden Zeugen gegen Angriffe der Verteidigung zu verteidigen – auf den Kopf gestellt.[26] Der Rückgriff des BGH „auf das wissenschaftstheoretische und teststatistische Prinzip der Nullhypothesenprüfung stellt implizit eine Erinnerung an die juristische Selbstverständlichkeit der Unschuldsvermutung dar."[27] Denn für den Angeklagten gilt bis zum Erlass des rechtskräftigen Urteils die Vermutung seiner Unschuld, Art. 6 Abs. 2 EMRK. Das BVerfG leitet die Unschuldsvermutung nach innerstaatlichem Recht unmittelbar aus dem Grundgesetz und dort aus dem Rechtsstaatsprinzip ab.[28]

(2) Arbeitsmethodik bei der Bewertung von Aussagen

Die Arbeitsmethodik bei einer aussagepsychologischen Bewertung von Aussagen ist folgendermaßen aufgebaut:

Das wissenschaftliche Konzept von psychologischer Diagnostik als hypothesengeleiteter Prüfprozess lässt sich in drei Erhebungs- und Analysebereiche unterteilen: die Analyse der Aussagepersönlichkeit (intellektuelle und sprachliche Kompetenzen, themenbezogene Kenntnisse und Erfahrungen, Persönlichkeitseigenschaften), die der Aussagegenese (Geschichte der Aussage, Motive, mögliche Motive für Falschbezichtigung, Objektivität der Darstellung) und die der Aussagequalität.[29]

---

[23] *Köhnken*, in: Deckers/Köhnken (Hrsg.), Fehlerquellen in aussagepsychologischen Gutachten, 2007, S. 1, 3; etwa die Hypothese der Phantasie, der Induktion, der Personenübertragung, der Wahrnehmungsübertragung oder der Suggestion; vgl. hierzu *Greuel*, Wirklichkeit – Erinnerung – Aussage, 2001, S. 263 ff.

[24] vgl. BGHSt 45, 164, 168; vgl. auch *Boetticher*, NJW-Sonderheft für Schäfer 2002, 8, 12.

[25] *Köhnken*, in: Deckers/Köhnken (Hrsg.), Fehlerquellen in aussagepsychologischen Gutachten, 2007, S. 1, 3.

[26] *Meyer-Mews*, NJW 2000, 916, 918.

[27] *Steller*, in: Volbert/Steller (Hrsg.), Glaubhaftigkeitsbegutachtung, 2008, S. 300, 307; *Steller*, NJW-Sonderheft für Schäfer 2002, 69, 72; vgl. auch *Deckers*, in: Arbeitsgemeinschaft Strafrecht des Deutschen Anwaltvereins (Hrsg.), Vom Nutzen und zur Qualität aussagepsychologischer Gutachten im Strafprozess, 2009, S. 411, 422.

[28] *Meyer-Mews*, NJW 2002, 103, 108.

[29] *Steller*, in: Volbert/Steller (Hrsg.), Glaubhaftigkeitsbegutachtung, 2008, S. 300, 301; *Jost*, Forensisch-psychologische Begutachtung von Straftätern, 2008, S. 106.

Die Aussagequalität lässt sich mit der sogenannten Realitätskennzeichenanalyse bestimmen,[30] die auf die Hypothese von *Undeutsch* zurückgeht: Danach unterscheiden sich Aussagen über tatsächlich erlebte Ereignisse von erfundenen Aussagen derselben Person durch eine überlegene inhaltliche Qualität.[31]

Zu untersuchen ist, ob Qualitätsmerkmale, sogenannte Realkennzeichen oder Realitätskriterien vorliegen, so dass eine (ausreichend) hohe Wahrscheinlichkeit für die Zuverlässigkeit der Aussage erreicht werden kann. Ist das der Fall, so kann grundsätzlich von „subjektiver" Wahrheit ausgegangen werden. Realitätskriterien sind inhaltliche (also Detail-, Individualitäts- und Verflechtungskriterium), strukturelle (also Strukturgleichheits-, Nichtsteuerungs- und Homogenitätskriterium) und Wiederholungs-Kriterien (Konstanz- und Erweiterungskriterium).

Fehlen Realitätskriterien, ist die Aussage unzuverlässig. Es verbietet sich eine schematische Anwendung dieser Merkmale; auch die Gewichtung der einzelnen Merkmale kann durchaus unterschiedlich und abhängig vom Einzelfall erfolgen.[32] Stets kommt es auf eine Gesamtbetrachtung an. Das Fehlen einzelner Merkmale kann durch das Vorliegen von Merkmalen mit einer hohen Qualität aufgewogen werden.[33]

Daneben gibt es noch Phantasiesignale (Verlegenheits-, Übertreibungssignale und Signale mangelnder Kompetenz), die bei häufigerem Auftreten dazu führen, dass an die Zahl und Qualität der Realitätskriterien strenge Anforderungen zu stellen sind, damit die Aussage als glaubhaft eingestuft werden kann.[34]

Liegt die inhaltliche Qualität der verfahrensrelevanten Bekundungen vor, wird diese mit der Kompetenz des Aussagenden in Vergleich gesetzt. Die Kompetenz ergibt sich aus der allgemeinen intellektuellen Leistungsfähigkeit und seiner bereichsspezifischen Erfahrungen. Dieser Qualitäts-Kompetenz-Vergleich ermöglicht eine Schlussfolgerung darüber, ob der Aussagende in der Lage war, das Ausgesagte in der vorliegenden Gestalt auch ohne Erlebnishintergrund zu erfinden.[35]

Nach Überprüfung der „subjektiven" Wahrheit der Auskunftsperson muss untersucht werden, ob Erinnerungen durch Irrtümer verfälscht sind. Die Auskunftsperson muss das Geschehen zutreffend wahrgenommen haben (keine Wahrnehmungsfehler), und es muss sich um echte Erinnerungen handeln, die durch den Zeitablauf nicht verändert worden sind.[36]

(3) Abgrenzung zu suggestiv beeinflussten Inhalten

Diese Arbeitsmethodik genügt allerdings nicht, die erlebnisfundierten von den vor allem bei kindlichen Aussagen induzierten – also suggestiv beeinflussten –

---

[30] *Jost*, Forensisch-psychologische Begutachtung von Straftätern, 2008, S. 106.

[31] *Undeutsch*, in: Undeutsch (Hrsg.), Beurteilung der Glaubhaftigkeit von Aussagen, 1967, S. 125 ff.

[32] *Jansen*, StV 2000, 224, 228.

[33] *Deckers*, in: Brüssow/Gatzweiler/Krekeler/Mehle (Hrsg.), Sexualstrafverfahren, 2007, § 20, S. 927, 946 Rn. 39.

[34] *Bender/Nack/Treuer*, Tatsachenfeststellung vor Gericht, 2007, Rn. 434 f.

[35] *Steller*, in: Volbert/Steller (Hrsg.), Glaubhaftigkeitsbegutachtung, 2008, S. 300, 302.

[36] OLG Stuttgart, NJW 2006, 3506.

Inhalten zu unterscheiden.[37] Bei den suggestionsbedingten irrtümlichen Falschaussagen handelt es sich um vermeintliche Erlebnisse der Auskunftsperson, die auf Pseudoerinnerungen beruhen und deren fehlender Realitätsgehalt der Person nicht bewusst ist.[38]

Pseudoerinnerungen entstehen bei Kindern vielfach aufgrund suggestiver „Aufdeckungsarbeit". Charakteristisch hierfür sind einseitig ausgerichtete Erwartungen von Befragern und die Verwendung von potenziell suggestiven Befragungsstrategien.[39] Die Suggestion bei kindlichen Zeugen spielt in Missbrauchsprozessen eine große Rolle. Beispielhaft sind die Mainzer Verfahren (Worms I bis III) genannt, bei denen Kinder aufgrund suggestiver „Aufdeckungsarbeit" zu vermeintlichen Missbrauchsopfern gemacht wurden.[40] Deshalb ist es überaus wichtig, bei einer kunstgerecht durchgeführten Erstvernehmung[41] des kindlichen Zeugen einen aussagepsychologischen Sachverständigen hinzuziehen, damit eine Suggestion von Aussageinhalten von vornherein ausgeschlossen werden kann.

Bei Erwachsenen können Pseudoerinnerungen von sexuellen Missbrauchserfahrungen im Kindesalter im Zusammenhang mit Psychotherapien mit ausgedehnten Phasen der Erinnerungssuche und Erinnerungsarbeit entstehen.[42] Insbesondere bei der Anwendung „von Psychotraumatologie kann es dabei zur fehlerhaften Einschätzung fiktiver Vorstellungen als Erinnerungen an vermeintlich tatsächliche Erlebnisse kommen".[43] Adressaten der Therapie sind häufig Frauen, die an den unterschiedlichen körperlichen wie psychischen Gebrechen leiden. Bestimmte Psychotherapeuten behaupten dann, dass Missbrauchserfahrungen in der Kindheit oder im Säuglingsalter die Wurzel für die Symptome ihrer Patientinnen seien, solange diese Erinnerung unterdrückt bliebe.[44]

Bei der Untersuchung, ob eine Suggestion vorliegen kann, ist vor allem die Rekonstruktion der Aussageentstehung und der Aussageentwicklung von Bedeutung.[45] Damit ist es nur möglich, potentielle Suggestionseinflüsse festzustellen, nicht jedoch, ob die Suggestion wirksam geworden ist.[46] Allerdings muss bei einer Vielzahl suggestiver Einflüsse oder bei hoch suggestiver Befragung die

---

[37] *Volbert*, in: Steller/Volbert (Hrsg.), Suggestibilität kindlicher Zeugen, 1997, S. 40, 56.

[38] *Steller*, in: Volbert/Steller (Hrsg.), Glaubhaftigkeitsbegutachtung, 2008, S. 300, 302.

[39] *Steller*, in: Volbert/Steller (Hrsg.), Glaubhaftigkeitsbegutachtung, 2008, S. 300, 305; vgl. auch *Steller*, in: Kröber/Steller (Hrsg.), Psychologische Diagnostik – Menschenkenntnis oder angewandte Wissenschaft?, 2005, S. 1, 8 ff.

[40] *Steller*, in: Kröber/Steller (Hrsg.), Psychologische Diagnostik – Menschenkenntnis oder angewandte Wissenschaft?, 2005, S. 1, 9 f.; vgl. auch *Hübner*, RZ 2010, 6, 8.

[41] Was selbstverständlich auch für die Folgevernehmungen gilt.

[42] „Recovered Memory Therapy" (Therapie zur Aufdeckung von Erinnerung), kritisch hierzu *Ofshe/Watters*, Die missbrauchte Erinnerung, 1996.

[43] *Steller*, in: Volbert/Steller (Hrsg.), Glaubhaftigkeitsbegutachtung, 2008, S. 300, 306.

[44] *Ofshe/Watters*, Die missbrauchte Erinnerung, 1996, S. 12.

[45] *Volbert*, in: Volbert/Steller (Hrsg.), Suggestion, 2008, S. 331, 339.

[46] *Geipel*, Handbuch der Beweiswürdigung, 2008, S. 974.

notwendige Schlussfolgerung darin bestehen, dass die konkrete Aussage nicht mehr als begutachtungsfähig einzustufen ist.[47]

b) Angewandte Kriminologie und Wahrscheinlichkeitsforschung

Auch sind die wissenschaftlichen Erkenntnisse der Angewandten Kriminologie bei einer Aussage-gegen-Aussage-Konstellation nicht zu vernachlässigen. Die Angewandte Kriminologie kann Aufschluss über die Persönlichkeit des Angeklagten geben und bei der Beantwortung der Frage helfen, ob der Angeklagte überhaupt der Täter sein kann. Dabei bedient sie sich hierfür der „Methode der idealtypisch-vergleichenden Einzelfallanalyse“ (MIVEA).[48]

Schließlich kann auch die Wahrscheinlichkeitsforschung[49] bei der Wahrheitsfindung förderlich sein. Denn gerade bei einer dürftigen Beweissituation – so bei einer Aussage-gegen-Aussage-Konstellation – muss im besonderen Maße auf alle verfügbaren und sachdienlichen Mittel zur Wahrheitsfindung zurückgegriffen werden.[50]

c) Richterliche Ausbildung in forensischer Beweislehre, insbesondere in Aussagepsychologie und Angewandter Kriminologie

Eine umfassende Unterrichtung in der forensischen Beweislehre, insbesondere in der Aussageanalyse und der Angewandten Kriminologie steht nicht auf dem Ausbildungsprogramm eines Tatrichters in Deutschland.

Das Wissen hierüber wird grundsätzlich weder in der universitären Ausbildung noch in dem sich in Deutschland anschließenden juristischen Vorbereitungsdienst vermittelt. Aus den jeweiligen Juristenausbildungsgesetzen bzw. Juristenausbildungs- und Prüfungsordnungen der einzelnen Bundesländer[51] lassen sich die zu vermittelnden Inhalte des Studiums und der Referendarzeit und der „Prüfungsstoff“

---

[47] *Greuel*, in: Greuel/Fabian/Stadler (Hrsg.), Suggestibilität und Aussagezuverlässigkeit: ein (neues) Problem in der forensisch-psychologischen Praxis?, 1997, S. 211, 217.

[48] *Göppinger/Bock*, Kriminologie, 2008, §§ 15 ff.

[49] *Geipel*, Handbuch der Beweiswürdigung, 2008, S. 111 ff.

[50] *Eschelbach*/Graf, StPO, 2010, § 261 Rn. 4.

[51] **Baden-Württemberg**: JAPrO, v. 8.10.2002, GBl. S. 391; **Bayern**: JAPO v. 13.10.2003, GVBl S. 758; **Berlin**: JAG, v. 23.6.2003, GVBl. S. 232; JAO v. 4.8.2003, GVBl. S. 298; **Brandenburg**: JAG, v. 4.6.2003, GVBl. I S. 166; JAO v. 6.8.2003, GVBl. II S. 438; **Bremen**: JAPG, v. 20.5.2003, Brem. GBl. S. 251; **Hamburg**: JAG, v. 11.6.2003, GVBl. Nr. 23; **Hessen**: JAO v. 25.10.2004, GVBl. I S. 316; JAG v. 15.3.2004, GVBl. I S. 158; **Mecklenburg-Vorpommern**: JAPO M-V v. 16.6.2004, GVOBl. M-V S. 281; **Niedersachsen**: NJAG v. 15.1.2004, Nds. GVBl. S. 348; NJAVO v. 2.11.1993, Nds. GVBl. S. 561; **Nordrhein-Westfalen**: JAG NRW v. 11.3.2003, GV. NRW. S. 135, 431; **Rheinland-Pfalz**: JAG v. 23.6.2003, GVBl. S. 116; JAPO v. 1.7.2003, GVBl. S. 131; **Saarland**: JAO, idFv. 08.01.2004, ABl. S. 90; **Sachsen**: JAPO, v. 9.9.2003, SächsGVBl. S. 501; **Sachsen-Anhalt**: JAPrVO v. 2.10.2003, GVBl. LSA S. 245; **Schleswig-Holstein**: JAVO v. 19.3.2004, GVOBl. S. 88; **Thüringen**: JAPO v. 24.2.2004, GVBl. S. 217.

der ersten juristischen Prüfung und des zweiten juristischen Staatsexamens entnehmen. Aber die forensische Beweislehre mit der Aussagepsychologie und der Angewandten Kriminologie ist hierin nicht als Pflichtstoff wiederzufinden. Lediglich im Rahmen des durch das Gesetz zur Reform der Juristenausbildung vom 11.07.2002[52] eingeführten universitären Schwerpunktbereichs kann eine Veranstaltung in den angesprochenen wissenschaftlichen Bereichen fakultativ belegt werden. Ob dies der Fall ist, hängt aber wesentlich von der Wahl des Schwerpunktbereichs durch den Studierenden und von dem Lehrveranstaltungsangebot der jeweiligen Universität ab. Damit ist eine universitäre Ausbildung gerade in den wissenschaftlichen Bereichen der Aussagepsychologie als auch der Angewandten Kriminologie nicht gewährleistet.

Bereits *Karl Peters* hat hierzu konstatiert: „Die juristische Falllösung nimmt einen zu ausgedehnten Raum ein. Sie beschränkt sich ausschließlich auf die rechtliche Lösung, ohne auf die viel schwierigeren Aufgaben der Sachverhaltsfeststellung und der Strafzumessung genügend Rücksicht zu nehmen. Die Ausbildung ist im Grunde auf den Revisionsrichter, nicht auf den Tatrichter ausgerichtet.“[53]

Schließlich sind auch etwaige Fortbildungsveranstaltungen, welche das für die forensische Beweislehre erforderliche Wissen, insbesondere das Wissen um die Angewandte Kriminologie und die Aussagepsychologie nachträglich vermitteln könnte, für den Tatrichter nicht verpflichtend und werden aufgrund des Pensendrucks oftmals nicht wahrgenommen.[54]

d) Verzicht auf Sachverständigenhilfe

Die deutsche StPO bestimmt in § 244 Abs. 4 S. 1, dass ein Beweisantrag auf Vernehmung eines Sachverständigen dann abgelehnt werden könne, wenn das Gericht die zur Beurteilung der Beweisfrage erforderliche Sachkunde selbst besitze. Der Richter prüft und entscheidet dies selbst. Er stellt sich also und beantwortet die Frage, ob er die Erfahrungssätze kennt und anzuwenden vermag, deren Kenntnis und praktische Beherrschung es ermöglicht, zu einer bestimmten Beweisthematik Stellung zu nehmen.[55] Das bedeutet, dass ein Gutachter nicht zwingend zu befragen ist.

Dementsprechend hat die deutsche Rspr. immer wieder für den Bereich der Aussagepsychologie festgestellt, dass sich der Tatrichter bei der Glaubwürdigkeit des „Opferzeugen“ und der Glaubhaftigkeit seiner Aussage eigene Sachkunde zutrauen und grundsätzlich auf die Hilfe eines Sachverständigen verzichten kann:[56] So gehöre die Würdigung von Zeugenaussagen zum Wesen richterlicher Rechtsfindung und sei daher grundsätzlich dem Richter anvertraut.[57] Es handelt sich nach richterlichem

---

[52] BGBl. I S. 2592.

[53] *Peters, K.*, Fehlerquellen im Strafprozess, Bd. II, 1972, S. 331 f.

[54] *Eschelbach*/Graf, StPO, 2010, § 261 Rn. 6.1.

[55] KK-*Herdegen*, StPO, 2008, § 244 Rn. 27.

[56] BVerfG, NJW 2004, 209, 211; BGHSt 8, 130, 131; BGH, NStZ 1982, 170; 1985, 229, 230; 1987, 182; 2000, 214.

[57] BGH, NStZ 2005, 394; 1997, 355, 356; vgl. auch *Groß-Bölting/Lewitzki*, in: Bockemühl (Hrsg.), Sexualstrafverfahren, 2009, S. 976, 1002 Rn. 89.

Selbstverständnis um die ureigenste Aufgabe des Gerichts.[58] Das Tatgericht habe nur dann Anlass zur Zuziehung eines Sachverständigen, wenn „Eigenart und besondere Gestaltung des Einzelfalls" („Fallbesonderheiten", „Besonderheiten der Persönlichkeit eines Zeugen") die Prädikation „glaubhaft" oder „nicht glaubhaft" so erschweren, dass sie nur mit Hilfe einer Sachkunde vollzogen werden könne, die ein Richter „normalerweise" selbst dann nicht habe, wenn er über spezifische forensische Erfahrungen verfüge.[59] Bei kindlichen Zeugen soll dann eine sachverständige Begutachtung geboten sein, wenn „der kindliche Zeuge aus dem gewöhnlichen Erscheinungsbild des Kindesalters hervorstechende Züge oder Eigentümlichkeiten aufweist".[60]

Auch im Bereich der Angewandten Kriminologie „deklarieren die Gerichte ihre intuitiven Prognosen als eigene Sachkunde"[61] und umgehen so eine sachverständige Begutachtung.

e) Stellungnahme

Der Angeklagte sieht sich in einem Prozess mit einem in der forensischen Beweislehre, so insbesondere in der Aussageanalyse und der Angewandten Kriminologie unzureichend ausgebildeten Richter konfrontiert, der seine richterliche Sachkunde selbst beurteilen und eine sachverständige Begutachtung ablehnen darf.

Das führt oftmals zu Fehlurteilen, was insbesondere in der falschen Begutachtung von „Opferzeugenaussagen" begründet liegt. Denn gerade in einer Aussage-gegen-Aussage-Konstellation kommt es vor allem – mangels weiterer Beweismittel – ganz entscheidend auf die Beurteilung der Glaubwürdigkeit des „Opferzeugen" und die Glaubhaftigkeit seiner Aussage an. Die Verurteilung des Angeklagten steht und fällt mit der Aussage des „Opferzeugen". Schätzt das Tatgericht diese als glaubhaft ein, obwohl es sich tatsächlich um eine Falschaussage handelt und schenkt der bestreitenden Einlassung des Angeklagten keinen Glauben, erfolgt eine Verurteilung auf Grundlage der falschen „Opferzeugenaussage". Daher sollte das für die Glaubhaftigkeitsprüfung erforderliche Wissen um die Aussageanalyse „zum Grundwissen des Richters gehören"[62]. Ebenso stellt das BVerfG[63] fest, dass „es keine abgelegene, sondern eine für Richter ebenso wie für Anwälte zentrale Materie darstellt". Dabei ist eine Methodik der Glaubwürdigkeits- und Glaubhaftigkeitsprüfung vorhanden und ließe sich damit auch in der juristischen Ausbildung vermitteln.

Es gibt daher keine plausible Erklärung, warum bei der Ausbildung von Juristen im Allgemeinen und von Tatrichtern im Besonderen auf eine Ausbildung in diesem für die richterliche Beweiswürdigung wichtigen wissenschaftlichen Bereich verzichtet wird.

---

[58] HK-GS/*König*, 2011, § 244 Rn. 80.

[59] BGHSt 8, 130, 131 = NJW 1955, 1644; 23, 8, 12 = NJW 1969, 2293, 2294 f.; BGH, NJW 1961, 1636; BGH, NStZ 2001, 105; BGH, NStZ-RR 1997, 171; BGH, JZ 1990, 52.

[60] BGH, NStZ 1981, 400.

[61] *Göppinger/Bock*, Kriminologie, 2008, § 15, S. 250 Rn. 9.

[62] *Nack*, GA 2009, 201, 207 f.

[63] BVerfG, NJW 2003, 1443, 1444.

Ebenso verhält es sich mit den erfahrungswissenschaftlich fundierten und spezifisch kriminologischen Kriterien im Bereich der Angewandten Kriminologie, mit der eine systematische Erfassung und Beurteilung des Einzelfalls möglich ist[64], wie auch mit den Grundlagen der Wahrscheinlichkeitsforschung. Aber dieses Wissen ist nur wenigen Tatrichtern präsent. So werden diese Erkenntnisse, die über die Schuld oder Unschuld eines Angeklagten entscheiden können, bei der richterlichen Beweiswürdigung *de facto* meist nicht berücksichtigt, da sich der Tatrichter unwiderlegbar eigene Sachkunde attestiert, obwohl er diese nicht besitzt. Nach *Bock* „wird schon der Standard einer vollständigen Sachverhaltsermittlung regelmäßig verletzt, was nur deshalb nicht auffällt, weil darüber wieder Gerichte mit eigener Sachkunde entscheiden".[65]

Auch in Hinblick auf die Rspr. des BGH, dass der Tatrichter bei der Beurteilung der Glaubhaftigkeit einer Aussage grundsätzlich nicht die Hilfe eines Sachverständigen benötigen soll,[66] ist es äußerst bedenklich, dass Kenntnisse um die Aussageanalyse nicht vermittelt werden. Denn das Wissen hiervon ist Voraussetzung für eine ordnungsgemäße und den Regeln der Kunst entsprechende Begutachtung. Doch trotz der fehlenden Ausbildung darf sich der Tatrichter eigene Sachkunde zutrauen und kann so im Rahmen des § 244 Abs. 4 S. 1 dStPO den Antrag auf Begutachtung durch einen Sachverständigen ablehnen.

Die Auffassung des BGH, dass nur in besonders gelagerten Einzelfällen, die eine spezielle Sachkunde verlangen, über die ein Richter auch bei spezifischer forensischer Erfahrung nicht verfüge, die Hinzuziehung eines aussagepsychologischen Sachverständigen erforderlich sei,[67] führt dazu, dass in der forensischen Praxis auch nur in Ausnahmefällen ein solcher Sachverständiger zur Beurteilung der Glaubhaftigkeit der Aussage beauftragt wird.[68] So lagen beispielsweise nach einer von *Busse/Volbert* durchgeführten Erhebung aus dem Jahr 1991 in nur 16 % der Verfahren mit Hauptverhandlung vor Amts- und Landgerichten in Berlin Glaubhaftigkeitsbegutachtungen vor.[69]

Mithin lässt sich festhalten, dass auf den aussagepsychologischen Sachverständigen im Einvernehmen mit der Rspr. des BGH oftmals durch den Tatrichter verzichtet wird, weil er sich in der Aussagepsychologie eigene Sachkunde bescheinigen darf, obwohl es eine für dieses Sachgebiet durch Prüfungsordnung geregelte akademische Ausbildung, die der Tatrichter zumeist nicht erfahren hat, und einen nur aufgrund dieser Ausbildung auszuübenden Beruf des Aussagepsychologen gibt.[70] Diese Verfahrenssituation ist für den Angeklagten in höchstem Maße bedenklich und gefährdet die Verfahrensfairness und die Wahrheitsfindung im Gesamten.

---

[64] *Göppinger/Bock*, Kriminologie, 2008, § 15, S. 250.

[65] *Göppinger/Bock*, Kriminologie, 2008, § 15, S. 250 Rn. 9.

[66] BGH, NStZ 2005, 394; 1997, 355, 356.

[67] BGHSt 8, 130, 131; BGHSt 3, 27, 28.

[68] *Greuel*, Wirklichkeit – Erinnerung – Aussage, 2001, S. 7 f.

[69] *Busse/Volbert*, in: Greuel/Fabian/Stadler (Hrsg.), Glaubwürdigkeitsgutachten in Strafverfahren wegen sexuellen Missbrauchs, 1997, S. 131, 133; aktuellere Zahlen sind nicht vorhanden; gleichwohl wird sich hieran nicht viel geändert haben.

[70] *Undeutsch*, in: FS Lange, 1976, S. 703, 717.

Des weiteren ist die nahe liegende Vermutung, dass es bisher keine zwingende Sachverständigenbeauftragung gibt, da ansonsten die Beiziehung von Sachverständigen in Gerichtsverfahren uferlos würde, mit dem Hinweis auf die besondere Situation der Aussage-gegen-Aussage-Konstellation zu entkräften. Diese Sondersituation ist charakterisiert durch die belastende Aussage des „Opferzeugen" und überhaupt keine oder eine bestreitende Einlassung des Angeklagten. Der BGH hat bereits in etlichen seiner Entscheidungen durchblicken lassen, dass auch er von einer besonderen Situation ausgehe: Der Tatrichter müsse im Rahmen einer Gesamtwürdigung alle Umstände, welche die Entscheidung zu beeinflussen geeignet sind, erkennen und in seine Überlegungen einbeziehen.[71] Eine erhöhte Aufklärungspflicht bestehe,[72] und die Beweiswürdigung müsse besonders sorgfältig ausfallen.[73] Das Gericht müsse in besonderem Maße alle ersichtlichen Beweismittel bemühen, die ihm weitere Anhaltspunkte für seine Überzeugungsbildung geben könnten.[74] Insbesondere sei die Aussage des Zeugen einer besonders sorgfältigen Glaubwürdigkeitsprüfung zu unterziehen.[75]

Auch wenn der BGH gerade nicht die sachverständige Hilfe als notwendig erachtet, da insofern die Glaubwürdigkeitsbeurteilung des „Opferzeugen" seit jeher zu der ureigensten Aufgabe des Gerichts zähle,[76] ist den Entscheidungen zu entnehmen, dass an die Aufklärung und Beweiswürdigung im Vergleich zu anderen Fällen erhöhte Anforderungen gestellt werden. Und gerade diese erhöhten Anforderungen rechtfertigen in Erweiterung der bisherigen Rechtsprechung eine zwingende Sachverständigenbeauftragung in einer Aussage-gegen-Aussage-Konstellation. Dem Tatrichter fehlt aufgrund der meist nicht vorhandenen wissenschaftlichen Ausbildung in der Aussagepsychologie die notwendige eigene Sachkunde zur Beurteilung der Glaubhaftigkeit. Daher muss er sich anderer Erkenntnisse bedienen. Als zusätzliches Beweismittel[77] spielt insofern das Sachverständigengutachten eine besondere Rolle, da es Aufschluss über die Glaubhaftigkeit der Aussage des „Opferzeugen" geben kann.

Hinzu kommt, dass sich eine generelle Notwendigkeit einer Beiziehung eines solchen Sachverständigen in der Aussage-gegen-Aussage-Konstellation vermeiden ließe, wenn der Tatrichter tatsächlich eigene Sachkunde, d. h. durch eine wissenschaftliche Ausbildung in der Aussagepsychologie erworbenes Wissen vorweisen könnte. Der Tatrichter wäre in diesem Fall in der Lage, selbst eine Aussageanalyse „*lege artis*" vorzunehmen.

Schließlich existiert noch ein psychologisches Problem: Tatrichtern ist es häufig gar nicht anders möglich, als auf einen Sachverständigen zu verzichten. Denn „gerade

---

[71] BGHSt 44, 153, 159; 44, 256, 257; BGH, NStZ-RR 2002, 174, 175; BGH, StV 1994, 359, 360; 1995, 6, 7; 1997, 513; BGH, StraFo 2005, 510; *Deckers*, in: FS Hamm, 2008, S. 53, 57.

[72] BGH, NStZ-RR 2003, 205, 206.

[73] BGH, NStZ 2003, 164, 165; vgl. auch BVerfG, NJW 2003, 2444, 2445.

[74] LR-*Becker*, StPO, 2006–2011, § 244 Rn. 49.

[75] BGHSt 44, 153; 44, 256; BGH, NStZ-RR 2002, 146 = StV 2002, 470.

[76] HK-GS/*König*, 2011, § 244 Rn. 80.

[77] *Peters, K.*, Strafprozess, 1985, S. 342.

der Richter, muss sich – zur Vermeidung kognitiver Dissonanzen – als hierzu kompetent und sachkundig einschätzen."[78] Der Begriff der kognitiven Dissonanz wird als „widerspruchsfreie Beziehung zwischen dem Wissen des Menschen und seiner Meinung" verstanden.[79] Dieses Problem ist der Wissenschaft bei Entscheidungen, die unter einer Unsicherheitssituation gefällt werden müssen, bekannt („overconfidence").[80] Kompetenzillusion ist in der psychologischen Forschung allgemein als zentrales Problem von Fehlleistungen anerkannt.[81]

Exemplarisch zu diesem ersten Defizit nimmt das Landgericht München in dem oben geschilderten Fall für sich in Anspruch, die Glaubwürdigkeit der „Opferzeugin" *T* und die Glaubhaftigkeit ihrer Aussage ohne sachverständige aussagepsychologische Hilfe beurteilen zu können. Der Antrag der Verteidigung des *A* auf Einholung eines Sachverständigengutachtens wurde abgelehnt. Begründung hierfür war die Behauptung eigener Sachkunde. Das Landgericht kam zu dem Schluss, dass die Aussage der *T* wahrheitsgemäß und erlebnisfundiert sei. Nach der Verteidigung dagegen seien die von der aussagepsychologischen Wissenschaft und von dem BGH gleichermaßen bei der aussagepsychologischen Begutachtung aufgestellten Kriterien durch das Landgericht nicht beachtet. Insbesondere fehle eine „Nullhypothese".

Berücksichtigt man dieses Verteidigungsvorbringen, erscheint es mehr als fraglich, inwieweit in dem Beispielsfall tatsächlich eigene Sachkunde des Landgerichts zur aussagepsychologischen Begutachtung der „Opferzeugin" *T* vorlag.

Die Attestierung der eigenen Sachkunde führte abermals – nun in dem ersten Wiederaufnahmeverfahren – dazu, dass das durch die Verteidigung eingebrachte kriminologische Gutachten, wonach *A* aus kriminologischer Sicht gar nicht als Täter in Frage komme, durch das Wiederaufnahmegericht nicht berücksichtigt wurde. Dem Wiederaufnahmegericht genügte seine Erfahrung, dass oft Straftaten begangen würden, die mit wissenschaftlich-kriminologischen Erfahrungsregeln nicht hinreichend erklärlich seien. Eine Auseinandersetzung mit dem Ergebnis der Angewandten kriminologischen Wissenschaft ist somit augenscheinlich nicht erfolgt. Das Wiederaufnahmegericht bleibt der Begründung mit Ausnahme der Bezugnahme auf die eigene Erfahrung schuldig, wie es die Schlussfolgerung der wissenschaftlichen „Methode der idealtypisch-vergleichenden Einzelfallanalyse" widerlegt.

2. „Freie" richterliche Überzeugungsbildung entgegen psychologischer Effekte?

Zu der Behauptung eigener richterlicher Sachkunde trotz fehlender Ausbildung in der forensischen Beweislehre, insbesondere in der Aussageanalyse und der Angewandten

---

[78] *Geipel*, Handbuch der Beweiswürdigung, 2008, S. 338.

[79] Vgl. ausführlicher hierzu im Folgenden auf S. 34.

[80] *Hoffrage*, in: Hell/Fiedler/Gigerenzer (Hrsg.), Die Illusion der Sicherheit bei Entscheidungen unter Unsicherheit, 1993, S. 73 ff.

[81] *Füllgrabe*, Irrtum und Lüge, 1995, S. 90.

Kriminologie kommt hinzu, dass sich bei der „freien" richterlichen Überzeugungsbildung ein Bild des fast schon bedingungslos wirkenden Vertrauens in die Kompetenz des Richters ergibt. Gemäß § 261 dStPO entscheidet der Richter nach freier richterlicher Überzeugung über das Ergebnis der Beweisaufnahme. Doch es stellt sich die Frage, ob die richterliche Überzeugung nicht schon oftmals von vornherein durch psychologische Beeinflussungen und andere Effekte zulasten des Angeklagten verschoben ist.

a) Freie Beweiswürdigung

Nach der höchstrichterlichen Rspr. bedeutete früher freie Beweiswürdigung, dass „es für die Beantwortung der Schuldfrage allein darauf ankommt, ob der Tatrichter die Überzeugung von einem bestimmten Sachverhalt erlangt hat oder nicht; diese persönliche Gewissheit ist für die Verurteilung notwendig, aber auch genügend."[82] Er könne nicht gehindert werden, „an sich mögliche, wenn auch nicht zwingende Folgerungen aus bestimmten Tatsachen zu ziehen".[83]

In neuerer Zeit stellt die höchstrichterliche Rspr. zusätzlich noch objektive Anforderungen auf: „Die nach subjektiver Überzeugung genügende Gewissheit muss von der objektiv hohen Wahrscheinlichkeit der Richtigkeit des Beweisergebnisses getragen werden."[84]

An anderer Stelle verlangt der BGH, dass der Angeklagte nicht verurteilt werden dürfe, „wenn Umstände vorliegen oder (als nicht widerlegbar) zu seinen Gunsten angenommen werden müssen, die aus rationalen (intersubjektiv vermittelbaren und einsichtigen) Gründen nicht den Schluss gestatten, dass die Übereinstimmung von Zeugenaussage und dem tatsächlichen Geschehen in hohem Maße wahrscheinlich ist.[85] Aus dieser Rspr. lässt sich folgern, dass das Beweismaß der hohen Wahrscheinlichkeit ein normatives Kriterium ist, das vom Tatgericht verlangt, dass seine Beweiswert-Einschätzungen und seine Feststellungen in den Urteilsgründen als das Ergebnis einer intersubjektiv akzeptablen, in hohem Maß plausiblen Argumentation ausgewiesen werden.[86]

b) Verschiebung zulasten des Angeklagten

Was bedeutet die Gewissheit des Richters, welche für eine Verurteilung des Angeklagten ausreicht? Die persönliche Gewissheit beschreibt eine subjektive Wahrscheinlichkeit, „sie ist nichts anderes als eine wertende Zusammenschau

---

[82] BGHSt 10, 208, 209.

[83] BGHSt 10, 208, 210.

[84] BGH, NJW 1999, 1562, 1564; BVerfG, NJW 2003, 2444, 2445; vgl. auch *Kühne*, Strafprozessrecht, 2010, § 56 Rn. 948.

[85] BGH, NJW 1988, 3273.

[86] *Herdegen*, in: Lagodny (Hrsg.), Das Beweisantragsrecht, Betrachtungen anhand und zur Rechtsprechung – Teil II, 2000, S. 63, 66.

aller Indizien, der belastenden wie entlastenden, der bewusst einkalkulierten, der halbbewusst und unbewusst einfließenden, in einem zusammenfassenden Verrechnungsprozess."[87]

Doch dieser Verrechnungsprozess ist oftmals schon von vornherein durch psychologische Beeinflussungen und andere Effekte zulasten des Angeklagten aus dem Gleichgewicht gebracht. Denn tatsächlich gilt die weit verbreitete Meinung, einem Zeugen grundsätzlich zu glauben, wenn keine handfesten Gründe dagegen sprechen[88] und dem Angeklagten mit Argwohn entgegen zu treten.[89]

aa) Vermeintliche Schutzeinlassung des Angeklagten

Strafrichter, Staatsanwälte und die Polizei haben zumeist mit Beschuldigten[90] bzw. Angeklagten zu tun, die beteuern, unschuldig zu sein, aber dann durch andere Beweise eindeutig überführt werden. Dadurch entsteht der Effekt, dass das Vorbringen von Angeklagten, welche die ihnen vorgeworfene Tat zu Recht leugnen, weil sie unschuldig sind, von einem erfahrenen Richter meist als Schutzeinlassung abgetan wird.[91]

Es entwickelt sich über Jahre hinweg eine gefährliche Berufsweisheit des Richters, die eine Quelle von Fehlurteilen darstellen kann.[92] *Krauthan* zeigt diese Verselbstständigung des Erfahrungswissens auf: „Im Laufe der Zeit entwickelt man seine eigenen Persönlichkeitstheorien, die auf Erfahrungen, Vorstellungen, Meinungen, Stereotypen, Einstellungen, gesellschaftlichen Konventionen beruhen, die sich im Laufe des Lebens gebildet haben. Sie stellen ein Sammelsurium aus eigenen Erlebnissen, groben Verallgemeinerungen, Vorurteilen und Aussagen von anderen dar. Sie sind teils richtig und teils falsch."[93]

Dass den Behauptungen des Zeugen stets geglaubt wird, hat auch Auswirkungen auf den Umgang mit Zweifeln an der Glaubhaftigkeit von Angaben, die „von Tatrichtern mit zunehmender Schreibroutine dementiert oder ignoriert werden".[94]

bb) Ankereffekt

Zulasten einer objektiven Stellung des Richters wirkt auch der sogenannte Ankereffekt.[95] Erstinformationen kommt hierbei entscheidende Bedeutung zu: der Richter

---

[87] *Bender/Nack*, Tatsachenfeststellung vor Gericht, Bd. I, 1981, Rn. 399.

[88] *Bender/Nack*, Tatsachenfeststellung vor Gericht, Bd. I, 1981, Rn. 482.

[89] *Döhring*, Die Erforschung des Sachverhalts im Prozess: Beweiserhebung und Beweiswürdigung, 1963, S. 92.

[90] Ein *Beschuldigter* ist in Deutschland nur der Tatverdächtige, gegen den das Verfahren als Beschuldigter betrieben wird, vgl. BGHSt 10, 8, 12.

[91] Vgl. *Schmitt*, Die richterliche Beweiswürdigung im Strafprozess, 1992, S. 441.

[92] Vgl. auch *Peters, K.*, Fehlerquellen im Strafprozess, Bd. II, 1972, S. 227.

[93] *Krauthan*, Psychologisches Grundwissen für die Polizei, 2004, S. 109.

[94] *Eschelbach*, in: FS Widmaier, 2008, S. 127.

[95] *Ehlers*, Psychologie Heute 2004, 62 f.; *Geipel*, Handbuch der Beweiswürdigung, 2008, S. 150.; vgl. auch *Englich*, in: Volbert/Steller (Hrsg.), Urteilseinflüsse vor Gericht, 2008, S. 486, 489 ff.

sucht unbewusst nach Informationen, die in der Beweisaufnahme diesen Anker bestätigen. Es entsteht eine Verschiebung der richterlichen Wahrnehmung und Erinnerung vom Entlastungs- zum Belastungsinhalt, weil die bereits aus der Ermittlungsakte bekannten belastenden Informationen wesentlich besser antizipiert und später erinnert werden.[96]

cc) Kognitive Dissonanz

Ein Richter erliegt aber meist noch weiteren Beeinflussungen. Nach der Theorie von der kognitiven Dissonanz (begründet von *Festinger*[97]) wird eine widerspruchsfreie Beziehung zwischen dem Wissen des Menschen und seiner Meinung erstrebt. Gerät dieses unbewusste Gleichgewicht aus seiner Fassung, treten also kognitive Dissonanzen auf, entsteht eine Motivation, diese Dissonanzen durch Nichtwahrnehmung zu reduzieren und wieder zur Konsonanz zurückzukehren.[98]

(1) Perseveranz- bzw. Inertiaeffekt

Aus der kognitiven Dissonanz ergeben sich weitere Effekte: zunächst der Perseveranz- oder Inertiaeffekt.[99]

Der Perseveranzeffekt ist der Mechanismus der Selbstbestätigung von Hypothesen und der Inertiaeffekt steht für den Trägheitsmechanismus. Diese Mechanismen bewirken, dass Tatsachen, welche die Ausgangshypothese bestätigen, überschätzt und entgegenstehende Informationen systematisch unterschätzt werden.[100]

(2) Prinzip der selektiven Informationssuche

Darüber hinaus entsteht das Prinzip der selektiven Informationssuche, bei dem nach der Aufnahme einer bestimmten Hypothese gezielt nach bestätigenden Informationen gesucht wird, „sei es in Form von konsonanten Informationen oder leicht widerlegbaren und deshalb ebenfalls bestätigend wirkenden dissonanten Informationen“.[101] Auch *Geipel* sieht den Grund, einem Zeugen grundsätzlich zu glauben, „in den (unbewusst) ablaufenden psychologischen Prozessen der selektiven Wahrnehmung“.[102] Der Mensch selektiert das, was im Augenblick der Wahrnehmung interessiert. Der Handlungsablauf ist dann aber bruchstückhaft und muss in einen

---

[96] *Schünemann*, StV 2000, 159, 161.

[97] *Festinger*, Theorie der kognitiven Dissonanz, 1978.

[98] *Schünemann*, StV 2000, 159, 160.

[99] *Schünemann*, StV 2000, 159 ff.

[100] *Geipel*, Handbuch der Beweiswürdigung, 2008, S. 345.

[101] *Schünemann*, StV 2000, 159, 160; vgl. *Frey/Gaska,* in: Frey/Irle (Hrsg.), Die Theorie der kognitiven Dissonanz, 1993, S. 275, 295 f.

[102] *Geipel*, Handbuch der Beweiswürdigung, 2008, S. 327; vgl. auch *Frey/Gaska,* in: Frey/Irle (Hrsg.), Die Theorie der kognitiven Dissonanz, 1993, S. 275, 288.

logischen Handlungsablauf eingebettet werden. Dabei werden Lücken aufgefüllt mit Details, welche zusammen mit den authentischen Fragmenten eine logisch folgerichtige Ereignisabfolge bilden.[103]

dd) Schulterschlusseffekt

Als weiterer Effekt stellt sich der sogenannte Schulterschlusseffekt ein. Dieser entsteht dadurch, dass der Staatsanwalt in einer ambivalenten Beurteilungssituation eine zweifelhafte Entscheidung trifft und diese anschließend vom Richter in der Regel nicht korrigiert, sondern übernommen wird.[104] Die Entscheidung der Staatsanwaltschaft führt mithin oftmals zu einer verfälschten Wahrnehmung[105] und schließlich einer dominierenden Meinung für den Richter, der sich aufgrund der bekannten psychologischen Effekte der Anpassung (sogenannter Pygmalioneffekt)[106] nur schwerlich davon lösen kann.

c) Stellungnahme

Die Verlagerung von der ursprünglich nach der Rspr. ausreichenden rein subjektiven Überzeugung des Richters hin zu einer von objektiven Grundlagen getragenen Überzeugung und damit zu einer durch die Revisionsinstanz überprüfbareren Entscheidung ist grundsätzlich zu begrüßen. Allerdings existieren immer noch keine Formulierungen von expliziten Beweisgrundsätzen trotz der Bestrebungen in den 80iger Jahren durch *Bender* und *Nack*.[107] Die Rspr. ist nach wie vor uneinheitlich. *Fischer* hat zu Recht festgestellt, dass nach wie vor viele Tatgerichte bei der Glaubwürdigkeitsbeurteilung von Zeugen häufig Begründungsmustern folgen, „welche sich als wissenschaftlich überwiegend wertlos erwiesen haben".[108] Einen argumentativen Nachweis des richterlichen Beweisergebnisses wenigstens mit der Möglichkeit des nachträglichen Einwandes durch die Verfahrensbeteiligen und der Überprüfung durch das Revisionsgericht wird damit nicht gewährleistet.

Der Angeklagte sieht sich aber nicht nur dem Zugeständnis der Rspr. an die fast schon „grenzenlose Weite" der richterlichen Beweiswürdigungsfreiheit ausgesetzt. Hinzu kommen die dargestellten psychologischen Effekte als mittelbare Einflüsse auf die „freie" richterliche Überzeugungsbildung. Die persönliche Gewissheit des Richters manifestiert sich so oftmals schon lange vor der eigentlichen Beweisaufnahme zulasten des Angeklagten. Gerade in einer Aussage-gegen-Aussage-Konstellation erhält der Effekt der vermeintlichen Schutzeinlassung des Angeklagten, der den

[103] *Trankell*, Realitätsgehalt von Zeugenaussagen, 1971, S. 17.

[104] *Schünemann*, StV 2000, 159, 162.

[105] *Geipel*, Handbuch der Beweiswürdigung, 2008, S. 347.

[106] *Bender/Nack/Treuer*, Tatsachenfeststellung vor Gericht, 2007, Rn. 103.

[107] *Bender/Nack*, DRiZ 1980, 121 ff.; *Nack*, NJW 1983, 1035 ff.; *Nack*, MDR 1986, 366 ff.

[108] *Fischer*, NStZ 1994, 1, 5.

Vorwurf des sexuellen Missbrauchs bestreitet, besondere Bedeutung. Denn der erfahrene Tatrichter wird oftmals von einem lügenden Angeklagten ausgehen und hierdurch bei der Begutachtung der „Opferzeugenaussage" leichter Zweifel an der Glaubhaftigkeit übergehen und unter Umständen die Anwendung der sogenannten „Nullhypothese" übersehen. Zudem tragen der Ankereffekt, der Perseveranz- bzw. Inertiaeffekt, das Prinzip der selektiven Informationssuche und der Schulterschlusseffekt nicht zur Verbesserung der Stellung des Angeklagten bei.

Der Angeklagte kommt somit nicht umhin, bei einem nicht nur durch die aufgezeigten psychologischen Effekte vorbelasteten Tatrichter für seine Unschuld zu kämpfen, er muss auch – wie im vorhergehenden Verfahrensdefizit aufgezeigt – die Begutachtung der Glaubwürdigkeit des „Opferzeugen" und der Glaubhaftigkeit seiner Angaben durch einen in den für die Aussageanalyse nicht ausgebildeten Richter fürchten. Das es so nur schwerlich zu einer „freien" Beweiswürdigung iSd § 261 dStPO insbesondere hinsichtlich der Aussage des „Opferzeugen" und der Aussage des Angeklagten kommen kann, wird deutlich.

Auch im Beispielsfall ist der Angeklagte nach der tatrichterlichen Gewissheit über die Täterschaft des *A* verurteilt worden. Doch auch in diesem Verfahren muss sich das Tatgericht die Frage stellen lassen, ob es seine „freie" Entscheidung über das Beweisergebnis wirklich „frei" getroffen hat und nicht durch die dargestellten psychologischen Effekte zulasten des *A* beeinflusst gewesen ist. Insbesondere hat *A*, wie es für eine Aussage-gegen-Aussage-Konstellation charakteristisch ist, die Begehung des sexuellen Missbrauchs bestritten. Daher bestand auch hier die Gefahr, dass dieses Verhalten lediglich als Schutzeinlassung „des üblich leugnenden Angeklagten" abgetan wird.

3. Wörtliche Protokollierung bzw. Ton- und Bildaufzeichnung von Aussageinhalten?

Eine vollständig aufgezeichnete Zeugenaussage einschließlich der an den „Opferzeugen" gerichteten Fragen[109] hat erhebliche Bedeutung für die Durchführung einer Aussageanalyse. Bei aussagepsychologischen Explorationen durch Aussagepsychologen außerhalb der Hauptverhandlung gehören sogar Tonbandaufzeichnungen zum Standard.[110]

Existiert denn auch eine vollständige Aufzeichnung von der Vernehmung des „Opferzeugen" in der Hauptverhandlung in Form einer wörtlichen Protokollierung oder sogar einer Ton- und Bildaufzeichnung? Andernfalls könnte eine Aussageanalyse etwa durch den Tatrichter oftmals nicht mehr zuverlässig durchgeführt oder Zweifel an der Glaubhaftigkeit der Aussage nicht mehr hinreichend belegt werden.

---

[109] *Greuel/Offe/Fabian/Wetzels/Fabian/Offe/Stadler*, Glaubhaftigkeit der Zeugenaussage, 1998, S. 68.

[110] *Greuel/Offe/Fabian/Wetzels/Fabian/Offe/Stadler*, Glaubhaftigkeit der Zeugenaussage, 1998, S. 68; vgl. *Undeutsch*, in: Kraheck-Brägelmann (Hrsg.), Die aussagepsychologische Realitätsprüfung bei Behauptung sexuellen Missbrauchs, 1993, S. 69, 126.

a) Wörtliche Protokollierung

Eine wörtliche Protokollierung einer Zeugenaussage stellt bis heute die Ausnahme dar.

Nach § 273 Abs. 3 dStPO ist ein Wortprotokoll zwar möglich, nicht aber üblich, geschweige denn obligatorisch. Die Anordnungsbefugnis auf wörtliche Protokollierung obliegt dem Vorsitzenden bzw. dem Gericht. Mit der herrschenden Auffassung handelt es sich bei dieser Entscheidung um eine Rechtsfrage,[111] wohingegen der Mindermeinung zufolge der Richter nach pflichtgemäßen Ermessen zu entscheiden hat.[112] Praktisch ist die Streitfrage aber von geringer Bedeutung, da die Ablehnung der vollständigen Niederschreibung vom Revisionsgericht ohnehin nicht geprüft wird und das Urteil auf der Ablehnung dieses Antrags nicht beruhen kann.[113] Eine Beantragung durch die Verteidigung auf wörtliche Protokollierung hat wenig Aussicht auf Erfolg, denn die Tatgerichte sind zumeist der Auffassung, dass es nicht auf den Wortlaut, sondern auf den Sachinhalt der Aussage ankommt.[114]

Das bedeutet, dass in Fällen der eigentlich notwendigen, wörtlichen Protokollierung – so bei einer Aussage-gegen-Aussage-Konstellation, bei der es gerade auf die Aussage des einzigen Belastungszeugen ankommt – ein Wortprotokoll weder von der Verteidigung erzwungen werden kann noch das Gericht die Revision fürchten muss.

b) Inhaltsprotokoll nach § 273 Abs. 2 dStPO

Lediglich vor dem Strafrichter und dem Schöffengericht sind nach § 273 Abs. 2 dStPO die wesentlichen Ergebnisse der Vernehmungen in das Protokoll aufzunehmen. Dabei handelt es sich nur um ein Inhaltsprotokoll, nicht etwa um eine wörtliche Protokollierung.

Vom Anwendungsbereich des § 273 Abs. 2 dStPO sind erstinstanzlich vor dem Land- oder Oberlandesgericht begonnene Verhandlungen nicht erfasst. Doch gerade viele Verfahren wegen sexuellen Missbrauchs werden wegen der Straferwartung und insbesondere wegen § 24 Abs. 1 Nr. 3 GVG vor dem Landgericht verhandelt. Nach § 24 Abs. 1 Nr. 3 GVG kann die Staatsanwaltschaft wegen der besonderen Schutzbedürftigkeit von Verletzten der Straftat, die als Zeugen in Betracht kommen, Anklage beim Landgericht erheben, obwohl grundsätzlich nach der Straferwartung das Amtsgericht zuständig wäre. Somit kommt es sogar nur selten zu einer inhaltlichen Protokollierung der Vernehmung.

---

[111] OLG Bremen, NJW 1981, 2827 = JR 1982, 252, 253; KK-*Engelhardt*, StPO, 2008, § 273 Rn. 25; LR-*Gollwitzer*, StPO, 1997–2005, § 273 Rn. 49.

[112] BGH, NJW 1966, 63 = JR 1966, 305.

[113] *Kusch*, NStZ 1994, 23, 25; *Meyer-Goßner*, StPO, 2011, § 273 Rn. 29.

[114] *Dahs*, Handbuch des Strafverteidigers, 2005, S. 403 f. Rn. 577.

Das war nicht immer so: 1964 führte der Gesetzgeber durch die „kleine Strafprozessreform“[115] das Inhaltsprotokoll für alle Hauptverhandlungen einer Tatsacheninstanz ein. Dabei ließ er sich von der Erwägung leiten, dass es gerade in den Verfahren, in denen es nur eine Tatsacheninstanz gibt, u. a. im Blick auf eine spätere Wiederaufnahme des Verfahrens richtig sei, im Protokoll die wesentlichen Ergebnisse der Vernehmungen erscheinen zu lassen.[116] Erörtert wurde schon damals, anstelle der schriftlichen Protokollierung die Aufnahme der gesamten Hauptverhandlung auf Tonträger zuzulassen. Dieser Überlegung wurde allerdings dann mit dem Verweis auf die fehlenden technischen Voraussetzungen nicht nachgekommen.[117]

Allerdings wurde die 1964 eingeführte Regelung schon zehn Jahre später im Jahre 1974 durch das 1. StVRG[118] wieder abgeschafft, um zu dem bis in der heutigen Fassung gültigen § 273 Abs. 2 dStPO zurückzukehren. Der Gesetzgeber war der Auffassung gefolgt, dass insbesondere vor dem Hintergrund der Rspr. des BGH ein Inhaltsprotokoll vor dem Land- oder Oberlandesgericht weitgehend wertlos sei. Der BGH hatte kurz nach der Einführung der generellen inhaltlichen Protokollierung festgestellt, dass das Revisionsgericht auch nach der Neufassung des § 273 Abs. 2 dStPO nicht zu überprüfen habe, ob die Feststellungen im Urteil mit den Aussagedarstellungen im Protokoll übereinstimmten.[119]

c) Fehlende Ton- und Bildaufzeichnung

Eine noch authentischere Möglichkeit, die Vernehmung des „Opferzeugen“ in der Hauptverhandlung festzuhalten, bestünde in der Aufzeichnung in Ton und Bild dieser Aussageinhalte. Das würde dem Gericht eine nachträglich genaue Analyse der Aussagen eröffnen. Doch eine Ton- und Bildaufzeichnung von Vernehmungen in der Hauptverhandlung ist den Tatgerichten nicht bekannt. Hierzu drängt sich dem objektiven Beobachter unter Beachtung der gegenwärtigen technischen Möglichkeiten die Frage auf, warum eine solche Aufnahme noch nicht obligatorisch erfolgt.

Dabei ist dem deutschen Strafverfahrensrecht eine technische Aufzeichnung in Ton und Bild von Aussageinhalten in Ausnahmefällen schon heute nicht fremd (vgl. § 247a, § 255a; § 58a dStPO). Insofern dürften mit der Anwendung dieser technischen Möglichkeiten auch keine Berührungsängste von den Beteiligten bestehen.

d) Stellungnahme

Die nur in Ausnahmefällen vom Richter angeordnete wörtliche Protokollierung und die gänzlich fehlende Ton- und Bildaufzeichnung von der Vernehmung des

[115] Gesetz zur Änderung der Strafprozessordnung und des Gerichtsverfassungsgesetzes vom 19.12.1964, BGBl. I S. 1067.

[116] *Kanka*, MDR 1965, 245, 248; *Leitner*, in: FS Hamm, 2008, S. 405, 415; BT-Drs. 4/1020, S. 5.

[117] *Leitner*, in: FS Hamm, 2008, S. 405, 415; BT-Drs. 4/1020, S. 5.

[118] Erstes Gesetz zur Reform des Strafverfahrensrechts vom 09.12.1974, BGBl. I S. 3393.

[119] BGH, NJW 1966, 63, 66.

„Opferzeugen“ in einer Aussage-gegen-Aussage-Konstellation führt zu einem weiteren Verfahrensdefizit für den Angeklagten. Sie ist aus aussagepsychologischer Sicht unverzeihbar. Denn eine Aussageanalyse kann trotz der großen Bedeutung für das Verfahren mangels einer vollständigen Aufzeichnung der Aussage des „Opferzeugen“ nicht mehr zuverlässig durchgeführt werden. So lässt sich eine Auseinandersetzung des Richters mit der Zeugenaussage unter anderem hinsichtlich der Glaubhaftigkeit und der Glaubwürdigkeit nur auf der Grundlage der richterlichen Erinnerung durchführen. Doch die Erinnerung stellt sich oftmals als trügerisch heraus: „Aus der sozialpsychologischen Forschung ist bekannt, dass Personen überwiegend solche Ereignisse an andere Personen erinnern, welche die eigene Überzeugung stützen. Das gilt sogar dann, wenn die eigene Überzeugung falsch ist.“[120] Damit erklären sich Fehlbeurteilungen über die Glaubwürdigkeit des „Opferzeugen“ und die Glaubhaftigkeit seiner Aussage. Eine Zeugenaussage wird unter Umständen, obwohl sie nicht glaubhaft ist, als eine glaubhafte Aussage qualifiziert. Das führt oftmals zu einer falschen und nicht akzeptablen Verurteilung des Angeklagten.

Auch wenn ausnahmsweise eine inhaltliche Protokollierung der Zeugenaussage nach § 273 Abs. 2 dStPO vorliegt, weil das Verfahren vor dem Strafrichter oder dem Schöffengericht verhandelt wird, entspricht das nicht der Detailliertheit einer wörtlichen Protokollierung. Das Inhaltsprotokoll ist für die Aussageanalyse nicht hinreichend verwertbar wie eine wortgetreue Aufzeichnung der Aussage des „Opferzeugen“.

Der eingangs geschilderte Beispielsfall enthält zu dieser Problematik keinen Beleg. Es ist aber – wie in diesen Verfahren üblich – davon auszugehen, dass das Landgericht München keine wörtliche Protokollierung angeordnet hat. Auch eine inhaltliche Protokollierung liegt mangels Anwendbarkeit des § 273 Abs. 2 dStPO nicht vor. Damit spricht viel dafür, dass das Landgericht eine Aussageanalyse nur aufgrund der Erinnerung oder seinen Mitschriften durchführen konnte, was mit einem erheblichen Fehlerrisiko für die richtige Beurteilung behaftet ist. Auch lässt sich ein aussagepsychologisches Gutachten über die Aussage der *T* nicht mehr nachträglich erstellen. Das erklärt auch, warum eine Begutachtung im weiteren Verfahren unterblieben ist, obwohl nach Ansicht der Verteidigung erhebliche Zweifel an der Glaubhaftigkeit der Aussage der „Opferzeugin“ vorhanden sind. Es besteht lediglich die wenig aussichtsreiche Möglichkeit für die Verteidigung, sich mit der landgerichtlichen Darstellung der Glaubhaftigkeit der *T* im Urteil auseinanderzusetzen und Zweifel hieran anzubringen.

Ungleich besser wäre die Situation für den Angeklagten im Revisions- und Wiederaufnahmeverfahren gewesen, wenn ein wörtliches Protokoll oder sogar eine Ton- und Bildaufnahme vorgelegen hätte. Etwaige Fehler in der Begutachtung wären somit deutlicher erkennbar gewesen und ein aussagepsychologisches Gutachten hätte auch nachträglich eingeholt werden können.

---

[120] *Geipel*, Handbuch der Beweiswürdigung, 2008, S. 335; vgl. *Jansen*, Zeuge und Aussagepsychologie, 2004, S. 187 Rn. 449 m.w.N.

4. *Mangelhafte Revisionskontrolle tatrichterlicher Urteile?*

Oftmals besteht ein großes Bedürfnis der Verfahrensbeteiligten – meist angesichts nur einer Tatsacheninstanz – die Feststellungen des Tatrichters in den Urteilsgründen über die Beweisaufnahme und die darin wurzelnde Beweiswürdigung einer revisionsrechtlichen Überprüfung zu unterziehen. Die Revision ist aber nach der gesetzlichen Konzeption gemäß §§ 333 ff. dStPO ein Rechtsmittel, welches nicht wie die Berufung zur völligen Neuverhandlung der Sache durch das Rechtsmittelgericht führt: Der Beschwerdeführer kann vielmehr nur das Verfahren des Tatrichters mit der sogenannten Verfahrensrüge rechtlich beanstanden und das Urteil selbst im Hinblick auf die richtige Anwendung des materiellen Rechts mit der sogenannten Sachrüge zur Überprüfung stellen.[121] Damit ist fraglich, ob eine Überprüfung der Beweisaufnahme und -darstellung durch das Revisionsgericht tatsächlich stattfindet und somit wenigstens eine einmalige Kontrolle einer richterlichen Entscheidung gewährleistet wird.

a) Behauptung der „Unzulässigkeit der Protokollrüge" und „Verbot der Rekonstruktion der Hauptverhandlung"

Dem Revisionsverfahren ist neben der „Unzulässigkeit der Protokollrüge" das sogenannte „Verbot der Rekonstruktion der Hauptverhandlung" bekannt:

Von der „Unzulässigkeit der Protokollrüge" wird immer dann ausgegangen, wenn die Begründung der Rüge mit der Behauptung erfolgt, dass das Hauptverhandlungsprotokoll bestimmte Vorgänge der Hauptverhandlung nicht zutreffend wiedergebe.[122] § 274 S. 1 dStPO normiert ausdrücklich die ausschließliche Beweiskraft des Sitzungsprotokolls und lässt den Grundsatz des Freibeweises zurücktreten. Das gilt nach § 273 Abs. 1 dStPO für die in der Hauptverhandlung vorgeschriebenen Förmlichkeiten. Die Beweiskraft des Protokolls erstreckt sich aber nicht auf die Inhalte aller Aussagen und Prozesserklärungen, selbst wenn sie – wie bereits dargestellt – ausnahmsweise nach § 273 Abs. 2 dStPO protokolliert werden, da sie nicht zu den wesentlichen Förmlichkeiten gehören.[123] Hierfür sind grundsätzlich die Urteilsgründe maßgebend.[124]

Der Gegenbeweis gegen die Urteilsfeststellungen ist hingegen nur möglich, wenn keine Rekonstruktion der Hauptverhandlung erfolgen muss. Denkbar wäre dies beispielsweise im außerordentlichen Fall des § 273 Abs. 3 dStPO, wenn im Sitzungsprotokoll der Inhalt einer Aussage protokolliert worden ist. Im Regelfall können die Urteilsfeststellungen über die Beweisaufnahme mit Verfahrensrügen nach § 244 Abs. 2 und § 261 dStPO nicht angegriffen werden. Es ist Sache des Tatrichters,

---

[121] LR-*Hanack*, StPO, 1997–2005, Vor § 333 Rn. 2.

[122] *Gubitz*, JA 2009, 451, 454.

[123] Vgl. BGH, NStZ-RR 1997, 73; BayObLG, NJW 1995, 976; KG, VRS 100, 454, 455.

[124] *Meyer-Goßner*, StPO, 2011, § 274 Rn. 10.

die Ergebnisse der Beweisaufnahme festzustellen und zu würdigen.[125] So wird in § 337 dStPO normiert, dass das Urteil mit der Revision nur auf Rechtsfehler hin überprüft werden kann. Daneben müssen die festgestellten Tatsachen eine zuverlässige Grundlage für die Prüfung bieten.[126] Das Revisionsgericht darf jedoch die Beweisaufnahme nach der Rspr. nicht wiederholen[127] und ist daher nicht in der Lage, die aus Rechtsgründen nicht zu beanstandenden Tatsachenfeststellungen des Urteils zu überprüfen.[128] Es gilt das „Rekonstruktionsverbot der Hauptverhandlung", welches zwar nicht in der Strafprozessordnung geregelt ist, aber „von der Rechtsprechung zuerst floskelhaft angenommen und später die Floskel zum Rechtssatz erhoben wurde".[129]

Auch die revisionsrechtliche Sachrüge führt nicht weiter: Nach ständiger Rspr. kann mit dieser nur die Plausibilität der tatrichterlichen Beweiswürdigung überprüft werden. Revisionsrechtlich erfolgreich ist die Sachrüge nur, wenn die Beweiswürdigung lückenhaft, unklar oder widersprüchlich ist oder gegen Denkgesetze und Erfahrungssätze verstößt.[130] Nach *Schünemann* werden daher „streng genommen eher die juristische Begabung und das logische Denken des Urteilsverfassers überprüft als die inhaltliche Richtigkeit des Urteils."[131]

b) Revisionssicheres Urteil durch Darstellungslücken

Im juristischen Alltag geben Urteilsgründe häufig das Beweisergebnis der Hauptverhandlung unzureichend, wenn nicht gar falsch wieder.[132] Dabei werden – nicht selten sogar gezielt – wichtige Entlastungsbeweise in den Gründen des Strafurteils nicht erwähnt und damit die Revision „leerlaufen" gelassen[133] oder das Urteil durch Darstellungslücken revisionssicher abgefasst. Dass dies ein Verstoß gegen den Grundsatz der erschöpfenden Beweiswürdigung und des Anspruchs auf Gehör vor Gericht darstellt, liegt auf der Hand.[134]

Aber auch hier scheitert eine Verfahrensrüge nach § 261 dStPO an der Nachweisbarkeit und dem „Verbot der Rekonstruktion der Hauptverhandlung", wonach wesentliche Teile der Hauptverhandlung bei der Urteilsfindung unberücksichtigt geblieben sind. Damit erreicht die Revision wegen der Beschränkung auf den Urteilstext

[125] *Meyer-Goßner*, StPO, 2011, § 337 Rn. 13.

[126] *Meyer-Goßner*, StPO, 2011, § 337 Rn. 1.

[127] BGHSt 15, 347, 349; 17, 351, 352; 28, 384, 387; 29, 18, 20; 31, 139, 140; vgl. BGH, NJW 1984, 1245, 1246; vgl. auch *Sarstedt/Hamm*, Die Revision in Strafsachen, 1998, S. 118 ff.

[128] KK-*Kuckein*, StPO, 2008, § 337 Rn. 3.

[129] *Wasserburg*, in: FS Richter II, 2006, S. 547, 558.

[130] BVerfG, StV 2003, 593, 596; BGH, NStZ 1982, 478, 479.

[131] *Schünemann*, ZStW 2002, 1, 55.

[132] *Nack*, in: FS Rieß, 2002, S. 361, 368.

[133] *Wasserburg*, in: Brüssow/Gatzweiler/Krekeler/Mehle (Hrsg.), Die Wiederaufnahme des Strafverfahrens, 2007, § 15, S. 653, 673 Rn. 39.

[134] *Schlothauer*, StV 1992, 134, 138; *Wasserburg*, in: Brüssow/Gatzweiler/Krekeler/Mehle (Hrsg.), Die Wiederaufnahme des Strafverfahrens, 2007, § 15, S. 653, 673 Rn. 39.

und der Unmöglichkeit der Rekonstruktion der Hauptverhandlung lediglich eine Simulation von effektiver Kontrolle.[135]

c) Bestrebungen zur revisionsrechtlichen Überprüfbarkeit

In neuerer Zeit ist der Versuch unternommen worden, den Bereich der Würdigung und Darstellung der Beweisaufnahme der Revisionskontrolle zugänglich zu machen.[136] Die Diskussion hierüber ist einerseits aus den unterschiedlichen Auffassungen über das Wesen und den Zweck der Revision zu verstehen und andererseits aus dem Bedürfnis des Angeklagten, eine Überprüfung der Beweiswürdigung und -darstellung vornehmen zu lassen.

Das Wesen und der Zweck der Revision liegt nach einer Auffassung in erster Linie darin, dass sie der Wahrung der Rechtsfortbildung dienen soll; nach einer anderen Auffassung stellt die Revision vor allem eine Kontrolle der Einzelfallentscheidung dar.[137] Teile des Schrifttums greifen dementsprechend zur Abgrenzung des revisiblen Bereichs auf eine „Leistungsmethode“ zurück und andere stellen das „Prinzip der Verantwortungsteilung“ zwischen Tatrichter und Revisionsrichter auf.[138] Daneben existiert noch eine vermittelnde Position, dass die Revision beiden Zielen, also der Wahrung der Einzelfallgerechtigkeit als auch der Wahrung der Rechtsfortbildung dienen soll.[139]

Legt man diese vermittelnde Position dem Zweck der Revision zugrunde, zeigt sich ein durchaus widersprüchliches Verhältnis der Revision zur Einzelfallgerechtigkeit und erklärt auch die Diskussion um den Grund und die Grenze des Rekonstruktionsverbots der Hauptverhandlung.

aa) Überlegung nach *Fezer*

Nach *Fezer*[140] solle das Revisionsgericht in einem Freibeweisverfahren dem behaupteten Verfahrensverstoß nachgehen können, indem es selbst die tatrichterliche Beweisaufnahme prüfe, soweit § 274 dStPO nicht entgegenstehe. Die revisionsrechtliche Überprüfung sei nur auf eine solche des behaupteten Verfahrensverstoßes bezogen, nicht aber auf eine inhaltliche Überprüfung der tatrichterlichen Feststellungen.

---

[135] *Eschelbach*/Graf, StPO, 2010, § 261 Rn. 61, 63.

[136] *Schlothauer*, StV 1992, 134, 135; *Herdegen*, StV 1992, 590 ff.

[137] KK-*Kuckein*, StPO, 2008, Vor § 333 Rn. 3; LR-*Hanack*, StPO, 1997–2005, Vor § 333 Rn. 5 ff.; AK-StPO/*Maiwald*, Stand: 1996, Vor § 333 Rn. 1 ff.; HK-GS/*Maiwald*, 2011, § 333 Rn. 2; vgl. auch *Dahs/Dahs*, Die Revision im Strafprozess, 2008, Rn. 2; vgl. *Rieß*, in: Brüssow/Gatzweiler/Krekeler/Mehle (Hrsg.), Revision, 2007, § 13, S. 521, 526 Rn. 3; *Krey*, Deutsches Strafverfahrensrecht, Bd. 2, 2007, S. 229 Rn. 1230.

[138] LR-*Hanack*, StPO, 1997–2005, Vor § 333 Rn. 5 ff; KK-*Kuckein*, StPO, 2008, Vor § 333 Rn. 1 ff.

[139] *Meyer-Goßner*, StPO, 2011, Vor § 333 Rn. 4; LR-*Hanack*, StPO, 1997–2005, Vor §§ 333 Rn. 7 ff.

[140] *Fezer*, in: Ebert (Hrsg.), Grenzen der Beweisaufnahme durch das Revisionsgericht, 1991, S. 89, 108 ff.; vgl. auch *Fezer*, JZ 1996, 655, 666.

Zur Rekonstruktion der Hauptverhandlung könne sich das Revisionsgericht etwa der Möglichkeiten der Befragung, der dienstlichen Erklärungen oder Aufzeichnungen der Prozessbeteiligten bedienen.

bb) „Alternativrüge"

Als weiterer Versuch, die Würdigung und Darstellung der Beweisaufnahme der Revisionskontrolle zugänglich zu machen, ist die sogenannte „Alternativrüge" entwickelt worden. Bei dieser wird alternativ ein Verstoß gegen § 244 Abs. 2 oder § 261 dStPO gerügt. Denn ein Widerspruch zwischen dem Akteninhalt und dem Urteilsinhalt solle entweder eine Nichteinführung des Akteninhalts in die Hauptverhandlung oder eine Nichterörterung des Widerspruchs in den Urteilsgründen bedeuten. Es solle sich um eine Art prozessuale Wahlfeststellung handeln.[141]

Die Rspr. hat der „Alternativrüge" mit der Begründung des Rekonstruktionsverbots eine Absage erteilt.[142] Danach seien „Widersprüche zwischen dem Inhalt des Urteils und den Akten, wenn sie sich nicht aus den Urteilsgründen selbst ergeben, für sich allein regelmäßig revisionsrechtlich unerheblich."[143] Auch hier stellt sich der BGH auf den Standpunkt, dass die Hauptverhandlung aus tatsächlichen Gründen nicht rekonstruiert werden und die „Alternativrüge" daher keinen Erfolg haben könne. Der BGH führt aus, dass „das Herausgreifen und Beurteilen eines Aktendetails, das im Urteil keine Stütze findet, ohne Berücksichtigung des gesamten Akteninhalts und ohne Kenntnis dessen, was im Einzelnen in der Hauptverhandlung geschehen ist, zu falschen Ergebnissen führen kann."[144]

cc) Stellungnahme zu der Überlegung von *Fezer* und zu der „Alternativrüge"

Die Überlegung von *Fezer* erscheint nicht gangbar. Grundsätzlich gibt es zwar keinen systematisch zwingenden Grund, dass es dem Revisionsgericht versagt wäre, Verfahrensverstöße – außerhalb von § 274 dStPO – im Rahmen des Freibeweises aufzuklären. Diese Aufklärung über den Weg der Befragung, der dienstlichen Erklärungen oder Aufzeichnungen der Prozessbeteiligten erscheint aber kaum praktikabel, da der Zuverlässigkeit einer solchen Rekonstruktion von vornherein Grenzen gesetzt sind.[145] So können in der Regel keine tiefen Einblicke in das tatrichterliche Verfahren gewonnen werden, um dem behaupteten Verfahrensverstoß nachzugehen.

Ist die Überlegung von *Fezer* aufgrund der sich stellenden praktischen Probleme der Weg in die falsche Richtung, mit der die gewünschte Rekonstruktion der Hauptverhandlung durchgeführt werden kann, erscheint hingegen „die Alternativrüge" umso reizvoller.

---

[141] *Ziegert*, StV 1996, 279, 281; vgl. *Schlothauer*, StV 1992, 134, 139 Rn. 85.

[142] Vgl. nur BGH, StV 1992, 549; BGHR StPO § 344 Abs. 2 S. 2 Beweiswürdigung 6.

[143] BGH, NStZ 2007, 115.

[144] BGH, StV 1992, 549.

[145] *Schäfer*, StV 1995, 147, 156; LR-*Hanack*, StPO, 1997–2005, § 337 Rn. 78a.

Hierbei ist allerdings einer weiteren Erörterung die Überlegung vorzuziehen,[146] dass diese beiden Ansätze gar nicht zur Anwendung kommen müssten, da sich tatsächlich der Forderung nach der Überprüfung der Würdigung und Darstellung der Beweisaufnahme durch das Revisionsgericht mit einfachen Mitteln nachkommen ließe: Das Revisionsgericht stellt nach seiner bisherigen rechtlichen Konzeption keine neue Tatsacheninstanz dar. Daher kann eine Verfahrensrüge immer nur dann erfolgreich sein, wenn hierfür eine objektive Beurteilungsgrundlage vorhanden ist und nicht erneut eine Beweisaufnahme durchgeführt werden muss. Ein Gegenbeweis gegen die Urteilsfeststellungen gelingt nämlich dann, wenn „das Revisionsgericht – ohne die tatrichterlichen Urteilsfeststellungen durch eine eigene Beweiserhebung zu überlagern – anhand von Unterlagen mit objektivem Beweiswert feststellen kann“[147], dass der Tatrichter prozessual fehlerhaft verfahren hat, sich also das wirkliche Beweisergebnis mit den Mitteln des Revisionsrechts ohne weiteres feststellen lässt.[148]

Solche Unterlagen mit objektivem Beweiswert sind der dStPO bekannt, so beispielsweise verlesene Urkunden.[149] Ebenfalls wäre ein Wortprotokoll über die durchgeführte Beweisaufnahme, also insbesondere von Zeugenaussagen, ein zulässiger Gegenbeweis. Existierte also ein obligatorisches Wortprotokoll oder sogar eine Bild- und Tonaufzeichnung, so wäre eine Überprüfung der Beweiswürdigung in dem Urteil auf Widersprüche durch das Revisionsgericht möglich – ohne dass erneut eine Beweisaufnahme durch das Revisionsgericht durchgeführt werden müsste.[150]

d) Stellungnahme

Die Behauptung der „Unzulässigkeit der Protokollrüge“ und das sogenannte „Verbot der Rekonstruktion der Hauptverhandlung“ hat zur Folge, dass eine einmal durchgeführte Beweisaufnahme für das Revisionsgericht feststeht und der Darstellung des Richters in den Urteilsgründen und die darin wurzelnde Beweiswürdigung – ohne jede Angriffsmöglichkeit und frei von revisionsrechtlicher Kontrolle – überlassen bleibt. Urteile enthalten daher nicht selten anderes, als in der Hauptverhandlung erörtert worden ist. Verteidiger beklagen oft nach dem tatrichterlichen Urteil, dass man „wohl den falschen Film gesehen habe“.[151]

Diese Behauptungen könnten jedoch ebenso obsolet werden wie ein Urteil, das heute noch durch Darstellungslücken revisionssicher abgefasst wird. Dazu müsste es eine wörtliche Protokollierung oder eine technische Aufzeichnung in Wort und Bild der Hauptverhandlung geben.[152] Diese Forderung ist also nicht nur im

---

[146] Siehe später hierzu die Überlegungen in den Korrekturmöglichkeiten, dass eine Kontrolle von Urteilen auch dann stattfinden sollte, wenn sich Zweifel (nur) aus den Akten ergeben, S. 140 ff.

[147] LR-*Hanack*, StPO, 1997–2005, § 337, Rn. 79.

[148] BGH, StV 1991, 549; 1993, 115.

[149] LR-*Hanack*, StPO, 1997–2005, § 337, Rn. 80.

[150] Vgl. auch insoweit *Fezer*, in: Ebert (Hrsg.), Grenzen der Beweisaufnahme durch das Revisionsgericht, 1991, S. 89, 114 f.

[151] *Nack*, in: FS Rieß, 2002, S. 361, 368; *Wahl*, NJW-Sonderheft für Schäfer 2002, 73, 74.

[152] Vgl. auch *Nack*, in: FS Rieß, 2002, S. 361, 369.

Zusammenhang mit der Aussageanalyse aufzustellen. Die Aufzeichnung spielt auch für das Revisionsverfahren eine wichtige Rolle, denn dem Revisionsgericht wäre es dann möglich, die Beweiswürdigung auch hinsichtlich ihres Inhalts zu überprüfen. Darstellungslücken im Urteil könnten anhand eines Vergleichs zwischen dem Urteil und dem Protokoll oder der Ton- und Bildaufzeichnung aufgezeigt und erfolgreich gerügt werden. Der Tatrichter täte in diesem Falle gut daran, die Beweisaufnahme in seinem Urteil vollständig wiederzugeben, da er sonst die Revision fürchten müsste.

Exemplarisch für das dargestellte Verfahrensdefizit steht der anfängliche Beispielsfall: *A* rügt in der Revision die lückenhafte Sachdarstellung und die Würdigung der Entstehungsgeschichte der Aussage der *T* im tatrichterlichen Urteil. Doch die Revision bleibt erfolglos, der BGH verwirft diese ohne einzelfallbezogene Begründung.

In der noch nicht entschiedenen Verfassungsbeschwerde gegen das erste Wiederaufnahmeverfahren führt *A* aus, dass im Urteil der markante Anzeigezeitpunkt, ein Sonntag im März 2004 gegen 20.45 Uhr und der Zeitpunkt der ersten polizeilichen Vernehmung gegen 22.00 Uhr nicht vermerkt sei. Dabei wäre *T* zu diesem Zeitpunkt schon Monate vorher aus dem Haus des *A* ausgezogen und die angeblichen Missbrauchstaten wären schon lange beendet. Weiter dokumentiere das Urteil die Art und Weise der Missbrauchshandlungen nicht so, wie sie sich aus den polizeilichen Vernehmungsprotokollen entnehmen ließe. Auch sei im Urteil nicht festgehalten, dass *T* in der ersten Vernehmung das Alter mit vier bis fünf Jahren, in der zweiten und dritten Vernehmung mit circa fünf Jahren angegeben habe. Des weiteren sei nicht vermerkt, dass *T* bei der polizeilichen Vernehmung einen anderen wiederkehrenden Tattag als bei dem Ermittlungsrichter genannt habe. Es soll sich nach der *T* nämlich nicht, wie anfänglich angegeben, um einen Samstag, sondern vielmehr um einen Sonn- oder Feiertag gehandelt haben, da *A* andernfalls gearbeitet habe. Dies sei nach dem *A* aber ein deutlicher Widerspruch, der nicht aus den Urteilsgründen zu entnehmen und angesichts des „Verbots der Rekonstruktion der Hauptverhandlung“ in der Revisionsinstanz nicht zu erfassen gewesen sei.

Das Verteidigungsvorbringen des *A* zeigt, dass dem Tatgericht eine von dem Revisionsgericht nicht überprüfbare Darstellung und Würdigung der Beweisaufnahme zugebilligt wird, obwohl erhebliche Argumente gegen die Richtigkeit seitens der Verteidigung erhoben werden.

5. Berücksichtigung des „in dubio pro reo“ – Grundsatzes bei der richterlichen Entscheidungsfindung bzw. Möglichkeit einer Kontrolle?

Verbleibende Zweifel des Tatrichters nach der Würdigung der Beweise, die sich insbesondere bei der Glaubwürdigkeit des „Opferzeugen“ und der Glaubhaftigkeit seiner Angaben ergeben können, sollten regelmäßig dazu führen, dass der Angeklagte bei einer Aussage-gegen-Aussage-Konstellation mangels weiterer Beweise unter Anwendung des „*in dubio pro reo*“ – Grundsatzes freigesprochen werden müsste. Fraglich ist jedoch, ob die tatrichterliche Praxis den Grundsatz auch hinreichend bei ihrer Entscheidungsfindung beachtet, und diese Beachtung notfalls einer Kontrolle unterzogen werden kann.

a) Bedeutung

Der Grundsatz „*in dubio pro reo*" besagt positiv, dass eine Verurteilung nur auf Grund eines zur vollen Überzeugung des Tatrichters festgestellten Sachverhalts zulässig ist; negativ, dass aus nur möglichen, im Zweifel gebliebenen Umständen nichts zu Lasten des Angeklagten hergeleitet werden darf.[153] Voraussetzung für eine Verurteilung ist dementsprechend, dass die subjektive tatrichterliche Überzeugung über das Vorliegen der Voraussetzungen für eine Verurteilung mit dem nach der Lebenserfahrung ausreichenden Maß an Sicherheit, welches keinen vernünftigen Zweifel bestehen lässt,[154] und die Feststellung der Tatsachen mit der hohen objektiven Wahrscheinlichkeit der Richtigkeit des Ergebnisses[155] gewonnen wird.

Der Zweifelssatz betrifft dagegen das „*non liquet*": Hier ist der Richter weder von der Schuld noch der Unschuld des Angeklagten überzeugt.[156] Das impliziert auch die grundsätzliche Entscheidung, einen Schuldigen laufen zu lassen als einen Unschuldigen zu verurteilen.[157] „*In dubio pro reo*" bestimmt nicht, wie der Tatrichter die Beweise zu würdigen hat, sondern greift erst nach abgeschlossener Beweiswürdigung ein.[158]

Mit dem Zweifelssatz soll sichergestellt werden, dass nur ein schuldiger Angeklagter bestraft (Schuldgrundsatz) und dass das Verfahren nach den Regeln der Prozessordnung durchgeführt wird (Rechtsstaatsprinzip).[159]

Nach unterschiedlichen Auffassungen findet der Grundsatz seine Rechtsgrundlage auch in dem Rechtsprinzip „*nulla poena sine lege*" gemäß Art. 103 Abs. 2 GG,[160] der Unschuldsvermutung gemäß Art. 6 Abs. 2 EMRK[161] sowie in § 261 StPO.[162]

Mit der Revision kann „*in dubio pro reo*" allerdings nur dann als verletzt gerügt werden, wenn sich aus den Urteilsgründen ergibt, dass das Gericht seine Zweifel nicht überwunden hat.[163] Der Zweifelssatz ist nicht schon verletzt, wenn der Richter hätte zweifeln müssen, sondern nur, wenn er verurteilte, obwohl er zweifelte.[164]

---

153 BGH, NStZ 1987, 474.

154 BGHSt 41, 206, 214.

155 BGH, NJW 1999, 1562, 1564.

156 *Krey*, Deutsches Strafverfahrensrecht, Bd. 2, 2007, S. 160 Rn. 1036.

157 *Kühne*, Strafprozessrecht, 2010, § 57 Rn. 955.

158 *Meyer-Goßner*, StPO, 2011, § 261 Rn. 26.

159 *Wessels/Beulke*, Strafrecht Allgemeiner Teil, 2011, § 18 Rn. 802; vgl. auch *Stree*, In dubio pro reo, 1962, S. 16 ff.

160 *Ranft*, Strafprozessrecht, 2005, Rn. 1639.

161 *Beulke*, Strafprozessrecht, 2010, § 2 Rn. 25; *Ranft*, Strafprozessrecht, 2005, Rn. 1639.

162 Vgl. *Noack*, Jura 2004, 539; vgl. auch *Zopfs*, Der Grundsatz „in dubio pro reo", 1999, S. 328; *Ranft*, Strafprozessrecht, 2005, Rn. 1639.

163 *Meyer-Goßner*, StPO, 2011, § 261 Rn. 39.

164 BVerfG, MDR 1975, 468, 469; BVerfG, NJW 1988, 477; BVerfG, Beschluss v. 03.07.2001–Az 2 BvR 800/01.

b) Stellungnahme

Die Vermutung liegt hier nahe, dass in der Aussage-gegen-Aussage-Konstellation geradezu ein institutioneller Zweifel bestehen und somit häufig der Zweifelssatz „*in dubio pro reo*" zur Anwendung kommen müsste. Dabei müssten sich verbleibende Zweifel in der Beweiswürdigung, insbesondere bei der Glaubhaftigkeit der Angaben des „Opferzeugen" unter Zugrundelegung dieses rechtsstaatlichen Fundamentalsatzes zugunsten des Angeklagten auswirken und mit einem Freispruch mangels weiterer Personal- oder Sachbeweise enden.

Doch in der Praxis kommt „*in dubio pro reo*" nicht die von der Rechtsdogmatik angedachte Relevanz zu: Durch die bereits dargestellten psychologischen Effekte, die auf den Tatrichter lange vor der Beweisaufnahme einwirken (Schulterschlusseffekt, Schutzeinlassung des Angeklagten, Ankereffekt, kognitive Dissonanz mit dem Perseveranz- bzw. Inertiaeffekt, Prinzip der selektiven Informationssuche),[165] wird die Anwendung des Zweifelssatzes auf ein tatrichterliches Minimum reduziert. Die Entstehung von Zweifeln wird schon behindert, wenn nicht gar ausgeschlossen.

Zumeist wird den Ausführungen des Zeugen bereitwillig Glauben geschenkt[166] und der Beteuerung der Unschuld des Angeklagten der Charakter einer leugnenden Schutzeinlassung beigemessen.

Aber selbst tatrichterliche Zweifel, die sich entgegen der psychologischen Beeinflussungen bilden, müssen nicht zwingend von dem Tatrichter berücksichtigt werden. Denn die Nichtanwendung des „*in dubio pro reo*" – Grundsatzes hat oftmals keine Konsequenzen – bei meist nur einer Tatsacheninstanz – für das tatrichterliche Urteil. Das Revisionsgericht führt die Nichtanwendung des Zweifelssatzes nur höchst selten einer Überprüfung zu, da es allein die Urteilsgründe heranzieht, in denen das Tatgericht subjektive Zweifel an der Begehung der Tat durch den Angeklagten hatte, ihn aber gleichwohl verurteilt hat.[167] Und die Anführung eben dieser Zweifel in den Urteilsgründen wird der erfahrene Tatrichter im juristischen Alltag tunlichst unterlassen, um sein Urteil revisionssicher abzufassen.[168] Routinemäßig wird eher die zweifelsfreie Überzeugung hervorgehoben.[169]

Dabei betreffen diese Darstellungslücken nicht nur den „*in dubio pro reo*" – Grundsatz. Wie bereits erörtert, werden nicht selten sogar wichtige Entlastungsbeweise gezielt unerwähnt gelassen.[170]

Der Zweifelssatz besitzt insoweit nur für die Revision bei freisprechenden Urteilen Bedeutung, die bei der Anfechtung in einer höheren Quote der Aufhebung unterliegen.[171] Denn die Beweiswürdigung wird dann bei einem Freispruch beanstandet,

---

[165] Vgl. oben S. 33 ff.

[166] *Meyer-Mews*, NJW 2000, 916.

[167] BVerfG, MDR 1975, 468, 469; BVerfG, NJW 1988, 477; BVerfG, Beschluss v. 03.07.2001– Az 2 BvR 800/01.

[168] Vgl. auch *Wilhelm*, ZStW 2005, 143, 144.

[169] Vgl. *Eschelbach*/Graf, StPO, 2010, § 261 Rn. 44.

[170] Vgl. oben S. 41.

[171] *Eschelbach*/Graf, StPO, 2010, § 261 Rn. 46.

wenn das Gericht überspannte Anforderungen an die zur Verurteilung erforderliche richterliche Überzeugungsbildung gestellt hat.[172]

Somit wird die Revisionsinstanz ihrer Funktion nicht gerecht, gerade auch bei einer Verurteilung des Angeklagten die Einhaltung der strafprozessualen Grundsätze zu garantieren.

Damit lässt sich festhalten, dass „*in dubio pro reo*" nach dem derzeit geltenden deutschen Strafprozessrecht in der Praxis nur eine Kontrollmaxime für die Lektüre des schriftlichen Urteils und nicht mehr als eine Leerformel darstellt.[173]

Doch entgegen dieser revisionsrechtlichen Wirklichkeit sollten auch gerade solche tatrichterliche Urteile wegen einer Verletzung des Zweifelssatzes überprüft werden können, die den Angeklagten bei der Übergehung objektiv vorhandener Zweifelsgründe, die sich geradezu aufdrängen, verurteilen.[174]

Bestände die Gefahr einer wirkungsvollen revisionsrechtlichen Überprüfung und dabei insbesondere kein Verbot der Rekonstruktion der Hauptverhandlung, wäre der Tatrichter eingedenk dieser Kontrollinstanz auch gehalten, in Zweifelsfällen tatsächlich den „*in dubio pro reo*" – Grundsatz anzuwenden und den Angeklagten bei verbleibenden Zweifeln freizusprechen.

Auch im Beispielsfall lässt es sich nicht ausschließen, dass die Tatrichter bei ihrer Entscheidung den Zweifelssatz „*in dubio pro reo*" nicht hinreichend beachtet haben. Sie können sowohl den dargestellten psychologischen Effekten bei ihrer Wahrheitsfindung erlegen sein als auch gezielt Passagen im Urteil ausgelassen haben, die Zweifel an der Täterschaft des *A* hervorgerufen hätten. Dies wird insbesondere durch das Vorbringen der Verteidigung genährt, dass u. a. die „Nullhypothese" bei der tatrichterlichen Glaubhaftigkeitsprüfung nicht zur Anwendung gekommen sei und zudem Lücken in der Sachdarstellung und der Würdigung der Entstehungsgeschichte der Aussage der *T* im tatrichterlichen Urteil bestünden.

II. Mögliche besondere Verteidigungsbeschränkungen aus Gründen des Opferschutzes

Im Folgenden wird geprüft, inwieweit sich eine Schwächung der Verteidigungsposition des Angeklagten in Deutschland gerade durch eine Betonung von Opferschutzinteressen im Besonderen ergibt.

1. „Opferzeuge" als „Quasipartei" des Strafverfahrens?

In Deutschland existiert die Bemühung des Gesetzgebers, dem „Opferzeugen" unter dem Gesichtspunkt des „Opferschutzes" mehr Rechte im Strafverfahren zuzubilli-

---

172 BGH, NStZ 1984, 180; BGH, StV 1986, 421 f.; *Pfeiffer/Miebach*, NStZ 1985, 13, 15; *Miebach*, NStZ 1988, 209, 212.

173 *Eschelbach*/Graf, StPO, 2010, § 261 Rn. 46, 64.

174 *Peters, K.*, Strafrechtspflege und Menschlichkeit, 1988, S. 309.

gen. Durch diese Bestrebungen ist jedoch zweifelhaft, ob sich der „Opferzeuge" nicht zu einer „Quasipartei" des Strafverfahrens „aufschwingt", die mit seiner Zeugenrolle unvereinbar wäre.

a) Bestrebungen des Gesetzgebers und gesetzliche Umsetzung

Die Entwicklung, den „Opferzeugen" als „Quasipartei" an dem Strafverfahren zu beteiligen, lässt sich vor allem durch das „Opferschutzgesetz"[175] von 1986, durch das „Gesetz zum Schutz von Zeugen und zur Verbesserung des Opferschutzes"[176] von 1998, durch das Gesetz zur Verbesserung der Rechte von Verletzten im Strafverfahren, kurz das „Opferrechtsreformgesetz"[177] von 2004 und daran anknüpfend das „2. Opferrechtsreformgesetz – Gesetz zur Stärkung der Rechte von Verletzten und Zeugen im Strafverfahren"[178] von 2009 beobachten.

Auf europäischer Ebene ist der Rahmenbeschluss des Rates der Europäischen Union vom 15.03.2001 über die Stellung des Opfers im Strafverfahren[179] anzuführen.

Als wesentlicher Bestandteil einer „opferbezogenen" Strafrechtspflege werden heute die Vorschriften über die „Entschädigung des Verletzten" angenommen:[180] Nach der verfahrensrechtlichen Konzeption kann der „Opferzeuge" seine Schadenersatzansprüche schon im Strafverfahren gemäß §§ 403 ff. dStPO durchsetzen.

Befürwortet wird dieser Konnex vor allem wegen der Entlastung der Gerichte, der Zeit- und Kostenersparnis und des Opferschutzes durch die Vermeidung mehrfacher Vernehmungen.[181] Dagegen sehen die Gegner das Adhäsionsverfahren seit jeher wegen der forensischen Verschiedenheit der Aufgaben des Straf- und Zivilrichters und der strukturellen Unterschiede des Straf- und Zivilverfahrens als bedenklich an.[182]

Neben dem Adhäsionsverfahren besitzt der „Opferzeuge" zudem als Nebenkläger ein Akteneinsichtsrecht, das Fragerecht bei der Zeugenvernehmung, das Beweisantragsrecht, das Recht, Rechtsmittel einzulegen und das Recht auf Anwesenheit in der Hauptverhandlung gemäß § 397 Abs. 1 S. 1 dStPO. Das BVerfG sieht in der Einrichtung der Nebenklage keine Beschränkung der Verteidigungsrechte:„Die dem Verletzten eingeräumte Befugnis, sich dem durch die öffentliche Klage eingeleiteten Verfahren anzuschließen, und die Zulassung selbst hindern den Angeklagten nicht in seiner Verteidigung: Ihm ist es nicht verwehrt, sich gegen den Vortrag des

[175] BGBl. S. 2496.

[176] BGBl. S. 820.

[177] BGBl. S. 1354.

[178] BGBl. I S. 2280.

[179] RB (EU) 2001/220/JI, Abl. L 82.

[180] HK-GS/*Weiner*, 2011, § 403 Rn. 1.

[181] HK-GS/*Weiner*, 2011, § 403 Rn. 1.

[182] SK-StPO/*Velten*, Loseblatt, Stand: Sept. 2003, Vor §§ 403–406c Rn. 5; *Meyer-Goßner*, StPO, 2011, Vor § 403 Rn. 2.

Nebenklägers zu wenden sowie durch eigene Beweisanträge und Rechtsmittel seinerseits das Verfahren zu beeinflussen."[183]

b) Stellungnahme

Die eigentliche Funktion des „Opferzeugen" gerät im Strafverfahrensrecht bedauerlicherweise mehr und mehr in Vergessenheit. Der Strafprozess soll der Durchsetzung des staatlichen Strafanspruchs dienen.[184] Der „Opferzeuge" ist daher im Wesentlichen Beweismittel und tritt nicht als Prozesssubjekt, sondern als Untersuchungsobjekt im Rahmen der Wahrheitsfindung in Erscheinung.[185]

Doch durch die Möglichkeit der Durchsetzung von Schadenersatzansprüchen schon im Strafverfahren ist der „Opferzeuge" nicht einfach mehr Zeuge, sondern verfolgt eigene Interessen.[186] Seine Aussage stellt daher nicht selten eine bloße Parteibekundung dar. *Schünemann* bringt es dabei auf den Punkt: „Der Gesetzgeber hat die Zeugenfunktion des „Opfers" schwerwiegend beeinträchtigt, die Ermittlung der materiellen Wahrheit gefährdet und den Prozess insgesamt in eine Schieflage zu Lasten des Angeklagten gebracht".[187] Der Angeklagte sieht sich einem zweiten Streitgegenstand, nämlich dem zivilrechtlichen Ersatzanspruch ausgesetzt, bei dem die zivilprozessuale „Waffengleichheit" nicht in allen Punkten gewahrt ist und dessen Abwehr seine Verteidigungsposition und Verteidigungsmöglichkeiten beträchtlich beeinträchtigen kann.[188]

In Deutschland manifestiert sich die Parteistellung des „Opferzeugen" weiter in der Rolle des Nebenklägers: Der „Opferzeuge" kann an der Hauptverhandlung inklusive einer möglichen Einlassung des Angeklagten teilnehmen, ohne dass er den Gerichtssaal – im Gegensatz zu der sonst üblichen Abwesenheitspflicht eines Zeugen gemäß § 243 Abs. 2 S. 1 dStPO – verlassen müsste.[189] Damit kann aber seine Zeugenaussage massiv durch den bisherigen Verlauf der Hauptverhandlung beeinflusst werden.

Der Nebenkläger ist dann nicht einfach nur Zeuge, sondern vielmehr kann er als zusätzlicher „Ankläger" neben der Staatsanwaltschaft auftreten. Doch eine mit vielseitigen Rechten ausgestattete Klägerstellung sollte es eigentlich entgegen der gesetzlichen Normierung des § 397 Abs. 1 S. 1 dStPO unmöglich machen, den Nebenkläger als Zeugen heranzuziehen – eine Zeugenschaft müsste ausgeschlossen sein.[190]

---

[183] BVerfGE 26, 66 = NJW 1969, 1423, 1424.

[184] *Beulke*, Strafprozessrecht, 2010, § 1 Rn. 3.

[185] *Kühne*, Strafprozessrecht, 2010, § 11 Rn. 245.

[186] Vgl. *Loos*, GA 2006, 195, 201; vgl. auch *Weigend*, Deliktsopfer und Strafverfahren, 1989, S. 525 f.

[187] *Schünemann*, in: FS Hamm, 2008, S. 687, 691.

[188] *Rieß*, in: FS Dahs, 2005, S. 425, 433.

[189] Vgl. *Dahs*, Handbuch des Strafverteidigers, 2005, S. 645 Rn. 1060.

[190] Vgl. *Henkel*, Strafverfahrensrecht, 1968, S. 204 f.; *Schmidt, Eb.*, StPO, Teil II, 1957, Vor § 48 Rn. 6.

Besondere Bedeutung erlangt diese Verfahrenssituation in der Aussage-gegen-Aussage-Konstellation. Der einzige Belastungszeuge übt gleichzeitig eine Ankläger- als auch eine Zeugenfunktion aus, wobei dessen Zeugenaussage meist essentiell für eine Verurteilung oder einen Freispruch des Täters ist. Eine durch die Aktenkenntnis und die Kenntnis des Verlaufs der Hauptverhandlung geprägte und meist durch einen Anwalt vorbereitete Aussage lässt Zweifel zu, ob es sich hierbei um eine bloße Wiedergabe der Erinnerung handelt.[191] Damit wird die ohnehin schon schwierige Beweissituation in der Aussage-gegen-Aussage-Konstellation zusätzlich verkompliziert.

2. Anklage vor dem Landgericht nach § 24 Abs. 1 Nr. 3 GVG

Die sachliche Zuständigkeit des Gerichts bestimmt sich grundsätzlich nach der zu erwartenden Strafe. Das Amtsgericht ist nach § 24 Abs. 2 GVG bei einer zu erwartenden Freiheitsstrafe bis zu vier Jahren zuständig: Der Strafrichter als Richter des Amtsgerichts ist nach § 25 GVG bei Vergehen bis zu zwei Jahren Freiheitsstrafe und das Schöffengericht gemäß § 28 GVG im Übrigen zuständig.

Allerdings gibt es hiervon Ausnahmen: Das Opferrechtsreformgesetz[192] von 2004 hat § 24 Abs. 1 Nr. 3 GVG dahingehend neu gefasst, dass die Staatsanwaltschaft nunmehr auch wegen der besonderen Schutzbedürftigkeit von Verletzten der Straftat, die als Zeugen in Betracht kommen, Anklage beim Landgericht erheben kann, auch wenn die Strafgewalt des Amtsgerichts nicht überschritten ist.

Damit drängt sich die Frage auf, welche Folgen die Möglichkeit der Anklageerhebung vor dem Landgericht für den Angeklagten hat, und ob diese besondere Zuständigkeitsregelung gegenüber der allgemeinen tatsächlich notwendig und zulässig ist.

a) Folgen der Anklageerhebung vor dem Landgericht nach § 24 Abs. 1 Nr. 3 GVG

Die Anklage vor dem Landgericht nach § 24 Abs. 1 Nr. 3 GVG hat beträchtliche Auswirkungen auf das Strafverfahren als solches, da sie nicht unerhebliche nachteilige Folgen für den Angeklagten entfaltet.

aa) Zerstörung der Kontrolle der Aussagekonstanz

Eine wiederholte gerichtliche Vernehmung des „Opferzeugen" findet bei der Anwendung des § 24 Abs. 1 Nr. 3 GVG nicht statt, da insofern keine zweite Tatsacheninstanz[193] mehr zur Verfügung steht. Doch gerade eine wiederholte Vernehmung spielt

---

[191] Vgl. *Eschelbach*/Graf, StPO, 2010, § 261 Rn. 55.

[192] BGBl. S. 1354.

[193] Keine Berufung nach §§ 312 ff. dStPO.

für die Aussagepsychologie unter dem Gesichtspunkt der Aussagekonstanz eine besondere Rolle. Die Überprüfung des sogenannten Konstanzkriteriums wird durch die Anklage beim Landgericht zunichte gemacht, obwohl diesem Kriterium in der strafrechtlichen Prozesspraxis die größte Bedeutung zukommt:[194] Konstanz in einer Aussage ist eines der bekannten Realitätskriterien, die zur Überprüfung der Glaubhaftigkeit der Aussage untersucht werden.[195] Für ein realitätsbegründetes Ereignis sprechen Konstanz in dem von der Auskunftsperson als zentral erlebten Handlungskern, sowie gewisse Veränderungen einzelner Aussageteile.[196] Gleich bleiben sollte also alles aus dem Geschehensablauf, was offensichtlich für die Auskunftsperson subjektiv von zentraler Bedeutung war.[197]

Dagegen fehlt es, wie *Undeutsch* feststellt, „bei einem nur ausgedachten Ereignis oder einem realen Ereignis, welches mit „Phantasiezutaten" vermengt ist, an einer anschaulichen und unverrückbaren Erinnerung. In solchen Fällen ist bei einer wiederholten Befragung zur Sache entweder ein haltloses Schwanken der Darstellung oder im Gegenteil eine wortgetreue, unter Umständen auswendig gelernte Wiederholung der früheren Darstellung zu beobachten."[198]

bb) Kürzung des Instanzenzuges auf eine Tatsacheninstanz

Durch die Anklage beim Landgericht nach § 24 Abs. 1 Nr. 3 GVG entfällt die Möglichkeit der Einlegung der Berufung nach §§ 312 ff. dStPO. Damit existiert nur eine Tatsacheninstanz mit nur einer Beweisaufnahme. Lediglich die revisionsrechtliche Überprüfung des Urteils steht dann zur Verfügung. Doch das Revisionsgericht kann keinen ausreichenden Ausgleich für die fehlende Berufungsinstanz leisten. Denn die Überprüfung durch das Revisionsgericht bedeutet keine wirksame Kontrolle über die Beweisdarstellung und -würdigung des Tatsachengerichts. Damit besteht die Gefahr, dass eine einmal getroffene – falsche – Entscheidung durch das Tatsachengericht unumstößlich feststeht.

Auch wird die fehlende Berufungsinstanz nicht etwa durch eine nominell höhere Kopfstärke von Berufsrichtern bei Gerichten höherer Ordnung aufgewogen. Dieses Kompensationsmittel für den verkürzten Instanzenzug ist heute weitgehend entfallen.[199] Vielmehr wird vor dem erweiterten Schöffengericht gemäß § 29 Abs. 2 GVG

---

[194] *Geipel*, Handbuch der Beweiswürdigung, 2010, S. 707.

[195] Vgl. oben S. 24.; *Undeutsch*, in: Undeutsch (Hrsg.), Beurteilung der Glaubhaftigkeit von Aussagen, 1967, S. 154 f.

[196] *Greuel/Offe/Fabian/Wetzels/Fabian/Offe/Stadler*, Glaubhaftigkeit der Zeugenaussage, 1998, S. 131 f.

[197] *Bender/Nack*, Tatsachenfeststellung vor Gericht, Bd. I, 1981, Rn. 293; vgl. OLG Stuttgart, NJW 2006, 3506, 3507.

[198] *Undeutsch*, in: Undeutsch (Hrsg.), Beurteilung der Glaubhaftigkeit von Aussagen, 1967, S. 154 f.

[199] KMR-*Eschelbach*, StPO, Loseblatt, Stand: ab 1998, Vor § 359 Rn. 36.

und der Strafkammer mit reduzierter Besetzung gemäß § 76 Abs. 2 GVG mit der selben Kopfstärke verhandelt.[200]

b) Anwendungsbereich des § 24 Abs. 1 Nr. 3 GVG

Anwendung finden soll § 24 Abs. 1 Nr. 3 GVG insbesondere bei kindlichen oder erwachsenen Opfern von Sexualdelikten zum Schutz vor sekundärer Viktimisierung.[201] Nach Nr. 113 Abs. 1 RiStBV soll der Staatsanwalt prüfen, ob die besondere Bedeutung einer Sache sich etwa aus dem Ausmaß der Rechtsverletzung oder den Auswirkungen der Straftat, z.B. nach einer Sexualstraftat ergibt, bei der Beurteilung der Frage, ob ein Fall von besonderer Bedeutung vorliegt und deshalb die Anklage beim Landgericht zu erheben ist.

aa) Sekundäre Viktimisierung

Unter dem Begriff der sekundären Viktimisierung wollen solche Reaktionen im sozialen Nahraum des Opfers als auch durch formelle Kontrollinstanzen (z.B. Strafverfahren) verstanden werden, von denen zusätzliche Schädigungen des Opfers sowie eine Festschreibung seiner Opferrolle resultieren sollen. Abzugrenzen ist der Begriff von der primären Viktimisierung: Darunter werden alle Schädigungen angesehen, die durch die Straftat selbst entstanden sind.[202]

bb) Sekundäre Viktimisierung durch Strafverfahren?

Umstritten ist jedoch, ob überhaupt sekundäre Viktimisierungsfolgen durch Strafverfahren möglich sind. Diskutiert werden in der rechtspsychologischen Forschung zwar Folgen der Retraumatisierung, der verfahrensinduzierten langfristigen Schädigungen und der verfahrensbezogenen passageren Belastungen. Bei genauerer Untersuchung sind diese Annahmen aber nicht eindeutig belegbar, da entweder keine Generalisierung der Ergebnisse der durchgeführten Studien möglich ist oder diese gerade nicht eindeutig eine sekundäre Viktimisierung in Form der Retraumatisierung oder der verfahrensverursachten langfristigen Schädigungen belegen.[203]

---

[200] *Wasserburg*, in: Brüssow/Gatzweiler/Krekeler/Mehle (Hrsg.), Die Wiederaufnahme des Strafverfahrens, 2007, § 15, S. 653, 661 Rn. 9.

[201] *Meyer-Goßner*, GVG, 2011, § 24 Rn. 6; vgl. *Bergmann*, in: Krekeler/Löffelmann/Sommer (Hrsg.), GVG, 2010, § 24 Rn. 6.

[202] *Volbert*, in: Volbert/Steller (Hrsg.), Sekundäre Viktimisierung, 2008, S. 198; vgl. auch *Busse/Volbert*, in: Steller/Volbert (Hrsg.), Zur Situation kindlicher Zeugen vor Gericht, 1997, S. 224, 233 f.

[203] *Volbert*, in: Volbert/Steller (Hrsg.), Sekundäre Viktimisierung, 2008, S. 198, 201 f.

So besteht lediglich möglicherweise der Befund, dass es „bei einer Untergruppe von kindlichen Opfern vor allem nach wiederholten und sehr konfliktbeladenen gerichtlichen Vernehmungen zu negativen langfristigen Effekten“ kommen kann.[204] Inwiefern sich dieses Ergebnis, das im Rahmen einer Reihe von Untersuchungen von Kindern in angloamerikanischen adversarischen Strafverfahren entstanden ist,[205] allerdings auf das deutsche Verfahren übertragen lässt, ist aufgrund der deutlichen Unterschiede beider Rechtssysteme doch sehr zweifelhaft.[206]

Hinsichtlich der vorübergehenden Belastungen während des Verfahrens ist nach einer Untersuchung von *Busse*, *Volbert* und *Steller* festzustellen, dass trotz einer mäßig oder stark ausgeprägten Belastung während der Aussage minderjährige geschädigte Zeugen das Gerichtsverfahren mehrheitlich positiv oder sogar als hilfreich empfunden haben.[207] Als Fazit ihrer Untersuchungen stellen *Busse*, *Volbert* und *Steller* fest, dass sich zwar Belege für passagere, nicht unerhebliche mit dem Strafverfahren verbundene Belastungen finden lassen, sich aber keine so erheblichen Schädigungen ableiten lassen, dass generell von einer sekundär viktimisierenden Wirkung des Strafverfahrens auszugehen wäre.[208]

Ähnliche Ergebnisse ergaben auch systematische Untersuchungen des Bochumer Instituts für Gerichtspsychologie. Hierbei wurde der Frage nachgegangen, ob Kinder durch eine Vernehmung zu Sexualdelikten geschädigt werden können. Die Untersuchungen belegen, dass die Vernehmung an sich zwar für viele Kinder eine Unannehmlichkeit beinhaltet, eine Schädigung grundsätzlich durch die Besprechung des Delikts, also durch die Vernehmung zur Sache aber nicht erfolgt.[209] Lediglich bestimmte Nebenumstände der Vernehmung, etwa durch „eine direkte Gegenüberstellung mit dem Angeklagten, bei der das Kind sich in eine Erörterung des Delikts mit ihm einlassen oder äußere Umstände des Geschehens in unmittelbarer Nähe des Angeklagten demonstrieren soll“, können zu einer vorübergehenden Traumatisierung führen.[210]

c) Fehlendes Bedürfnis für § 24 Abs. 1 Nr. 3 GVG?

Wenn sich eine sekundäre Viktimisierung, sofern man eine solche überhaupt als wissenschaftlich erwiesen ansieht, durch andere prozessuale Mittel als der Eingriff

---

[204] *Volbert*, in: Volbert/Steller (Hrsg.), Sekundäre Viktimisierung, 2008, S. 198, 202.

[205] *Runyan/Everson/Edelsohn/Hunter/Coulter*, Journal of Pediatrics, 1988, 647 ff.; *Whitcomb/Runyan/ de Vos/Hunter/Cross/Everson/Peeler/Porter/Toth/Cropper*, The child victim as a witness, 1991; *Goodman/Taub/Jones/England/Port/Rudy/Prado*, Emotional effects on child sexual assault victims, 1992; *Quas/Goodman/Ghetti/Alexander/Edelstein/Redlich/Cordon/Jones*, Childhood sexual assault victims, 2005.

[206] Vgl. auch insoweit die Bedenken von *Volbert*, in: Volbert/Steller (Hrsg.), Sekundäre Viktimisierung, 2008, S. 198, 200.

[207] *Busse/Volbert/Steller*, Belastungserleben von Kindern in Hauptverhandlungen, 1996, S. 196.

[208] *Busse/Volbert/Steller*, Belastungserleben von Kindern in Hauptverhandlungen, 1996, S. 197.

[209] *Arntzen*, Vernehmungspsychologie, 2008, S. 70.

[210] *Arntzen*, Vernehmungspsychologie, 2008, S. 72.

in die Gerichtszuständigkeit nach der zu erwartenden Strafe vermeiden ließe, so würde der Vorschrift des § 24 Abs. 1 Nr. 3 GVG das Bedürfnis fehlen.

aa) Keine Traumatisierung bei Beachtung der strafprozessualen Möglichkeiten

Wie das Bochumer Institut für Gerichtspsychologie festgestellt hat, kann es durch eine direkte Gegenüberstellung des kindlichen oder jugendlichen „Opferzeugen" mit dem Angeklagten möglicherweise zu einer vorübergehenden Traumatisierung des „Opferzeugen" kommen. Doch eine solche unmittelbare Konfrontation kann mit den heutigen strafprozessualen Vorschriften ausgeschlossen und damit auch eine vorübergehende Traumatisierung verhindert werden.

Dabei sind insbesondere §§ 247, 247a und 241a dStPO zu nennen: Nach § 247 S. 2 Alt. 1 dStPO kann der Angeklagte während der Vernehmung aus dem Sitzungszimmer entfernt werden, wenn bei der Vernehmung einer Person unter achtzehn Jahren als Zeuge in Gegenwart des Angeklagten ein erheblicher Nachteil für das Wohl des Zeugen zu befürchten ist. Dieser soll etwa darin begründet liegen, dass sich traumatische Erlebnisse in Angesicht des Angeklagten vertiefen oder Verarbeitungsprozesse belastet werden.[211]

§ 247a dStPO ermöglicht dem Gericht, einen Zeugen in der Hauptverhandlung zu vernehmen, der sich an einem anderen Ort aufhält und mit dem Gerichtssaal nur durch eine Einrichtung zur gleichzeitigen Ton- und Bildübertragung verbunden ist.[212] Die Anordnung erfolgt regelmäßig dann, wenn sie zum Schutze des Zeugen erforderlich ist, weil die dringende Gefahr eines schwerwiegenden Nachteils für sein Wohl besteht. Beeinträchtigungen seines Wohls kommen etwa dann in Betracht, wenn seelische Belastungen des „Opferzeugen" durch die Konfrontation mit dem Angeklagten oder mit anderen in der Hauptverhandlung anwesenden Personen entstehen.[213]

Die Vernehmung des kindlichen oder jugendlichen Zeugen unter achtzehn Jahren wird gemäß § 241a Abs. 1 dStPO nur durch den Richter durchgeführt. Weitere Fragen an den „Opferzeugen" von dem Angeklagten oder seinem Verteidiger werden durch den Richter gemäß § 241a Abs. 2 S. 1 dStPO gestellt.

Damit ist die Gefahr für den „Opferzeugen" unter achtzehn Jahren, einer direkten Konfrontation mit dem Angeklagten ausgesetzt zu sein, auf ein Geringstes reduziert. Eine Traumatisierung sollte somit bei regelmäßiger Anwendung dieser Vorschriften nicht erfolgen.

bb) Verpflichtungen der Justiz

Nach *Volbert* kommt insbesondere dem Verhalten des Richters eine hohe Bedeutung zu, „denn ein als unterstützend eingeschätztes Verhalten trage sehr dazu bei, dass

---

[211] HK-GS/*Schork*, 2011, § 247 Rn. 9.

[212] LR-*Becker*, StPO, 2006–2011, § 247a Rn. 1.

[213] LR-*Becker*, StPO, 2006–2011, § 247a Rn. 6.

Kinder eine Gerichtserfahrung trotz erlebter Belastung während der Aussage insgesamt als positiv bewerteten."[214] In der psychologischen Wissenschaft ist darüber hinaus bekannt, dass Befragungen sogar eine psychische Verarbeitung der Erlebnisse des Kindes bewirken können – es tritt eine Verflachung der emotionalen Nachwirkungen des traumatischen Erlebnisses in Folge der Befragung ein.[215]

Dabei steht auch außer Frage, dass gerichtliche Befragungen kunstgerecht durchgeführt werden müssen. Das ist aber vielmehr ein Problem, dem von Seiten der Justiz begegnet werden muss; es kann jedenfalls nicht dazu führen, dass Vernehmungen des „Opferzeugen" aus diesem Grunde zu Lasten des Angeklagten reduziert werden.

Im übrigen besteht die Möglichkeit, durch verschiedene Einrichtungen, wie etwa das Opferzeugenbegleitprogramm[216] psychologische Hilfe zur seelischen Unterstützung von „Opferzeugen" in Anspruch zu nehmen, um so einer vorübergehenden Belastung durch das Verfahren entgegen zu wirken oder entsprechend psychologisch darauf zu reagieren.

Busse, Volbert und Steller schlagen als generelle Maßnahmen zur Reduzierung von Belastungen durch das Strafverfahren eine möglichst kurze Verfahrensdauer, adäquate Information über den Verlauf und die Bedingungen eines Verfahrens sowie die konkreten Aufgabenanforderungen und frühestmögliche Sicherheit über die Bedingungen und den zeitlichen Ablauf des Strafverfahrens vor.[217] Insbesondere spräche auch die Existenz einer zweiten Tatsacheninstanz grundsätzlich nicht gegen eine kurze Verfahrensdauer, wenn das Verfahren im Gesamten konzentriert durchgeführt werden würde.

cc) Stellungnahme

Damit steht fest, dass sich die unter dem Begriff der Sekundärviktimisierung verstandene Diskriminierung eines „Opferzeugen" aufgrund des Gerichtsverfahrens mindestens durch die Ausschöpfung der prozessualen Möglichkeiten und Beachtung der kunstgerechten Befragung ausschließen lässt, wenn nicht sogar eine Sekundärviktimisierung „durch das Gerichtsverfahren und wiederholte Vernehmungen forensisch nicht belegbar ist".[218] So konstatiert auch *Pfäfflin*: „In der Allgemeingültigkeit, mit der die Sekundärviktimisierung in der öffentlichen Diskussion akzeptiert wird, ist wissenschaftlich nicht belegt."[219] Dabei soll nicht bezweifelt werden, dass die Teilnahme als „Opferzeuge" an einem Strafverfahren eine Belastung darstellt,

---

[214] *Volbert*, in: Volbert/Steller (Hrsg.), Sekundäre Viktimisierung, 2008, S. 198, 204.

[215] *Arntzen*, Vernehmungspsychologie, 2008, S. 71; vgl. auch *Busse/Volbert*, in: Steller/Volbert (Hrsg.), Zur Situation kindlicher Zeugen vor Gericht, 1997, S. 224, 226.

[216] Das Pendant hierzu ist in Österreich die „psychosoziale Prozessbegleitung"; vgl. § 66 Abs. 2 öStPO.

[217] *Busse/Volbert/Steller*, Belastungserleben von Kindern in Hauptverhandlungen, 1996, S. 199 ff.

[218] So ausdrücklich LG Hechingen, NStZ-RR 2006, 51, 52; vgl. auch *Weishaupt*, ZStR 2002, 231, 233 f.

[219] *Pfäfflin*, StV 1997, 95, 97.

was aber auch grundsätzlich für jeden anderen Zeugen gilt und zudem ist eine Belastung nicht dasselbe wie ein Trauma, das körperlich und langfristig Schaden hinterlässt.[220]

Ein Bedürfnis zum Eingriff in die Gerichtszuständigkeit nach der zu erwartenden Strafe iSd § 24 Abs. 1 Nr. 3 GVG besteht jedenfalls mithin nicht.

d) Verfassungswidrigkeit des § 24 Abs. 1 Nr. 3 GVG?

Weiterhin stellt sich die Frage, ob § 24 Abs. 1 Nr. 3 GVG die Verfassungsmäßigkeit wahrt. Denn es könnte ein Verstoß gegen das Gebot des gesetzlichen Richters gemäß Art. 101 Abs. 1 S. 2 GG vorliegen, da es neben der Konstitution des „Opfers" schlussendlich der Staatsanwalt durch seine Anklageerhebung in der Hand habe, welchem Richter oder welchem Spruchkörper er einen Angeschuldigten zuführe.[221]

aa) Auffassung der Rechtsprechung

Mit dieser Argumentation wurde bereits die Zuständigkeit des Landgerichts wegen der „besonderen Bedeutung der Sache" in der alten Fassung des § 24 Abs. 1 Nr. 3 GVG kritisiert. Das BVerfG hatte aber in dieser alten Fassung keinen Verfassungsverstoß gesehen: Die Annahme der „besonderen Bedeutung" sei bei verfassungskonformer Auslegung bestimmt genug und mit der Garantie des gesetzlichen Richters vereinbar.[222] Zur Klärung der verfassungskonformen Auslegung müsse die Entscheidung der Staatsanwaltschaft in vollem Umfang gerichtlich überprüfbar sein. Zudem sei die Staatsanwaltschaft zur Anklageerhebung bei dem Landgericht verpflichtet, wenn sie die besonderen Umstände bejahe. Ein Ermessensspielraum stehe ihr nicht zu, ebenso kein echtes Wahlrecht.[223]

Die Rspr. geht auch im vorliegenden Fall davon aus, dass der unbestimmte Rechtsbegriff der „besonderen Schutzbedürftigkeit von Verletzten der Straftat, die als Zeugen in Betracht kommen", dem Begriff der „besonderen Bedeutung" des Falles gleich zu behandeln sei, weshalb ein Verfassungsverstoß verneint wird.[224] Eine verfassungskonforme Auslegung des Begriffes „Schutzbedürftigkeit" sei dann gegeben, wenn „sich das Verfahren deutlich aus der großen Masse der Verfahren heraushebe, die den gleichen Tatbestand beträfen und dass insoweit eine individuelle, auf den jeweiligen „Opferzeugen" konkretisierte Einzelfallbetrachtung zu erfolgen habe. Es komme deshalb auf die individuelle Schutzbedürftigkeit eines Zeugen an, insbesondere darauf, ob durch die wiederholte Vernehmung in zwei Instanzen gravierende psychische Auswirkungen auf gerade diesen „Opferzeugen" zu befürchten seien."[225]

---

[220] *Pfäfflin*, StV 1997, 95, 97.

[221] *Heghmanns*, DRiZ 2005, 288, 291.

[222] BVerfGE 9, 223, 229.

[223] BVerfGE 9, 223, 229.

[224] OLG Hamburg, NStZ 2005, 654, 655.

[225] So LG Hechingen, NStZ-RR 2006, 51, 52; vgl. auch BGHSt 47, 16, 19.

Eine Entscheidung des BVerfG über die Verfassungsmäßigkeit des jetzigen § 24 Abs. 1 Nr. 3 GVG existiert jedenfalls noch nicht.

bb) Stellungnahme

Der Versuch der Rspr. einer verfassungskonformen Auslegung des § 24 Abs. 1 Nr. 3 GVG führt geradewegs in die Verfassungswidrigkeit.

Die Rspr. setzt die „besondere Schutzbedürftigkeit" des Zeugen mit der „besonderen Bedeutung" des Falles aus der alten Fassung des § 24 Abs. 1 Nr. 3 GVG gleich. Daher sieht sie die Verfassung gewahrt, wenn die verfassungskonforme Auslegung des Begriffes der „Schutzbedürftigkeit" einzelfallbetrachtet bedeute, dass eine sekundäre Viktimisierung zu erwarten sei, wenn der Zeuge einer erneuten Beweisaufnahme in der zweiten Tatsacheninstanz zur Verfügung stehe. Unabhängig davon, dass sich mit den oben angeführten Maßnahmen[226] gravierende psychische Auswirkungen auf den „Opferzeugen" durch ein Gerichtsverfahren ausschließen lassen, ist eine sekundäre Viktimisierung wissenschaftlich nicht belegt. Somit kann es im vorliegenden Fall keine besondere Schutzbedürftigkeit eines Zeugen im Sinne einer sekundären Viktimisierung durch eine erneute Vernehmung in der zweiten Tatsacheninstanz geben, die dazu führen könnte, dass der Anwendungsbereich des § 24 Abs. 1 Nr. 3 GVG eröffnet wäre. Dann kann aber der Versuch der verfassungskonformen Auslegung der „Schutzbedürftigkeit" in dieser Weise nicht richtig sein. Es hilft sodann auch keine nachträgliche gerichtliche Überprüfbarkeit über die Entscheidung der Staatsanwaltschaft, das Verfahren zum Landgericht anzuklagen. Denn wie kann das Gericht Erwägungen der Staatsanwaltschaft prüfen, die sich auf nicht bewiesenen Annahmen der besonderen Schutzbedürftigkeit begründen?

Zudem sind die Zufälligkeit der Konstitution des „Opferzeugen" und das Befinden der Staatsanwaltschaft hierüber keine gültigen Parameter zur Entscheidung, bei welchem Strafgericht angeklagt werden darf. Andernfalls werden die fundamentalen Grundsätze des Art. 101 Abs. 1 S. 2 GG zerstört. Nach der Rspr. des BVerfG soll mit der Garantie des gesetzlichen Richters der Gefahr vorgebeugt werden, dass die Justiz durch eine Manipulation der rechtsprechenden Organe sachfremden Einflüssen ausgesetzt werde.[227] Es solle vermieden werden, dass durch eine auf den Einzelfall bezogene Auswahl der zur Entscheidung berufenen Richter das Ergebnis der Entscheidung – gleichgültig von welcher Seite – beeinflusst werden könne.[228] Damit sollte die Unabhängigkeit der Rechtsprechung gewahrt und das Vertrauen der Rechtssuchenden und der Öffentlichkeit in die Unparteilichkeit und Sachlichkeit der Gerichte gesichert werden.[229] Der Grundsatz des gesetzlichen Richters besagt also,

---

[226] Etwa §§ 247, 247a und 241a dStPO.

[227] BVerfG, StV 2005, 1.

[228] BVerfGE 17, 294, 299; 48, 246, 254; 82, 286, 296; 95, 322, 327.

[229] BVerfGE 4, 412, 416, 418; 95, 322, 327.

dass für den Einzelfall gebildete Gerichte, insbesondere Ausnahmegerichte unzulässig sind.[230] Kann aber die „dem Justizminister unterstehende“[231] Staatsanwaltschaft nach ihrem „Gutdünken“ über die Zuständigkeit des Strafgerichts befinden und darüber entscheiden, ob sie dem Angeschuldigten eine zweite Instanz eröffnen möchte oder nicht, werden diese Grundsätze nicht mehr gewährleistet.[232]

Vielmehr existiert durch § 24 Abs. 1 Nr. 3 GVG ein Ausnahmegericht, welches sich nicht gemäß Art. 101 Abs. 1 S. 2 GG „im Augenblick der Tat aus abstrakten gesetzlichen Normen“[233] ergibt.

Insofern kann auch nicht von der Wahrung des Gleichheitssatzes und des Willkürverbotes ausgegangen werden. Vielmehr wird eine „Tür zur Willkür“ durch die bewegliche Zuständigkeit weit geöffnet.[234] Damit ist die Regelung des § 24 Abs. 1 Nr. 3 GVG verfassungswidrig.[235]

e) Begriffsschwäche der Norm: „*Verletzter der Straftat*“

Die Vorschrift enthält schließlich Schwächen bei der Begriffswahl, die mit der Unschuldsvermutung zugunsten des Angeklagten nicht zu vereinbaren sind. Denn die Formulierung des Gesetzeswortlauts lässt eine von vornherein festgelegte Rolle des Opfers und der des Täters vermuten.

Die besondere Schutzbedürftigkeit von *„Verletzten der Straftat, die als Zeugen in Betracht kommen“*, bedeutet nichts anderes als eine Vorwegnahme des Beweisergebnisses. Ein Zeuge kann vor der rechtskräftigen Verurteilung des Angeklagten nicht in einer Aussage-gegen-Aussage-Konstellation Verletzter einer Straftat sein. Mit anderen Worten ist der „*Verletzte*“ gleich *Opfer einer Straftat.*

Damit existiert die Unschuldsvermutung zugunsten des Angeklagten nicht. Die Neutralität und die Wahrung der Ergebnisoffenheit des Gerichts, das Zeugen nicht vor dem Urteil als „Opfer“ der festzustellenden Tat einordnen kann, ist gefährdet. Der Gesetzgeber wäre hier gut beraten, eine andere Terminologie zu verwenden.

f) Stellungnahme

Die Regelung des § 24 Abs. 1 Nr. 3 GVG beinhaltet schwerwiegende Nachteile für den Angeklagten: Die für die Aussageanalyse wichtige Konstanzprüfung der Aussage des „Opferzeugen“ wird mangels zu wiederholender Tatsacheninstanz zerstört. Zudem kann der Angeklagte keine Berufung gegen ein landgerichtliches Urteil einlegen, der Instanzenzug wird verkürzt.

---

[230] *Peters, K*, Strafprozess, 1985, S. 124.

[231] *Oehler*, ZStW 1952, 292, 304.

[232] Vgl. hierzu auch die interessante Untersuchung zu § 26 GVG von *Arnold*, ZIS 2008, 92, 95 ff.

[233] Vgl. *Schmidt, Eb.*, StPO, Teil I, 1952, S. 238 Nr. 438.

[234] Vgl. *Oehler*, ZStW 1952, 292, 305.

[235] Vgl. auch SK-StPO/*Degener*, Loseblatt, Stand: Sept. 2007, § 24 GVG Rn. 21 ff., 31.

Dabei ist die Vorschrift nicht nur wegen eines Verstoßes gegen Art. 101 Abs. 1 S. 2 GG verfassungswidrig, ihr fehlt auch das Bedürfnis zum Eingriff in die Gerichtszuständigkeit nach der zu erwartenden Strafe. Denn eine sekundäre Viktimisierung ließe sich bei Ausschöpfung der strafprozessualen Möglichkeiten etwa der §§ 247, 247a und 241a dStPO vermeiden. Letztlich kommt zudem noch eine begriffliche Schwäche der Vorschrift hinzu.

Im Beispielsfall rügt der Angeklagte die beweglichen Zuständigkeiten. Er führt aus, dass die verfassungsrechtliche These, niemandem geschehe durch die Anklage an ein höheres Gericht Unrecht, vor dem Hintergrund aufgestellt worden sei, dass das Fehlen einer zweiten Tatsacheninstanz in den Verfahren, die erstinstanzlich vor dem Landgericht zur Verhandlung kämen, durch eine bessere Besetzung und der damit verbundenen besonderen Gewähr für ein ordnungsgemäßes Verfahren und für eine richtige Sachentscheidung kompensiert worden sei. Doch da heute die Strafkammern mit reduzierter Kopfzahl verhandelten, sei diese These überholt und mangels sachlichen Grundes für die unterschiedliche Länge des Instanzenzuges verfassungswidrig.

Dieses Vorbringen lässt sich auf das hiesige Verfahrensdefizit anwenden: Auch wenn § 24 Abs. 1 Nr. 3 GVG nicht ausdrücklich zur Anwendung gekommen ist, ist die Sache vor dem Landgericht verhandelt worden, obwohl sie nach Auffassung des Angeklagten tatsächlich vor dem Schöffengericht hätte stattfinden müssen. Hierdurch fehlt dem *A* eine Tatsacheninstanz, die durch die reduzierte Besetzung der Strafkammer mit Berufsrichtern auch nicht kompensiert worden ist. Ihm steht nur das defizitäre Revisionsverfahren gegen das Urteil offen. Zudem ist eine Kontrolle der Aussagekonstanz bei der Aussage der *T* mangels zu wiederholender Vernehmung nicht durchführbar.

3. *Partielle Aufhebung des Prinzips der genauen Tatumgrenzung in der Anklageschrift?*

Oftmals handelt es sich bei Taten des sexuellen Missbrauchs um Serienstraftaten. Gerade bei Serienstraftaten kann es Probleme bereiten, alle die Tat konkretisierenden Einzelheiten sicher zu beschreiben und damit eine Mehrzahl gleichgelagerter, oft in ihrer genauen Zahl zeitlich nicht exakt einzuordnender Handlungen anzuklagen und abzuurteilen.[236] Die an den Inhalt der Anklageschrift zu stellenden Mindestanforderungen werden in § 200 dStPO normiert. Danach hat die Anklageschrift unter anderem die Zeit und den Ort der Tat(-en) der Begehung zu enthalten. Nun ist fraglich, inwieweit die Rspr. Lockerungen bei Serienstraftaten bei der Konkretisierung der Anklage zulässt und damit aber womöglich das Prinzip der genauen Tatumgrenzung zulasten der Verteidigung des Angeklagten aufgibt.

---

[236] LR-*Stuckenberg*, StPO, 2006–2011, § 200 Rn. 21.

a) Funktion der Anklageschrift

Die Anklageschrift ist ein den gerichtlichen Prozess vorbereitender Schriftsatz: Er zeigt vor allem auch der Strafverteidigung auf, welche vorläufigen Tatsachenfeststellungen die Anklagebehörde ihrem Vorwurf zugrunde legt, wie sie diese rechtlich bewertet und welche Beweisgründe dafür ausschlaggebend sind.[237] Die Anklageschrift hat somit gleichsam eine zweifache Funktion: Sie unterrichtet den Angeschuldigten über den gegen ihn erhobenen Vorwurf (Informationsfunktion) und bezeichnet in sachlicher und persönlicher Hinsicht den Gegenstand, über den das Gericht im Eröffnungsverfahren zu entscheiden hat (Umgrenzungsfunktion).[238]

aa) Informationsfunktion

Die Informationsfunktion konkretisiert die in Art. 103 Abs. 1 GG enthaltene Garantie auf rechtliches Gehör des Angeschuldigten.[239] Mängel der Anklageschrift in dieser Hinsicht führen aber nach ganz überwiegender Auffassung nicht zu ihrer Unwirksamkeit und geben folglich keinen Grund zur Einstellung des Verfahrens.[240]

bb) Umgrenzungsfunktion

Die Umgrenzungsfunktion stellt sich als Ausfluss des in Art. 103 Abs. 3 GG enthaltenen Grundsatzes „*ne bis in idem*" dar.[241] Dem Beschuldigten darf nicht erneut die selbe Tat vorgeworfen werden. Wird dieser Konkretisierungsanforderung nicht Genüge getan, liegt ein wesentlicher Mangel der Anklageschrift vor, der zu ihrer Unwirksamkeit führt.[242]

b) Früherer Anwendungsfall der fortgesetzten Handlung

Die frühere Rspr. löste das Problem, alle die Tat konkretisierenden Einzelheiten sicher zu beschreiben und damit eine Mehrzahl gleichgelagerter, oft in ihrer genauen Zahl zeitlich nicht exakt einzuordnender Handlungen anzuklagen, mit dem Rechtsinstitut der fortgesetzten Handlung. Bei der fortgesetzten Handlung waren mindestens der Tatzeitraum, die Mindestzahl der Einzelakte und die Art ihrer Begehung anzugeben.[243]

---

[237] *Eschelbach*, in: Bockemühl (Hrsg.), Anklageschrift, Eröffnungsbeschluss und Urteil als Angriffspunkte der Verteidigung, 2009, S. 1302, 1303 Rn. 1.

[238] BayObLG, wistra 1991, 195.

[239] *Schlüchter*, JR 1990, 10, 12.

[240] BGH, NStZ 1984, 133; BGHSt 40, 390, 392; *Schlüchter*, JR 1990, 10, 14.

[241] Vgl. *Schlüchter*, JR 1990, 10, 12.

[242] BGH, NStZ 1984, 133; 1986, 275, 276; 1992, 553.

[243] OLG Düsseldorf, JMBl NW 1988, 92; zusammenfassend BGHSt 40, 138, 161.

Um aber gerade im Bereich des sexuellen Missbrauchs von Kindern einer „verfälschenden Änderung des Deliktscharakters vom Tätigkeits- und Erfolgsdelikt zur Dauerstraftat" und praktisch „pauschalen Feststellungen"[244] entgegen einer hinreichenden Gewährleistung von Verteidigungsmöglichkeiten durch den großzügigen Gebrauch der fortgesetzten Handlung entgegen zu wirken, wird heute nach der Entscheidung des Großen Senats von 1994[245] das Rechtsinstitut der fortgesetzten Handlung in ihrer überkommenen Form nicht mehr angewendet.

c) Heutige Rechtsprechung

Die Rspr. verlangt heute bei Serienstraftaten, dass sich die Tat von anderen gleichartigen strafbaren Handlungen desselben Täters unterscheiden lassen müsse.[246] Es dürfe nicht unklar bleiben, über welchen Sachverhalt das Gericht nach dem Willen der Staatsanwaltschaft urteilen solle. Fehle es hieran, so sei die Anklage unwirksam.[247]

In der Praxis zeigen sich allerdings kaum Änderungen gegenüber den Anforderungen an die Anklage fortgesetzter Taten.[248] Denn der BGH relativiert seine Anforderungen dann wieder, indem er feststellt, dass „bei einer Vielzahl sexueller Übergriffe gegen Kinder, die häufig erst nach Jahren aufgedeckt werden, eine Individualisierung der einzelnen Missbrauchshandlungen nach Tatzeit und exaktem Geschehensablauf vielfach nicht möglich sei, weil der Erinnerungsfähigkeit der Geschädigten als regelmäßig einzigem Tatzeugen Grenzen gesetzt seien. In diesen Fällen sei es – um gewichtige Lücken in der Strafverfolgung zu vermeiden –, notwendig, dass in der Anklage das Tatopfer, die Grundzüge der Art und Weise der Tatbegehung, ein bestimmter Tatzeitraum und die (Höchst-)Zahl der vorgeworfenen Straftaten, die Gegenstand des Verfahrens sein sollen, mitgeteilt würden".[249]

Im übrigen solle „bei den Konkretisierungsanforderungen an die Anklage ein großzügigerer Maßstab angelegt werden".[250] Es genüge die Angabe eines ungefähren, so begrenzt wie möglich zu bestimmenden Zeitrahmens.[251]

d) Stellungnahme

Auch nach Abkehr der Anwendung des Rechtsinstituts der fortgesetzten Handlung ist der BGH auf dem besten Weg, den prozessualen Tatbegriff mit seiner heutigen Rspr. zu ersetzen.

---

[244] *Deckers*, in: Brüssow/Gatzweiler/Krekeler/Mehle (Hrsg.), Sexualstrafverfahren, 2007, § 20, S. 927, 988 Rn. 144.

[245] BGHSt 40, 138.

[246] *Meyer-Goßner*, StPO, 2011, § 200 Rn. 9.

[247] BGH, NStZ 1984, 133; 1992, 553 m.w.N.; BGHSt 40, 44, 45.

[248] Vgl. dazu *Rohleder*, Folgen des Wegfalls der fortgesetzten Tat bei sexuellem Missbrauch, 2001, S. 157 f.

[249] BGH, NStZ 1995, 245; vgl. BGHSt 40, 44, 46 ff.; BGH, StV 2005, 113; vgl. auch *Kirchhof*, in: Krekeler/Löffelmann/Sommer (Hrsg.), StPO, 2010, § 200 Rn. 4.

[250] BGH, NStZ 1999, 520; vgl. auch BGH, NStZ-RR 2010, 205.

[251] BGH, StV 1996, 362.

Denn die Tat im prozessualen Sinn soll mit unverwechselbarer Zeit und Ort als historisches Ereignis in der Weise geschildert werden, dass die Identität des gemeinten geschichtlichen Vorgangs klargestellt wird.[252] In einem als Gesamtgeschehen dargestellten Anklagesatz existiert diese jedoch nicht. Lässt sich nicht erkennen, auf welchen Sachverhalt sich genau die Anklage bezieht und welchen Umfang die Rechtskraft eines daraufhin ergehenden Urteils haben würde, dann liegt ein die Umgrenzungsfunktion beeinträchtigender Mangel in der Anklageerhebung vor,[253] der die Anklage unwirksam macht. Und selbst „für Fälle der vorliegenden Art" können nicht „die Grundpfeiler der strafprozessualen Dogmatik aus den Angeln gehoben werden."[254]

Insofern muss der BGH sich die Frage gefallen lassen, ob er mit seiner großzügigen Auslegung bei den Konkretisierungserfordernissen der Anklage in den Ausnahmefällen der Serienstraftaten nicht sogar eine unwirksame Anklage gutheißt und damit ein Verfahrenshindernis nicht beachtet.

Mit dieser Fragestellung soll nicht die gelegentliche Schwierigkeit der näheren Konkretisierung bei Tatserienfällen negiert werden. Lässt man aus diesem Grunde mit der Rspr. die Auffassung zu, dass die Umgrenzungsfunktion dann noch gewahrt sei, wenn die Anklageschrift den Verfahrensgegenstand durch den zeitlichen Rahmen der Tatserie, die Nennung der Höchstzahl der nach dem Anklagevorwurf innerhalb dieses Rahmens begangenen Taten, das Tatopfer und die wesentlichen Grundzüge des Tatgeschehens bezeichne,[255] gehen die Großzügigkeiten bei den Konkretisierungsanforderungen an Tatort und -zeit zulasten der Informationsfunktion der Anklageschrift. Diese nur kursorisch in der Anklageschrift mitgeteilten Informationen stehen dann notwendigerweise in einem Spannungsverhältnis zwischen dem von der Rspr. postulierten Bedürfnis nach Strafverfolgung, der Rücksicht auf Erinnerungslücken bei dem „Opferzeugen" und den Rechten des Angeklagten auf ein faires Verfahren.

Verzerrungen für die Verteidigung des Angeklagten durch Großzügigkeiten in der Anklage sind in jedem Falle vorhanden: Dem Angeklagten wird von vornherein nur in eingeschränktem Umfang rechtliches Gehör zu den Einzelheiten des Anklagevorwurfs gewährt.[256] Eine ungenau gefasste Anklage erschwert weiter auch das Stellen von Beweisanträgen, die gegen den Schuldspruch gerichtet sind.[257] Mangels genauer Kenntnis von Ort und Zeit der Taten bleiben der Verteidigung nur das Stellen von Beweisanträgen „ins Blaue hinein", deren Bescheidung jedoch selten von Erfolg gekrönt sein wird.

Dem BGH ist in dem Punkte zuzustimmen, wenn er feststellt, dass ungenaue Angaben zum Zeitpunkt des dem Angeklagten zur Last gelegten Vorgangs im Einzelfall der Möglichkeit einer sachgerechten Verteidigung entgegenstehen können.[258] Der

---

[252] BGHSt 5, 225, 227; 29, 124, 126.

[253] Vgl. BGHSt 40, 44, 45.

[254] *Peters, R.*, NStZ 1994, 591, 592.

[255] BGHSt 40, 44, 45 ff.; vgl. BGH, NJW 1996, 206; BGH, NStZ 1997, 145.

[256] BGHSt 44, 153, 156.

[257] Vgl. *Maier*, NStZ 2003, 674.

[258] BGHSt 40, 44, 48.

Rspr. ist dieses Problem also durchaus bekannt. Sie blendet dies aber aus und fordert in inkonsequenter Weise nur einen Tat*zeitraum* und nicht einen Tat*zeitpunkt*. Eine sachgerechte Verteidigung kann aber so nicht mehr stattfinden. Dem Angeklagten ist es bei einer nicht konkretisierenden Anklage nicht möglich, einen Alibibeweis zu führen. Seine Verteidigungsmöglichkeiten sind damit in empfindlicher Weise beschränkt. Gerade dem Alibibeweis kommt in der Verteidigung entscheidende Bedeutung zu. Das gilt umso mehr, wenn es sich um Fälle des sexuellen Missbrauchs handelt und darüber hinaus eine Aussage-gegen-Aussage-Konstellation vorliegt. Mit einem Alibibeweis kann unter bestimmten Voraussetzungen zweifelsfrei die Unschuld von einem Angeklagten belegt werden. Gelingt dem Angeklagten der Nachweis, dass er an dem in der Anklage zu Last gelegten Tatzeitpunkt nicht an dem Ort der Tat gewesen ist, kann er die Tat nicht begangen haben. Die Anschuldigungen des vermeintlichen Missbrauchsopfers stellen sich in diesem Fall als haltlos heraus.

Wird er dieser Möglichkeit beraubt, bleibt ihm oft nur seine Einlassung mit ungewissem Ausgang vor Gericht, er habe die Taten nicht begangen, die meist aufgrund der richterlichen Berufserfahrung als Schutzbehauptung des Angeklagten abgetan wird.

Im oben geschilderten Beispielsfall sieht sich der Angeklagte eben diesem Verfahrensdefizit ausgesetzt. Er führt in seiner Revisionsschrift aus: Die Anklageschrift lasse jede Tatkonkretisierung fehlen und nenne willkürlich Fallzahlen. Damit werde das Prinzip des § 200 dStPO geopfert. Die Umgrenzungsfunktion der Anklageschrift sei nur fiktiv erfüllt. Eine Verteidigung gegen eine solche nicht konkretisierte Anklage sei nicht möglich. Gehört wird *A* mit seinem Revisionsvorbringen aber nicht, die Revision wird durch den BGH ohne einzelfallbezogene Begründung verworfen.

4. Begrenzung der Überprüfung von Glaubwürdigkeitsbedenken aus tatfernen Umständen?

Die Vita des „Opferzeugen“ hat für die Feststellung von Persönlichkeitsstörungen des „Opferzeugen“ als Grund für eine Beeinträchtigung der Aussagetüchtigkeit und einer Motivursache für intentionale Falschaussagen besondere Bedeutung. Doch es stellt sich die Frage, ob die Vita des „Opferzeugen“ tatsächlich aufgeklärt wird oder aber eine Begrenzung der Überprüfung von Glaubwürdigkeitsbedenken aus tatfernen Umständen existiert.

a) Gesetzeslage und Rechtsprechung

In der deutschen Strafverfahrensordnung bestehen verschiedene rechtliche Beschränkungen, welche die Aufklärung des Sachverhalts und insbesondere die Vita des „Opferzeugen“ verhindern können:

§ 241 Abs. 2 dStPO begrenzt das Fragerecht des Angeklagten. Danach kann der Vorsitzende ungeeignete oder nicht zur Sache gehörende Fragen des Angeklagten an den Zeugen zurückweisen. Ungeeignet sollen nach der Rspr. solche Fragen sein, die in tatsächlicher Hinsicht nichts zur Wahrheitsfindung beitragen könnten oder aus rechtlichen Gründen nicht gestellt werden dürften.[259]

Dazu sollen entehrende oder den privaten Lebensbereich betreffende Fragen nach § 68a dStPO gehören.[260] Nach § 68a Abs. 1 dStPO sollen Fragen nach Tatsachen, die den persönlichen Lebensbereich betreffen, nur gestellt werden, wenn es unerlässlich ist. Zu dem persönlichen Lebensbereich gehört der private Bereich, insbesondere private Eigenschaften und Neigungen des Zeugen, sein Gesundheitszustand, seine religiöse und politische Einstellung, Tatsachen aus seinem Familienleben und unter allen Umständen auch die Intimsphäre des Zeugen.[261] Unerlässlich soll die Befragung bzw. die Erörterung oder Beweisaufnahme sein, wenn sonst die Wahrheit nicht aufgeklärt werden kann.[262] Und nach § 68a Abs. 2 dStPO sollen Fragen nach Umständen, welche die Glaubwürdigkeit des Zeugen in der vorliegenden Sache betreffen, insbesondere nach seinen Beziehungen zu dem Beschuldigten oder der verletzten Person, nur gestellt werden, soweit dies erforderlich ist.

Da § 68a dStPO überwiegend als Ordnungsvorschrift eingestuft wird, soll die Ablehnung von Fragen mit der Begründung des Vorliegens des § 68a dStPO nicht revisibel sein.[263] Selbst wenn man anderer Auffassung ist und eine Aufklärungsrüge für zulässig erachtet, müssen ihre Erfolgsaussichten als ungünstig beurteilt werden, was zum einen mit ihren Begründungsanforderungen zusammenhängt.[264] Zum anderen wird die Rüge erfolglos bleiben, der Richter habe es unter Verstoß gegen seine Aufklärungspflichten unterlassen, dem Zeugen bestimmte Fragen zu stellen, weil kein Beweis für die Richtigkeit der Behauptung erbracht werden kann.[265] Liegt ein Gerichtsbeschluss über die Ablehnung einer Frage vor, kann die Revision nach § 338 Nr. 8 dStPO erhoben werden; sie ist begründet, wenn ein Beruhen des Urteils auf diesem Verfahrensfehler nicht auszuschließen ist.[266]

Nach § 244 Abs. 2 dStPO ist das Gericht zwar verpflichtet, zur Erforschung der Wahrheit die Beweisaufnahme von Amts wegen auf alle Tatsachen und Beweismittel zu erstrecken, die für die Entscheidung von Bedeutung sind. Die richterliche Pflicht zur Aufklärung des Sachverhalts soll aber dadurch begrenzt sein, dass der Richter nicht zu ausufernder Aufklärung verpflichtet sei.[267] Das soll nach der Rspr. nicht bedeuten, dass „versucht werden müsse, jedes Detail der Vorgeschichte oder des Randgeschehens oder etwa Teile der Lebensgeschichte von Zeugen wegen deren Glaubwürdigkeit zu ermitteln. Kern und Ausgangspunkt des Aufklärungsgebotes sei

---

[259] BGHSt 13, 252, 254; 21, 334, 360.

[260] BGHSt 13, 252, 254; 21, 334, 360.

[261] *Meyer-Goßner*, StPO, 2011, § 68a Rn. 4; vgl. auch HK-GS/*Habetha*, 2011, § 68a Rn. 2.

[262] BGHSt 13, 252, 254; 21, 334, 360.

[263] OLG Celle, NdsRpfl. 1951, 18, 19; OLG Saarbrücken, VRS 1961, 48, 49.

[264] KK-*Senge*, StPO, 2008, § 68a Rn. 6.

[265] SK-StPO/*Rogall*, Loseblatt, Stand: Mai 2005, § 68a Rn. 43.

[266] LR-*Ignor/Bertheau*, StPO, 2006–2011, § 68a Rn. 12.

[267] *Meyer-Goßner*, StPO, 2011, § 244 Rn. 13; BGH, NStZ 1994, 247, 248; vgl. auch LR-*Becker*, StPO, 2006–2011, § 244 Rn. 43.

es, die Wahrheit in Bezug auf die zu beurteilende Tat zu erforschen und deren tatbestandsverwirklichenden Unrechtsgehalt festzustellen. Es komme darauf an, ob bei verständiger Würdigung der Sachlage durch den abwägenden Richter die Verwendung einer Aufklärungsmöglichkeit den Schuldvorwurf – und dieser sei entscheidend – möglicherweise widerlegt, in Frage gestellt oder als begründet erwiesen hätte."[268]

Weiterhin kann ein Beweisantrag nach § 244 Abs. 3 S. 1 dStPO abgelehnt werden, wenn die Erhebung des Beweises unzulässig ist. Dabei sollen nach der Rspr. des BGH Erörterungen und Beweiserhebungen zu dem Privat- und insbesondere auch zu dem Intimleben eines Zeugen, die zu dem Verfahrensgegenstand in keinem unmittelbaren Zusammenhang stehen, nur nach sorgfältiger Prüfung ihrer Unerlässlichkeit statthaft sein.[269] Dabei habe das Gericht auch im Rahmen seiner vorrangigen Verpflichtung zur Wahrheitsermittlung die Achtung der Würde des Menschen, wie sie sich letztlich aus dem Rechtsstaatsprinzip ergebe, zu respektieren. Die Belange des Opfers müssten gewahrt bleiben.[270] Bei der Entscheidung über den Umfang der Beweisaufnahme seien Opferschutzinteressen zu berücksichtigen.[271]

Und letztlich kommt hinzu, dass der BGH eine psychiatrische Begutachtung des „Operzeugen" nur dann für notwendig erachtet, wenn die Zeugentüchtigkeit dadurch in Frage gestellt sei, dass der Zeuge an einer geistigen Erkrankung leide oder sonst Hinweise darauf vorlägen, dass die Zeugentüchtigkeit durch aktuelle psychopathologische Ursachen beschränkt sein könne.[272]

b) Stellungnahme

Auf Grundlage der Rspr. des BGH und der Gesetzeslage ist es erklärlich, dass der Tatrichter dem „Opferzeugen" eigene Fragen nicht stellt, Fragen des Angeklagten nicht zulässt sowie Beweisanträge ablehnt, die allesamt auf eine Aufklärung von tatfernen Umständen abzielen und das Privat- oder Intimleben des Zeugen betreffen können.

Der Grundsatz, dass die richterliche Aufklärungspflicht nur gebieten soll, erhebliche Umstände zu erforschen, führt zu der paradoxen Situation, dass der Richter vor Erforschung des gesamten Sachverhalts entscheidet, was „erheblich" und was „nicht erheblich" ist. Die richterliche Ermessensentscheidung hierüber kann jedoch nur dann fehlerfrei ausgeübt werden, wenn dem Richter alle Umstände bekannt sind.

Darüber hinaus lassen sich gerade aus den augenscheinlich tatfernen Umständen, die in keinem unmittelbaren Zusammenhang zu dem Verfahrensgegenstand stehen, häufig Anhaltspunkte für eine Persönlichkeitsstörung des „Opferzeugen" schöpfen. Doch die Nichtaufklärung der tatfernen Umstände ist oftmals darauf zurückzuführen, dass sich die Unerlässlichkeit der Erörterung von dem Privat- und Intimleben

[268] BGH, NStZ 1994, 247, 248.

[269] BGH, NStZ-RR 2009, 247; BGH, NJW 2005, 1519, 1520.

[270] BGH, NStZ-RR 2009, 247.

[271] BGH, NJW 2005, 1519, 1521.

[272] BGH, NJW 2002, 1813.

des „Opferzeugen" nicht von vornherein belegen lässt und sich erst im Laufe der Vernehmung ergibt. Fragen der Verteidigung hierzu werden aber durch den Richter häufig als unzulässig zurückgewiesen. Dabei muss der Richter die Revision bei einer fehlerhaften Ablehnung von Fragen nicht fürchten, da entweder § 68a dStPO als nicht revisibel angesehen wird oder die Aufklärungsrüge aufgrund der Beweis- oder Begründungsprobleme scheitert. Schließlich wird auch ein Gerichtsbeschluss über die Ablehnung von Fragen, der nach § 338 Nr. 8 dStPO gerügt werden könnte, nur allzu selten vorliegen. Letztlich hängt es von der Verteidigung ab, ob sie eine Entscheidung des Gerichts nach § 238 Abs. 2 dStPO herbeiführt.

Schließlich ist eine existierende Persönlichkeitsstörung des „Opferzeugen" in vielen Fällen erst erkennbar, wenn sich der Zeuge einer umfassenden psychiatrischen Exploration gestellt hat, die nur eine psychiatrisch ausgebildete Person den Regeln der Kunst entsprechend durchführen kann. Doch diese Untersuchung unterbleibt in den meisten Fällen, da mangels Erörterung der „Vita" des „Opferzeugen" keine Hinweise auf eine Persönlichkeitsstörung vorliegen und somit nach der Rspr. auch kein Bedürfnis für eine psychiatrische Untersuchung vorhanden ist.

Das hier dargestellte Defizit der mangelnden Aufklärung lässt sich auch nur schwer in Einklang mit dem grundsätzlich erhöhten Aufklärungsgebot bei einer Aussage-gegen-Aussage-Konstellation bringen. Danach muss das Gericht gerade in einer solchen Konstellation in besonderem Maße alle ersichtlichen Beweismittel bemühen, die ihm weitere Anhaltspunkte für seine Überzeugungsbildung geben können.[273] Nach der Rspr. soll es in diesen Fällen gehalten sein, alle Umstände, welche die Entscheidung beeinflussen können, in seine Überlegung einzubeziehen.[274] In einer anderen Entscheidung führt der BGH aus, dass „je weniger gesichert ein Beweisereignis erscheint, je gewichtiger die Unsicherheitsfaktoren sind, je mehr Widersprüche bei der Beweiserhebung zu Tage getreten sind, desto größer ist der Anlass für das Gericht, trotz der erlangten Überzeugung weitere erkennbare Beweismöglichkeiten zu benutzen." Das gelte in besonderem Maße bei einer Aussage-gegen-Aussage-Konstellation.[275]

Dabei steht es außer Frage, dass der Zeuge ungeachtet seiner prozessualen Funktion als Beweismittel nicht zum bloßen Objekt eines Verfahrens gemacht werden darf.[276] Dem Persönlichkeitsschutz des Zeugen[277] und dem Verhältnismäßigkeitsgebot ist Rechnung zu tragen.[278] So kann in krassen Ausnahmefällen, wenn die Interessen des Zeugen denen der Sachaufklärung überwiegen, ein Verzicht auf Aufklärung geboten sein. Eine Nichtaufklärung der Vita des „Opferzeugen" und von tatfernen Umständen muss aber oftmals dazu führen, dass die Glaubwürdigkeit des „Opferzeugen" und Glaubhaftigkeit seiner Angaben nicht mit hinreichender Sicherheit attestiert werden kann. Das wiederum sollte bewirken, dass der Angeklagte bei

[273] LR-*Becker*, StPO, 2006–2011, § 244 Rn. 49.

[274] BGH, StV 1995, 5, 6.

[275] BGH, StV 1996, 249, 250.

[276] BVerfGE 38, 105, 114 ff. (mit Verweis auf BVerfGE 27, 1, 6).

[277] SK-StPO/*Rogall*, Loseblatt, Stand: Mai 2005, § 68a Rn. 1.

[278] LR-*Ignor/Bertheau*, StPO, 2006–2011, § 68a Rn. 1.

einer Aussage-gegen-Aussage-Konstellation mangels weiterer Beweise unter Anwendung des „*in dubio pro reo*“ – Grundsatzes freigesprochen werden müsste. Doch, wie bereits bei den allgemeinen Verfahrensdefiziten erörtert, ist der Zweifelssatz praktisch nicht mehr als eine Leerformel, da entweder schon keine Zweifel bei dem Tatrichter entstehen oder Zweifel nicht genannt werden und das Urteil durch Darstellungslücken revisionssicher abgefasst wird.[279]

Mithin lässt sich festhalten, dass die Vita des „Opferzeugen“ aus Gründen des Opferschutzes als aufklärungsrechtliche „Tabuzone“ gilt, diese Aufklärung aber gerade für das Aufspüren von Hinweisen für eine Persönlichkeitsstörung bedeutsam wäre und letztlich eine Unterscheidung zwischen falscher Beschuldigung und wahrem Vorwurf zuließe. Eine „Beleuchtung“ der Vita des „Opferzeugen“ als auch der tatfernen Umstände muss daher grundsätzlich in einer Aussage-gegen-Aussage-Konstellation durch das Tatgericht vorgenommen werden, nur höchst ausnahmsweise darf diese unterbleiben.

Im obigen Beispielsfall ist die Vita der *T* teilweise aufgeklärt worden. So habe sie laut der Feststellungen des landgerichtlichen Urteils Fehler wie Lügen oder Schwindeleien, einen Gelddiebstahl, das Rauchen von Joints, ihr Autofahren ohne Fahrerlaubnis oder die Fälschung einer Unterschrift der Mutter zum unerlaubten Geldabheben selbst eingeräumt. Dennoch sprächen diese Vorkommnisse nach Auffassung des Gerichts nicht gegen die Glaubhaftigkeit der Aussage der *T*, da diese Verhaltensauffälligkeiten überwunden schienen.

Die Verteidigung rügt die ungenügende Aufklärung der Persönlichkeit der *T*. Sie wirft dem Landgericht weiter vor, die Verhaltensauffälligkeiten ohne Vertiefung des psychologischen Sachverhalts übergangen zu haben, die jeweils gesondert als Indizien für die Unglaubhaftigkeit der Zeugenaussage sprächen. Auch sei ein Rachemotiv für die Falschaussage, nämlich die Gesamtsituation der Trennung der Eltern und die anschließende Heirat der Mutter mit *A*, einhergehend mit einer Anpassungsstörung oder Traumatisierung des Kindes nicht beachtet worden.

Eine weitere Aufklärung der Vita der *T* ist von Seiten des Gerichts unterblieben: So ist keine psychiatrische Untersuchung der *T* angeordnet worden. Die Verteidigung hat hingegen im ersten Wiederaufnahmeverfahren ein psychiatrisches Gutachten vorgelegt, wonach die *T* mit hoher Wahrscheinlichkeit an einer Borderline-Persönlichkeitsstörung leide. Das Wiederaufnahmegericht sah jedoch in dem Ergebnis der psychiatrischen Begutachtung keine Erschütterung der Urteilsfeststellungen des Landgerichts.

Der Beispielsfall zeigt, wie wichtig eine intensive Auseinandersetzung mit der Persönlichkeit des „Opferzeugen“ für die Beurteilung seiner Glaubwürdigkeit und der Glaubhaftigkeit seiner Angaben ist. Auch wenn die Vita der *T* im vorliegenden Fall teilweise schon durch das Landgericht aufgeklärt worden ist, ist eine psychiatrische Untersuchung der *T* in der Tatsacheninstanz unterblieben. Wäre schon zu diesem Zeitpunkt eine Borderline-Erkrankung diagnostiziert worden, hätte das Landgericht diesen Umstand bei der Beurteilung der Glaubhaftigkeit der Aussage

---

[279] Siehe oben S. 41 ff.

der *T* notwendigerweise einfließen lassen müssen und wäre möglicherweise zu einem anderen Ergebnis gekommen.

III. Zwischenergebnis

Für die Situation des Angeklagten bei Verfahren wegen sexuellen Missbrauchs lässt sich für Deutschland festhalten, dass sowohl allgemeine Verfahrensdefizite als auch besondere Verfahrensdefizite aus Gründen des Opferschutzes bestehen.

Bei den allgemeinen Verfahrensmängeln wirkt sich für den Angeklagten eine fehlende richterliche Ausbildung in der forensischen Beweislehre, insbesondere in der Aussagepsychologie und der Angewandten Kriminologie negativ aus. Denn trotz der fehlenden Ausbildung kann der Tatrichter eine sachverständige Begutachtung aufgrund der Behauptung eigener richterlicher Sachkunde ablehnen. Das führt vielfach zu falschen Beweisergebnissen, vorzugsweise zu einer fehlerhaften Begutachtung der „Opferzeugenaussage", die aussageanalytischen wissenschaftlichen Maßstäben nicht gerecht wird.

Hinzu kommt ein fast schon bedingungsloses Vertrauen in die Kompetenz des Richters im Rahmen der Beweiswürdigungsfreiheit, die aber aufgrund verschiedener psychologischer Effekte zulasten des Angeklagten nicht mehr „frei" sein kann. Denn die persönliche Gewissheit des Richters manifestiert sich oftmals schon lange vor der eigentlichen Beweisaufnahme zulasten des Angeklagten.

Darüber hinaus ist die fehlende wörtliche Protokollierung und die fehlende Ton- und Bildaufzeichnung von Aussageinhalten entgegen der jahrzehntelangen Forderungen von Aussagepsychologen und Anwaltschaft gerade auch wegen der besonderen Bedeutung für die Aussageanalyse unverständlich und durch die heutigen technischen Möglichkeiten gar unverantwortlich. Schließlich könnten diese Aufzeichnungen auch für die revisionsrechtliche Überprüfung von großem Nutzen sein.

Weiterhin existiert gegenwärtig lediglich eine mangelhafte Überprüfung tatrichterlicher Urteile durch das Revisionsgericht. Die Behauptung der „Unzulässigkeit der Protokollrüge" und das „Verbot der Rekonstruktion der Hauptverhandlung" sind ausschlaggebend dafür, dass das Urteil durch Darstellungslücken revisionssicher abgefasst werden kann und das Beweisergebnis der Hauptverhandlung revisionsrechtlich nicht überprüfbar ist.

Gleiches gilt für den Zweifelssatz „*in dubio pro reo*". Auch die tatrichterliche Nichtbeachtung dieses rechtsstaatlichen Fundamentalsatzes ist praktisch nicht revisibel, da sich die subjektiven Zweifel aus den Urteilsgründen ergeben müssen, solche aber in den meisten Urteilen nicht angeführt werden. Das Urteil wird revisionssicher abgefasst. Meist entstehen sogar bei dem Tatrichter durch die verschiedenen psychologischen Beeinflussungen vor der Beweisaufnahme nicht einmal Zweifel. Insofern spielt „*in dubio pro reo*" in der derzeitigen strafprozessualen Verfahrenswirklichkeit keine große Rolle, auch wenn er gerade in der Aussage-gegen-Aussage-Konstellation besondere Bedeutung erlangen müsste.

Angeklagten entscheidet. Der Richter muss dann seine Überzeugung der Schuld des Angeklagten im Rahmen des § 258 Abs. 2 öStPO namentlich durch die Aussagepsychologie, die Angewandte Kriminologie, aber auch die Wahrscheinlichkeitsforschung gewinnen. Im besonderen Maße kommt es auf die Beurteilung der Glaubwürdigkeit des „Opferzeugen" und der Glaubhaftigkeit seiner Aussage an.

Somit stellt sich gleichfalls für Österreich die Frage, ob sich der Tatrichter eigene Sachkunde insbesondere bei der aussagepsychologischen Begutachtung der Aussage des „Opferzeugen" zutrauen kann und keiner sachverständigen Hilfe bedienen muss, weil er in den dafür erforderlichen wissenschaftlichen Bereichen umfassend ausgebildet ist.

a) Richterliche Ausbildung in der forensischen Beweislehre, insbesondere in Aussagepsychologie und Angewandter Kriminologie

Fraglich ist, ob der Tatrichter in Österreich eine fundierte Ausbildung in der forensischen Beweislehre, so insbesondere in der Aussageanalyse, die für die Beurteilung der Glaubwürdigkeit der Person des „Opferzeugen" und der Glaubhaftigkeit seiner Aussage erforderlich ist, und in der Angewandten Kriminologie erhalten hat.

In erster Linie könnte dieses Wissen während des rechtswissenschaftlichen Studiums vermittelt werden. Doch enthalten die Studienpläne der einzelnen Universitäten[2] kein Pflichtfach der forensischen Beweislehre, insbesondere nicht das der Aussageanalyse und der Angewandten Kriminologie. Unter Umständen kann ein solches Fach – was nach den Studienplänen vor allem die Kriminologie betrifft – freiwillig belegt werden. Die Möglichkeit zu dieser Fächerbelegung hängt aber wesentlich von dem Lehrangebot der Universität ab. Damit sind diese Fächer, die der Tatrichter im Rahmen seiner Beweiswürdigung beachten muss, nicht für jeden Studenten der Rechtswissenschaften Teil der Diplomprüfung. Eine einheitliche und umfassende Ausbildung hierin wird somit nicht durch das Studium gewährleistet.

Nach Abschluss des Studiums schließt sich unter anderem für denjenigen, der ein Richteramt anstrebt, das „Gerichtsjahr" und hiernach der richterliche Vorbereitungsdienst an. Nach § 7 Abs. 1 RPG haben Rechtspraktikanten, welche die Aufnahme in den richterlichen Vorbereitungsdienst anstreben (Aufnahmewerber), an den für Richteramtsanwärter eingerichteten Übungskursen gemäß § 14 RStDG teilzunehmen.

Nach § 14 Abs. 3 RStDG ist dem Richteramtsanwärter „im Rahmen von Kursen, Seminaren, Exkursionen und Übungen Gelegenheit zu geben, auch die für den Richter unerlässlichen Kenntnisse auf den Gebieten der Kriminologie, (. . . .), der Psychologie, der Psychiatrie (. . .) zu erwerben." Und immerhin sind nach § 16 Abs. 4 Z 4 RStDG die Grundzüge der Kriminologie Gegenstand der mündlichen Richteramtsprüfung.

---

[2] Karl-Franzens-Universität Graz; Leopold-Franzens-Universität Innsbruck; Johannes Kepler Universität Linz; Paris-Lodron-Universität Salzburg; Universität Wien.

Hingegen sind die forensische Beweislehre im Allgemeinen und die Aussageanalyse im Besonderen nicht Gegenstand der Ausbildung für den Rechtspraktikanten und Richteramtsanwärter.

Hinzu kommt, dass auch in der richterlichen Berufslaufbahn nach dem Richterdienstgesetz keine zwingende Verpflichtung zur Belegung von Fortbildungsveranstaltungen besteht, die dieses Wissen etwa nachträglich vermitteln könnten.

Somit zeigt sich für Österreich, dass mit Ausnahme der Grundzüge der Kriminologie eine obligatorische Ausbildung in der forensischen Beweislehre im Allgemeinen und in der Aussageanalyse im Besonderen für den Tatrichter nicht vorgesehen ist, obwohl gerade letztere bei einer Aussage-gegen-Aussage-Konstellation erhebliche Bedeutung hat und meist über eine Verurteilung oder einen Freispruch des Angeklagten entscheidet.

b) Keine notwendige Beiziehung eines Sachverständigen

Die österreichische Strafprozessordnung bestimmt in § 126 Abs. 1 öStPO, dass ein Sachverständiger zu bestellen ist, wenn für die Ermittlungen oder für die Beweisaufnahme besonderes Fachwissen erforderlich ist, über welches die Strafverfolgungsbehörden durch ihre Organe, besondere Einrichtungen oder bei ihnen dauernd angestellte Personen nicht verfügen.

Nun ist die oberstgerichtliche Rspr. der Auffassung, dass nicht generell ein aussagepsychologischer bzw. psychiatrischer Sachverständiger beigezogen werden müsse: Danach sei eine psychiatrische Untersuchung zwecks Beurteilung der Aussagefähigkeit oder Aussageehrlichkeit einer zu vernehmenden Person (einschließlich des Angeklagten) grundsätzlich nur in besonders gelagerten Fällen zulässig, in denen die richtige Auswertung der Aussage (z. B. bei einem Kind, einer seelisch gestörten oder abartigen Person) eines bestimmten Fachwissens bedürfe.[3] In einem anderen Urteil führt der OGH aus: „Begründeter Anlass zur Einholung eines kinderpsychologischen Gutachtens hätte nur dann bestanden, wenn im Verfahren objektive, gegen die Glaubwürdigkeit der jugendlichen Zeugin sprechende Umstände (Hinweise auf psychische oder charakterliche Abartigkeiten, Entwicklungsstörungen oder sonstige Defekte) hervorgekommen wären. Die bloße Behauptung, die Zeugin sage die Unwahrheit, genügt hierzu nicht, zumal die Beurteilung der Glaubwürdigkeit von (auch jugendlichen) Zeugen stets der freien Beweiswürdigung des erkennenden Gerichtes vorbehalten ist."[4]

Nach der Rspr. sei die Beiziehung eines Sachverständigen bei Aussagen von Kindern zur Prüfung der Glaubhaftigkeit dagegen geboten.[5] Allerdings soll das Gericht nicht gehalten sein, einen Sachverständigen aus dem Gebiet der Kinderpsychologie zu beauftragen, wenn es an der Aussage eines Kindes aus bestimmten Gründen

---

[3] OGH, 12 Os 8/76; vgl. 13 Os 84/07p.

[4] OGH, 9 OS 108/83.

[5] EvBl 1966/530.

keinen Zweifel hege.[6] Fachpsychologische Begutachtung eines unmündigen Zeugen komme nur bei Anhaltspunkten für besondere abweichende Züge und Eigenschaften oder bei konkreten Hinweisen auf eine phantastische Veranlagung oder Neigung zur Pseudologie in Betracht.[7]

Die Beurteilung, ob das Gericht solche Zweifel hegt bzw. Anhaltspunkte vorhanden sind, liegt notwendigerweise bei dem Tatgericht, so dass die Hinzuziehung eines aussagepsychologischen Sachverständigen ganz von dessen Einschätzung abhängt.

c) Keine Mindeststandards bei aussagepsychologischer Begutachtung

Schließlich gibt es nach wie vor keine Leitentscheidung der österreichischen Rspr., die mit der deutschen Entscheidung des BGH aus dem Jahre 1999[8] zu den wissenschaftlichen Mindestanforderungen aussagepsychologischer Gutachten vergleichbar wäre.[9]

Der BGH in Deutschland hat sich dabei an den allgemein gültigen Maßstäben der aussagepsychologischen Wissenschaft zur Begutachtung orientiert: Danach nimmt man zunächst an, die Aussage sei unwahr („Nullhypothese"). Zur Prüfung dieser Annahme sind weitere Hypothesen zu bilden. Ergibt diese Prüfstrategie, dass die Unwahrhypothese mit den erhobenen Fakten nicht mehr in Übereinstimmung stehen kann, so wird sie verworfen, und es gilt die Alternativhypothese, dass es sich um eine wahre Aussage handelt.[10]

d) Stellungnahme und Vergleich

Die Auffassung der Rspr. in Österreich zeigt, dass eine Hinzuziehung eines Sachverständigen zur Begutachtung der Glaubwürdigkeit der Person des „Opferzeugen" und der Glaubhaftigkeit seiner Aussage letztlich von der Entscheidung des Tatgerichts abhängt. Sieht es aus bestimmten Gründen keine Zweifel an der Glaubhaftigkeit der Aussage eines Kindes, muss es keinen Sachverständigen bestellen. Darüber entscheidet es nach subjektiven Kriterien. Insofern obliegt es dem Gericht, ob es sich sachverständiger Hilfe zur Aussageanalyse bedient. Wird es auch bei Verfahren wegen sexuellen Missbrauchs eines Kindes häufiger geboten sein, einen Sachverständigen zu bestellen, so sieht die Situation bei Verfahren wegen sexueller Nötigung von Jugendlichen oder Erwachsenen anders aus: Denn auch dort muss es sich um einen „besonders gelagerten Fall" handeln, der sich nicht schon durch das Vorhandensein eines kindlichen „Opferzeugen" ergibt.

---

[6] OGH, 12 Os 253/69; 11 Os 183/75; 12 Os 23/76; 12 Os 163/81.

[7] OGH, 9 Os 24/87.

[8] BGHSt 45, 164.

[9] Vgl. *Tews*, RZ 2005, 58, 60; vgl. auch *Angermaier/Freh*, RZ 2009, 135, 136 f.

[10] Vgl. oben S. 22 f.; BGHSt 45, 164, 168.

Entscheidet sich der Tatrichter gegen eine sachverständige Begutachtung, kann er selbst über die Glaubwürdigkeit des „Opferzeugen" und der Glaubhaftigkeit der Aussage befinden, obwohl er zumeist nicht in der Aussageanalyse ausgebildet ist.

Hinzu kommt das für Deutschland bereits angesprochene Problem der „overconfidence"-Situation: Auch in Österreich besteht die Gefahr, dass der Richter zur Vermeidung kognitiver Dissonanzen auf eine an sich notwendige Bestellung eines Sachverständigen verzichtet.[11]

Damit sieht sich der Angeklagte ebenso wie in Deutschland unter Umständen einem Tatrichter gegenüber, der sich trotz fehlender Ausbildung in der Aussageanalyse eine Beurteilung der Glaubwürdigkeit und Glaubhaftigkeit zutraut. Der Zufall muss dann entscheiden, ob eine Begutachtung tatsächlich kunstgerecht vorgenommen und die Aussage des „Opferzeugen" als glaubhaft oder nicht glaubhaft eingeschätzt wird.

Schließlich ist nicht nachvollziehbar, warum es in Österreich keine Mindeststandards zur aussagepsychologischen Begutachtung gibt. Damit ist das Prinzip der streng methodisch hypothesengeleiteten Begutachtung von Aussagen nach der sogenannten „Nullhypothese" und der anschließenden Bildung von „Alternativhypothesen" nicht verbindlich geregelt, obwohl diese von der aussagepsychologischen Wissenschaft anerkannt sind[12] und ebenso eine Erinnerung an die juristische Selbstverständlichkeit der Unschuldsvermutung darstellen.

Aussagepsychologische Sachverständige sind – soweit sie überhaupt beauftragt werden – bei ihrer Begutachtung an keine festen Begutachtungsstandards gebunden. Das ergibt sich ebenso für das Gericht, das zwar gemäß § 270 Abs. 2 Z 5 öStPO in den Entscheidungsgründen darlegen muss, welche Tatsachen und aus welchen Gründen es diese für erwiesen hält. Allgemein genügt als Begründung der Hinweis auf den persönlichen Eindruck, den ein Zeuge auf das Gericht gemacht hat, wonach kein Grund bestünde, an seiner „Glaubwürdigkeit" zu zweifeln.[13] Das entspricht jedoch gerade nicht einer inhaltlichen Auseinandersetzung hinsichtlich der Glaubhaftigkeit der Aussage anhand der von der aussagepsychologischen Wissenschaft bereitgestellten Methodik.

Das ist insoweit auch verwunderlich, da es keine etwa nur auf Deutschland beschränkte Standards für die Aussagepsychologie gibt. Die aussagepsychologische Wissenschaft mit den allgemein anerkannten Regeln für eine Aussagenanalyse kann nicht nur national für Deutschland, sondern muss auch länderübergreifend für Österreich gelten.

Es bleibt festzuhalten: Die österreichische Situation hinsichtlich der Beurteilung, ob ein aussagepsychologischer Sachverständiger hinzugezogen werden muss, unterscheidet sich nicht wesentlich von der in Deutschland. In beiden Ländern sind Tatrichter nicht fundiert in der forensischen Beweislehre, insbesondere in der Aussagepsychologie ausgebildet; in Österreich ist lediglich die Vermittlung von

---

[11] Vgl. oben S. 30 f.

[12] *Steller/Volbert*, in: Steller/Volbert (Hrsg.), Glaubwürdigkeitsbegutachtung, 1997, S. 12 ff.; *Greuel/Offe/Fabian/Wetzels/Fabian/Offe/Stadler*, Glaubhaftigkeit der Zeugenaussage, 1998, S. 45 ff.

[13] *Seiler*, Strafprozessrecht, 2010, S. 102 Rn. 340; vgl. OGH, 13 Os 94/97.

Grundwissen in der Angewandten Kriminologie vorgesehen. Der österreichische Tatrichter muss nicht zwingend einen Sachverständigen beiziehen, wenn es sich nicht um einen besonders gelagerten Fall handelt oder er aus bestimmten Gründen keinen Zweifel an der Aussage eines Kindes hegt. In Deutschland entscheidet der Tatrichter über die Beiziehung eines Sachverständigen mit der Bejahung oder der Verneinung seiner eigenen Sachkunde.

Damit besteht in beiden Ländern das Verfahrensdefizit, dass der Tatrichter einerseits nicht fundiert in der forensischen Beweislehre und insbesondere in der Aussageanalyse ausgebildet ist und andererseits eine sachverständige Begutachtung nicht zwingend durchgeführt werden muss.

2. *„Freie" richterliche Überzeugungsbildung entgegen psychologischer Effekte?*

Auch für Österreich stellt sich die Frage, ob der Tatrichter die Beweiswürdigung nach seiner freien richterlichen Überzeugung vornehmen und dabei den selben psychologischen Effekten wie in Deutschland erliegen kann.

a) Freie Beweiswürdigung

Der Tatrichter entscheidet über das Beweisergebnis gemäß § 258 Abs. 2 öStPO nach seiner freien richterlichen Überzeugung. Dabei hat er die Beweismittel auf ihre Glaubwürdigkeit und Beweiskraft sowohl einzeln als auch in ihrem inneren Zusammenhang sorgfältig zu prüfen. An Beweisregeln ist der Richter dabei nicht gebunden.[14] Nach der Rspr. des OGH genügt es, wenn auf die Lebenserfahrung hingewiesen werde, die dafür spreche, bei gegebener Sachlage etwas als erwiesen anzunehmen.[15]

b) Verschiebung zulasten des Angeklagten

Ebenso wie in Deutschland muss im österreichischen Strafverfahren für eine Verurteilung des Angeklagten die Gewissheit des Tatrichters über dessen Schuld vorliegen. Sie entsteht durch „eine wertende Zusammenschau aller Indizien, der belastenden wie entlastenden, der bewusst einkalkulierten, der halbbewusst und unbewusst einfließenden, in einem zusammenfassenden Verrechnungsprozess".[16]

Doch dieser Verrechnungsprozess ist oftmals von vornherein durch psychologische Beeinflussungen und andere Effekte zulasten des Angeklagten verschoben.

---

[14] OGH, 12 Os 20/82 = ÖJZ-LSK 1982/99; OGH, 11 Os 38/01.

[15] OGH, 11 Os 62/01 = EvBl 2002/10.

[16] *Bender/Nack*, Tatsachenfeststellung vor Gericht, Bd. I, 1981, Rn. 399.

Es gelten hierbei die selben psychologischen Einwirkungen auf den Richter wie in Deutschland: Insbesondere ist die vermeintliche Schutzeinlassung des Angeklagten, der Ankereffekt, die kognitive Dissonanz mit dem Perseveranz- bzw. Inertiaeffekt sowie dem Prinzip der selektiven Informationssuche und schließlich der Schulterschlusseffekt zu nennen.[17]

c) Sonderfall Geschworenenverfahren

In Österreich besteht die Besonderheit der Einrichtung eines Geschworenenverfahrens: Nach § 31 Abs. 2 Z 1 öStPO ist das Geschworenengericht für alle strafbaren Handlungen, die mit einer lebenslangen Freiheitsstrafe oder mit einer zeitlichen Freiheitsstrafe bedroht sind, deren Untergrenze mehr als fünf Jahre und deren Obergrenze mehr als zehn Jahre beträgt oder für die in § 31 Abs. 2 Z 2 bis 11 öStPO aufgezählten politischen Delikten zuständig.

Acht Geschworene bestimmen alleine über die Schuld des Angeklagten mit Fragen, die mit „ja" und mit „nein" zu beantworten sind (vgl. §§ 32 Abs. 1, 310 Abs. 1, 312 Abs. 1, 317, 330 Abs. 2 öStPO). Bei einem Schuldspruch entscheiden die Geschworenen daraufhin gemeinsam mit dem Schwurgerichtshof, der mit drei Berufsrichtern gemäß § 32 Abs. 1 öStPO besetzt ist, über die zu verhängende Strafe (vgl. § 338 öStPO).[18]

Dabei sind die Geschworenen wie der Richter nicht an gesetzliche Beweisregeln gebunden, sondern urteilen gemäß § 32 Abs. 4 iVm § 258 Abs. 2 öStPO nur nach ihrer freien, aus der gewissenhaften Prüfung aller für und wider vorgebrachten Beweismittel gewonnenen Überzeugung.[19]

Eine nähere Untersuchung der spezifischen psychologischen Effekte und Beeinflussungen, die auf das Geschworenengericht einwirken, und die damit verbundenen Vor- und Nachteile eines Geschworenenverfahrens[20] bedürfte einer ausführlichen Abhandlung, die hier den Rahmen sprengen würde. Insofern soll die Problematik des Geschworenenverfahrens in dieser Arbeit ausgeklammert werden.

Für das vorgestellte Verfahrensdefizit der „freien" richterlichen Beweiswürdigung entgegen psychologischer Effekte soll lediglich folgendes angemerkt werden: Ein Vorteil des Geschworenenverfahrens kann darin begründet liegen, dass die Geschworenen keine Kenntnis von dem Akteninhalt vor der Hauptverhandlung haben und somit nicht den daraus resultierenden verschiedenen psychologischen Effekten wie etwa dem Ankereffekt erliegen können.

---

[17] Vgl. zu den einzelnen Effekten S. 33 ff.

[18] *Bertel/Venier*, Strafprozessrecht, 2011, S. 159 ff.; *Seiler*, Strafprozessrecht, 2010, S. 228 ff.

[19] *Lendl,* WK-StPO, Loseblatt, Stand ab 2002, § 258 Rn. 18.

[20] Siehe zu den Vor- und Nachteilen eines Geschworenenverfahrens etwa *Brandstetter*, Zur Reform des strafprozessualen Hauptverfahrens, 2003, S. 44 ff., mit den dort angeführten Meinungen; vgl. vor allem auch *Sadoghi*, Thesen zur Geschworenengerichtsbarkeit – historische Aufarbeitung und Perspektiven, 2007; vgl. auch *Weh*, juridicum 2002, 163; vgl. auch *Barth*, in: Soyer (Hrsg.), Statement, Fernsehgerecht, S. 33 ff.; *Moos*, ÖJZ 2003, 369, 379 f.; ferner *Sadoghi*, ZfRV 2007, 231.

Doch auch wesentliche Nachteile sind vorhanden: Beispielsweise können Laienrichter eher einer vorherigen Beeinflussung durch die Medien nachgeben als ein Berufsrichter, da sie in der Regel leichter beeinflussbar sind – gerade bei einer besonders beeindruckenden Berichterstattung von Missbrauchsverfahren. Zudem muss die Entscheidung der Geschworenen über den Schuldspruch ohne Begründung gefällt werden, so dass sie einer Kontrolle eines nachgeordneten Gerichts praktisch entzogen ist. Diese und weitere Schwächen erklären die aktuell geführte Diskussion in Österreich um das Weiterbestehen und die Ausgestaltung des Geschworenenverfahrens an sich.[21]

d) Stellungnahme und Vergleich

Auch die österreichische Rechtsordnung billigt dem Richter bei der Beweiswürdigung einen beträchtlichen Spielraum zu, in dem die normalen subjektiven Imponderabilien einfließen.[22] Das zeigt vor allem die von dem OGH zugelassene Begründung der Lebenserfahrung, mit welcher der Richter etwas als erwiesen ansehen kann. Ein objektiv nachvollziehbares und überprüfbares Beweisergebnis ist mit einer solchen Begründung aber keineswegs vorhanden. Der Angeklagte sieht sich in einem Verfahren wegen sexuellen Missbrauchs so einem oftmals intuitiv handelnden Richter ausgesetzt. Zudem muss er fürchten, dass die Bildung der richterlichen Überzeugung von vornherein durch psychologische Effekte, wie die vermeintliche Schutzeinlassung des Angeklagten, der Ankereffekt, die kognitive Dissonanz und der Schulterschlusseffekt nicht „frei" iSd § 258 Abs. 2 öStPO ist.

Damit unterscheiden sich beide Länder nicht in diesem Verfahrensdefizit. In Österreich als auch in Deutschland wird dem Tatrichter ein sehr weiter Begründungsspielraum hinsichtlich des Beweisergebnisses zugebilligt, der es dem Angeklagten erschwert, diesen nachträglich überprüfen zu lassen. Hinzu kommt gleichsam die problematische Verschiebung der „freien" richterlichen Überzeugung bei der Beweiswürdigung zulasten des Angeklagten.

3. Wörtliche Protokollierung bzw. Ton- und Bildaufzeichnung von Aussageinhalten?

Aufgrund der erheblichen Bedeutung insbesondere für eine Aussageanalyse der „Opferzeugenvernehmung", aber auch für eine Rekonstruierbarkeit der Hauptverhandlung muss ebenfalls für Österreich untersucht werden, ob eine wörtliche Protokollierung bzw. eine Ton- und Bildaufzeichnung von Aussageinhalten in der Hauptverhandlung vorgenommen wird.

---

[21] Vgl. *Forsthuber*, ÖJZ 2009, 1002; *Benn-Ibler*, AnwBl 2009, 417; *Rech*, JSt 2006, 38.

[22] *Moos*, ÖJZ 1989, 97, 103.

a) Protokollierung der Hauptverhandlung nach § 271 öStPO

Nach § 271 öStPO ist grundsätzlich die Protokollierung von Zeugenaussagen unabhängig von der sachlichen Zuständigkeit des Gerichts vorgesehen. Es kommen dabei die einschlägigen Bestimmungen des § 96 Abs. 2 und 3 öStPO zur Anwendung.[23]

Im Regelfall handelt es sich nach § 271 Abs. 3 S. 1 HS. 1 öStPO um ein zusammenfassendes Inhaltsprotokoll der Aussagen. Die Antworten sind nach § 96 Abs. 3 S. 1 HS. 2 öStPO ihrem wesentlichen Inhalt nach erzählungsweise festzuhalten.

Dagegen wird eine wörtliche Protokollierung nach § 271 Abs. 3 S. 1 HS. 2 öStPO dann vorgenommen, wenn die wörtliche Wiedergabe der Aussagen für die Urteilsfällung erforderlich erscheint oder eine vernommene Person[24] oder ein Verfahrensbeteiligter[25] es verlangt. Dabei normiert § 271 Abs. 1 letzter Satz öStPO, dass es den Verfahrensbeteiligten zur Wahrung ihrer Rechte freisteht, die Feststellung einzelner Punkte im Protokoll zu verlangen. Wenngleich sich diese Regelung nach ihrer Platzierung im Normgefüge offenkundig nur auf die in § 271 Abs. 1 Z 1–7 öStPO angeführten Punkte beziehen soll, besteht für die Beteiligten auch hinsichtlich der Protokollierung der Aussagen des Angeklagten, der Zeugen und Sachverständigen nach § 271 Abs. 3 öStPO ein – bereits aus § 238 öStPO ableitbares – Antragsrecht.[26]

Eine Antragsabweisung kann mit dem relativen Nichtigkeitsgrund nach § 281 Abs. 1 Z 4, Abs. 3 öStPO im Rahmen des österreichischen Nichtigkeitsverfahrens geltend gemacht werden.[27]

aa) Protokollierung von Suggestivfragen

Suggestivfragen sind gemäß § 161 Abs. 3 und § 164 Abs. 4 S. 4 öStPO in dem Hauptverhandlungsprotokoll wörtlich zu protokollieren. Das Gericht soll solche Antworten, die auf suggestivem Wege entstanden sind, durch die Protokollierung der Frage kenntlich machen. Alle anderen Fragen müssen nur dann in das Hauptverhandlungsprotokoll gemäß § 96 Abs. 3 S. 2 öStPO aufgenommen werden, wenn dies zum Verständnis der Antwort erforderlich ist. Die Anordnung hierüber und auch die Beurteilung, ob es sich um eine suggestive Frage handelt, obliegt dem Gericht. Allerdings ist diese Beurteilung nach § 271 Abs. 7 S. 5 iVm § 270 Abs. 3 S. 2 bis 4 öStPO mit der Beschwerde überprüfbar.

---

[23] *Seiler*, Strafprozessrecht, 2010, S. 211 Rn. 811.

[24] Vgl. § 96 Abs. 3 S. 1 Alt. 2 öStPO.

[25] *Danek*, WK-StPO, Loseblatt, Stand: ab 2002, § 271 Rn. 6.

[26] *Danek*, WK-StPO, Loseblatt, Stand: ab 2002, § 271 Rn. 6.

[27] OGH, 12 Os 116/89; vgl. auch die Ausführungen zum Nichtigkeitsverfahren im Folgenden auf S. 84 ff.

bb) Durchführung der Protokollierung

Der Schriftführer darf sich zur Unterstützung der Übertragung seiner Mitschriften eines technischen Hilfsmittels nach § 271 Abs. 2 S. 2 öStPO, etwa eines Tonbandgeräts bedienen.

Sieht der Vorsitzende von der Beiziehung eines Schriftführers ab,[28] erfolgt gemäß § 271 Abs. 4 S. 2 und 3 öStPO über die im Protokoll festzuhaltenden Inhalte nach § 271 Abs. 1 Z 4 bis 7 und Abs. 3 öStPO ein Diktat, das im Wege eines technischen Hilfsmittels aufzunehmen und zu übertragen ist. Im Falle der wörtlichen Wiedergabe von Aussageinhalten iSv § 271 Abs. 3 S. 1 HS 2 öStPO muss dies bedeuten, dass das Diktat auf Grundlage der richterlichen wörtlichen Mitschrift der Aussageinhalte und dessen Aufzeichnung mittels eines technischen Hilfsmittels erfolgt und übertragen wird.

b) Unterstützung der Protokollführung durch Ton- und Bildaufnahmen nach § 271a öStPO

In Österreich kann die Protokollführung durch Ton- und Bildaufnahmen nach § 271a öStPO unterstützt werden, soweit die technischen Möglichkeiten verfügbar sind und der Vorsitzende die Aufzeichnung für zweckmäßig erachtet. Auch ist ein aus § 238 öStPO ableitbares Antragsrecht der Verfahrensbeteiligten auf technische Aufzeichnung, so insbesondere des Angeklagten gegeben. Im Fall der Antragsabweisung ist die Urteilsbekämpfung im Rahmen des Nichtigkeitsverfahrens nach § 281 Abs. 1 Z 4, Abs. 3 öStPO denkbar.[29]

Bei der Ton- und Bildaufzeichnung ist der gesamte Verlauf der Hauptverhandlung unmittelbar aufzunehmen. Die Aufnahme wird gemäß § 271a Abs. 2 S. 3 öStPO Teil der Akte, „sie ist als Beilage zum Akt zu nehmen".

c) Stellungnahme und Vergleich

aa) „Mehr" an Protokollierung gegenüber Deutschland

Die Aufnahme eines Inhaltsprotokolls von der Vernehmung in der Hauptverhandlung in Österreich bedeutet schon einmal grundsätzlich ein „Mehr" gegenüber der deutschen Verfahrenssituation, da die inhaltliche Protokollierung in Deutschland nur vor dem Strafrichter und dem Schöffengericht vorgenommen wird.[30] Doch wie bereits oben festgestellt, entspricht eine inhaltliche Wiedergabe der Aussage des „Opferzeugen" gerade nicht der Detailliertheit einer wörtlichen Protokollierung und ist für eine Aussageanalyse weitgehend wertlos.[31]

---

[28] Nicht im Geschworenenverfahren möglich, § 343 Abs. 1 StPO.

[29] *Danek,* WK-StPO, Loseblatt, Stand: ab 2002, § 271a Rn. 2.

[30] Siehe oben S. 37.

[31] Vgl. oben S. 39; vgl. auch *Hübner*, RZ 2010, 6, 10 f.

Entscheidend ist daher die wörtliche Protokollierung der Aussage des „Opferzeugen". Die Vorschrift des § 271 Abs. 3 S. 1 HS 2 öStPO sieht eine wörtliche Protokollierung der Aussage vor, soweit diese für die Urteilsfällung erforderlich erscheint. Bei einer Aussage-gegen-Aussage-Konstellation entscheidet die Beurteilung der Glaubhaftigkeit der Aussage des „Opferzeugen" über eine Verurteilung oder einen Freispruch des Angeklagten. Für die ordnungsgemäße Durchführung einer Aussageanalyse ist eine lückenlose Aufzeichnung der Vernehmung des „Opferzeugen" notwendig. Insofern ist eine wörtliche Protokollierung für die Urteilsfällung zwingend erforderlich. Der Tatrichter sollte diese also immer anordnen, wenn er nicht gegen § 271 Abs. 3 S. 1 HS 2 öStPO verstoßen möchte. Insoweit unterscheidet sich die Verfahrenssituation in Österreich nicht von der in Deutschland, denn auch in Deutschland ist eine wörtliche Protokollierung nach der gesetzlichen Normierung dann vorzunehmen, wenn es auf die Feststellung des Wortlauts einer Aussage ankommt.

Der wesentliche Unterschied zwischen beiden Ländern liegt aber darin, dass die Ablehnung des Antrags eines Verfahrensbeteiligten auf wörtliche Protokollierung – so insbesondere der des Angeklagten – in Österreich zu dem relativen Nichtigkeitsgrund gemäß § 281 Abs. 1 Z 4, Abs. 3 öStPO führen kann, wohingegen die Ablehnung in Deutschland nicht revisibel ist. So kann der Angeklagte im Rahmen des Nichtigkeitsverfahrens[32] regelmäßig in einer Aussage-gegen-Aussage-Konstellation erfolgreich anführen, dass er durch die Ablehnung des Antrags auf wörtliche Protokollierung in seinem Recht auf ein faires Verfahren verletzt worden ist, da gerade die wörtliche Protokollierung der „Opferzeugenaussage" für eine ordnungsgemäß durchzuführende Aussageanalyse notwendig ist. Auch wird dieser Verfahrensfehler für den Angeklagten, wie es § 281 Abs. 3 öStPO verlangt, nachteiligen Einfluss üben. Denn eine Verurteilung wird durchgehend auf die Glaubwürdigkeit des „Opferzeugen" und Glaubhaftigkeit seiner Aussage gestützt werden, die aber möglicherweise anders ausgefallen wäre, wenn bei der Aussageanalyse eine wörtliche Protokollierung vorgelegen hätte.[33] Somit muss das Tatgericht bei einem ablehnenden Beschluss auf wörtliche Protokollierung die Aufhebung durch die Rechtsmittelinstanz fürchten.

Damit zeigt sich durch den Vergleich der beiden Verfahrensordnungen, dass die Auffassung in Deutschland, die Ablehnung des Antrags auf wörtliche Protokollierung sei nicht revisibel, nicht zutreffend sein kann. Denn auch in Deutschland muss sich für den Angeklagten die Frage stellen, ob sein Recht auf ein faires Verfahren durch die Ablehnung verletzt sein könnte, und er dies im Rahmen des Revisionsverfahrens wie in Österreich geltend machen können sollte.

Beachtenswert für Österreich ist weiterhin die Notwendigkeit zur wörtlichen Aufnahme von Suggestivfragen in das Hauptverhandlungsprotokoll gemäß § 161 Abs. 3 und § 164 Abs. 4 S. 4 öStPO.

Schließlich fällt positiv auf, dass sich der Schriftführer zur Unterstützung der Übertragung seiner Mitschriften eines technischen Hilfsmittels nach § 271 Abs. 2 S. 2 öStPO, etwa eines Tonbandgeräts bedienen darf. So können Fehler, die nur durch eine

---

[32] Vgl. zu dem österreichischen Nichtigkeitsverfahren die folgenden Ausführungen unter S. 84 ff.

[33] Entscheidungen des OGH bezüglich dieser Thematik liegen bislang noch nicht vor.

Mitschrift von Aussageinhalten entstehen, minimiert werden. Das ist zumindest auch im bezirksgerichtlichen Verfahren notwendig, da es sich bei dem Schriftführer meist um einen Rechtspraktikanten handelt, dem aufgrund einer fehlenden Ausbildung als Schriftführer schnell Fehler bei der Protokollierung unterlaufen können.

bb) Ton- und Bildaufzeichnung

Die technische Aufzeichnung von Aussageinhalten in der Hauptverhandlung nach § 271a öStPO ist auch für Deutschland eine wünschenswerte Vorschrift. Leider wird sie in Österreich noch viel zu selten von den Tatgerichten angewendet.[34] Das liegt auch sicherlich daran, dass die Vorschrift als solche noch nicht lange existiert und noch „in den Kinderschuhen steckt".[35]

Die Ton- und Bildaufzeichnung ist die weitreichendste und authentischste Möglichkeit, Inhalte aus der Beweisaufnahme für eine eingehende Beurteilung zu sichern. Gerade für die aussagepsychologische Begutachtung ist eine originalgetreue Aufzeichnung der Aussage des „Opferzeugen" bedeutsam. Aber auch viele Verfahrensfehler ließen sich damit leichter belegen.[36] Zudem wäre eine Rekonstruktion der Hauptverhandlung möglich und somit grundsätzlich auch eine Überprüfung der richterlichen Beweisdarstellung und Beweiswürdigung im Urteil.[37]

Nach der Ausgestaltung der Vorschrift des § 271a Abs. 1 S. 1 öStPO liegt die Anordnung der technischen Aufzeichnung im Ermessen des Vorsitzenden. Für die Verfahrensbeteiligten, insbesondere für den Angeklagten besteht ein Antragsrecht auf Anordnung der technischen Aufzeichnung. Dabei ist zu beachten, dass die Aufzeichnung „den Beteiligten verstärkte Kontroll- und Anfechtungsmöglichkeiten und somit Schutz gegen – aus dem Hauptverhandlungsprotokoll allein nicht immer erkennbare – allfällige Missstände in der Verhandlungsführung bieten soll, so dass aus dieser Sicht die Anordnung der Verwendung der technischen Einrichtungen im Fall entsprechender Antragstellung die Regel sein sollte"[38].

Bei Ablehnung des Antrags auf technische Aufzeichnung hat der Angeklagte – wie schon bei der wörtlichen Protokollierung – grundsätzlich die Möglichkeit, das Urteil im Rahmen des Nichtigkeitsverfahrens mit § 281 Abs. 1 Z 4, Abs. 3 öStPO zu bekämpfen. Der Angeklagte wird in diesem Fall darlegen können, dass sein Recht auf ein faires Verfahren verletzt ist, denn eine Ton- und Bildaufzeichnung ließe nicht nur eine umfassende Aussageanalyse zu, sondern gäbe dem Angeklagten auch weitreichendere Rügemöglichkeiten hinsichtlich der tatrichterlichen Beweisdarstellung und -würdigung im Urteil.[39] Auch wird die Ablehnung auf die Entscheidung des

---

[34] Laut Auskunft des Landesgericht Salzburg wird die Vorschrift bisher kaum angewendet, allerdings gibt es am Landesgericht Korneuburg ein Pilotprojekt, bei der alle Strafsachen aufgezeichnet werden.

[35] § 271a öStPO ist durch die Strafprozessnovelle 2005 (BGBl I 2004/164) eingefügt worden.

[36] *Seiler*, Strafprozessrecht, 2010, S. 211 Rn. 814.

[37] Siehe im nächsten Punkt hierzu die ausführliche Schilderung.

[38] *Danek*, WK-StPO, Loseblatt, Stand: ab 2002, § 271a Rn. 2.

[39] Was im nächsten Punkt darzustellen sein wird.

Gerichts, wie es § 281 Abs. 3 öStPO verlangt, für den Angeklagten nachteiligen Einfluss üben. Denn eine Verurteilung wird regelmäßig auf die Glaubwürdigkeit des „Opferzeugen" und Glaubhaftigkeit seiner Aussage gestützt werden, die aber möglicherweise anders ausgefallen wäre, wenn bei der Aussageanalyse eine Ton- und Bildaufnahme vorgelegen hätte.

Das Gericht muss somit die Nichtigkeit des Urteils bei Antragsablehnung auf technische Aufzeichnung fürchten.[40]

Schließlich darf die Errungenschaft der Ton- und Bildaufzeichnung der Hauptverhandlung nach § 271a öStPO über den Ausschlussvorbehalt „nach Maßgabe der den Gerichten zur Verfügung stehenden Ausstattung" nicht leerlaufen. Bei den Gerichten sind die technischen Voraussetzungen zwingend zu schaffen.[41]

Ist dennoch ausnahmsweise eine technische Aufzeichnung in Ton und Bild unmöglich, bleibt noch die wörtliche Protokollierung von Aussageinhalten nach § 271 Abs. 3 S. 1 HS 2 öStPO.

cc) Zusammenfassung

Damit lässt sich festhalten, dass sich das allgemeine Verfahrensdefizit der fehlenden wörtlichen Protokollierung bzw. der fehlenden Ton- und Bildaufnahmen in Österreich anders als in Deutschland bei richtiger Anwendung der bestehenden prozessualen Bestimmungen nicht stellt. Es liegt an der gerichtlichen Praxis, eine wörtliche Protokollierung bzw. eine Ton- und Bildaufzeichnung von der Beweisaufnahme durchzuführen.[42] Andernfalls ist die Verteidigung gehalten, diesen Verfahrensfehler im Rahmen des Nichtigkeitsverfahrens geltend zu machen.

Schließlich muss an dieser Stelle noch angeführt werden, dass bei Verfahren wegen sexuellen Missbrauchs meist eine kontradiktorische Vernehmung nach §§ 165, 247 öStPO vorgenommen wird, bei der immer eine wörtliche Protokollierung bzw. eine Ton- und Bildaufzeichnung durchgeführt wird. Insofern sind die eben getroffenen Feststellungen nur dann maßgeblich, wenn es ausnahmsweise zu einer erstmaligen oder erneuten Vernehmung des „Opferzeugen" in der Hauptverhandlung kommt.[43]

4. Mangelhafte Kontrolle tatrichterlicher Beweisdarstellung im Rahmen des Nichtigkeitsverfahrens?

Auch für Österreich stellt sich die Frage, ob eine ähnlich mangelhafte Kontrolle der tatrichterlichen Beweisdarstellung im Rahmen des Nichtigkeitsverfahrens vorliegt

---

[40] Auch hier liegen Entscheidungen des OGH bezüglich dieser Thematik bislang noch nicht vor.

[41] Nach *Danek*, WK-StPO, Loseblatt, Stand: ab 2002, § 271a Rn. 1 ist die Ausstattung weiterer Gerichtsstandorte vorgesehen.

[42] Vgl. auch die Forderung von *Tews*, RZ 2005, 58, 62.

[43] Vgl. die ausführliche Darstellung zu der kontradiktorischen Vernehmung im Folgenden unter S. 109 ff.

oder aber dem Bedürfnis des Angeklagten, die Feststellungen des Tatrichters der wirksamen Überprüfung eines Dritten zuzuführen, nachgekommen wird.

Zunächst gilt es hierzu einen kurzen Überblick der Überprüfungsmöglichkeiten der tatrichterlichen Beweisdarstellung, -verwertung und -würdigung zu geben.

a) Überprüfungsmöglichkeiten der tatrichterlichen Beweisdarstellung, -verwertung und -würdigung

Die österreichische Strafverfahrensordnung kennt ein Rechtsmittelverfahren mit der Überprüfung des erstinstanzlichen Urteils auf formelle und materielle Fehler mit der sogenannten Nichtigkeitsbeschwerde gegen Urteile des Schöffen- oder Geschworenengerichts gemäß §§ 281, 281a und 345 öStPO bzw. der „Nichtigkeitsberufung" gegen Urteile des Bezirksgerichts oder des Einzelrichters beim Landgericht gemäß §§ 464, 489 öStPO.[44]

In Österreich kann mit der Nichtigkeitsbeschwerde eine fehlerhafte Beweisdarstellung und -verwertung und in sehr eingeschränkter Weise auch eine mangelhafte Beweiswürdigung[45] geltend gemacht werden.

aa) Mängelrüge gemäß §§ 281 Abs. 1 Z 5; 464 Z 1; 489 Abs. 1 öStPO

Es besteht die Möglichkeit der Erhebung der Mängelrüge gemäß §§ 281 Abs. 1 Z 5; 464 Z 1; 489 Abs. 1 öStPO mit Ausnahme bei Urteilen des Geschworenengerichts. Gegenstand der Mängelrüge ist jedoch nur die Einhaltung der gesetzlichen Grenzen, welche § 258 Abs. 2 öStPO der freien Beweiswürdigung des Gerichts setzt.[46] § 281 Abs. 1 Z 5 öStPO beinhaltet fünf Alternativen:

(1) § 281 Abs. 1 Z 5 Alt. 1 bis 3 öStPO

Nach § 281 Abs. 1 Z 5 öStPO liegt u.a. eine fehlerhafte Beweisverwertung und damit ein Nichtigkeitsgrund vor, wenn der Ausspruch des Gerichts über entscheidende Tatsachen undeutlich (Alt. 1), unvollständig (Alt. 2) oder mit sich selbst im Widerspruch (Alt. 3) ist: Entscheidend sind Tatsachen, wenn sie Fragen nach der rechtlichen Kategorie einer oder mehrerer strafbarer Handlungen beantworten, also das zur Klärung der Schuldfrage oder revisibler Strafzumessungsfragen maßgebliche Gesetz betreffen.[47]

---

[44] Vgl. etwa *Seiler*, Strafprozessrecht, 2010, S. 245 ff.; *Bertel/Venier*, Strafprozessrecht, 2011, S. 142 ff., 164 f., 168 ff., 174; *Ratz*, WK-StPO, Loseblatt, Stand: ab 2002, § 281; *Steininger*, Handbuch der Nichtigkeitsgründe im Strafverfahren, 2008; *Schroll/Schillhammer*, AnwBl 2006, 441 (Teil 1) u. 505 (Teil 2); *Moos*, ÖJZ 1989, 97 (Teil 1) und 135 (Teil 2).

[45] Vgl. *Seiler*, Strafprozessrecht, 2010, S. 256 Rn. 1027.

[46] *Ratz*, WK-StPO, Loseblatt, Stand: ab 2002, § 281 Rn. 397.

[47] *Steininger*, Handbuch der Nichtigkeitsgründe im Strafverfahren, 2008, S. 229 Rn. 2.

Der Ausspruch ist nach Alt. 1 undeutlich, wenn den Feststellungen des Urteils nicht klar zu entnehmen ist, welche strafbare Handlung der Angeklagte begangen haben soll.[48]

Unvollständig nach Alt. 2 ist ein Urteil dann, wenn das Gericht bei der für die Feststellung entscheidender Tatsachen angestellten Beweiswürdigung erhebliche, in der Hauptverhandlung vorgekommene Verfahrensergebnisse unberücksichtigt ließ.[49] Die Rüge der Unvollständigkeit erstreckt sich nicht auf die Tatsachengrundlage der Subsumtion; sie erfasst demnach nicht die unvollständig subsumierbaren Tatsachen.[50] Mit sich in Widerspruch nach Alt. 3 ist ein Urteil, wenn das Gericht entscheidende Tatsachen als nebeneinander bestehend feststellt, die einander nach den Gesetzen logischen Denkens ausschließen oder nicht nebeneinander bestehen können.[51]

(2) § 281 Abs. 1 Z 5 Alt. 4 öStPO

Nach § 281 Abs. 1 Z 5 Alt. 4 öStPO liegt ein Nichtigkeitsgrund vor, wenn für den Ausspruch über entscheidende Tatsachen keine oder nur offenbar unzureichende Gründe angegeben sind. Offenbar unzureichend ist eine Begründung, welche den Gesetzen folgerichtigen Denkens oder grundlegenden Erfahrungssätzen widerspricht.[52] Eine Abgrenzung zwischen offenbar unzureichender und fehlender Begründung ist weder trennscharf möglich noch erforderlich.[53] Die zur Begründung verwendeten Argumente brauchen nicht zwingender Natur zu sein,[54] müssen aber zumindest denkmöglich erscheinen.[55] Meist kann als Begründung der Hinweis auf die allgemeine Lebenserfahrung genügen, um etwas als erwiesen anzunehmen.[56]

(3) § 281 Abs. 1 Z 5 Alt. 5 öStPO

Schließlich liegt nach § 281 Abs. 1 Z 5 Alt. 5 öStPO ein Nichtigkeitsgrund vor, wenn zwischen den Angaben der Entscheidungsgründe über den Inhalt einer bei den Akten befindlichen Urkunde oder über eine Aussage und der Urkunde oder dem Vernehmungs- oder Sitzungsprotokoll selbst ein erheblicher Widerspruch besteht. Neben Protokollen über die Vernehmung von Beschuldigten, Zeugen oder Sachverständigen kommt das Hauptverhandlungsprotokoll in Frage.[57] Der gerügte Mangel

[48] OGH, 10 Os 109/70 = EvBl 1972/17.

[49] *Ratz*, WK-StPO, Loseblatt, Stand: ab 2002, § 281 Rn. 421.

[50] *Steininger*, Handbuch der Nichtigkeitsgründe im Strafverfahren, 2008, S. 258 Rn. 42.

[51] OGH, 11 Os 122/08p.

[52] *Fabrizy*, Die österreichische Strafprozessordnung, 2011, § 281 Rn. 46.

[53] *Ratz*, WK-StPO, Loseblatt, Stand: ab 2002, § 281 Rn. 444.

[54] *Seiler*, Strafprozessrecht, 2010, S. 268 Rn. 1078.

[55] OGH, 11 Os 63/88 = SSt 59/57.

[56] Vgl. etwa OGH, 11 Os 98/08h.

[57] *Ratz*, WK-StPO, Loseblatt, Stand: ab 2002, § 281 Rn. 469.

muss wesentlich sein.[58] Enthält das Urteil keine Angaben über eine Aussage oder eine Urkunde, scheidet Aktenwidrigkeit von vornherein aus,[59] was jedoch speziell bei einer Aussage-gegen-Aussage-Konstellation, bei der die Aussage des „Opferzeugen“ oftmals das einzige Beweismittel darstellt, nicht der Fall sein wird.

Ton- und Bildaufnahmen etwa von der kontradiktorischen Vernehmung nach §§ 165, 247 öStPO oder von der Hauptverhandlung nach § 271a Abs. 1 öStPO sollen dagegen nicht von der Kontrolle betroffen sein.[60]

Das Urteil ist aktenwidrig, wenn es den Inhalt einer Aussage in seinen wesentlichen Teilen unrichtig oder unvollständig wiedergibt.[61] Es geht also um die „formale Vergleichung von Zitat und Aktenlage.“[62]

Dagegen kann dem Tatrichter nicht vorgeworfen werden, aus der Aussage nicht andere Schlüsse abgeleitet zu haben. Das stellt nach der Rspr. bloß unzulässige Kritik an der Beweiswürdigung dar.[63]

bb) Geschworenenverfahren

In den Verfahrensregelungen für das Geschworenenverfahren[64] findet sich kein Nichtigkeitsgrund iSd § 281 Abs. 1 Z 5 öStPO. Das ist auch, soweit man das Geschworenenverfahren als solches insgesamt nicht in Frage stellt, konsequent, da die Wahrsprüche der Geschworenen nicht begründet werden müssen.[65]

(1) § 345 Abs. 1 Z 6, 9 öStPO

Allerdings gibt es für § 281 Abs. 1 Z 5 Alt. 1 bis 3 öStPO einen gewissen Ersatz: Eine Nichtigkeitsbeschwerde kann ergriffen werden, wenn gemäß § 345 Abs. 1 Z 6 öStPO die Feststellungen in einer Frage, welche die Geschworenen bejaht haben, unvollständig, undeutlich oder widersprüchlich waren[66] oder gemäß § 345 Abs. 1 Z 9 öStPO der Wahrspruch der Geschworenen undeutlich, unvollständig oder in sich widersprechend ist.

(2) § 345 Abs. 1 Z 10a öStPO

Als Kompensation für den Nichtigkeitsgrund der offenbar unzureichenden Begründung des § 281 Abs. 1 Z 5 Alt. 4 öStPO soll § 345 Abs. 1 Z 10a öStPO dienen.[67]

---

[58] *Steininger*, Handbuch der Nichtigkeitsgründe im Strafverfahren, 2008, S. 241 Rn. 22.

[59] Vgl. OGH, 14 Os 137/07i.

[60] *Ratz,* WK-StPO, Loseblatt, Stand ab 2002, § 281 Rn. 469.

[61] OGH, 11 Os 122/00; 15 Os 14/04; RIS Justiz RS0099547.

[62] OGH, 12 Os 184/94.

[63] Vgl. OGH, 14 Os 8/91.

[64] Zur Zusammensetzung und Zuständigkeit des Geschworenenverfahrens: siehe oben S. 77.

[65] Vgl. *Steininger*, in: FS Platzgummer, 1995, S. 325, 337.

[66] *Bertel/Venier*, Strafprozessrecht, 2011, S. 165 Rn. 563.

[67] *Bertel/Venier*, Strafprozessrecht, 2011, S. 165 Rn. 564.

Danach kann die Nichtigkeitsbeschwerde dann ergriffen werden, wenn sich aus den Akten erhebliche Bedenken gegen die Richtigkeit der im Wahrspruch der Geschworenen festgestellten entscheidenden Tatsachen ergeben.

Da dieser Nichtigkeitsgrund in ähnlicher Weise bei Urteilen des Bezirks- und Schöffengerichts und des Einzelrichters am Landesgericht bekannt ist, wie § 281 Abs. 1 Z 5a; § 464 Z 1; § 489 Abs. 1 öStPO zeigen, wird die nähere Betrachtung bei § 281 Abs. 1 Z 5a öStPO vorgenommen.

cc) Tatsachenrüge und Aufklärungsrüge gemäß § 281 Abs. 1 Z 5a öStPO

Der Nichtigkeitsgrund des § 281 Abs. 1 Z 5a öStPO liegt vor, wenn sich aus den Akten erhebliche Bedenken gegen die Richtigkeit der Tatsachen ergeben, die dem Ausspruch über die Schuld zugrunde gelegt wurden. Es wird zwischen der sogenannten Tatsachenrüge und der Aufklärungsrüge unterschieden:

(1) Tatsachenrüge

Der Unterschied zu der Überprüfung der formell hinreichenden Beweiswürdigung im Rahmen des § 281 Abs. 1 Z 5 öStPO liegt hier bei der sogenannten Tatsachenrüge – von ihrer Eigenschaft als Aufklärungsrüge abgesehen – in der Überprüfung der inhaltlichen (materiellen) Beweiswürdigung.[68]

Sie zielt auf die Bewertung des – innerhalb der formellen Grenzen vorgenommenen – Gebrauchs der Beweiswürdigungsfreiheit.[69] Dabei müssen sich die erheblichen Bedenken gegen die schuldbegründeten Tatsachenfeststellungen aus den Urteilsgründen und aus den gesamten Akten schöpfen, die in die Hauptverhandlung eingebracht wurden.[70] Dazu soll nur unmittelbar sinnlich Wahrnehmbares aus den Akten gehören, nicht aber Ton- und Bildaufnahmen.[71]

Die durch das Strafrechtsänderungsgesetz 1987[72] eingeführte Rüge zeigt das Bedürfnis nach einer Überprüfung der freien Beweiswürdigung auch von kollegialgerichtlichen Verfahren. Dabei geht die Tatsachenrüge aber keineswegs so weit wie die sogenannte „Schuldberufung" gegen ein Urteil eines bezirksgerichtlichen Verfahrens oder gegen ein Urteil des Einzelrichters beim Landesgericht, bei der gemäß § 467 Abs. 2 S. 1 iVm § 464 Z 2 Alt. 1 öStPO genügt, dass schlechthin die Richtigkeit der Feststellungen zu den entscheidenden Tatsachen als Berufungspunkt bezeichnet wird.[73]

---

[68] *Seiler*, Strafprozessrecht, 2010, S. 270 Rn. 1085 f.; *Ratz*, WK-StPO, Loseblatt, Stand: ab 2002, § 281 Rn. 471.

[69] *Lässig*, ÖJZ 2006, 406, 410.

[70] *Moos*, ÖJZ 1989, 97, 105.

[71] *Ratz*, WK-StPO, Loseblatt, Stand: ab 2002, § 281 Rn. 481.

[72] BGBl. 1987/605.

[73] *Ratz*, WK-StPO, Loseblatt, Stand: ab 2002, § 281 Rn. 471.

Nach der Rspr. wird die Tatsachenrüge sehr restriktiv behandelt: Bei der Beurteilung des Ersturteils muss es sich „intersubjektiv gemessen an Erfahrungs- und Vernunftsätzen um eine unerträgliche Fehlentscheidung handeln",[74] damit die Tatsachenrüge durchgreift und zur Wiederholung des erstinstanzlichen Urteils führt.

Im Geschworenenverfahren ist die erfolgreiche Einlegung einer Tatsachenrüge noch viel schwieriger, da die Geschworenen ihren Wahrspruch nicht begründen müssen.[75]

Immerhin sind entscheidende Tatsachen festzustellen, die im Beweisverfahren ihre Deckung finden müssen.[76] Der OGH prüft dann, ob die Tatsachenfeststellungen aufgrund einer Beweiswürdigung aus den Akten tragfähig sind oder erhebliche Bedenken dagegen sprechen.[77]

Die sogenannte Niederschrift der Geschworenen soll aber nicht als Grundlage für eine erfolgreiche Rüge dienen können.[78] Der Obmann hat nach Beendigung der Abstimmung die Erwägungen, von denen die Mehrheit der Geschworenen bei der Beantwortung jeder einzelnen Frage ausgegangen ist, gesondert in einer kurzen Niederschrift gemäß § 331 Abs. 3 öStPO festzuhalten.

Da die Niederschrift der Geschworenen eine Begründung für die Beweiswürdigung darstellt, soll sie nach der Rspr. nicht gleichzeitig deren Gegenstand bilden können.[79] Die Niederschrift der Geschworenen kann nach der Rspr. ausnahmsweise Grundlage für eine erfolgreiche Rüge sein, wenn das Unterbleiben einer Würdigung wesentlicher Beweisergebnisse in ihrer Niederschrift nach Lage des Falles, vor allem bei schmaler Erkenntnisgrundlage, zu relevanten Zweifeln an der Richtigkeit der im Wahrspruch als erwiesen angenommenen Tatsachen führen oder immerhin beitragen.[80]

(2) Aufklärungsrüge

Die Tatsachenrüge kann im Rahmen des § 281 Abs. 1 Z 5a öStPO auch als Aufklärungsrüge erhoben werden. Systematisch stimmt der Zusammenhang mit Z 5a eigentlich nicht, denn es handelt sich dabei um den Umfang der Beweiserhebung und nicht wie bei der Tatsachenrüge um die Bewertung des bereits gesammelten Stoffes.[81] Unbeachtlich dessen liegt ein Nichtigkeitsgrund vor, wenn „schwerwiegende, unter Außerachtlassung der Pflicht zur amtswegigen Wahrheitsfindung und der aktenkundigen Beweisergebnisse zustande gekommene Mängel in der

---

[74] OGH, 13 Os 106/07y = EvBl 2008/53.

[75] *Seiler*, Strafprozessrecht, 2010, S. 271 Rn. 1090.

[76] OGH, 14 Os 115/00 = EvBl 2001/64.

[77] *Seiler*, Strafprozessrecht, 2010, S. 272 Rn. 1091.

[78] *Ratz*, WK-StPO, Loseblatt, Stand: ab 2002, § 345 Rn. 16; *Fabrizy*, Die österreichische Strafprozessordnung, 2011, § 345 Rn. 19.

[79] OGH, 13 Os 36/01 = JBl 2002, 129.

[80] OGH, 16 Os 64/91 = EvBl 1992, 170.

[81] *Moos*, ÖJZ 1989, 135, 140.

Sachverhaltsermittlung" aufgezeigt werden können.[82] Nach neuerer Rspr. muss mit der Aufklärungsrüge zusätzlich dargelegt werden, wodurch der Angeklagte an der Ausübung seines Rechts, die Beweisaufnahme in der Hauptverhandlung sachgerecht zu beantragen, gehindert war.[83]

b) Stellungnahme und Vergleich

Nach der allgemeinen Erläuterung der Rechtslage hinsichtlich der Nichtigkeitsgründe zeigt sich, dass die Konzeption des österreichischen Nichtigkeitsverfahrens in den Nichtigkeitsgründen bezüglich der tatrichterlichen Beweisdarstellung, Beweisverwertung und Beweiswürdigung in ähnlichem Maße ausgestaltet und damit vergleichbar mit der Konzeption des deutschen Revisionsverfahrens ist.

Zu den einzelnen hier vorgestellten Nichtigkeitsgründen ist folgendes anzumerken:

aa) § 281 Abs. 1 Z 5 Alt. 1 bis 4 öStPO

Mit § 281 Abs. 1 Z 5 Alt. 1 bis 4 öStPO wird die Beweiswürdigung nur auf ihre formelle Schlüssigkeit untersucht, was in Deutschland nicht gesetzlich normiert, aber als Darstellungsrüge bekannt ist und revisionsrechtlich als sachlich rechtlicher Mangel des Urteils geltend gemacht werden kann.[84]

Dabei zeigt sich im Rahmen des Nichtigkeitsgrundes nach § 281 Abs. 1 Z 5 Alt. 4 öStPO, ob keine oder nur offenbar unzureichende Gründe angegeben sind, dass die Grenze zum Eingriff in die dem Tatrichter zukommende Beweiswürdigung in der dem OGH vorbehaltenen Bewertung liegt, welche Erfahrungen er als grundlegend ansieht und daher einer formalen Anfechtung aus Z 5 erschließt und welche nicht.[85] Damit ist mit § 281 Abs. 1 Z 5 Alt. 4 öStPO nach der Rspr. praktisch keine Überprüfung der Beweiswürdigung erfolgsversprechend möglich, da eine Auslegung, was unter die „Lebenserfahrung" fällt, der weiten Entscheidungsbefugnis des OGH zukommt.

bb) § 281 Abs. 1 Z 5 Alt. 5 öStPO

Sofern in Österreich ein Wortprotokoll über die Beweisaufnahme vorhanden ist – wobei ein solches über die Aussage des „Opferzeugen" gemäß § 271 Abs. 3 S. 1 HS. 2

---

[82] OGH, 12 Os 11/90 = RZ 1990/94; 11 Os 95/88 = SSt 59/59; RIS-Justiz RS0099692.

[83] OGH, 14 Os 9/08 t 15 Os 56/09p; RIS-Justiz RS0114036.

[84] „Rechtsfehlerhaft ist die Beweiswürdigung insbesondere, wenn sie in sich widersprüchlich, lückenhaft oder unklar ist oder gegen Denkgesetze und Erfahrungssätze verstößt."; siehe oben S. 41.

[85] *Ratz*, WK-StPO, Loseblatt, Stand: ab 2002, § 281 Rn. 448.

öStPO[86] und bei einer kontradiktorischen Vernehmung nach § 96 Abs. 3 öStPO[87] meist vorliegen sollte – ist eine Kontrolle des Urteils auf Aktenwidrigkeit nach § 281 Abs. 1 Z 5 Alt. 5 öStPO möglich. Ausgenommen hiervon ist das Urteil des Geschworenengerichts, bei dem dieser Nichtigkeitsgrund nicht geltend gemacht werden kann, da das Geschworenengericht sein Urteil auch nicht begründen muss.

Damit besteht außer beim Geschworenengericht im Unterschied zu Deutschland die Unzulässigkeit der Protokollrüge *de facto* nicht. Der Tatrichter ist grundsätzlich gehalten, die Aussage des „Opferzeugen" in seinem Urteil richtig wiederzugeben. Andernfalls muss er die Nichtigkeitsbeschwerde befürchten. Allerdings steht und fällt die Anwendung von § 281 Abs. 1 Z 5 Alt. 5 öStPO ebenso wie in Deutschland mit der Existenz einer Unterlage mit objektivem Beweiswert. Ein Inhaltsprotokoll etwa eignet sich kaum zu der Darlegung, dass etwa eine Aussage vom „Opferzeugen" im Urteil anders wiedergegeben worden ist, als dieser in der Hauptverhandlung ausgesagt hat. Denn es findet nur eine kursorische Zusammenfassung der Beweisaufnahme statt.

Nicht nachvollziehbar ist schließlich, dass von der Kontrolle Ton- und Bildaufnahmen nicht betroffen sein sollen.[88] Das Kontrollverbot wirft die Frage auf, warum einerseits der Tatrichter diese zu seiner Urteilsfindung verwenden, aber andererseits ein Widerspruch zwischen dem Urteil und der Ton- und Bildaufnahme nicht geltend gemacht werden darf. Denn gerade eine solche Aufnahme dokumentiert die Vernehmung aus der Hauptverhandlung am authentischsten und lässt eine nachträgliche Kontrolle problemlos zu.

cc) Tatsachenrüge

In Österreich kann mit der sogenannten Tatsachenrüge im Rahmen des § 281 Abs. 1 Z 5a öStPO nach ihrer Konzeption die materielle Beweiswürdigung des Tatgerichts angegriffen werden. Doch die österreichische Rspr. wendet die Tatsachenrüge restriktiv an.[89] Das Ersturteil müsse eine geradezu unerträgliche Fehlentscheidung vermuten lassen. Eine Beanstandung der tatrichterlichen Beweiswürdigung findet nur in Ausnahmefällen statt. Stellvertretend hierfür steht die Auffassung von *Ratz*, dass das mit der Nichtigkeitsbeschwerde betraute Gericht zu Höherem bestimmt sei, als sich in die Niederungen der Beweiswürdigung „herabzubegeben": „Einem Höchstgericht eigenes Beweiswürdigungsermessen einzuräumen, hieße dessen in vereinheitlichender Rechtskontrolle bestehende Funktion zu missachten und durch den solcherart ausgeübten Zwang, sich in das Gebiet der Tatsachen zu verlieren, seine Ressourcen zweckentfremdet zu vergeuden."[90]

---

[86] Siehe oben S. 81.

[87] Worauf später noch einzugehen sein wird.

[88] *Ratz,* WK-StPO, Loseblatt, Stand: ab 2002, § 281 Rn. 481.

[89] Vgl. *Steininger*, Handbuch der Nichtigkeitsgründe im Strafverfahren, 2008, S. 272 Rn. 9.

[90] *Ratz,* WK-StPO, Loseblatt, Stand: ab 2002, § 281 Rn. 450.

Es sollen keine erheblichen Bedenken iSd § 281 Abs. 1 Z 5a öStPO geltend gemacht werden können, wenn gegen den persönlichen Eindruck des Tatrichters von der Glaubwürdigkeit einer Beweisperson im Schöffenverfahren vorgegangen wird.[91] Diese aufgrund des persönlichen Eindrucks in der Hauptverhandlung gewonnene Überzeugung soll der Anfechtung entzogen und somit Kritik am kritisch-psychologischen Vorgang der Bewertung der Beweiskraft einer Aussage und damit an der Beweiswürdigung unzulässig sein.[92]

Die Unüberprüfbarkeit der Glaubwürdigkeitsentscheidung des Tatgerichts steht im Widerspruch zu dem meist überragenden Bedürfnis der Überprüfung dieser Entscheidung seitens des Angeklagten in einer Aussage-gegen-Aussage-Konstellation. Dabei ist der Anwendungsbereich der Tatsachenrüge hier genauso wenig ausgeschlossen und findet seine Grenzen, wie im übrigen Bereich der Beweiswürdigung: Z 5a greift dann ein, wenn sich aus den Urteilsgründen oder aus den Akten erhebliche Bedenken ergeben, dass die Grenze der freien Beweiswürdigung überschritten ist, weil die unmittelbar gewonnene tatrichterliche Überzeugung intersubjektiv nicht vertretbar ist.[93]

Auch bei Nichtigkeitsbeschwerden gegen Entscheidungen des Geschworenengerichts wird die Masse jener Beschwerden mit Scheinbegründungen erledigt.[94] In der Regel erfolgt eine Zurückweisung der Nichtigkeitsbeschwerde nach § 345 Abs. 1 Z 10a öStPO durch den OGH, da die Beweiswürdigung nur in Sonderfällen anfechtbar ist,[95] so „wenn schlechterdings unerträgliche Feststellungen zu entscheidenden Tatsachen und völlig lebensfremde Ergebnisse der Beweiswürdigung" vorliegen.[96]

Nicht nachvollziehbar ist darüber hinaus die Auffassung der Rspr., warum schwerwiegende Widersprüche in der Niederschrift selbst oder zwischen der Niederschrift und dem Wahrspruch, wenn sich daraufhin erhebliche Bedenken gegen die Richtigkeit des Wahrspruchs ergeben, einer Anfechtungsmöglichkeit entzogen sein sollen.[97] Auch wenn der praktische Kontrollwert einer Niederschrift als gering anzusehen ist, da sie zumeist nur aus Schlagworten und pauschalen Angaben besteht,[98] muss sich eine Überprüfung hierauf beziehen dürfen. Denn auch

---

[91] OGH, 15 Os 105/05p; 12 Os 40/88 = EvBl 1988/109; RIS Justiz RS0099649.

[92] Vgl. *Fabrizy*, in: FS Miklau, 2006, S. 131, 132.

[93] Vgl. *Moos*, ÖJZ 1989, 97, 104; *Bertel*, juridicum 2004, 122, 123.

[94] *Bertel*, AnwBl 2005, 386, 389: nach *Bertel* so bspw. OGH, 14 Os 132/94: Die Unstimmigkeiten zwischen dem Geständnis und dem Gutachten seien in der Hauptverhandlung ausreichend erörtert worden, die Gutachten seien schlüssig und die Geschworenen hätten in freier Beweiswürdigung zu entscheiden, ob sie dem Geständnis oder dem Widerruf folgten; der Verteidiger fechte lediglich die Beweiswürdigung nach Art einer im kollegialgerichtlichen Verfahren unzulässigen „Schuldberufung" an.

[95] *Bertel/Venier*, Strafprozessrecht, 2011, S. 165 Rn. 564; vgl. auch *Bertel*, juridicum 2004, 122, 123.

[96] OGH, 14 Os 9/08t; 13 Os 71/09d.

[97] *Seiler*, Strafprozessrecht, 2010, S. 272 Rn. 1091.

[98] *Steininger*, ÖJZ 1992, 686, 689.

die Niederschrift kann Argumente für eine intersubjektiv nicht mehr zu vertretene Würdigung der Beweise liefern.[99]

Schließlich stellt sich im Rahmen der Tatsachenrüge die Frage, warum sich die erheblichen Bedenken nicht aus den Ton- und Bildaufnahmen der Hauptverhandlung oder der kontradiktorischen Vernehmung ergeben können.[100] Dieses bereits aus § 281 Abs. 1 Z 5 Alt. 5 öStPO bekannte Verbot ist abzulehnen, da sich gerade aus dieser authentischsten Form der Aufzeichnung der Hauptverhandlung Bedenken gegenüber der tatrichterlichen Beweiswürdigung ergeben können. Außerdem wird eine Aufzeichnung Teil der Akte, wie etwa § 271a Abs. 2 S. 3 öStPO zweifellos zeigt, so dass schon der Wortlaut des § 281 Abs. 1 Z 5a; § 345 Abs. 1 Z 10a öStPO eine Einbeziehung dieser verlangt.

Das alles zeigt, dass die Tatsachenrüge in Österreich tatsächlich ein Schattendasein führt und ihrem eigentlichen Zweck, eine Kontrolle des tatgerichtlichen Urteils ähnlich einer eingeschränkten kassatorischen Berufung[101] darzustellen, nicht gerecht wird. Dabei beginnt der Wirkungsbereich der Tatsachenrüge dort, „wo die Grenze der freien Beweiswürdigung überschritten wird, d. h. wo objektiv vernünftige Zweifel offenbleiben“ und eine gewisse Wahrscheinlichkeit eines Fehlurteils begründet ist.[102]

Dem deutschen Revisionsverfahren ist diese Rügemöglichkeit nicht unbekannt: Die materielle Beweiswürdigung kann mit der Sachrüge angegriffen werden. Der Schuldspruch muss auf einer tragfähigen Beweisgrundlage aufbauen, welche die objektiv hohe Wahrscheinlichkeit der Richtigkeit des Beweisergebnisses ergibt.[103]

Doch liegt ein wesentlicher Unterschied zu Österreich darin, dass die Sachrüge in Deutschland nicht auf die Akten gestützt werden kann, aus denen sich Zweifel an der Beweiswürdigung ergeben können.[104] Zudem darf keine Rekonstruktion der Beweisaufnahme erfolgen, was in der fehlenden Protokollierung als auch der fehlenden Ton- und Bildaufzeichnung der Beweisaufnahme begründet liegt.

dd) Aufklärungsrüge

Die Aufklärungsrüge ist auch in Deutschland bekannt. In Österreich wird sie als Unterfall der Tatsachenrüge verstanden. Allerdings werden von der österreichischen Rspr. höhere Voraussetzungen für ihre Durchsetzbarkeit verlangt als in Deutschland.[105] Die Einschränkung, dass dargelegt werden müsse, wodurch der Angeklagte

---

[99] *Steininger*, ÖJZ 1992, 686, 689.

[100] Vgl. *Ratz*, WK-StPO, Loseblatt, Stand: ab 2002, § 281 Rn. 481.

[101] *Moos*, ÖJZ 1989, 97, 102.

[102] *Moos*, ÖJZ 1989, 97, 103 f.

[103] BGH, NJW 1999, 1562, 1564; BVerfG, NJW 2003, 2444, 2445.

[104] Vgl. BGHSt 35, 238, 241.

[105] In Deutschland ist die Aufklärungsrüge zulässig, wenn das Gericht Ermittlungen unterlassen hat, zu denen es sich auf Grund seiner Sachaufklärungspflicht nach § 244 Abs. 2 dStPO gedrängt sehen musste.

an der Ausübung seines Rechts gehindert gewesen sei, die Beweisaufnahme in der Hauptverhandlung sachgerecht zu beantragen, gestaltet die Einlegung einer erfolgreichen Aufklärungsrüge schwierig.[106] Denn der Angeklagte kennt zum Zeitpunkt der Hauptverhandlung, in der dieser seinen Antrag auf Beweisaufnahme stellen muss, noch nicht das Urteil. Daher wird er sich kaum veranlasst sehen, „das Entstehen derartiger Fehler durch eine konkrete Antragstellung abzuwenden".[107] Im übrigen kann nicht die in §§ 2 Abs. 2, 232 Abs. 2, 254 öStPO postulierte Amtsaufklärungspflicht des Gerichts negiert werden und auf die Person des Angeklagten übertragen werden.[108]

ee) Zusammenfassung

Somit lässt sich folgendes Ergebnis feststellen: Das österreichische Nichtigkeitsverfahren ist in weiten Teilen bei der Überprüfung der Beweiswürdigung vergleichbar mit dem Revisionsverfahren in Deutschland. Auch in Österreich findet nur eine mangelhafte Nichtigkeitskontrolle tatrichterlicher Beweiswürdigung statt, obwohl nach der Konzeption der sogenannten Tatsachenrüge im Rahmen des § 281 Abs. 1 Z 5a öStPO die materielle Beweiswürdigung des Tatgerichts angegriffen werden kann.

Ein wesentlicher Vorzug gegenüber Deutschland besteht in Österreich darin, dass – sofern Aussageinhalte wörtlich protokolliert werden, was meist der Fall sein sollte – eine Kontrolle der Beweisdarstellung möglich ist. Die Beweisaufnahme lässt sich in diesem Fall rekonstruieren.

Zudem dürfen in Österreich die erheblichen Bedenken gegen die schuldbegründeten Tatsachenfeststellungen aus den Akten, sofern diese in die Hauptverhandlung eingebracht worden sind, entnommen werden, welches die Darlegungsmöglichkeiten für die Verteidigung grundsätzlich erleichtert.

5. Berücksichtigung des „in dubio pro reo" – Grundsatzes bei der richterlichen Entscheidungsfindung bzw. Möglichkeit einer Kontrolle?

In der Aussage-gegen-Aussage-Konstellation kann die Schuldfrage auch nach der Beweisaufnahme oftmals nicht zweifelsfrei geklärt werden. Somit müssten verbleibende Zweifel über die Schuld des Angeklagten häufig den Zweifelssatz „*in dubio pro reo*" zur Anwendung kommen lassen.

Es stellt sich aber auch in Österreich die Frage, ob dieser Fundamentalsatz in der österreichischen Gerichtspraxis Berücksichtigung findet oder aber ähnlich wie in Deutschland nur eine reine Leerformel darstellt und insofern vom Tatrichter nicht beachtet werden muss.

---

[106] *Seiler*, Strafprozessrecht, 2010, S. 271 Rn. 1089.

[107] *Seiler*, Strafprozessrecht, 2010, S. 271 Rn. 1089.

[108] Vgl. *Moos*, ÖJZ 2003, 369, 376.

a) Bedeutung

„*In dubio pro reo*" besitzt in Österreich die selbe dogmatische Bedeutung wie in Deutschland. Der Zweifelssatz ist in der österreichischen Strafprozessordnung in § 14 normiert.[109] Dort heißt es, dass das Gericht auf Grund der Beweise nach freier Überzeugung zu entscheiden hat, ob Tatsachen als erwiesen festzustellen sind; im Zweifel hat es stets zugunsten des Angeklagten zu entscheiden. Dieser rechtsstaatliche Fundamentalsatz wird auch aus § 258 Abs. 2 öStPO und der Unschuldsvermutung gemäß Art. 6 Abs. 2 EMRK abgeleitet.[110] Wenn das Gericht seiner Pflicht, die Wahrheit zu ermitteln, nachgekommen ist und trotz eingehender Würdigung der vorliegenden Beweise Zweifel bestehen bleiben, ist der Beschuldigte freizusprechen oder der für ihn günstigere Sachverhalt als erwiesen anzunehmen.[111]

„*In dubio pro reo*" ist kein Verfahrensgrundsatz, sondern eine Beweisregel.[112] Allerdings sagt diese weder, wie sich das Gericht seine Überzeugung von der Schuld des Angeklagten zu verschaffen hat, noch unter welchen Voraussetzungen ein für die Schuldfrage entscheidender Umstand als erwiesen anzunehmen ist.[113] Mit ihr findet daher keine Einschränkung oder Abänderung der „freien" richterlichen Beweiswürdigung statt.[114]

Nach ständiger Rspr. des OGH bekämpft die Rüge der Verletzung des Zweifelssatzes im Nichtigkeitsverfahren unzulässig die Beweiswürdigung des Tatrichters als auch der Geschworenen und kann daher niemals Gegenstand der formellen Nichtigkeitsrüge nach § 281 Abs. 1 Z 5 oder 5a bzw. § 345 Abs. 1 Z 10a öStPO sein.[115]

b) Stellungnahme und Vergleich

Auch in Österreich liegt die Vermutung nahe, dass gerade in der Aussage-gegen-Aussage-Konstellation häufig der „*in dubio pro reo*" – Grundsatz zur Anwendung kommen müsste, mit der Folge, dass der Angeklagte mangels weiterer Personal- oder Sachbeweise freigesprochen werden müsste. Doch dem Tatrichter ist es gleichfalls in Österreich nicht möglich, sich den bereits erörterten psychologischen Effekten (Schulterschlusseffekt, Schutzeinlassung des Angeklagten, Ankereffekt, kognitive

[109] BGBl I 2004/19.

[110] *Lendl*, WK-StPO, Loseblatt, Stand: ab 2002, § 258 Rn. 1, 35.

[111] *Seiler*, Strafprozessrecht, 2010, S. 37 Rn. 72.

[112] OGH, 12 Os 111/66; 13 Os 20/76; 9 Os 86/76; 9 Os 7/81.

[113] *Lendl*, WK-StPO, Loseblatt, Stand: ab 2002, § 258 Rn. 37.

[114] OGH, 11 Os 49/65 = RZ 1965, 142.

[115] OGH, 15 Os 104/96; 13 Os 147/03; 13 Os 135/03; 15 Os 152/04; 15 Os 31/04; 11 Os 128/05 s; 15 Os 82/06g; 15 Os 107/06h; 14 Os 33/06v; 13 Os 120/06f; 11 Os 141/06d; 14 Os 53/07m; 11 Os 109/07z; 11 Os 147/07p; 11 Os 153/07w; 12 Os 137/07z; 12 Os 11/08x; 14 Os 174/07f; 11 Os 26/08w; 15 Os 44/08x; 11 Os 72/08 k; 15 Os 90/08m; 12 Os 69/08a; 14 Os 112/08i; 15 Os 106/08i; 13 Os 5/09y; 11 Os 27/09v; 14 Os 170/08v; 14 Os 16/09y; 15 Os 71/09v; 14 Os 91/09b; 14 Os 12/10m; 12 Os 63/10x; 11 Os 100/10f; 15 Os 137/10a.

Dissonanz mit dem Perseveranz- bzw. Inertiaeffekt, Prinzip der selektiven Informationssuche)[116] bei seiner Urteilsfindung zu entziehen. Dadurch leidet die „freie" richterliche Beweiswürdigung, in der auch der Zweifelssatz eingeschlossen ist: Entweder entstehen bei dem Tatrichter überhaupt keine Zweifel oder entstandene Zweifel werden oftmals durch den Tatrichter übergangen.

Und subjektive Zweifel des Tatrichters werden in einem Urteil seltenst angeführt: Vielmehr werden Feststellungen schlüssig und mit einer zureichenden Begründung durch den erfahrenen Tatrichter festgehalten, damit eine Nichtigkeitsbeschwerde erfolglos bleibt.

Denn der Grundsatz „*in dubio pro reo*" soll nach der Rspr. keineswegs eine Bekämpfung der richterlichen Beweiswürdigung ermöglichen,[117] so dass der Tatrichter grundsätzlich nicht die Nichtigkeitsbeschwerde und damit – meist aufgrund nur einer Tatsacheninstanz – die Aufhebung seines Urteils fürchten muss. Auch die Tatsachenrüge nach § 281 Abs. 1 Z 5a öStPO hilft hier nicht weiter. Zwar sollen aktenkundige Umstände benannt werden können, die objektiv geeignet sind, erhebliche Zweifel am Vorliegen einer festgestellten, den Schuldspruch tragenden Tatsache zu wecken.[118] Doch die Tatsachenrüge wird äußerst restriktiv von der Rechtsprechung angewendet,[119] so dass auch bei dem Vorliegen von objektiv vorhandenen Zweifeln nicht zwingend ein Nichtigkeitsverfahren Erfolg haben muss.

Mithin ist der Zweifelssatz in Österreich ebenso wie in Deutschland nicht mehr als eine Leerformel.

Die tatsächliche Berücksichtigung des Zweifelssatzes „*in dubio pro reo*" hängt somit in Deutschland wie in Österreich von einer Reduzierung der psychologischen Effekte auf den Tatrichter sowie einer „echten" nachgeschalteten Kontrolle durch das Nichtigkeitsgericht bzw. das Revisionsgericht ab.

II. Mögliche besondere Verteidigungsbeschränkungen aus Gründen des Opferschutzes

Im Folgenden wird anhand ausgewählter Verfahrensregelungen untersucht, ob für den Angeklagten besondere Verfahrensdefizite aus Gründen des Opferschutzes bestehen.

1. „Opferzeuge" als „Quasipartei" des Strafverfahrens?

Fraglich ist, ob in Österreich ebenfalls die bedenkliche Bemühung des Gesetzgebers besteht, den „Opferzeugen" unter dem Gesichtspunkt des „Opferschutzes" als „Quasipartei" an dem Strafverfahren teilhaben zu lassen.

---

[116] Siehe oben S. 33 ff.

[117] OGH, 11 Os 119/74.

[118] *Ratz,* WK-StPO, Loseblatt, Stand: ab 2002, § 281 Rn. 454.

[119] *Steininger*, Handbuch der Nichtigkeitsgründe im Strafverfahren, 2008, S. 272 Rn. 9.

a) Bestrebungen des Gesetzgebers und gesetzliche Umsetzung

Der österreichische Gesetzgeber hat seit den 70iger Jahren dem Opferschutz einen festen Platz im Strafverfahren eingeräumt. Dabei sind das seit 1972 bestehende „Verbrechensopfer-Hilfeleistungsgesetz", heute „Verbrechensopfergesetz"[120] und die entsprechenden Strafprozess- und Strafgesetzreformen[121] mit Erweiterungen des Opferschutzes zu nennen. Besonders das Strafprozessreformgesetz von 2004[122] hat als eines seiner wesentlichen Ziele durchgesetzt, dass von der Fokussierung auf die reine Zeugenfunktion und die reine Gewährleistung von Schutz und Schonung des Opfers bei seiner Zeugnisablegung abgekehrt wird.[123]

Schließlich gilt ebenso für Österreich der auf europäischer Ebene erlassene Rahmenbeschluss des Rates der Europäischen Union vom 15.03.2001 über die Stellung des Opfers im Strafverfahren.[124]

Die österreichische Strafprozessordnung hält mit § 66 Abs. 1 Z 1 bis 8 öStPO für das „Opfer"[125] u.a. das Recht zur Akteneinsicht, das Teilnahmerecht an einer kontradiktorischen Vernehmung von Zeugen und Beschuldigten, einer Befundaufnahme und einer Tatrekonstruktion, ein Anwesenheitsrecht während der Hauptverhandlung und das Fragerecht gegenüber Zeugen, dem Angeklagten und dem Sachverständigen bereit.

Für den „Opferzeugen", der darüber hinaus als Privatbeteiligter an dem Verfahren teilnimmt, werden weitere Rechte gewährleistet: Er kann Schadenersatzansprüche gemäß § 67 öStPO schon im Strafverfahren durchsetzen. Nach §§ 55, 238 Abs. 2 öStPO kann der Privatbeteiligte Beweisanträge stellen. Weiter kann er gemäß §§ 67 Abs. 6, 366 Abs. 3 öStPO gegen eine Verurteilung des Angeklagten berufen, wenn er auf den Zivilrechtsweg verwiesen wird, obwohl seine privatrechtlichen Ansprüche begründet und entscheidungsreif sind. Gemäß § 282 Abs. 2 öStPO

[120] BGBl. 1972/288 idF zuletzt BGBl. I 2008/2.

[121] StPONov 1978, BGBl. 1978/169; StRÄG 1987, BGBl. 1987/605; StPÄG 1993, BGBl. 1993/526; StRÄG 1996, BGBl. 1996/762; StRÄG 1998, BGBl. 1998/153; StPONov 1999, BGBl. 1999/55; StPONov 2000, BGBl. 2000/108.

[122] StPRG 2004, BGBl. I 2004/19.

[123] *Kier,* WK-StPO, Loseblatt, Stand: ab 2002, § 10 Rn. 13; vgl. zu der geschichtlichen Entwicklung auch *Jesionek*, in: FS Miklau, 2006, S. 211 ff.

[124] RB 2001/220/JI, ABl. 2001 L 82.

[125] Wörtliche Formulierung des Gesetzestextes; beachtlich ist auch die Überschrift des § 66 öStPO „Opferrechte". Der Zeuge wird schon zum „Opfer" bestimmt, bevor überhaupt eine rechtskräftige Verurteilung des Angeklagten existiert; vgl. insbesondere die Legaldefinition „Opfer" in § 65 Z 1a öStPO: Danach sei *„Opfer jede Person, die durch eine vorsätzlich begangene Straftat Gewalt oder gefährlicher Drohung ausgesetzt oder in ihrer sexuellen Integrität beeinträchtigt worden sein könnte*".; vgl. auch Kapitel A, Fußnote 6; *Sautner*, Opferinteressen und Strafrechtstheorien, 2010, S. 263 f. fordert dem momentanen allgemeinen „Hype" um Opferschutz folgend schon während des Strafverfahrens die Durchsetzung einer formalen Anerkennung des Zeugen als Opfer, um eine mögliche sekundäre Viktimisierung zu verhindern. Dass sich hierdurch die „echten" Prozessbeteiligten eines Strafverfahrens, vor allem die Ermittlungsbehörden und der Tatrichter nachhaltig beeindrucken lassen können, kommt nicht zur Sprache. Die Unschuldsvermutung wird so über kurz oder lang zur „Farce".

kann er gegen einen Freispruch die Nichtigkeitsbeschwerde ergreifen, wenn das Schöffengericht seinen Beweisantrag zu einem schulderheblichen Umstand ablehnte, im Fall einer Verurteilung aber seine privatrechtlichen Ansprüche begründet und entscheidungsreif wären.

b) Stellungnahme und Vergleich

In Österreich ist der „Opferzeuge", ohne dass er wie in Deutschland in die Rolle des Nebenklägers schlüpfen muss, von vornherein „Quasipartei" des Verfahrens, da ihm nach § 66 Abs. 1 Z 1 bis 8 öStPO zahlreiche Rechte eingeräumt werden.

Insbesondere sein vorheriges Akteneinsichtsrecht und sein Recht zur Anwesenheit in der Hauptverhandlung kann eine massive Beeinflussung seiner Zeugenaussage bewirken, da ihm Ermittlungsergebnisse und der Verlauf der Hauptverhandlung bekannt sind. So kann die Aktenkenntnis auch zur Sicherung der Aussagekontinuität genutzt werden,[126] die ein wichtiges Kriterium in der Aussageanalyse zur Glaubhaftigkeitsbegutachtung darstellt. Immerhin hat der Gesetzgeber die Möglichkeit der Zeugenbeeinflussung durch die vorherige Aktenkenntnis erkannt. Denn das Akteneinsichtsrecht kann nach § 68 Abs. 1 S. 2 Alt. 2 öStPO verweigert werden, soweit eine unbeeinflusste Aussage des Zeugen gefährdet ist.

Darüber hinaus wird der „Opferzeuge" nach § 220 öStPO[127] sogar ausdrücklich Partei des Verfahrens, wenn er sich dem Verfahren als Privatbeteiligter anschließt. Dann kann er – wie in Deutschland der Nebenkläger – Schadensersatzansprüche geltend machen.[128] Die Möglichkeit der Durchsetzung von Schadensersatzansprüche schon im Strafverfahren birgt aber die Gefahr, dass der „Opferzeuge" nicht einfach mehr Zeuge ist, sondern eigene Interessen verfolgt. Seine Aussage kann so zu einer bloßen Parteibekundung führen.[129] Damit ist auch ein Abrücken von der eigentlichen Funktion des „Opferzeugen" im Wesentlichen als Beweismittel und Untersuchungsobjekt für die Wahrheitsfindung hin zu einer neuen, dem Strafverfahren an sich wesensfremden Stellung des „Opferzeugen" als Prozesssubjekt festzustellen.[130]

Im Vergleich der Verfahrensordnungen lässt sich konstatieren, dass bedenkliche Bemühungen beider Gesetzgeber existieren, den „Opferzeugen" unter dem Gesichtspunkt des „Opferschutzes" als „Quasipartei" an dem Strafverfahren teilhaben zu lassen.

Dabei gerät in Vergessenheit, dass sich der Strafprozess grundsätzlich nur gegen den Angeklagten richtet und der Staat in erster Linie seinen Strafanspruch

---

[126] *Schwenn*, StV 2010, 705, 708.

[127] „Beteiligte des Hauptverfahrens sind... der Privatbeteiligte".

[128] Die Forderungen nach dem Ersatz des Schadens innerhalb des Strafverfahrens gehen sogar noch weiter: Es werden Überlegungen angestellt, eine Wiedergutmachungsstrafe in dem österreichischen Strafverfahren zu erschaffen; vgl. *Sautner*, JBl 2010, 341 ff.

[129] Vgl. oben S. 50.

[130] *Kühne*, Strafprozessrecht, 2010, § 11 Rn. 245.

durchgesetzt sehen möchte.[131] In dem abstrakten Verfahren übernimmt die Staatsanwaltschaft die Wahrnehmung der Interessen der Allgemeinheit, in denen auch die Interessen des Opfers enthalten sind, während private Interessen gerade nicht wahrgenommen werden sollen.[132] Der Strafprozess soll zeigen, ob es sich bei dem Angeklagten tatsächlich um den Täter handelt. Wahrheit und Gerechtigkeit sollten die Leitprinzipien des Verfahrensrechts sein,[133] ebenso wie das schon vor langem postulierte, aber nicht minder aktuelle Dogma der strikten Trennung von Strafe und zivilrechtlichem Schadensersatz.[134]

Der „Opferzeuge“ ist und bleibt Zeuge im Strafverfahren und sollte nicht gleichzeitig als Partei des Verfahrens auftreten. Die Bestrebungen der Gesetzgeber, den „Opferzeugen“ Schritt für Schritt weiter in dem Strafverfahren als „Partei“ zu etablieren, geht einher mit der Auflösung der eigentlichen Zeugenfunktion des „Opferzeugen“ und bedroht die Verfahrensfairness. Zusätzlich wird die oftmals ohnehin schwierige Beweissituation u.a. insbesondere durch das Akteneinsichtsrecht und damit letztlich die Wahrheitsfindung durch die Veränderung der reinen Zeugenrolle des „Opferzeugen“ zu einem Prozesssubjekt verkompliziert.[135]

2. Zuständigkeit des Schöffengerichts nach § 31 Abs. 3 Z 4 öStPO

Bestimmte Delikte mit einer geringeren Straferwartung als diejenigen, deren Höchstmaß fünf Jahre Freiheitsstrafe übersteigt (§ 31 Abs. 3 Z 1 öStPO), sind von vornherein der Zuständigkeit des Schöffengerichts zugewiesen. Die Zuweisung erfolgt, obwohl eigentlich die Zuständigkeit des Einzelrichters des Landesgerichts begründet gewesen wäre. Das betrifft nach § 31 Abs. 3 Z 4 öStPO das Verbrechen der geschlechtlichen Nötigung (§ 202 öStGB), des sexuellen Missbrauchs einer wehrlosen Person (§ 205 öStGB) und des sexuellen Missbrauchs von Unmündigen (§ 207 öStGB). Der Grund der Zuweisung an das Schöffengericht soll nicht wie in Deutschland in der besonderen Schutzbedürftigkeit des „Opferzeugen“ begründet liegen, sondern vielmehr in der „Schwere der Tatfolgen“.[136]

Auch hier stellt sich zunächst die Frage, welche Folgen sich für den Angeklagten mit der Zuständigkeitsbestimmung des § 31 Abs. 3 Z 4 öStPO ergeben und sodann ist die Verfassungsmäßigkeit dieser Vorschrift zu untersuchen.

---

[131] LR-*Rieß*, StPO, 1997–2005, Einleitung B. Rn. 13; *Beulke*, Strafprozessrecht, 2010, § 1 Rn. 3; *Kühne*, Strafprozessrecht, 2010, § 3a Rn. 101; *Ranft*, Strafprozessrecht, 2005, Rn. 4.

[132] *Safferling*, ZStW 2010, 87, 89.

[133] Vgl. zum letzteren: *Murmann*, GA 2004, 65, 68.

[134] *Binding*, Die Normen und ihre Übertretung, 1890, S. 270 ff; 290.

[135] Vgl. auch *Schroth*, NJW 2009, 2916 ff.

[136] *Markel*, WK-StPO, Loseblatt, Stand: ab 2002, § 31 Rn. 23.

a) Kürzung des Instanzenzuges auf eine Tatsacheninstanz

Gegen Urteile des Schöffengerichts gibt es nur das Rechtsmittel der Nichtigkeitsbeschwerde und der Strafberufung. Anders als bei der sogenannten „Schuldberufung" gemäß § 464 Z 2 öStPO, die gegen Urteile des Einzelrichters des Landesgerichts und des Bezirksgerichts eingelegt werden kann, ist eine uneingeschränkte Bekämpfung von Fehlern in der Beweiswürdigung nicht möglich. Durch die Zuständigkeitszuweisung des § 31 Abs. 3 Z 4 öStPO existiert somit nur eine Tatsacheninstanz mit nur einer Beweisaufnahme. Mithin findet eine Kürzung des Instanzenzuges zulasten des Angeklagten statt. Denn die Nichtigkeitsbeschwerde gewährleistet keine wirksame Kontrolle der Beweiswürdigung des Schöffengerichts.

b) Zerstörung der Kontrolle der Aussagekonstanz

Der „Opferzeuge" kann nur einmal im Rahmen der Hauptverhandlung des Schöffengerichts vernommen werden.[137] Eine Berufungsinstanz mit einer weiteren Beweisaufnahme existiert nicht. Die für die Aussagepsychologie bedeutsame Konstanzprüfung[138] kann so bei der Glaubhaftigkeitsprüfung der Aussage mangels Vorliegens einer wiederholten Aussage nicht durchgeführt werden.

c) Verfassungswidrigkeit des § 31 Abs. 3 Z 4 öStPO?

Es stellt sich auch hier die Frage nach der Verfassungsmäßigkeit der Bestimmung. Wie in Deutschland könnte mit § 31 Abs. 3 Z 4 öStPO ein Verstoß gegen das Gebot des gesetzlichen Richters gegeben sein. In Betracht kommt aber auch ein Verstoß gegen die verfassungsrechtlich postulierte Zuweisung gemäß Art. 91 Abs. 3 B-VG, nach der das Schöffengericht dann tätig werden soll, wenn die zu verhängende Strafe ein vom Gesetz zu bestimmendes Maß überschreitet.

aa) Recht auf gesetzlichen Richter

Die ausschließliche Zuweisung der in § 31 Abs. 3 Z 4 öStPO aufgeführten Delikte zum Schöffengericht hat zur Folge, dass die Zuständigkeit nicht – wie in Deutschland – von Zufällen und der willkürlichen Beurteilung der „besonderen Schutzbedürftigkeit" des „Opferzeugen" durch die Staatsanwaltschaft abhängt. Das Recht auf den

[137] Dabei ist zu bedenken, dass die Möglichkeit, einen „Opferzeugen" wiederholt zu vernehmen, nicht nur durch § 31 Abs. 3 Z 4 öStPO beschnitten wird. Vor allem die kontradiktorische Vernehmung gemäß §§ 165, 247 öStPO – wie unten noch darzustellen sein wird – trägt dazu bei, dass es bei einer einmal durchgeführten Vernehmung bleibt, da sich der „Opferzeuge" hiernach auf sein Zeugnisverweigerungsrecht berufen kann.

[138] *Undeutsch*, in: Undeutsch (Hrsg.), Beurteilung der Glaubhaftigkeit von Aussagen, 1967, S. 154 f; *Strüwe*, StRR 2009, 284, 286.

gesetzlichen Richter, welches nach Art. 6 Abs. 1 S. 1 EMRK und nach Art. 87 Abs. 3 B-VG gewährleistet wird, wird damit für den Angeklagten beachtet.

bb) Verstoß gegen Art. 91 Abs. 3 B-VG

Die schöffengerichtliche Zuweisung nach § 31 Abs. 3 Z 4 öStPO kann sich aus einem anderen Grund von dem Verdacht der Verfassungswidrigkeit nicht freimachen: Nach Art. 83 Abs. 1 B-VG soll die Zuständigkeit der Gesetze durch Bundesgesetz festgestellt werden. Diese Kompetenz des Bundesgesetzgebers wird allerdings durch Art. 91 Abs. 3 B-VG eingeschränkt:[139] Nach der verfassungsrechtlich postulierten Zuweisung soll das Schöffengericht dann tätig werden, wenn die zu verhängende Strafe ein vom Gesetz zu bestimmendes Maß überschreitet. Das Gesetz hat also eine Grenze einer Strafandrohung anzugeben, jenseits derer das Schöffengericht zuständig ist.[140]

Doch die einfachgesetzliche Ausgestaltung hält sich nicht an diese verfassungsrechtliche Vorgabe: Der Gesetzgeber stellt bei § 31 Abs. 3 Z 2 bis 6 öStPO nicht auf ein bestimmtes Maß der abstrakten Strafdrohung ab, sondern vielmehr auf die Schwere der Tatfolgen (Z 2 bis 4), bzw. auf die potentielle Gefährlichkeit der Tat sowie den Missbrauch einer besonderen Befugnis (Z 5 und 6). Dabei lässt sich der Gesetzgeber von der Auffassung leiten, dass in diesen Fällen eine Laienbeteiligung der Wahrheitsfindung und Sanktionierung förderlicher wäre als eine Gerichtsbesetzung ausschließlich mit einem Berufsrichter.[141]

Auch wenn grundsätzlich eine höhere richterliche Kopfzahl einer richtigen Urteilsfindung nicht abträglich, jedoch nicht mit den dargestellten negativen Folgen für den Angeklagten mit dem Wegfall einer ganzen Tatsacheninstanz und der Unmöglichkeit der Konstanzprüfung bei der Aussageanalyse zu vereinbaren ist, bedeutet eine solche schöffengerichtliche Zuweisung in Ergänzung zu einer allgemeinen Strafgrenze einen klaren Verstoß gegen die ausdrückliche Formulierung, also den Wortlaut des Art. 91 Abs. 3 B-VG.[142]

Hiergegen spricht auch die Rechtslage im „Versteinerungszeitpunkt", die eine solche Einzelzuweisung nicht kannte.[143] Nach der österreichischen Verfassungsrechtsdogmatik werden die Tatbestände der Verfassungsnormen anhand der sogenannten „Versteinerungstheorie" ausgelegt. Danach kommt einem Begriff jene Bedeutung zu, die er bei Inkrafttreten (idR am 01.10.1920) der ihn beinhaltenden Verfassungsvorschrift in der einfachen Rechtsordnung hatte.[144] Diese war am 01.10.1920 hinsichtlich der Schöffengerichtsbarkeit folgendermaßen ausgestaltet:

---

[139] *Schmidt, M.*, JBl 1989, 137, 148.

[140] *Schmidt, M.*, JBl 1989, 137, 153.

[141] *Markel,* WK-StPO, Loseblatt, Stand: ab 2002, § 31 Rn. 23.

[142] *Schmidt, M.*, JBl 1989, 137, 153.

[143] *Schmidt, M.*, JBl 1989, 137, 153.

[144] *Wimmer*, Materiales Verfassungsverständnis, 1971, S. 32 f.; vgl. *Schäffer*, Verfassungsinterpretation in Österreich, 1971, S. 97 ff.

Gemäß § 13 Abs. 1 und 2 öStPO gehörten vor das Schöffengericht die Hauptverhandlung und Entscheidung hinsichtlich aller nicht vor die Geschworenengerichte anzuklagender Verbrechen und Vergehen.[145]

Einzelzuweisungen zu der Schöffengerichtsbarkeit waren der damaligen StPO damit unbekannt, so dass auch eine Auslegung des Art. 91 Abs. 3 B-VG zu keinem anderen Ergebnis führen kann.

Hinzu kommt bei der Betrachtung des systematischen Zusammenhangs des Art. 91 Abs. 3 B-VG, dass das Geschworenengericht nach Art. 91 Abs. 2 B-VG bei mit schweren Strafen bedrohten Verbrechen, die das Gesetz zu bezeichnen hat, zuständig sein soll. Somit können einzelne Delikte nach dem Wortlaut des Art. 91 Abs. 2 B-VG dem Geschworenengericht ausdrücklich einzeln zugewiesen werden – im Unterschied zu Art. 91 Abs. 3 B-VG.

Diese Einzelzuweisung war auch schon im Versteinerungszeitpunkt vorgesehen: Vor die Geschworenengerichte gehörte gemäß Art. VI EGStPO die Hauptverhandlung wegen der durch den Inhalt einer Druckschrift verübten Verbrechen und Vergehen, wegen einer Reihe taxativ aufgezählter politischer Delikte, wegen Kindesmords und Totschlags sowie wegen aller anderen Verbrechen, die mit einer strengeren Strafe als zehnjähriger Kerkerstrafe bedroht waren, jedoch nur dann, wenn entweder nach dem Gesetze auf mindestens zehnjährige oder auf lebenslange Kerkerstrafe zu erkennen war oder in der Anklageschrift ausdrücklich beantragt wurde, wegen besonders erschwerender Umstände auf eine mehr als zehnjährige Kerkerstrafe zu erkennen.[146]

Aufgrund dieser ausdrücklichen Unterschiede zwischen der Möglichkeit der Einzelzuweisung im Rahmen des Art. 91 Abs. 2 B-VG, der in unmittelbarer Nachbarschaft zu Art. 91 Abs. 3 B-VG steht, der nach seinem Wortlaut keine Einzelzuweisung kennt, und der einfachgesetzlichen Rechtslage im Versteinerungszeitpunkt wird deutlich, dass der Verfassungsgesetzgeber mit den unterschiedlichen Wendungen der Abs. 2 und 3 auch Unterschiedliches ausdrücken wollte.

Die Zuständigkeitszuweisung des § 31 Abs. 3 Z 2 bis 6 öStPO ist somit wegen eines Verstoßes gegen den ausdrücklichen Wortlaut des Art. 91 Abs. 3 B-VG unter Zugrundelegung des systematischen Zusammenhangs mit Art. 91 Abs. 2 B-VG verfassungswidrig.[147]

d) Stellungnahme und Vergleich

Es lässt sich festhalten, dass § 31 Abs. 3 Z 4 öStPO zu einem schon aus Deutschland bekannten Verfahrensdefizit für den Angeklagten führt: Die Vorschrift normiert eine

---

[145] *Schmidt, M.*, JBl 1989, 137, 151.

[146] *Schmidt, M.*, JBl 1989, 137, 151, 153.

[147] Vgl. auch *Walter/Mayer/Kucsko-Stadlmayer*, Grundriss des österreichischen Bundesverfassungsrechts, 2007, Rn. 782; a. A. *Burgstaller*, in: Korinek/Holoubek, Loseblatt, Stand: ab 1999, Art. 91/2–3 Rn. 40, der den Zweck der Verfassungsbestimmung bemühen möchte, sich dabei aber über die Eindeutigkeit des Wortlauts hinwegsetzt.

Kürzung des Instanzenzuges, welche die „Schuldberufung“ zunichte macht und mit ihr die erneute Vernehmung des „Opferzeugen“. Eine Kontrolle hinsichtlich der für die Aussageanalyse bedeutsamen Aussagekonstanz ist so nicht möglich.

Darüber hinaus verstößt die Vorschrift gegen geltendes Verfassungsrecht. Zwar ist das Recht auf den gesetzlichen Richter – anders als in Deutschland – beachtet, weil sich die Zuständigkeit nicht nach der Beurteilung der besonderen Schutzbedürftigkeit des „Opferzeugen“ durch die Staatsanwaltschaft bestimmt. Die Verfassungswidrigkeit ergibt sich in Österreich aus einem Verstoß gegen die eindeutige Bestimmung des Art. 91 Abs. 3 B-VG, der keine Einzelzuweisung an das Schöffengericht zulässt.

3. Partielle Aufhebung des Prinzips der genauen Tatumgrenzung in der Anklageschrift?

In Österreich hat die Anklageschrift in gleicher Weise wie in Deutschland nach § 211 Abs. 1 Z 2 öStPO die Zeit, den Ort und die näheren Umstände der Tat(-en) der Begehung zu enthalten. Anzugeben sind somit alle Umstände, die zur Individualisierung der Tat erforderlich sind.[148] Das Individualisierungserfordernis entspricht jenem des Urteilsschuldausspruchs nach § 260 öStPO.[149]

Dabei stellt sich auch hier die Schwierigkeit, bei Serienstraftaten alle die Tat konkretisierenden Einzelheiten sicher zu beschreiben und damit eine Mehrzahl gleichgelagerter, oft in ihrer genauen Zahl zeitlich nicht exakt einzuordnender Handlungen anzuklagen und abzuurteilen.

a) Aufgabe der Anwendbarkeit der fortgesetzten Handlung durch die Rechtsprechung

Der OGH hat der Anwendbarkeit der fortgesetzten Handlung, die dieses Problem mit der Zusammenfassung mehrerer den gleichen Tatbestand erfüllende, mit einem „Gesamtvorsatz“ begangene Handlungen zu einer dem Gesetz nicht bekannten rechtlichen Handlungseinheit lösen wollte, eine Absage erteilt.[150]

b) Anwendung der „gleichartigen Verbrechensmenge“

Für die Rspr. stellt die Aufgabe der Anwendbarkeit der fortgesetzten Handlung bei Tatserienfällen aber kein Hindernis dar, die Individualisierung von Ort und Zeit bei

[148] *Birklbauer/Mayrhofer*, WK-StPO, Loseblatt, Stand: ab 2002, § 211 Rn. 8; vgl. auch *Birklbauer*, JAP 2001/2002, 97 ff.

[149] *Birklbauer/Mayrhofer*, WK-StPO, Loseblatt, Stand: ab 2002, § 211 Rn. 9.

[150] OGH, 13 Os 1/07g (verst. Senat) = EvBl 2007/114; 11 Os 48/07d; 11 Os 54/07m (11 Os 55/07h); 14 Os 90/08d; 13 Os 83/08t; RIS Justiz RS0122006; vgl. auch *Schütz*, JBl 2008, 467, 468.

Serienstraftaten weiterhin großzügig zu behandeln: Nach der sogenannten „gleichartigen Verbrechensmenge" wird eine bloß pauschale Zusammenfassung mehrerer selbständiger gleichartiger Taten (im materiellen Sinn) von der Rspr. akzeptiert, da es sich nicht um eine materiellrechtliche, sondern um eine lediglich prozessuale Zusammenfassung handeln soll.[151] Die – wenngleich selbständigen – Taten werden dabei nur gegen andere, aber nicht untereinander abgegrenzt.[152]

aa) Begriff von *Nowakowski*

Die „gleichartige Verbrechensmenge" geht auf *Nowakowski* zurück. Er beschreibt das Wesen der „gleichartigen Verbrechensmenge" dergestalt, dass „ein und derselben Person eine Menge dem gleichen Deliktstypus unterfallender Taten zur Last liegt, deren individuelle prozessuale Feststellung und Behandlung sinnlos oder unmöglich ist".[153]

Die Einzeltaten sollen lediglich durch ihre Zugehörigkeit zur Verbrechensmenge individualisiert werden.[154] Die Individualisierung der Verbrechensmenge als der gemeinsamen Individualisierung aller Einzeltaten erfolge vor allem durch die Angabe der Tatzeit, die einen längeren oder kürzeren Zeitraum umfasse, und den Tatort. Es könnten auch mehrere Tatorte festgehalten werden. Die Tatzeit sei, im Gegenteil zum Tatort, unentbehrliches Individualisierungsmerkmal bei der Verbrechensmenge. Die Aufeinanderfolge der Einzeltaten müsse zeitlich fest und eindeutig umgrenzt sein. Taten, die außerhalb des angegebenen Tatzeitraums oder an einem anderen Ort als dem angegebenen Tatort begangen worden seien, sollen nicht von der Verbrechensmenge umfasst sein.[155]

Zusätzlich sollen zur Individualisierung neben Tatzeit und gegebenenfalls Tatort charakteristische, den Elementen der Verbrechensmenge und nur ihnen eigentümliche Umstände anzugeben sein.[156] Dagegen zähle hierzu nicht die Anzahl der zur Verbrechensmenge gehörenden Elemente, da diese nicht gegeneinander individualisiert seien. So sei es in der Regel auch unmöglich, die Zahl der zur Verbrechensmenge gehörenden Taten genau zu beschreiben.[157] Das spräche allerdings nicht gegen die prozessuale Zulässigkeit der Bestimmung des Verfahrensgegenstandes durch eine gleichartige Verbrechensmenge, da die in diesem Bereich relative Unbestimmtheit nur die Strafzumessung betreffen könne und der Grundsatz "*in dubio pro reo*" zur Anwendung komme.[158]

---

[151] OGH, 13 Os 142/04 = EvBl 2005,435 = SSt 2004/88; RIS Justiz RS0119552.

[152] OGH, 13 Os 142/04 = EvBl 2005,435 = SSt 2004/88; 14 Os 84/07w.

[153] *Nowakowski*, Fortgesetztes Verbrechen und gleichartige Verbrechensmenge, 1950, S. 51.

[154] *Nowakowski*, Fortgesetztes Verbrechen und gleichartige Verbrechensmenge, 1950, S. 60.

[155] Zum Ganzen *Nowakowski*, Fortgesetztes Verbrechen und gleichartige Verbrechensmenge, 1950, S. 61.

[156] *Nowakowski*, Fortgesetztes Verbrechen und gleichartige Verbrechensmenge, 1950, S. 62.

[157] *Nowakowski*, Fortgesetztes Verbrechen und gleichartige Verbrechensmenge, 1950, S. 64.

[158] *Nowakowski*, Fortgesetztes Verbrechen und gleichartige Verbrechensmenge, 1950, S. 65.

bb) Annahme durch die österreichische Literatur

Die Konstruktion der „gleichartigen Verbrechensmenge" hat in der österreichischen Literatur für Zustimmung gesorgt:[159]

Für *Bertel* ist die „gleichartige Verbrechensmenge" eine Möglichkeit, dass der Ankläger „eine unbestimmte Vielzahl gleichartiger Taten unter Anklage stellen kann", „die einen bestimmten Deliktstypus herstellen und die er (*der Täter*) innerhalb eines bestimmten Zeitraums, eines örtlichen Bereichs, unter diesen oder jenen Umständen begangen hat, ohne dass man feststellen müsste, wie, wo und wann jede einzelne Tat verübt wurde".[160]

Auch *Wegscheider* sieht in der gleichartigen Verbrechensmenge ein brauchbares Instrument, die mit dem fortgesetzten Delikt verbundenen Probleme zu verringern.[161]

Schließlich können nach *Schmoller* „die Fälle einer bloßen Serienbegehung prozessual auch dann hinreichend bewältigt werden, wenn vom Vorliegen selbstständiger Straftaten (d. h. von einer „gleichartigen Verbrechensmenge") ausgegangen wird".[162] Das Gericht könne sich im Extremfall darauf beschränken, nur das Gesamtausmaß der Rechtsgutsbeeinträchtigung sowie einige gemeinsame Merkmale der selbstständigen Einzelstraftaten anzugeben, jede weitere Einzelheit bliebe dann wahlweise offen.[163] Die Zulässigkeit dieser Wahlfeststellung finde ihre Grenze nur in dem Erfordernis der hinreichenden Individualisierung der einzelnen Straftaten. Einer solchen Individualisierung sei auch dann Genüge getan, wenn „anstatt einzelner Straftaten eine „gleichartige Verbrechensmenge", d. h. eine „unbestimmte Menge gleichartiger Straftaten" insgesamt zum Anklage- bzw. Urteilsgegenstand gemacht" werde.[164]

c) Stellungnahme und Vergleich

Für die Situation des Angeklagten ändert sich indes auch bei einer ausdrücklichen Anwendung der „gleichartigen Verbrechensmenge" durch die österreichische Rspr. wenig. Der Unterschied zwischen beiden Ländern besteht lediglich darin, dass der BGH bisher die „gleichartige Verbrechensmenge" als solche weder gekennzeichnet noch vorher zur Diskussion gestellt, sie aber gleichsam durch einen Verzicht auf genaue Individualisierung in das deutsche Strafverfahren eingeführt hat.[165]

Auch wenn eine nähere Konkretisierung bei Tatserienfällen gelegentlich mit Schwierigkeiten verbunden sein mag, sieht sich der Angeklagte in Österreich den

---

[159] *Campbell*, Der intrafamiliäre sexuelle Kindesmissbrauch im deutschen und kalifornischen Strafrecht, 2004, S. 298.

[160] *Bertel*, Die Identität der Tat, 1970, S. 174 f.

[161] *Wegscheider*, Echte und scheinbare Konkurrenz, 1980, S. 292.

[162] *Schmoller*, Bedeutung und Grenzen des fortgesetzten Delikts, 1988, S. 48; 88.

[163] *Schmoller*, Bedeutung und Grenzen des fortgesetzten Delikts, 1988, S. 49.

[164] *Schmoller*, Bedeutung und Grenzen des fortgesetzten Delikts, 1988, S. 49.

[165] *Erb*, GA 1995, 430, 438.

selben seine Verteidigung beeinträchtigenden Effekten wie in Deutschland ausgesetzt:[166] Ihm wird von vornherein nur in eingeschränktem Umfang rechtliches Gehör zu den Einzelheiten des Anklagevorwurfs gewährt, da Großzügigkeiten bei den Konkretisierungsanforderungen an Tatort und -zeit zulasten der Informationsfunktion der Anklageschrift gehen. Weiter erschwert eine ungenau gefasste Anklage auch das Stellen von Beweisanträgen durch den Angeklagten. Und letztlich wird es regelmäßig unmöglich sein, den besonders in der Aussage-gegen-Aussage-Konstellation wichtigen Alibibeweis mangels genauer Zeitangabe der dem Angeklagten zur Last gelegten Tat führen zu können. Die Verteidigung für den Angeklagten ist somit wesentlich durch die Anwendung der „gleichartigen Verbrechensmenge" behindert.

4. *Begrenzung der Überprüfung von Glaubwürdigkeitsbedenken aus tatfernen Umständen?*

Die Vita des „Opferzeugen" hat für die Feststellung von Persönlichkeitsstörungen des „Opferzeugen" als Grund für eine Beeinträchtigung der Aussagetüchtigkeit und einer Motivursache für intentionale Falschaussagen auch in Österreich eine besondere Bedeutung. Es stellt sich somit die Frage, ob eine ähnliche Begrenzung der Überprüfung von Glaubwürdigkeitsbedenken aus tatfernen Umständen, insbesondere der Vita des „Opferzeugen" existiert.

a) Gesetzeslage und Rechtsprechung

Auch in Österreich kann das Fragerecht des Angeklagten gegenüber dem „Opferzeugen" begrenzt werden. Nach § 161 Abs. 3 S. 2 Alt. 2 öStPO dürfen Fragen nach Umständen aus dem höchstpersönlichen Lebensbereich des Zeugen grundsätzlich nicht gestellt werden, es sei denn, dass dies nach den besonderen Umständen des Falles unerlässlich ist.[167] Der Vorsitzende soll innerhalb dieser Grenzen nicht nur berechtigt, sondern nach § 249 Abs. 2 öStPO sogar verpflichtet sein, Fragen zurückzuweisen, die ihm unangemessen erscheinen.[168]

Der Begriff des „höchstpersönlichen Lebensbereiches" ist weder in der österreichischen Strafprozessordnung noch in den Gesetzesmaterialien definiert.[169] Verwendung findet dieser Begriff aber auch in den §§ 7 und 7a MedienG. Dort bezweckt er den Schutz der Intimsphäre vor herabwürdigenden Eingriffen.[170] Aufgrund des

[166] Vgl. oben S. 63 f.

[167] *Kirchbacher,* WK-StPO, Loseblatt, Stand: ab 2002, § 161 Rn. 10.

[168] *Eder-Rieder*, Der Opferschutz, 1998, S. 62.

[169] *Hinterhofer*, Zeugenschutz und Zeugnisverweigerungsrechte im österreichischen Strafprozess, 2004, S. 139.

[170] *Foregger/Litzka*, Mediengesetz, 2000, § 7, S. 55; *Hinterhofer*, Zeugenschutz und Zeugnisverweigerungsrechte im österreichischen Strafprozess, 2004, S. 139.

gleichartigen Schutzzwecks der §§ 7 und 7a MedienG und des § 161 Abs. 3 S. 2 Alt. 2 öStPO soll es geboten sein, für die Auslegung des „höchstpersönlichen Lebensbereiches“ des § 161 Abs. 3 S. 2 Alt. 2 öStPO auf die Auslegung des Begriffes bei §§ 7 und 7a MedienG zurückzugreifen.[171]

Danach sollen Fragen nach dem Sexualleben oder dem Gesundheitszustand eines Zeugen sowie nach seiner derzeitigen familiären Situation nur dann gestellt werden dürfen, wenn sie nach den besonderen Umständen des Falles unerlässlich seien; das soll ebenso für Fragen nach seinen psychischen bzw. charakterlichen Anlagen gelten.[172] Unerlässlichkeit setze voraus, dass eine Aufklärung des Sachverhalts nicht anders als durch Befragung des Zeugen auch zu Umständen aus seinem höchstpersönlichen Lebensbereich möglich sei.[173]

Die Einschränkung des Fragerechts nach § 161 Abs. 3 S. 2 Alt. 2 öStPO wird durch das (relative[174]) Zeugnisverweigerungsrecht für den Zeugen nach § 158 Abs. 1 Z 1 bis 3 öStPO ergänzt.

Nach Z 1 Alt. 1 kann eine Person die Beantwortung von Fragen verweigern, soweit sie ansonsten sich selbst oder einen Angehörigen der Schande aussetzen würde. Damit solle vorrangig der Schutz der Ehre des Zeugen bewirkt werden.[175] Der OGH hat entschieden, dass Schande iSv Z 1 Alt. 1 vorliege, wenn die Ablegung eines wahrheitsgemäßen Zeugnisses geeignet sei, die Wertschätzung in der Öffentlichkeit herabzusetzen und in der öffentlichen Meinung bloßgestellt zu werden.[176]

Nach Z 2 besteht weiter für eine Person ein Zeugnisverweigerungsrecht, die durch dem Beschuldigten zur Last gelegte Tat in ihrer Geschlechtssphäre verletzt wurde oder verletzt worden sein könnte,[177] soweit sie Einzelheiten zu der Tat zu offenbaren hätte, deren Schilderung sie für unzumutbar hält.

Und nach Z 3 können solche Fragen verweigert werden, soweit Umstände aus dem höchstpersönlichen Lebensbereich des Zeugen oder einer anderen Person betroffen sind.

Sofern sich der Zeuge auf sein Zeugnisverweigerungsrecht beruft, ist die Beweisaufnahme beschränkt. Gemäß § 158 Abs. 2 öStPO gilt dies nicht, wenn die Aussage

[171] *Schedlberger*, AnwBl 1989, 465, 468.

[172] *Hinterhofer*, Zeugenschutz und Zeugnisverweigerungsrechte im österreichischen Strafprozess, 2004, S. 140, 162 f.

[173] *Hinterhofer*, Zeugenschutz und Zeugnisverweigerungsrechte im österreichischen Strafprozess, 2004, S. 141, 162 f.

[174] *Hinterhofer*, Zeugenschutz und Zeugnisverweigerungsrechte im österreichischen Strafprozess, 2004, S. 180.

[175] *Hinterhofer*, Zeugenschutz und Zeugnisverweigerungsrechte im österreichischen Strafprozess, 2004, S. 440 f.

[176] OGH, 15 Os 43/91; vgl. auch SSt 49/49; SSt 48/25; RIS Justiz RS0093404.

[177] Interessant ist hier die Formulierung des Gesetzes: „. . . . *verletzt wurden oder verletzt worden sein könnten* . . . “. Der Gesetzgeber konnte sich hier wohl nicht ganz entscheiden, ob er den „Opferzeugen“ noch vor der rechtskräftigen Verurteilung des Angeklagten schon zum Opfer machen soll oder nicht. Die richtige Formulierung der Norm wäre nur die letztere Variante. An anderen Stellen „verurteilt“ die Strafprozessordnung den Angeklagten noch konkreter, vgl. Kapitel A, Fußnote 6, Kapitel E, Fußnote 125.

für den Gegenstand des Verfahrens unerlässlich ist. Dafür ist entscheidend, ob die Aussage, gemessen an der jeweiligen Beweislage, wirklich notwendig ist.[178]

Ein Beweisantrag des Angeklagten kann nach § 55 Abs. 2 öStPO u.a. dann abgelehnt werden, wenn der Beweis unzulässig ist. Die Unzulässigkeit ergibt sich aus den Beweisverboten.[179] Gründe für ein Beweisverbot sollen Einzelinteressen Anderer sein, so auch die Zeugnisverweigerungsrechte aus § 158 Abs. 1 Z 1 bis 3 öStPO.[180]

Die Entscheidung darüber, ob die Aussage des Zeugen für den Gegenstand des Verfahrens unerlässlich ist, liege im Ermessen des Tatrichters.[181] Nach der Rspr. orientiert sich die Entscheidung der Unerlässlichkeit der Aussage in der Hauptverhandlung an dem Anklagevorwurf.[182] Daher sollen zu diesem Zeitpunkt Erwägungen über den späteren Beweiswert und die Beweiskraft der abzulegenden Zeugenaussage nicht angestellt werden, weil alle Beweise, somit auch die abzulegende Zeugenaussage erst bei Urteilsfällung sowohl einzeln als auch in ihrem inneren Zusammenhang sorgfältig und gewissenhaft zu prüfen seien.[183]

Schließlich soll nach der Rspr. eine psychiatrische Untersuchung zwecks Beurteilung der Aussagefähigkeit oder Aussageehrlichkeit einer zu vernehmenden Person (einschließlich des Angeklagten) grundsätzlich nur in besonders gelagerten Fällen zulässig sein, in denen die richtige Auswertung der Aussage (z. B. bei einem Kind, einer seelisch gestörten oder abartigen Person) eines bestimmten Fachwissens bedürfe.[184]

Der Angeklagte müsse bei einem Beweisantrag auf eine psychiatrische Begutachtung des „Opferzeugen" darlegen, dass sich der „Opferzeuge" hierzu bereit finden werde[185] und „aufgrund welcher Beweisergebnisse Anhaltspunkte etwa für Konfabulationstendenzen des Tatopfers oder für eine Suggestion vorliegen sollten, so dass Anlass für die Beiziehung eines Sachverständigen besteht".[186]

b) Stellungnahme und Vergleich

Zunächst besteht wie in Deutschland die Gefahr, dass die Persönlichkeit des „Opferzeugen" durch das Zeugnisverweigerungsrecht und die Beschränkung des Fragerechts bzw. die Ablehnung von Beweisanträgen nicht aufgeklärt wird. Denn das österreichische Strafprozessrecht kennt ebenso wie das deutsche Strafprozessrecht

---

[178] *Kirchbacher,* WK-StPO, Loseblatt, Stand: ab 2002, § 246 Rn. 137.

[179] *Kirchbacher,* WK-StPO, Loseblatt, Stand: ab 2002, § 246 Rn. 30.

[180] *Kirchbacher,* WK-StPO, Loseblatt, Stand: ab 2002, § 246 Rn. 76, 77 ff.

[181] OGH, 12 Os 210/70; 12 Os 166/79; 15 Os 27–30/90; 15 Os 107/90; 13 Os 137/90; 13 Os 48/92; 15 Os 57/94.

[182] Vgl. OGH, 15 Os 27–30/90.

[183] OGH, 13 Os 137/90, EvBl 1991/90 S 386 = JBl 1991, 599.

[184] OGH, 12 Os 8/76; vgl. 13 Os 84/07p.

[185] OGH, 14 Os 84/03.

[186] OGH, 12 Os 166/07i; 14 Os 44/04.

die Beschränkung des Fragerechts des Angeklagten und eine Beschränkung der Beweisaufnahme. Hinzu kommt in Österreich das relative Zeugnisverweigerungsrecht zugunsten des Zeugen, das im Unterschied zu Deutschland nach § 158 Abs. 1 Z 1 bis 3 öStPO gesetzlich normiert ist, wohingegen der Zeugniszwang in Deutschland nach der Rspr. durch Art. 1 Abs. 1 und Art. 2 Abs. 1 GG begrenzt wird.[187] Im Ergebnis ist die Zeugnisbefreiung aber die selbe.

Entscheidend ist, wie der Richter sein Ermessen bei der Beurteilung der „Unerlässlichkeit" der Befragung des Zeugen ausübt. Die Rspr. des OGH verlangt hier, dass er sich bei der Entscheidung an dem Anklagevorwurf zu orientieren habe. Damit stellt sich auch in Österreich die Frage nach der richtigen richterlichen Ermessensentscheidung.

Möchte der Tatrichter sein Ermessen ordnungsgemäß ausüben, muss er gerade bei einer Aussage-gegen-Aussage-Konstellation eine umfassende Befragung des „Opferzeugen" selbst vornehmen oder durch den Angeklagten zulassen. Denn die Aussage des „Opferzeugen" ist das einzige Beweismittel, welches über die Verurteilung oder den Freispruch des Angeklagten entscheidet. Die „Vita" des „Opferzeugen" ist dabei von besonderem Interesse, weil sie Anhaltspunkte für ein Motiv einer Falschbeschuldigung oder für eine Persönlichkeitsstörung geben kann. Aufgrund der hohen Beweisbedeutung ist der höchstpersönliche Lebensbereich und das Intimleben des „Opferzeugen" aufzuklären. Im Ausnahmefall kann es gerechtfertigt sein, hierauf zu verzichten, wenn die Sachaufklärung hinter den Interessen des Zeugen zurücktreten muss. Allerdings können dann die Glaubwürdigkeit und Glaubhaftigkeit zumeist nicht mit hinreichender Sicherheit attestiert werden. Das hätte eigentlich zur Folge, dass der Angeklagte bei einer Aussage-gegen-Aussage-Konstellation mangels weiterer Beweise unter Anwendung des *„in dubio pro reo"* – Grundsatzes freigesprochen werden müsste. Doch wie bereits erörtert, spielt der Zweifelssatz aufgrund verschiedener psychologischer Einflussnahmen in den Entscheidungserwägungen des Tatrichters meist keine Rolle. Tut er es doch, kann das Urteil unter Aussparung der Zweifel nichtigkeitssicher abgefasst werden, so dass auch hier keine Kontrolle möglich ist.

Schließlich muss der Angeklagte auch mit dem „Vakuum" kämpfen, dass eine psychiatrische Begutachtung nur ausnahmsweise stattfindet. Meist wird ein Antrag auf psychiatrische Begutachtung als unzulässige Aufnahme eines Erkundungsbeweises abgetan. Denn die Rspr. verlangt hier keine „bloßen Vermutungen über denkmögliche Ursachen für der Wahrheit allenfalls nicht entsprechende Angaben einer jugendlichen Zeugin, auf deren tatsächliches Vorliegen keinerlei im Beweisverfahren hervorgekommene Umstände hindeuten."[188] Hinzu kommt, dass das Einverständnis zu psychiatrischer Untersuchung des „Opferzeugen" vorliegen muss. Damit wird dem Angeklagten eine psychiatrische Untersuchung des „Opferzeugen" verwehrt, obwohl psychiatrische Krankheitsbilder wie etwa die Borderlinestörung zu falschen Missbrauchsvorwürfen führen können.

---

[187] Vgl. BVerfGE 33, 367, 374; ferner BVerfGE 38, 312, 325.

[188] OGH, 15 Os 73/95.

Somit bleibt festzuhalten, dass das Verfahrensdefizit der Begrenzung von Glaubwürdigkeitsbedenken aus tatfernen Umständen vorhanden ist, da nicht obligatorisch und nur in Ausnahmefällen eine psychiatrische Exploration des „Opferzeugen" vorgenommen wird. Zudem kann der Tatrichter sein Ermessen dahingehend ausüben, dass die Befragung des „Opferzeugen" hinsichtlich des höchstpersönlichen Lebensbereiches und des Intimlebens nicht unerlässlich ist und er damit eine Befragung untersagt oder selbst nicht vornimmt.

5. *Verfahrensdefizite bei kontradiktorischer Vernehmung nach §§ 165, 247 öStPO?*

Besondere Bedeutung kommt in Österreich der kontradiktorischen Vernehmung des „Opferzeugen" nach §§ 165, 247 öStPO in Verfahren wegen sexuellen Missbrauchs zu. Die kontradiktorische Vernehmung wurde durch das Strafprozessänderungsgesetz 1993[189] eingeführt und durch das Strafrechtsänderungsgesetz 1998[190] mit einem deutlichen Ausbau der Opferschutzregeln erweitert.[191] Von dieser wird ausgegangen, wenn dem Ankläger, dem Beschuldigten und dem Verteidiger Gelegenheit gegeben wird, sich an der gerichtlichen Vernehmung zu beteiligen und Fragen an einen Mitbeschuldigten oder Zeugen zu stellen.[192]

Im Folgenden wird untersucht, ob die verfahrensrechtliche Ausgestaltung der kontradiktorischen Vernehmung Verfahrensdefizite für den Angeklagten mit sich bringt. Für die Untersuchung ist zunächst erforderlich, die Voraussetzungen und Folgen der kontradiktorischen Vernehmung darzustellen.

a) Voraussetzungen und Folgen der kontradiktorischen Vernehmung

Nach § 165 Abs. 1 öStPO ist eine kontradiktorische Vernehmung, also unter Beteiligung der „Parteien" sowie die Ton- und Bildaufnahme einer solchen Vernehmung des Beschuldigten[193] oder eines Zeugen zulässig, wenn davon auszugehen ist, dass die Vernehmung in einer Hauptverhandlung aus tatsächlichen oder rechtlichen Gründen nicht möglich sein werde. In Betracht kommt bei Verfahren wegen sexuellen Missbrauchs, dass der „Opferzeuge" berechtigt die Aussage nach § 156 Abs. 1 Z 2 öStPO verweigert. § 156 Abs. 1 Z 2 öStPO bestimmt, dass Personen von der Pflicht zur Aussage befreit sind, die zur Zeit der Vernehmung das vierzehnte Lebensjahr

---

[189] BGBl. 1993/526.

[190] BGBl. I 1998/153.

[191] *Schwaighofer*, ÖJZ 2003, 528, 535 f.

[192] *Kirchbacher*, WK-StPO, Loseblatt, Stand: ab 2002, § 165 Rn. 1.

[193] In Österreich ist ein *Beschuldigter* „jede Person, die auf Grund bestimmter Tatsachen konkret verdächtig ist, eine strafbare Handlung begangen zu haben, sobald gegen sie wegen dieses Verdachts ermittelt oder Zwang ausgeübt wird", vgl. § 48 Abs. 1 Z 1 öStPO.

noch nicht vollendet haben oder die Möglichkeit besteht, dass der „Opferzeuge" in seiner Geschlechtssphäre verletzt worden sein könnte. Die Vorschrift betrifft also Kinder oder Jugendliche bis vierzehn Jahren unabhängig von der Art des Delikts und gleichermaßen Personen unabhängig von ihrem Alter, die Opfer eines Sexualdelikts iSd 10. Abschnitts des öStGB[194] mit Ausnahme der Ausbeutungsdelikte gemäß §§ 214–217 öStGB[195] geworden sein könnten. In Verfahren wegen sexuellen Missbrauchs kommt also Jugendlichen bis vierzehn Jahren nach beiden Alternativen ein Zeugnisverweigerungsrecht zu; allen anderen Personen nach der zweiten Alternative.

Bei dieser Aussagebefreiung handelt es sich nach der Gesetzessystematik tatsächlich nicht um eine Verweigerung der Aussage im klassischen Sinne. Denn von der Aussagepflicht befreite Personen müssen ausdrücklich auf ihr Recht verzichten, ehe sie als Zeugen vernommen werden dürfen, wohingegen Zeugen mit dem Recht zur Aussageverweigerung bloß über ihr Recht belehrt werden müssen und sich, wenn sie es in Anspruch nehmen wollen, selbst darauf berufen müssen.[196]

Nach dem Strafrechtsänderungsgesetz von 1998 muss das Gericht gemäß § 165 Abs. 4 öStPO sogar zwingend und nicht mehr nur auf Antrag hin bei unmündigen „Opferzeugen" unter vierzehn Jahren, die in ihrer Geschlechtssphäre verletzt worden sein könnten, kontradiktorisch sowie unter räumlicher Trennung von den Beteiligten und ihren Vertretern vernehmen, bei anderen „Opferzeugen", die in ihrer Geschlechtssphäre verletzt worden sein könnten, auf ihren Antrag hin.[197]

Nach § 96 öStPO ist über die Vernehmung des „Opferzeugen" ein Protokoll anzufertigen. Nach § 96 Abs. 3 öStPO ist die Aussage wörtlich zu protokollieren, wenn es für die Beurteilung der Sache erforderlich ist oder der Vernommene dies verlangt. Die Aussage ist auch dann zu protokollieren, wenn eine technische Aufzeichnung stattfindet, denn Ton- und Bildaufzeichnungen ergänzen die Protokollierung nur.[198] Die Anordnung einer Ton- und Bildaufnahme liegt im Ermessen des Richters,[199] in der Praxis kommt es bei einer kontradiktorischen Vernehmung meist zu einer Ton- und Bildaufnahme der Aussage.[200]

Die Beweisaufnahme wird regelmäßig ohne die unmittelbare Vernehmung des „Opferzeugen" in der Hauptverhandlung stattfinden, mit der Folge, dass nach § 252 Abs. 1 Z 2a öStPO Protokolle als auch Ton- und Bildaufnahmen über den Inhalt der kontradiktorischen Vernehmung in der Hauptverhandlung zu verlesen oder vorzuführen sind. Damit besteht eine Durchbrechung des Unmittelbarkeitsgrundsatzes des österreichischen Strafprozesses nach § 258 Abs. 1 öStPO und bildet eine gesetzlich normierte Ausnahme hierzu.

---

[194] IdF BGBl. I 2004/15.

[195] *Hinterhofer*, Zeugenschutz und Zeugnisverweigerungsrechte im österreichischen Strafprozess, 2004, S. 310.

[196] *Kirchbacher*, WK-StPO, Loseblatt, Stand: ab 2002, § 156 Rn. 2.

[197] *Stekl*, Sexueller Kindesmissbrauch, 2000, S. 45.

[198] Vgl. OGH, 14 Os 145/98; ÖJZ-LSK 1999/94.

[199] OGH, 11 Os 34/99; EvBl 1999/183.

[200] *Kirchbacher*, WK-StPO, Loseblatt, Stand: ab 2002, § 165 Rn. 29.

b) Verfahrensdefizite bei der kontradiktorischen Vernehmung

Die erfreuliche Existenz eines Protokolls oder einer Ton- und Bildaufnahme der kontradiktorischen Vernehmung, die vor allem für die Aussageanalyse und die Rekonstruktion der Zeugenaussage von Bedeutung ist,[201] wird allerdings von wesentlichen Verfahrensdefiziten begleitet, welche die strafprozessuale Möglichkeit der Aussagebefreiung iSv § 156 öStPO mit sich bringt:[202]

aa) Verbot der erneuten Vernehmung

Nach der überwiegenden Auffassung der Rspr. und Stimmen in der Literatur soll das Zeugnisverweigerungsrecht nach § 156 Abs. 1 Z 2 öStPO selbst dann gelten, wenn neue Umstände hervorträten, zu dem der „Opferzeuge" bislang nicht vernommen worden sei.[203] Lediglich Kontrollbeweise könnten erforderlich sein.

Damit besteht ein Verbot einer erneuten Vernehmung des „Opferzeugen", welches die materielle Wahrheit beschränkt und das Fragerecht des Angeklagten beschneidet.

(1) Beschränkung der materiellen Wahrheit

Es ist dem Gericht gleichermaßen wie der Staatsanwaltschaft und dem Angeklagten bei dem Hervortreten von entlastenden oder auch belastenden Umständen nach einer kontradiktorischen Vernehmung verwehrt, den „Opferzeugen" hierzu erneut zu befragen und den Sachverhalt näher aufzuklären. Die materielle Wahrheit bleibt so zugunsten von Opferschutzinteressen auf der Strecke.[204] Diese Opferschutzinteressen liegen nach dem Willen des Gesetzgebers in der Vermeidung einer sekundären Viktimisierung des Opfers durch mehrfache Vernehmungen.[205] Wie bereits oben festgestellt,[206] kann eine sekundäre Viktimisierung des „Opferzeugen" – wenn man diese überhaupt als wissenschaftlich erwiesen ansieht – mit anderen Verfahrensregelungen, welche die Fairness des Verfahrens gleichermaßen auch für den Angeklagten gewährleisten, vermieden werden. Dazu zählt neben einer „schonenden" Vernehmung des „Opferzeugen" nach §§ 165 Abs. 3, 250 Abs. 3 öStPO oder der Ausschluss der Öffentlichkeit nach § 229 öStPO auch etwa die Vermeidung einer langen Verfahrensdauer, nicht aber grundsätzlich das Verbot einer erneuten Vernehmung des „Opferzeugen" in der Hauptverhandlung. Daher ist es nicht nachvollziehbar, warum auf eine solche Vernehmung mit einer unmittelbaren Aussage des „Opferzeugen"

---

[201] Siehe oben S. 39 f.; 80 ff.

[202] Vgl. auch *Bartl*, JSt 2007, 45, 46.

[203] OGH, 12 Os 46/00; 14 Os 94/03; 11 Os 101/05w; *Hinterhofer*, Zeugenschutz und Zeugnisverweigerungsrechte im österreichischen Strafprozess, 2004, S. 326; *Bart*, ÖJZ 1998, 818, 822; a.A. OGH, 11 Os 39/04.

[204] Vgl. auch *Danek*, RZ 2004, 122, 123.

[205] EBRV StPÄG 1993, 26 f.; EBRV StRÄG 1998, 31 f.

[206] Siehe oben S. 54 ff.

als meist einziges und wichtigstes Beweismittel in der Hauptverhandlung verzichtet wird.

(2) Beschneidung des Fragerechts des Angeklagten

Neben der Beschränkung der Befragungsrechte zulasten der materiellen Wahrheit ist fraglich, ob dem Angeklagten das verfassungsrechtlich garantierte Fragerecht iSd Art. 6 Abs. 3 lit. d EMRK gewährt wird. Art. 6 EMRK ist in Österreich auf Grund der Stellung der EMRK im Rechtssystem Recht mit Verfassungsrang.[207]

Das Fragerecht ist eine besondere Ausformung des Grundsatzes des fairen Verfahrens.[208] Die Ausgestaltung des Rechts ist in erster Linie dem nationalen Recht überlassen. Das gesamte Beweisverfahren muss allerdings im Lichte des durch die Konvention garantierten Fragerechts gesehen werden.[209] Dabei kommt es bei der Frage, ob ein Konventionsverstoß vorliege, nach ständiger Rspr. des EGMR darauf an, ob das Verfahren in seiner Gesamtheit, einschließlich der Art und Weise der Beweiserhebung fair gewesen sei.[210] So sieht der EGMR dann keinen Verstoß gegen Art. 6 Abs. 3 lit. d EMRK in der Verlesung von Protokollen der kontradiktorischen Vernehmung, wenn der Angeklagte jedenfalls eine hinreichende und wirksame Gelegenheit gehabt habe, bei der Anhörung des Belastungszeugen Fragen zu stellen und die Richtigkeit der Aussage in geeigneter Weise zu bestreiten.[211]

Wenn jedoch eine ergänzende Befragung des „Opferzeugen" nicht stattfinden darf, und dieser Zeuge somit nicht zu den nach der kontradiktorischen Vernehmung hervorgetretenen neuen Gesichtspunkten mangels vorheriger Kenntnis des Angeklagten befragt worden ist, kann der Angeklagte gar keine „hinreichende und wirksame" bzw. „angemessene und geeignete" Gelegenheit gehabt haben, sein Fragerecht auszuüben.[212] Damit steht das Verbot der ergänzenden Befragung in Widerspruch zu Art. 6 Abs. 3 lit. d EMRK.[213]

---

[207] Geregelt im Bundesverfassungsgesetz vom 04.03.1964, Art. II Nr. 7 (BGBl. Nr. 59).

[208] EGMR v. 24.11.1986 – 1/1985/87/134 – Unterpertinger/Österreich = EuGRZ 1987, 147; EGMR v. 06.12.1988 – 24/1986/122/171–173 – Barberà/Spanien; EGMR v. 27.09.1990 – 25/1989/185/245 – Windisch/Österreich = ÖJZ 1991, 25.

[209] EGMR v. 06.12.1988 – 24/1986/122/171–173 – Barberà/Spanien.

[210] EGMR v. 06.12.1988 – 24/1986/122/171–173 – Barberà/Spanien; EGMR v. 26.04.1991 – 30/1990/221/283 – Asch/Österreich = EuGRZ 1992, 474; EGMR v. 20.09.1993 – 33/1992/378/452 – Saidi/Frankreich; EGMR v. 07.08.1996 – 48/1995/554/640 – Ferrantelli und Santangelo/Italien.

[211] EGMR v. 20.11.1989 – 10/1988/154/208 – Kostovski/Niederlande = ÖJZ 1990, 312, 314; EGMR v. 24.11.1986 – 1/1985/87/134 – Unterpertinger/Österreich = EuGRZ 1987, 147; EGMR v. 06.12.1988 – 24/1986/122/171–173 – Barberà/Spanien; EGMR v. 26.04.1991 – 30/1990/221/283 – Asch/Österreich = EuGRZ 1992, 474; EGMR v. 20.09.1993 – 33/1992/378/452 – Saidi/Frankreich; EGMR v. 07.08.1996 – 48/1995/554/640 – Ferrantelli und Santangelo/Italien; EGMR v. 27.09.1990 – 25/1989/185/245 – Windisch/Österreich = ÖJZ 1991, 25; EGMR v. 19.12.1990 – 26/1989/186/246 – Delta/Frankreich = ÖJZ 1991, 425, 426.

[212] Vgl. *Birklbauer*, AnwBl 2002, 512, 519.

[213] Vgl. *Renzikowski*, in: FS Mehle, 2009, S. 529, 536; vgl. auch *Esser*, Auf dem Weg zu einem europäischen Strafverfahrensrecht, 2002, S. 646; *Gaede*, Fairness als Teilhabe, 2007, S. 833 ff.; *Ambos*, ZStW 2003, 583, 609.

bb) Fragerecht kein gleichwertiger Ersatz für jenes in der Hauptverhandlung

Das Fragerecht wird zwar in der kontradiktorischen Vernehmung selbst formell gewährt. Es bietet aber inhaltlich keinen gleichwertigen Ersatz für das Fragerecht bei einer unmittelbaren Zeugenvernehmung in der Hauptverhandlung.[214]

Das ergibt sich einerseits daraus, dass der Beschuldigte im Vergleich zum Zeitpunkt der sonst in der Hauptverhandlung stattfindenden Vernehmung des „Opferzeugen" keine gleichwertige und umfassende Kenntnis des Prozessstoffes besitzt, da die kontradiktorische Vernehmung meist in einem sehr frühen Verfahrensstadium, noch bevor über die Eröffnung des Hauptverfahrens entschieden worden ist, vorgenommen werden soll.[215]

Zum anderen ist der Beschuldigte im Zeitpunkt der kontradiktorischen Vernehmung häufig anwaltlich nicht vertreten, darüber hinaus womöglich durch Beschränkung der Akteneinsicht nicht ausreichend über die bisherigen Ermittlungsergebnisse informiert und hat zudem meist keine oder eine nur sehr begrenzte Vorbereitungszeit auf die kontradiktorische Vernehmung.[216]

cc) Unverteidigter Beschuldigter

Dem Beschuldigten wird von Gesetz wegen kein Verteidiger zur Seite gestellt. Er ist damit meist unverteidigt, wenn er nicht selbst vor der kontradiktorischen Vernehmung einen Verteidiger beauftragt.

(1) Kein Verteidigerzwang

Das Gesetz sieht bei einer kontradiktorischen Vernehmung im Ermittlungsverfahren grundsätzlich keinen Verteidigerzwang gemäß § 61 Abs. 1 öStPO vor, mit der Ausnahme, dass der Beschuldigte bereits in Untersuchungs- oder Strafhaft sitzt (§ 61 Abs. 1 Z 1 öStPO) oder eine Unterbringung in einer Anstalt für geistig abnorme Rechtsbrecher droht (§ 61 Abs. 1 Z 2 öStPO) oder ein Fall des § 39 Z 1 öJGG vorliegt.

Der OGH hat bereits mehrmals bestätigt, dass mangels einer Verletzung der prozessualen Vorschriften keine Nichtigkeit vorliege, wenn der Beschuldigte bei einer kontradiktorischen Vernehmung nicht anwaltlich vertreten sei.[217]

Damit ist der Beschuldigte im Ermittlungsverfahren bei einer kontradiktorischen Vernehmung ungleich schlechter gestellt, als der notwendig verteidigte Angeklagte in der Hauptverhandlung vor dem Landesgericht als Geschworenen- oder Schöffengericht gemäß § 61 Abs. 1 Z 4 öStPO oder vor dem Landesgericht als Einzelrichter

---

214 *Schwaighofer*, ÖJZ 2003, 528, 536; vgl. auch *Schmoller*, in: FS Platzgummer, 1995, S. 282, 292 f.

215 So die Empfehlung zu der Vorläuferbestimmung des § 165 öStPO, EBRV StPÄG 1993, 32.

216 *Schwaighofer*, ÖJZ 2003, 528, 536.

217 OGH, 13 Os 96/99, ÖJZ-LSK 1999/129; 13 Os 36/01 = JBl 2002, 129; 12 Os 15/01; 11 Os 159/03; 12 Os 72/06i.

gemäß § 61 Abs. 1 Z 5 öStPO[218] ohne kontradiktorische Vernehmung, zumal bei Sexualdelikten meist wegen der Zuweisung über § 31 Abs. 3 Z 4 öStPO das Schöffengericht zuständig ist. Denn eine kontradiktorische Vernehmung erhält aufgrund des sich anschließenden Zeugnisverweigerungsrechts für den „Opferzeugen" erhebliche Bedeutung. Sie stellt möglicherweise die einzige Vernehmung des „Opferzeugen" dar. Dabei wird der unverteidigte Beschuldigte, der nicht einmal über die Bedeutung dieser für ihn einzigen Vernehmung des „Opferzeugen" für das gesamte Verfahren belehrt werden muss,[219] regelmäßig nicht sein verfassungsrechtlich garantiertes Fragerecht in der Weise ausüben, wie es ein Verteidiger macht, der mit den strafprozessualen Gepflogenheiten vertraut und sich der Bedeutung der kontradiktorischen Vernehmung für den Beschuldigten bewusst ist.[220] Der Beschuldigte wird vielfach einfach überfordert sein.[221]

(2) Kein Anspruch auf einen Verfahrenshilfeverteidiger

Nicht zuletzt hängt die Teilnahme eines Verteidigers an einer kontradiktorischen Vernehmung von den finanziellen Möglichkeiten des Beschuldigten ab. Der Beschuldigte muss sich zu diesem Zwecke eines Wahlverteidigers bedienen, den er aber nur beauftragen kann, wenn ihm hierfür die entsprechenden finanziellen Mittel zur Verfügung stehen.

Besitzt er diese Mittel nicht, kann er nur darauf hoffen, dass ihm ein Verfahrenshilfeverteidiger beigegeben wird: Der Beschuldigte hat aber nur dann einen Anspruch auf einen Verteidiger, wenn er außer Stande ist, ohne Beeinträchtigung des notwendigen Unterhalts die Kosten der Verteidigung zu tragen und wenn es sich u.a. nach § 61 Abs. 2 Z 4 öStPO um eine schwierige Sach- oder Rechtslage handelt oder der Beschuldigte nach § 61 Abs. 2 Z 3 öStPO der Gerichtssprache nicht mächtig ist.

Bei Verfahren wegen sexuellen Missbrauchs ist meist die Sach- und Rechtslage schwierig zu beurteilen. Die Entscheidung hierüber liegt jedoch im Ermessen des Gerichts, welche unterschiedlich ausfallen und eine Ablehnung durchaus möglich sein kann.[222]

In jedem Fall muss aber die Beigebung durch den Beschuldigten beantragt werden, wobei er auf die Möglichkeit der Beigebung oft nicht hingewiesen wird.[223] Das alles führt dazu, dass der Beschuldigte oftmals ohne anwaltlichen Beistand oder überhaupt nicht an der kontradiktorischen Vernehmung teilnimmt.

dd) Keine Pflicht zur Teilnahme

Schließlich muss der Beschuldigte nach § 252 Abs. 1 Nr. 2a öStPO Gelegenheit zur Teilnahme an einer kontradiktorischen Vernehmung besessen haben. Dazu

---

[218] Wenn für die Straftat eine mehr als dreijährige Freiheitsstrafe angedroht ist.

[219] OGH, 14 Os 94/02.

[220] Vgl. auch *Schwaighofer*, AnwBl 2005, 456 f.

[221] *Schwaighofer*, ÖJZ 2003, 528, 536.

[222] *Schwaighofer*, ÖJZ 2006, 235, 237.

[223] *Schwaighofer*, AnwBl 2005, 456, 457.

gehöre die ordnungsgemäße Ladung des Beschuldigten zu dem Termin der kontradiktorischen Vernehmung.[224] Ob er diese Gelegenheit auch tatsächlich genutzt habe, sei nach der Rspr. des OGH unerheblich.[225] Lasse der Beschuldigte die ihm gebotene Gelegenheit, sich an der Vernehmung zu beteiligen und Fragen zu stellen, ungenützt, entsage er nach Auffassung des OGH selbst dem Grundrecht des Art. 6 Abs. 3 lit. d EMRK.[226] Nur wenn der Beschuldigte die Vernehmung unverschuldet versäume, solle die Zeugenaussage bei sonstiger Nichtigkeit nicht verwendet werden.[227]

Dies steht im Widerspruch zu dem „fair-trial" Grundsatz des Art. 6 EMRK, denn der Beschuldigte wird sich meist über die Bedeutung der kontradiktorischen Vernehmung nicht bewusst sein: Für ihn besteht keine weitere Möglichkeit mehr, den „Opferzeugen" zu befragen, wenn er an der kontradiktorischen Vernehmung nicht teilgenommen oder sein Fragerecht in dieser nicht ausgeübt hat. Darüber hinaus ist er im Zweifel auch noch nicht im Beisein eines Verteidigers, der seine Rechte wahren könnte.

c) Stellungnahme und Vergleich

Wie sich gezeigt hat, existieren für den Angeklagten bei der Ausgestaltung der kontradiktorischen Vernehmung wesentliche Verfahrensdefizite, die dazu führen, dass die Verfahrensfairness nicht mehr hinreichend gewährleistet wird. Als schwerwiegendes Verfahrensdefizit sticht dabei hervor, dass der Beschuldigte bei der kontradiktorischen Vernehmung trotz der großen Bedeutung für das weitere Verfahren nicht zwingend anwesend sein muss und zudem unverteidigt sein kann. Doch mit der Verpflichtung, rechtliches Gehör zu gewähren, ist gerade die Anwesenheit des Beschuldigten und eines Verteidigers notwendig. Denn der Beschuldigte (und der spätere Angeklagte) hat ein Recht darauf, sachlich zu verstehen, was gegen ihn vorgebracht wird.[228] Im übrigen empfiehlt sich eine Verteidigung in eigener Sache in der Regel nicht (Quintilian: *„In foro rarum ut sit suae quisque rei idoneus defensor.*") Es liegt aber bei der kontradiktorischen Vernehmung im Ermittlungsverfahren weder nach den strafprozessualen Vorschriften eine notwendige Verteidigung vor noch gibt es einen Anspruch auf einen Verfahrenshilfeverteidiger.

Hinzu kommt, dass durch das Verbot der ergänzenden Befragung des „Opferzeugen" das Fragerecht des Angeklagten unzulässig beschnitten wird und als Nebeneffekt die materielle Wahrheit auf der Strecke bleibt.

Dass die kontradiktorische Vernehmung nicht in dieser Weise verfahrensrechtlich ausgestaltet sein muss, zeigt ein Vergleich mit der deutschen Regelung.

---

[224] OGH, 12 Os 47/00.

[225] OGH, 13 Os 113/94; 15 Os 85/95; 14 Os 58/97; 13 Os 63/98; 12 Os 48/05h; RIS Justiz RS 0097567.

[226] OGH, 13 Os 96/99; ÖJZ-LSK 1997/225; ÖJZ-LSK 1997/47.

[227] *Schwaighofer*, ÖJZ 2006, 235, 239.

[228] Vgl. *Vargha*, Die Vertheidigung in Strafsachen, 1879, § 188, S. 290.

In Deutschland kann eine kontradiktorische Vernehmung nach § 255a Abs. 2 S. 1 dStPO stattfinden, wenn es sich u.a. um ein Verfahren wegen Straftaten gegen die sexuelle Selbstbestimmung handelt und der „Opferzeuge" unter achtzehn Jahren alt ist.

Charakteristisch ist auch hier die gravierende Durchbrechung des Unmittelbarkeitsprinzips im Interesse des Opferschutzes.[229] Entscheidender Unterschied zu der österreichischen „absoluten" Regelung ist, dass dem „Opferzeugen" in Deutschland kein Zeugnisverweigerungsrecht nach einer einmal durchgeführten kontradiktorischen Vernehmung zugestanden wird. Es ist vielmehr Sache des Gerichts, nach seinem pflichtgemäßen Ermessen zu entscheiden, ob eine Ersetzung der Vernehmung in der Hauptverhandlung durch die Vorführung der Ton- und Bildaufzeichnung nach § 255a Abs. 2 S. 1 dStPO stattfinden kann.

Dabei müssen die durch die Aufklärungspflicht nach § 244 Abs. 2 dStPO und das Verteidigungsinteresse des Angeklagten gezogenen Grenzen einer Ersetzung bei der pflichtgemäßen Ermessensentscheidung beachtet werden.[230] Danach soll sich nach der Rspr. eine ergänzende Vernehmung von Amts wegen in der Hauptverhandlung nur dann aufdrängen, wenn nach der aufgezeichneten Vernehmung weitere Beweisergebnisse angefallen seien, die mit den Angaben des Zeugen in wesentlichen Punkten nicht im Einklang ständen oder sonst klärungsbedürftige weitere Fragen aufwürfen.[231] Doch kann es angesichts der Beweislage und mit Blick auf die für den Angeklagten streitende Unschuldsvermutung in den meisten Fällen nicht angemessen sein, eine Vorverlagerung der Beweisaufnahme in das Vorverfahren zu billigen und sich mit einer nur mittelbaren Beweisführung zu begnügen.[232] Gerade bei einer Aussage-gegen-Aussage-Konstellation in Missbrauchsfällen gebietet es die Aufklärungspflicht des Gerichts, den bestmöglichen Beweis zu erheben. Hinzu kommt, dass das Gericht in seine Ermessensentscheidung bezüglich der ergänzenden Vernehmung miteinfließen lassen muss, ob der Angeklagte auch tatsächlich verteidigt gewesen ist, sein Fragerecht ausgeübt und vollumfänglich das Recht zur Akteneinsicht erhalten hat. Fehlt es an einem dieser Punkte, hat das Gericht aus Gründen des Fairnessgebots in jedem Falle eine ergänzende Vernehmung anzuordnen.

Schließlich kann eine ergänzende Befragung auch nach Maßgabe des Beweisantragsrechts erforderlich werden. Nach zutreffender Auffassung von *Schünemann* ist diese von Seiten des Gerichts auch dann anzuordnen, wenn ein Beweisantrag der Verteidigung vorliegt, mit dem Bedenken gegenüber der Richtigkeit und Vollständigkeit der früheren Aussage substantiiert werden können.[233]

Zwar muss auch in Deutschland in eng begrenzten Ausnahmefällen, etwa wenn gravierende Nachteile für das Kindeswohl zu erwarten sind, von einer ergänzenden Zeugenbefragung abgesehen werden. Aber hierdurch verbleibende Unklarheiten

---

229 *Wasserburg*, in: FS Richter II, 2006, S. 547, 553 f.

230 *Meyer-Goßner*, StPO, 2011, § 255a Rn. 2, 7; § 251 Rn. 8.

231 BGHSt 48, 268, 272.

232 *Wasserburg*, in: FS Richter II, 2006, S. 547, 554.

233 *Schünemann*, StV 1998, 391, 400.

dürfen nicht dem Angeklagten zum Nachteil gereichen. Unter Beachtung des „*in dubio pro reo*" – Grundsatzes müsste es eigentlich zum Freispruch des Angeklagten kommen.[234]

Das Absehen von einer ergänzenden Befragung kann zudem nur das letzte Mittel sein, den „Opferzeugen" zu schützen. Vorrangig ist in diesem Fall an zeugenschonende Maßnahmen zu denken und eine ergänzende Befragung unter Beachtung des Wohls des Kindes zu ermöglichen.[235]

Somit lässt sich festhalten, dass das tatrichterliche Ermessen in den meisten Fällen dahingehend ausgeübt werden muss, dass eine ergänzende Vernehmung des „Opferzeugen" in der Hauptverhandlung auch nach der Durchführung einer kontradiktorischen Vernehmung stattzufinden hat. § 255a Abs. 2 S. 1 dStPO wird daher selten seine Wirkung entfalten können. Nicht umsonst ist die praktische Bedeutung der Vorschrift in Deutschland gering.[236]

III. Zwischenergebnis

Für die Situation des Angeklagten bei Verfahren wegen sexuellen Missbrauchs in der Aussage-gegen-Aussage-Konstellation lässt sich auch für Österreich konstatieren, dass sowohl allgemeine Verfahrensdefizite als auch besondere Verfahrensdefizite aus Gründen des Opferschutzes bestehen.

Bei den allgemeinen Verfahrensdefiziten hat sich ergeben, dass mit Ausnahme der Grundzüge der Kriminologie eine obligatorische Ausbildung in der forensischen Beweislehre im Allgemeinen und der Aussageanalyse im Besonderen für den Tatrichter nicht vorgesehen ist, obwohl es bei einer Aussage-gegen-Aussage-Konstellation ganz entscheidend auf die Beurteilung der Glaubhaftigkeit der Aussage des „Opferzeugen" ankommt. Trotz dieser fehlenden Ausbildung muss der österreichische Tatrichter nicht zwingend einen Sachverständigen beiziehen, wenn es sich nicht um einen besonders gelagerten Fall handelt oder er aus bestimmten Gründen keinen Zweifel an der Aussage eines Kindes hegt. Zusätzlich gibt es in Österreich keine Mindeststandards zur aussagepsychologischen Begutachtung. Damit ist das Prinzip der streng methodisch hypothesengeleiteten Begutachtung von Aussagen nach der sogenannten „Nullhypothese" und der anschließenden Bildung von „Alternativhypothesen" nicht verbindlich geregelt, obwohl diese von der aussagepsychologischen Wissenschaft anerkannt sind und ebenso an die juristische Selbstverständlichkeit der Unschuldsvermutung erinnern.

Hinzu kommt ein fast schon bedingungsloses Vertrauen in die Kompetenz des Richters im Rahmen der Beweiswürdigungsfreiheit. Es genügt nach der österreichischen Rspr. der Hinweis auf die Lebenserfahrung des Tatrichters, mit welcher

[234] Vgl. BGH, NJW 1993, 2451; allerdings wird der rechtsstaatliche Fundamentalsatz „*in dubio pro reo*" bisher seltenst in der tatrichterlichen Praxis – wie oben erörtert – angewendet, siehe S. 47 f.

[235] Vgl. auch *Schwaighofer*, ÖJZ 2003, 528, 537 Fn. 78.

[236] Vgl. *Meyer-Goßner*, StPO, 2011, § 255a Rn. 1.

der Richter etwas als erwiesen ansehen kann. Bei der „freien“ Beweiswürdigung iSd § 258 Abs. 2 öStPO muss der Angeklagte den Einfluss verschiedener psychologischer Effekte, wie die „vermeintliche Schutzeinlassung des Angeklagten“, den „Ankereffekt“, die „kognitive Dissonanz“ und den „Schulterschlusseffekt“ zulasten seiner Person fürchten.

Weiterhin fehlt es auch in Österreich an einer Kontrolle der tatrichterlichen Beweiswürdigung, obwohl nach der gesetzlichen Konzeption der sogenannten „Tatsachenrüge“ im Rahmen des § 281 Abs. 1 Z 5a öStPO die materielle Beweiswürdigung des Tatgerichts angegriffen werden kann. Denn die österreichische Rspr. wendet die „Tatsachenrüge“ äußerst restriktiv an: Das Ersturteil müsse eine geradezu unerträgliche Fehlentscheidung vermuten lassen. Insbesondere die aufgrund des persönlichen Eindrucks in der Hauptverhandlung gewonnene Überzeugung des Tatrichters über die Glaubhaftigkeit der Aussage des „Opferzeugen“ soll der Anfechtung entzogen sein.

Schließlich ist der Zweifelssatz „*in dubio pro reo*“ aufgrund psychologischer Einflussnahmen auf den Tatrichter und einer mangelnden Kontrolle der tatrichterlichen Anwendung desselben durch das Nichtigkeitsgericht nicht mehr als eine Leerformel, obwohl er als rechtsstaatlicher Fundamentalsatz gelten und gerade in der Aussage-gegen-Aussage-Konstellation verstärkt zu Freisprüchen führen müsste.

Hingegen stellt sich das allgemeine Verfahrensdefizit der fehlenden wörtlichen Protokollierung bzw. der fehlenden Ton- und Bildaufnahmen in Österreich bei Beachtung der bestehenden prozessualen Bestimmungen nicht. Entweder wird eine kontradiktorische Vernehmung nach §§ 165, 247 öStPO durchgeführt, bei der immer eine wörtliche Protokollierung bzw. eine Ton- und Bildaufzeichnung stattfindet. Oder es kommt zu einer erstmaligen oder erneuten Vernehmung des „Opferzeugen“ in der Hauptverhandlung, bei der es an der gerichtlichen Praxis liegt, eine wörtliche Protokollierung bzw. eine Ton- und Bildaufzeichnung von der Beweisaufnahme anzufertigen. Andernfalls kann der Angeklagte diesen Verfahrensfehler im Rahmen des Nichtigkeitsverfahrens geltend machen.

Bei den besonderen Verteidigungsbeschränkungen aus Gründen des Opferschutzes existiert auch in Österreich die Bemühung, den „Opferzeugen“ unter dem Gesichtspunkt des „Opferschutzes“ als „Quasipartei“ an dem Strafverfahren teilhaben zu lassen. Nach § 220 öStPO wird er sogar ausdrücklich Partei des Verfahrens, wenn er sich dem Verfahren als Privatbeteiligter anschließt.

Weiterhin hat die Untersuchung des § 31 Abs. 3 Z 4 öStPO gezeigt, dass die Vorschrift weitreichende Folgen für den Angeklagten mit sich bringt: Sie normiert eine Kürzung des Instanzenzuges, welche die „Schuldberufung“ und mit ihr die erneute Vernehmung des „Opferzeugen“ zunichte macht. Eine Kontrolle hinsichtlich der für die Aussageanalyse bedeutsamen Aussagekonstanz ist nicht möglich. Und im Rahmen der Prüfung der Verfassungsmäßigkeit des § 31 Abs. 3 Z 4 öStPO hat sich ergeben, dass die Vorschrift wegen eines Verstoßes gegen Art. 91 Abs. 3 B-VG verfassungswidrig ist.

Die partielle Aufhebung des Prinzips der genauen Tatumgrenzung in der Anklageschrift bei sexuellem Missbrauch ist ein weiteres Verfahrensdefizit, welches die Rspr. mit der Anwendung der „gleichartigen Verbrechensmenge“ zulässt: Mangels konkreten Tatzeitpunkts sieht sich der Angeklagte nicht in der Lage, den entlastenden „Alibibeweis“ führen zu können. Zudem wird rechtliches Gehör nur in eingeschränktem Umfang gewährt.

Darüber hinaus existiert eine Begrenzung von Glaubwürdigkeitsbedenken aus tatfernen Umständen, da der „Opferzeuge“ nicht obligatorisch und nur in Ausnahmefällen psychiatrisch untersucht wird. Außerdem kann der Tatrichter sein Ermessen dahingehend ausüben, dass die Befragung des „Opferzeugen“ hinsichtlich des höchstpersönlichen Lebensbereiches und des Intimlebens nicht unerlässlich ist und er damit eine Befragung untersagt oder selbst nicht vornimmt.

Schließlich beinhaltet die Ausgestaltung der kontradiktorischen Vernehmung nach §§ 165, 247 öStPO wesentliche Verfahrensdefizite für den Angeklagten: Der Beschuldigte muss bei der kontradiktorischen Vernehmung im Ermittlungsverfahren trotz der großen Bedeutung für das weitere Verfahren nicht zwingend anwesend und kann zudem unverteidigt sein. Es liegt keine notwendige Verteidigung noch ein Anspruch auf einen Verfahrenshilfeverteidiger vor. Hinzu kommt, dass durch das Verbot der ergänzenden Befragung des „Opferzeugen“ das Fragerecht des Angeklagten unzulässig beschnitten wird und als Nebeneffekt die materielle Wahrheit auf der Strecke bleibt.

F. Ergebnis des Vergleichs der Verfahrensdefizite Deutschlands und Österreichs und deren Korrekturmöglichkeiten

In einem abschließenden Teil der vorliegenden Arbeit wird zunächst das Ergebnis des Vergleichs der Verfahrensdefizite Deutschlands und Österreichs dargelegt. Hiernach werden Korrekturmöglichkeiten für die strafprozessualen Verfahrensordnungen beider Länder aufgezeigt, die sich in der Aussage-gegen-Aussage-Konstellation bei Verfahren wegen sexuellen Missbrauchs ergeben.

I. Verfahrensdefizite

Aus der vorliegenden Untersuchung lässt sich entnehmen, dass aufgrund der aufgezeigten Verfahrensdefizite in Österreich und Deutschland weder die Unschuldsvermutung für den Angeklagten noch der *„in dubio pro reo"* – Grundsatz gewahrt sind. Diese sind praktisch aufgehoben. Dementsprechend konstatiert auch *Geipel*[1]: „Wenn kein handfestes Motiv für eine Falschbezichtigung zu erkennen ist, ist einer Frau beim Vorwurf eines sexuellen Vergehens grundsätzlich zu glauben, sofern nicht ganz gewichtige Punkte dagegen sprechen, während dem Bestreiten des Mannes schon deshalb nicht geglaubt wird, weil man mutmaßt, dass er das ihm vorgeworfene Verhalten wegen der damit einhergehenden sozialen Ächtung nicht einräumen könne."[2]

Bei einer näheren Betrachtung der Verfahrensdefizite fällt auf, dass sich erwartungsgemäß Übereinstimmungen und Überschneidungen zwischen beiden Ländern ergeben haben. Daneben sind einige Verfahrensregelungen besser in Österreich und andere wiederum besser in Deutschland ausgestaltet.

1. Allgemeine Verfahrensdefizite

Bei den allgemeinen Verfahrensdefiziten lässt sich gleichermaßen für beide Länder festhalten, dass der Tatrichter keine fundierte Ausbildung in der forensischen

[1] *Geipel*, Handbuch der Beweiswürdigung, 2008, S. 331.

[2] So ausdrücklich *Deckers*, NJW 1999, 1365, 1366.

F. Wille, *Aussage gegen Aussage in sexuellen Missbrauchsverfahren*,
DOI 10.1007/978-3-642-27422-0_6, © Springer-Verlag Berlin Heidelberg 2012

Beweislehre, insbesondere in der Aussageanalyse und – mit Ausnahme für Österreich in Grundzügen der Kriminologie – der Angewandten Kriminologie erhalten hat. Dennoch darf er sich eigene Sachkunde zur Beurteilung der Glaubwürdigkeit des „Opferzeugen" und der Glaubhaftigkeit seiner Aussage attestieren und muss trotz der fehlenden Ausbildung nicht zwingend einen aussagepsychologischen Sachverständigen beauftragen. Das ist aufgrund der hohen Beweisbedeutung der Aussage des „Opferzeugen" in einer Aussage-gegen-Aussage-Konstellation nicht nachvollziehbar. Im Unterschied zu Deutschland bestehen darüber hinaus in Österreich noch nicht einmal verbindliche Mindeststandards zur Begutachtung der Glaubwürdigkeit und Glaubhaftigkeit, obwohl diese allgemein anerkannt und von der aussagepsychologischen Wissenschaft bereits seit längerem formuliert sind.

Als zweites gemeinsames allgemeines Verfahrensdefizit ist der richterliche Prozess der Überzeugung über das Beweisergebnis anzuführen, der häufig von vornherein durch psychologische Effekte zulasten des Angeklagten verschoben ist und mithin nicht „frei" iSv § 258 Abs. 2 öStPO bzw. § 261 dStPO sein kann.

Der Vergleich führt dann erstmals zu einem erheblichen Unterschied zwischen beiden Ländern bei der Protokollierung und der Ton- und Bildaufzeichnung von Aussageinhalten des „Opferzeugen". In Deutschland fehlt es grundsätzlich an einer wörtlichen Protokollierung und immer an einer Ton- und Bildaufzeichnung trotz der großen Bedeutung für die Durchführung einer Aussageanalyse und für die Möglichkeit einer Rekonstruktion der Hauptverhandlung in der Revisionsinstanz.

In Österreich dagegen liegt in Verfahren wegen sexuellen Missbrauchs meist eine kontradiktorische Vernehmung vor, bei der eine wörtliche Protokollierung und/oder sogar eine Ton- und Bildaufnahme erstellt wird. Obwohl die Existenz von aufgezeichneten Aussageinhalten des „Opferzeugen" zu begrüßen ist, wird dies jedoch durch wesentliche Verfahrensdefizite bei der Ausgestaltung der kontradiktorischen Vernehmung überschattet, worauf gleich noch bei den besonderen Beschränkungen aus Gründen des Opferschutzes einzugehen sein wird.

Fehlt es in Österreich ausnahmsweise an einer kontradiktorischen Vernehmung oder verzichtet der „Opferzeuge" auf sein durch die kontradiktorische Vernehmung folgendes Zeugnisverweigerungsrecht in der Hauptverhandlung, so dass eine Vernehmung des „Opferzeugen" in der Hauptverhandlung stattfindet, wird ein Wortprotokoll oder mindestens ein Inhaltsprotokoll aufgenommen.

Die Verfahrenssituation in Deutschland unterscheidet sich von der generellen inhaltlichen Protokollierung in Österreich: Ein Inhaltsprotokoll wird nur vor dem Strafrichter und dem Schöffengericht angefertigt.

Eine wörtliche Protokollierung kommt in beiden Ländern gleichfalls in Betracht, wenn es auf den Wortlaut der Aussage für die Urteilsfällung ankommt und der Richter die wörtliche Protokollierung anordnet. Insoweit ist die Verfahrenssituation in Österreich und Deutschland nicht verschieden. Auch das Antragsrecht der Verfahrensbeteiligten, so insbesondere das des Angeklagten, kennen beide Verfahrensordnungen. Allerdings ist die Ablehnung der wörtlichen Protokollierung im Rahmen des österreichischen Nichtigkeitsverfahrens nach § 281 Abs. 1 Z 4, Abs. 3 öStPO „revisibel" – anders als im deutschen Revisionsverfahren – und schafft so die notwendige Kontrolle über die tatrichterliche Anordnung der wörtlichen Protokollierung.

Schließlich existiert in der deutschen Strafprozessordnung keine Vorschrift, dass die Protokollierung durch Ton- und Bildaufnahmen unterstützt werden kann, wie es in Österreich nach § 271a öStPO der Fall ist. Auch wenn diese Aufzeichnung in Österreich noch selten zur Anwendung kommt, so liegt das jedenfalls nicht an der gesetzlichen Konzeption und wohl eher an der „Unerfahrenheit" der Gerichte in der praktischen Anwendung dieser Norm.

Damit lässt sich festhalten, dass sich für Österreich das Verfahrensdefizit der fehlenden wörtlichen Protokollierung und der fehlenden Ton- und Bildaufzeichnung bei ordnungsgemäßer Anwendung der gesetzlichen Vorschriften im Unterschied zu Deutschland nicht stellt.

Im Rahmen der weiteren Untersuchung hat sich gezeigt, dass die revisionsrechtliche Prüfung der Beweisdarstellung, -verwertung und -würdigung grundsätzlich in beiden Ländern ähnlich angelegt ist.

Allerdings besteht ein Unterschied in der revisionsrechtlichen Kontrolle der tatrichterlichen Beweisdarstellung. In Deutschland ist als weiteres allgemeines Verfahrensdefizit nur eine mangelhafte Überprüfung durch das Revisionsgericht mit der Behauptung der „Unzulässigkeit der Protokollrüge" und dem „Verbot der Rekonstruktion der Hauptverhandlung" festzustellen.

In Österreich – mit Ausnahme des Geschworenenverfahrens – kann dagegen *de facto* eine Kontrolle der Beweisdarstellung stattfinden, da Unterlagen mit objektivem Beweiswert, so das Wortprotokoll über die Aussage des „Opferzeugen" im Regelfall vorliegen sollten. Es ist auch deutlich geworden, dass der Angeklagte einen Anspruch auf wörtliche Protokollierung der Aussage des „Opferzeugen" aufgrund der hohen Beweisbedeutung des oft einzigen Beweismittels besitzt und der Tatrichter bei Ablehnung des Antrags auf wörtliche Protokollierung die Nichtigkeitsbeschwerde fürchten muss.

Nicht nachvollziehbar ist jedoch die Annahme der Rspr. in Österreich, dass die Ton- und Bildaufzeichnung nicht zur Kontrolle der richtigen Beweisdarstellung im tatrichterlichen Urteil im Rahmen des Nichtigkeitsverfahrens herangezogen werden darf.

Bei der Untersuchung der österreichischen Verfahrenssituation ist zudem deutlich geworden, dass die restriktive Anwendung der „Tatsachenrüge" einen Zustand der defizitären Kontrolle über die Beweiswürdigung aufrecht erhält. Denn die Rspr. verlangt, dass das Ersturteil eine geradezu unerträgliche Fehlentscheidung vermuten lassen müsse. Damit tendiert der Anwendungsbereich der Rüge praktisch gegen Null. Eine Überprüfung der materiellen Beweiswürdigung findet somit so gut wie gar nicht statt, obwohl nach der Konzeption der Tatsachenrüge der Wirkungsbereich dort beginnt, wo die Grenze der freien Beweiswürdigung überschritten wird, d. h. wo objektiv vernünftige Zweifel offenbleiben und eine gewisse Wahrscheinlichkeit eines Fehlurteils begründet ist.

In Deutschland kann mit der Sachrüge die richterliche Beweiswürdigung in ähnlicher Weise immer nur dann mit Erfolg angegriffen werden, wenn es bei dem festgestellten Geschehen an einer objektiv hohen Wahrscheinlichkeit der Tatbegehung fehlt.[3] Denn die zur richterlichen Überzeugung erforderliche persönliche Gewissheit

---

[3] Vgl. BGH, NJW 1999, 1562, 1564; BVerfG, NJW 2003, 2444, 2445.

des Richters setzt objektive Grundlagen voraus.[4] Im Unterschied zu der Tatsachenrüge in Österreich, dass sich die erheblichen Bedenken gegen die schuldbegründeten Tatsachenfeststellungen nicht nur aus den Urteilsgründen, sondern auch aus den gesamten Akten schöpfen lassen können, die in die Hauptverhandlung eingebracht worden sind, ist dies bei der Sachrüge unbekannt. Nach der Rspr. in Deutschland darf das Revisionsgericht bei der Prüfung der Sachrüge den Akteninhalt nicht berücksichtigen.[5]

Zuletzt ist in beiden Ländern bei den allgemeinen Verfahrensdefiziten erkennbar geworden, dass der Zweifelssatz „*in dubio pro reo*" zwar in der Aussage-gegen-Aussage-Konstellation häufig nach der Beweisaufnahme zur Anwendung kommen müsste, dies aber in der Praxis tatsächlich selten geschieht. Das begründet sich sowohl in Deutschland als auch in Österreich einerseits in der Einwirkung verschiedener psychologischer Effekte auf den Tatrichter schon lange vor der eigentlichen Beweisaufnahme. Und andererseits liegt es an der fehlenden Kontrolle der Anwendung des Zweifelssatzes bei meist nur einer Tatsacheninstanz durch das Revisions- bzw. Nichtigkeitsgericht. Der erfahrene Tatrichter lässt kritische Passagen in seinem Urteil aus und hält formularmäßig seine eigene Überzeugung über die Schuld des Angeklagten fest.

2. Besondere Beschränkungen aus Gründen des Opferschutzes

Bei dem Vergleich der besonderen Beschränkungen aus Gründen des Opferschutzes zeigen sich zunächst die bedenklichen Bestrebungen beider Gesetzgeber, den „Opferzeugen" unter dem Gesichtspunkt des „Opferschutzes" als „Quasipartei" an dem Strafverfahren teilhaben zu lassen.

Unterschiedlich ausgestaltet sind in beiden Ländern hingegen die sachlichen Zuständigkeitsvorschriften des Gerichts bei Verfahren wegen sexuellen Missbrauchs. Die Möglichkeit der Staatsanwaltschaft, Anklage wegen der besonderen Schutzbedürftigkeit des „Opferzeugen" beim Landgericht zu erheben, auch wenn die Strafgewalt des Amtsgerichts nicht überschritten ist, existiert nur in Deutschland. In Österreich ist eine entsprechende Zuständigkeitsbestimmung unbekannt. Vielmehr werden bestimmte Sexualdelikte von vornherein der Zuständigkeit des Schöffengerichts zugewiesen, obwohl eigentlich die Zuständigkeit des Einzelrichters beim Landesgericht eröffnet gewesen wäre.

Beide Vorschriften sind aber gleichsam – wenn auch aus unterschiedlichen Gründen – verfassungswidrig und beschränken die Verteidigungsrechte des Angeklagten unzulässigerweise, da sie eine Kürzung des Instanzenzuges bewirken und eine Überprüfung der Aussagekonstanz des „Opferzeugen" durch wiederholte Vernehmungen verhindern.

---

[4] BGH, StV 1993, 510, 511.

[5] BGHSt 35, 238, 241.

Als gemeinsames Verfahrensdefizit in Deutschland und Österreich besteht die partielle Aufgabe der genauen Tatumgrenzung in der Anklageschrift bei Tatserienfällen des sexuellen Missbrauchs. Die gewährten Großzügigkeiten bei der Konkretisierung der Anklageschrift mit oder ohne ausdrückliche Bezugnahme auf das Institut der „gleichartigen Verbrechensmenge" führen zu einer Verteidigungsbehinderung: Das Stellen von Beweisanträgen wird erschwert wie auch das Führen des Alibibeweises unmöglich gemacht.

Schließlich existiert für beide Länder eine Begrenzung der Überprüfung von Glaubwürdigkeitsbedenken aus tatfernen Gründen, obwohl die Vita des „Opferzeugen" für die Feststellung von Persönlichkeitsstörungen als Grund für eine Beeinträchtigung der Aussagetüchtigkeit und einer Motivursache für intentionale Falschaussagen erhebliche Bedeutung hat. Eine psychiatrische Untersuchung des „Opferzeugen" findet zudem nicht obligatorisch statt.

Ausschließlich für Österreich ergeben sich aus der strafprozessualen Ausgestaltung der kontradiktorischen Vernehmung mehrere Verfahrensdefizite, die sich in dem Verbot der ergänzenden Vernehmung des „Opferzeugen" und dem fehlenden Verteidigerzwang äußern. Hinzu kommt, dass das Fragerecht des Beschuldigten bei der kontradiktorischen Vernehmung nicht mit dem Fragerecht in der Hauptverhandlung vergleichbar ist.

Der Blick nach Deutschland hat gezeigt, dass dort die kontradiktorische Vernehmung in der Praxis selten angewendet wird. Zudem ist im Unterschied zu Österreich eine ergänzende Vernehmung zulässig.

Es lässt sich mithin für beide Länder in Hinblick auf die zahlreichen Verfahrensdefizite festhalten, dass die Antizipation des Ergebnisses bei einem Missbrauchsvorwurf, der Beschuldigte sei wenig schutzwürdig und das „Opfer" müsse geschützt werden, zu einer Prozesslage führt, in der das Verfahren im Ganzen nicht mehr fair ist, die Neutralität der Gerichte in Gefahr gerät und rechtliches Gehör eher formal gewährt, die „Schutzeinlassung" aber nicht mehr ernsthaft im Sinne einer „Nullhypothese" in Betracht gezogen wird.

Es müssen daher die angesprochenen Fehlerquellen bestenfalls ausgeräumt, andernfalls wenigstens minimiert werden. Aus diesem Grunde sollen im Folgenden Korrekturmöglichkeiten dargestellt werden, die sich aus den Verfahrensdefiziten der Aussage-gegen-Aussage-Konstellation geradezu aufdrängen.

II. Gemeinsame Korrekturmöglichkeiten für beide Länder

Zunächst werden auf Grundlage der festgestellten Verfahrensdefizite für beide Länder gemeinsam notwendige Korrekturmöglichkeiten dargelegt, die zur Gewährleistung der Verfahrensfairness sowie der für den Angeklagten bis zu seiner Verurteilung streitenden Unschuldsvermutung von den jeweiligen Gesetzgebern und der gerichtlichen Praxis umgesetzt werden sollten.

I. Vertiefte Ausbildung des Tatrichters in der forensischen Beweislehre, insbesondere in der Aussageanalyse und der Angewandten Kriminologie

Aufgrund der aufgezeigten Benachteiligungen[6] des Angeklagten muss eine vertiefte Ausbildung des Tatrichters in der forensischen Beweislehre, insbesondere in der Aussageanalyse und der Angewandten Kriminologie erfolgen.

Andernfalls darf sich der Richter vor allem bei der Beurteilung der Glaubwürdigkeit des „Opferzeugen" und der Glaubhaftigkeit seiner Aussage nicht eigene Sachkunde attestieren und muss zwingend einen aussagepsychologischen Sachverständigen beauftragen.

Die eigene Sachkunde in dem komplexen Bereich der Aussageanalyse kann nur derjenige erwerben, der eingehend in den methodischen Regeln unterrichtet worden ist. Dabei ist nicht zu vernachlässigen, dass es sich bei der Aussageanalyse um eine eigene wissenschaftliche Disziplin handelt. Insofern kann eine Attestierung der Fähigkeiten durch einen in der forensischen Aussagepsychologie nicht ausgebildeten Richter in einem so zentralen Punkt des Verfahrens, der Glaubhaftigkeits- und Glaubwürdigkeitsprüfung, welche gerade in einer Aussage-gegen-Aussage-Konstellation über das „Wohl und Wehe" eines Angeklagten entscheidet, nicht hingenommen werden. Denn scheidet die Aussage des einzigen „Opferzeugen" als nicht glaubhaft aus, muss der Angeklagte bei dem Fehlen weiterer belastender Beweise – was charakteristisch für die Aussage-gegen-Aussage-Konstellation ist – freigesprochen werden.

Unbenommen wird es auch heute schon Richter geben, die ausnahmsweise in der forensischen Beweislehre, insbesondere in der Aussageanalyse und der Angewandten Kriminologie umfassend ausgebildet sind. Das lässt sich aber nicht etwa auf ein in der Ausbildungsphase erworbenes Wissen zurückführen, sondern vielmehr liegt die Beschäftigung mit dieser Materie dann in der Eigeninitiative des einzelnen Richters.

Die Fortbildungsangebote für Richter zu diesem Themenkreis sind jedenfalls nicht verpflichtend und werden zumindest in Deutschland aufgrund des Pensendrucks selten wahrgenommen. Dabei soll nicht übersehen werden, dass sich der Tatrichter einer enormen Arbeitsbelastung ausgesetzt sieht und der Aktenstapel während seiner eingesetzten Zeit für seine Fortbildung wächst. Insofern muss Richtern mehr Raum für Fortbildungsveranstaltungen nach einem festen wiederkehrenden Zeitplan eingeräumt werden. In Österreich nahmen im Jahr 2009 immerhin rund 76 % der Richter an Fortbildungsveranstaltungen mit einem durchschnittlichen Zeitaufwand von 4,84 Tagen teil.[7] Doch für beide Länder lässt sich noch immer eine starke Gewichtung auf die Unterrichtung der Rechtsanwendung bei den Fortbildungsveranstaltungen feststellen, auch wenn es vereinzelt Kurse zur forensischen Beweislehre geben wird.

---

[6] Siehe oben S. 28 ff.; 74 ff.

[7] Die Fortbildung von RichterInnen und StaatsanwältInnen in Österreich, Jahresbericht 2009, Bundesministerium für Justiz, Abteilung III 3, 2010, S. 5, 10.

Deutlich wird das etwa am Jahresprogramm der Deutschen Richterakademie[8] oder dem österreichischen Jahresprogramm der Fortbildungsveranstaltungen.[9]

Schließlich ist darauf hinzuweisen, dass eine vertiefte Ausbildung in der forensischen Beweislehre, insbesondere der Aussageanalyse und der Angewandten Kriminologie nicht erst in Fortbildungsveranstaltungen vermittelt werden sollte. Dieses Wissen sollte vielmehr für die Ausübung des richterlichen Amtes vorausgesetzt werden. Schon während des rechtswissenschaftlichen Studiums sollte der Student, mindestens aber der Referendar in seinem juristischen Vorbereitungsdienst in Deutschland und der Rechtspraktikant oder Richteramtsanwärter in Österreich verpflichtend in diesen Bereichen umfassend unterrichtet werden.

Eine umfassende richterliche Ausbildung in der forensischen Beweislehre ist gleichfalls für alle anderen Verfahren außerhalb der Aussage-gegen-Aussage-Konstellation erforderlich, die nicht den Vorwurf des sexuellen Missbrauchs zum Inhalt haben. Oben erwähnte Themenbereiche der forensischen Beweislehre sind regelmäßig bei der Beweiswürdigung betroffen und sollten zur Urteilsfindung beitragen. So stellt sich etwa die Beurteilung der Glaubwürdigkeit eines Zeugen sowie der Glaubhaftigkeit dessen Angaben für das Gericht bei fast jedem Verfahren, bei dem ein Zeuge vor Gericht gehört wird und sich das Urteil auf die Angaben des Zeugen stützen soll. Daneben kann auch die Angewandte Kriminologie häufig Aufschluss darüber geben, ob der Angeklagte überhaupt nach kriminologischen Kriterien als Täter in Betracht kommen kann. Insofern ist diese Korrekturforderung der umfassenden tatrichterlichen Ausbildung in der forensischen Beweislehre auch für den Strafrichter im Allgemeinen zu erheben.

2. Mindestgebot einer Nachbesserung der verteidigungsrelevanten Informationen aus der Anklageschrift durch nachträgliche gerichtliche Hinweise

Wegen der oben dargestellten schwerwiegenden Einschränkungen der Verteidigungsmöglichkeiten[10] ist das Gericht sowohl in Deutschland bei den gewährten Großzügigkeiten hinsichtlich der Konkretisierung der Anklage als auch in Österreich bei ausdrücklicher Anwendung der „gleichartigen Verbrechensmenge" zumindest verpflichtet, einen – wenn auch nicht adäquaten – Ausgleich hierfür zu schaffen.

Ein solcher Ausgleich kann vor allem darin liegen, dass die verteidigungsrelevanten Informationen aus der Anklageschrift durch nachträgliche gerichtliche Hinweise, sobald diese möglich sind, nachzubessern sind. Diese Nachbesserung kann in der genaueren Umschreibung hinsichtlich der Zeit und des Ortes, der Zahl und Frequenz der Einzeltaten innerhalb des Tatzeitraums sowie der zur Tatkonkretisierung wesentlichen Grundzügen des Geschehensablaufs liegen.

---

[8] Abrufbar unter www.deutsche-richterakademie.de.

[9] Abrufbar unter www.justiz.gv.at.

[10] Siehe oben S. 62 ff.; 104 f.

Das Gericht muss daher zunächst, wenn eine Konkretisierung möglich erscheint, auf die veränderte Sachlage hinweisen und hiernach dem Angeklagten ausreichend Gelegenheit zur Äußerung geben.

a) Hinweispflicht nach Auffassung des 1., 4. und 5. Strafsenats des Bundesgerichtshofs

In Deutschland besteht bereits seit längerem die Auffassung des 1., 4. und 5. Strafsenats des BGH zu nachträglichen gerichtlichen Hinweisen, sobald diese möglich seien. Die Erschwerung einer sachgerechten Verteidigung könne in dieser Weise begegnet werden.[11] Eine Hinweispflicht ergebe sich aus § 265 dStPO bzw. § 265 dStPO analog.[12]

b) Keine Hinweispflicht nach Auffassung des 3. Strafsenats des Bundesgerichtshofs

Der 3. Strafsenat des BGH teilt die Auffassung des 1., 4. und 5. Strafsenats des BGH nicht.[13] Weder der Wortlaut des § 265 Abs. 1 bis 4 dStPO sei erfüllt noch entspreche ein gerichtlicher Hinweis dem Sinn und Zweck der Vorschrift. § 265 dStPO wolle den Angeklagten vor Überraschungen schützen. Solche Überraschungen bestünden aber für den Angeklagten nicht, da es „ihm nicht verborgen bleiben könne, wenn sich – aufgrund dessen Einlassung oder als Ergebnis der Beweisaufnahme – der ihm vorgeworfene Sachverhalt anders oder konkreter darstelle, als in der Anklage beschrieben." Schließlich müsse sich das Gericht zu Inhalt und Ergebnis einzelner Beweiserhebungen nicht erklären.[14]

c) Stellungnahme

Selbst wenn man der Auffassung des 3. Strafsenats des BGH folgt, ist es nicht zwingend notwendig, die nachträgliche Hinweispflicht weder ausdrücklich dem § 265 dStPO noch dem § 265 dStPO analog zu entnehmen. Zwar werden die allgemeinen Verfahrensgrundsätze der Fürsorgepflicht des Gerichts, des Rechts auf ein faires Verfahren iSv Art. 6 Abs. 1, 3 lit. a EMRK und des Anspruchs auf rechtliches Gehör des Angeklagten gemäß Art. 103 Abs. 1 GG unter anderem in Deutschland in § 265 dStPO konkretisiert.[15] Sie gelten aber auch außerhalb dieser Verfahrensnorm als allgemein gültiger verfassungsrechtlicher Grundsatz.

---

[11] BGHSt 40, 44, 48;

[12] BGHSt 40, 44, 48; 43, 293, 299; 44, 153, 156 ff.; BGH, StV 1996, 197, 198.

[13] BGHSt 48, 221, 226 ff.

[14] BGHSt 48, 221, 226 ff. mit Verweis auf BGHSt 43, 212.

[15] KK-*Engelhardt*, StPO, 2008, § 265 Rn. 1.

Gerade bei einer von vornherein zulasten des Angeklagten angelegten Verfahrenssituation durch eine ungenau gefasste Anklage muss für den Angeklagten ein Ausgleich vorhanden sein. Auch wenn der Angeklagte mit seinem Verteidiger in der Beweisaufnahme zugegen ist und das Beweisergebnis eine Konkretisierung der Taten ermöglicht, muss die hierüber getroffene Bewertung des Gerichts nicht zwingend mit der Bewertung der anderen Verfahrensbeteiligten übereinstimmen.

Insofern geht die Auffassung des 3. Strafsenats des BGH fehl: Eine Überraschung des Angeklagten ist auch noch bei seiner Anwesenheit bei der Beweisaufnahme möglich. Das Gericht muss erkennen lassen, von welchem Sachverhalt es ausgeht. Gerade in einer solchen Verfahrenssituation, die von Anfang an einen unklaren Sachverhalt bei der Eröffnung des Hauptverfahrens zu Grunde legt, ist es notwendig, dass das Gericht in besonderem Maße das Recht auf ein faires Verfahren im Sinne des Art. 6 Abs. 1, 3 lit. a EMRK und den Anspruch auf rechtliches Gehör des Angeklagten gemäß Art. 103 Abs. 1 GG beachtet und gewährleistet.

Weiterhin verkennt der 3. Strafsenat des BGH die Situation, wenn er auf ein Urteil verweist, welches besagt, dass sich das Gericht zu Inhalt und Ergebnis einzelner Beweiserhebungen nicht erklären müsse.[16] In diesem anderen, von dem BGH entschiedenen Fall war keine von vornherein unklare Anklage Grundlage für die Eröffnung des Hauptverfahrens. In dem Urteil heißt es: „Auch ein – differenziert zu beurteilender – Fall einer wesentlichen Abweichung in der Beurteilung tatsächlicher Verhältnisse zwischen Anklage und Hauptverhandlung liegt nicht vor." Insofern ist dieser Fall nicht mit dem hier vorliegenden vergleichbar.

Schließlich kann auch die bisherige „Katalogisierung" von handhabbaren Kriterien, bei welchem Grad der Konkretisierung des unbestimmt angeklagten Verhaltens die Hinweispflicht entsteht, im Unterschied zu der Auffassung des BGH[17] nicht dazu führen, eine Hinweispflicht im Ganzen abzulehnen. Es ist vielmehr Sache der Einzelfallentscheidung, wann der Grad überschritten ist und das Gericht damit die Anklage konkretisieren kann und damit auch verpflichtet ist.

Es bleibt für beide Länder gleichsam festzuhalten – in Deutschland unter Widerlegung der Auffassung des 3. Strafsenats –, dass die verteidigungsrelevanten Informationen aus der Anklageschrift durch nachträgliche gerichtliche Hinweise, sobald diese möglich sind, nachzubessern sind, um den Anspruch auf rechtliches Gehör des Angeklagten und insgesamt ein faires Verfahren zu wahren.[18]

3. Beachtung der methodischen Regeln für die Aussagepsychologie

An die tatrichterliche Ausbildung in der forensischen Beweislehre, insbesondere in der Aussageanalyse und der Angewandten Kriminologie schließt sich in der Praxis die Anwendung dieses Wissens mit dem Gebot der richterlichen Beachtung der

[16] BGHSt 48, 221, 226 ff. mit Verweis auf BGHSt 43, 212.

[17] BGHSt 48, 221, 228.

[18] Vgl. *Degenhart*, in: Isensee/Kirchhof (Hrsg.), Gerichtsverfahren, Bd. V, 2007, § 115 Rn. 32.

methodischen Regeln für die Aussagepsychologie, notfalls mit der Beauftragung eines sachverständigen Aussagepsychologen an.

a) Durch den Tatrichter

Die Beachtung der methodischen Regeln für die Aussagepsychologie hat nach allgemeiner Auffassung durch die nachvollziehbar dargestellte Bildung von Nullhypothese und Alternativhypothesen zu erfolgen.[19] „Der Nachweis über das Geschehen kann erst dann als geführt angesehen werden, wenn die Belastungsaussage nach den Kriterien der wissenschaftlichen Aussageanalyse als erlebnisfundiert anzusehen ist und eine höhere Plausibilität, Konsistenz und Schlüssigkeit als die bestreitende Erklärung des Angeklagten für sich reklamieren kann."[20]

Für Österreich ist dabei von wesentlicher Bedeutung, dass durch die höchstgerichtliche Rspr. verbindlich ein Mindeststandard für die aussagepsychologische Begutachtung postuliert oder allgemein von den Tatgerichten anerkannt wird. Hilfreich kann hierbei die Zuhilfenahme der bereits für Deutschland seit langem allgemeingültigen Entscheidung des BGH[21] sein.

b) Beauftragung eines Sachverständigen

Der Tatrichter muss, wenn er sich aufgrund seiner fehlenden Kenntnisse außerstande sieht, die methodischen Regeln anzuwenden und die Begutachtung selbst vorzunehmen, zwingend einen aussagepsychologischen Sachverständigen zur Begutachtung beauftragen, der die Mindeststandards der Aussageanalyse zu beachten hat. Der Sachverständige stellt dann das „überlegene Forschungsmittel" dar, und der Tatrichter ist bei der Bewältigung der „ureigenen Aufgabe" gut beraten, auf diesen Sachverstand eher zuviel als zuwenig zurückzugreifen.[22]

aa) Für Deutschland

Die Forderung nach zwingender sachverständiger Beratung steht in Erweiterung der aktuellen Rspr. in Deutschland, die davon ausgeht, dass ein Sachverständigengutachten nur dann eingeholt werden müsse, wenn Anhaltspunkte für psychische Auffälligkeiten in der Person des Zeugen bestünden oder bestanden haben sollen,[23]

---

[19] Siehe oben S. 22 f.

[20] *Deckers*, in: FS Hamm, 2008, S. 53, 56.

[21] Vgl. BGHSt 45, 164.

[22] *Deckers*, in: Arbeitsgemeinschaft Strafrecht des Deutschen Anwaltvereins (Hrsg.), Vom Nutzen und zur Qualität aussagepsychologischer Gutachten im Strafprozess, 2009, S. 411, 415.

[23] Vgl. *Eisenberg*, Beweisrecht der StPO, 2011, Rn. 1860.

so bei Psychosen,[24] bestimmtem „Suchtverhalten“[25] oder auch psychosomatischem Hintergrund[26], oder wenn besondere Eigentümlichkeiten des Tatgeschehens[27] oder der Erinnerung[28] vorlägen. Die Auffassung der Rspr. ist insofern konsequent, da sie dem Tatrichter – trotz seiner fehlenden Ausbildung in diesem Bereich – in unverständlicher Weise umfassende Sachkunde zur Beurteilung der Glaubhaftigkeit und Glaubwürdigkeit zuerkennt, da „die Würdigung von Zeugenaussagen von jeher zum Wesen richterlicher Rechtsfindung gehöre“.[29]

Doch gerade auch die augenscheinlich unauffälligen und stimmigen Aussagen des erwachsenen „Opferzeugen“, also vermeintlich „einfach gelagerte Fälle“ bergen ein hohes Maß schwer erkennbarer Fehlerquellen[30] und müssen einer fachgerechten Begutachtung unterzogen werden.

bb) Für Österreich

Für Österreich ist die Forderung nach sachverständiger Begutachtung ebenfalls eine notwendige Ergänzung zu der bestehenden Rspr. Denn nach dieser soll die Beurteilung der Wahrheit und Richtigkeit der Aussage von Zeugen als Prüfung der Glaubwürdigkeit und Beweiskraft der im Verfahren vorgeführten Beweismittel ein Akt freier Beweiswürdigung sein, der ausschließlich dem Gericht zustehe.[31] Doch dabei drängt sich auch hier die Frage auf, wie das Tatgericht trotz seiner fehlenden Ausbildung in der Aussageanalyse eine sachgerechte Würdigung der Zeugenaussage vornehmen kann und dabei nicht auf ein sachverständiges Gutachten angewiesen sein soll.

cc) Grenzen

Fischer sieht die prozessuale Wahrheit bei Beauftragung eines Sachverständigen in Gefahr. Nach seiner Ansicht sei „es die prozessuale Wahrheit selbst, die zur Untersuchung steht, wenn die Glaubhaftigkeit einer bestimmten Aussage unter Beweis gestellt wird“. Diese Wahrheit dürfe aber „allein auf justizförmigen Wege, normativ, unter Wahrung grundlegender Persönlichkeitsgarantien der Betroffenen, von Richtern festgestellt werden“.[32]

---

[24] BGH, StV 1990, 8, 9.

[25] BGH, StV 1991, 405, 406.

[26] BGH, StV 1995, 398, 399.

[27] BGH, NStZ 1982, 42 und 432.

[28] BGH, NStZ-RR 1999, 48, 49.

[29] BGHSt 8, 130, 131; BGH, StV 1985, 398.

[30] *Fischer*, NStZ 1994, 1, 3.

[31] OGH, 13 Os 98/95; 14 Os 83/01; 12 Os 52/03; 13 Os 82/04; 12 Os 128/05y; 11 Os 112/05p; 13 Os 84/07p; 15 Os 76/08b; 14 Os 104/08p; 11 Os 27/09v; 15 Os 84/09f; RIS Justiz RS0098297.

[32] *Fischer*, NStZ 1994, 1, 5.

Die Sorge *Fischers*, dass bei der Beauftragung eines Sachverständigen eine Kompetenzverschiebung des Gerichts auf den Sachverständigen erfolge, ist aber unbegründet. Denn das Gericht besitzt auch in diesen Fällen das „letzte Wort". Damit kann der Auffassung der österreichischen Rspr. zugestimmt werden, dass „ein etwa vorliegendes Gutachten über die Aussagefähigkeit und die Aussageehrlichkeit von Zeugen nur eine Unterstützung des Gerichts bezweckt, die Glaubwürdigkeit von Zeugenaussagen in freier Beweiswürdigung zu beurteilen".[33] Der kritisch-psychologische Vorgang, bei dem durch die Subsumierung der durchgeführten Beweise und der allgemeinen Erfahrungssätze logische Schlussfolgerungen gewonnen würden, könne durch Befunderhebung (Feststellung rechtserheblicher Tatsachen) und Gutachten (aus dem Befund aufgrund der besonderen Fachkenntnisse gezogene Schlüsse) eines Sachverständigen keinesfalls ersetzt werden.[34] Der Gutachter ist nämlich nicht zur Urteilsfindung berufen, sondern hat die Aufgabe, die richterliche Überzeugungsbildung zu ermöglichen.[35] Die Aufgabe des Sachverständigen als Beweisperson ist es, sein Wissen und seine Erkenntnis dem Gericht zu vermitteln.[36] Das Gutachten muss daher durch die richterliche Kontrollstation und bedarf der Auswertung durch den Richter.[37] Es ist – wie jedes Beweismittel – im Rahmen der freien Beweiswürdigung auf seine Beweiskraft zu prüfen (auf Schlüssigkeit, sachliche Richtigkeit und Überzeugungskraft).[38] Dabei sind die ebenfalls auf den Sachverständigen wirkenden Einflüsse, so insbesondere die suggestive Wirkung des Akteninhalts und der dadurch gewonnenen Ansicht sowie etwaige eigene kriminalpolitische Auffassungen oder Einflüsse der öffentlichen Meinung bei der richterlichen Beweiswürdigung des sachverständigen Gutachtens hinreichend zu berücksichtigen.[39]

Zurückkommend auf die eingangs dargestellte These von *Fischer* lässt sich feststellen, dass tatsächlich die prozessuale Wahrheit in Gefahr ist, und dabei nicht aufgrund der bloßen Beauftragung eines Sachverständigen, sondern vielmehr aus dem Umstand, dass das Gericht das Handwerkszeug zur Glaubwürdigkeitsprüfung des „Opferzeugen" und der Glaubhaftigkeitsprüfung seiner Aussage nicht anzuwenden vermag. Denn dieses Unwissen erzeugt eine falsche Begutachtung und führt damit unweigerlich zu Fehlurteilen. Ein Gutachter ist zur Verhinderung dieses Szenarios zwingend zu beauftragen. Der Richter ist in diesem Falle auf Hilfe von Dritten angewiesen.

Dabei hat der Sachverständige sein Gutachten nachvollziehbar zu gestalten: Die Methoden, unter deren Einsatz der Sachverständige zu Ergebnissen kommt, müssen nachprüfbar sein, und zwar nach Möglichkeit durch die Verfahrensbeteiligten selbst.[40] Denn das Gericht hat die Pflicht, nicht nur hinsichtlich der Rechtsfragen,

---

[33] EvBl 1972/69 = RZ 1972,13; RIS Justiz RS0097364.

[34] OGH, 13 Os 98/95.

[35] *Peters, K.*, Fehlerquellen im Strafprozess, Bd. II, 1972, S. 168.

[36] *Michalke*, in: Hamm/Leipold, Beck'sches Formularbuch für den Strafverteidiger, 2010, S. 537.

[37] *Peters, K.*, Fehlerquellen im Strafprozess, Bd. II, 1972, S. 168.

[38] OGH, 14 Os 170/07t; *Lendl*, WK-StPO, Loseblatt, Stand: ab 2002, § 258 Rn. 20.

[39] *Peters, K.*, Strafprozess, 1985, S. 400.

[40] *Eisenberg*, Beweisrecht der StPO, 2011, Rn. 1508.

die auf der Grundlage gutachterlicher Befunde zu beurteilen sind, sondern auch schon bezüglich der Fachfragen das Gutachten in eigener Würdigung beweisrechtlich zu verwerten.[41] Die „prozessuale Wahrheit" verbleibt somit in jedem Falle bei dem Tatgericht.

Dass die Beauftragung des Sachverständigen durch eine vertiefte Ausbildung des Tatrichters grundsätzlich vermeidbar wäre, liegt auf der Hand.[42]

Schließlich kann auch die Vermutung, dass es bisher keine zwingende Beauftragung von aussagepsychologischen Sachverständigen gebe, da ansonsten diese Beiziehung in Gerichtsverfahren uferlos würde, mit dem Verweis auf die bestehende Sondersituation der Aussage-gegen-Aussage-Konstellation zerstreut werden. Gerade in den Fällen, in denen es „Aussage gegen Aussage" steht, ist mangels weiterer Beweise eine Begutachtung der Glaubhaftigkeit der Angaben des „Opferzeugen" „*lege artis*" und deren Ergebnis für die Entscheidung des Tatgerichts über Schuld oder Unschuld des Angeklagten essentiell. Zu der Glaubhaftigkeitsprüfung ist der Tatrichter auch berufen, wenn und solange er die eigene Sachkunde gemäß der Methodik der aussagepsychologischen Wissenschaft besitzt. Fehlt ihm dieses Wissen, muss er sich – und nur dann – sachverständiger Hilfe bedienen.

4. Umfassende Aufklärung der Persönlichkeit des „Opferzeugen" und obligatorische Exploration desselben

Unterstützend zu einer aussagepsychologischen Begutachtung sollte bei der Aussage-gegen-Aussage-Konstellation eine umfassende Aufklärung der Persönlichkeit des „Opferzeugen" durch den Tatrichter und eine obligatorische Exploration desselben zur Erfassung auch von tatfernen Gründen für Zweifel an der Aussagetüchtigkeit durchgeführt werden. Dadurch können einerseits Motive für eine etwaige Falschbeschuldigung als auch die Existenz einer – oftmals nicht offensichtlichen – Persönlichkeitsstörung, die zu falschen Missbrauchsvorwürfen führen kann, sichtbar werden.

a) Umfassende Aufklärung der Vita des „Opferzeugen"

Gerade in einer Aussage-gegen-Aussage-Konstellation, bei der mit der Aussage des „Opferzeugen" die Verurteilung des Angeklagten „steht und fällt", kommt es auf die Beurteilung der Glaubwürdigkeit des „Opferzeugen" und Glaubhaftigkeit seiner Aussage an. Das Tatgericht muss für das Beweisergebnis eine Entscheidungsgrundlage besitzen. Im Rahmen seiner Aufklärungspflicht hat es die Beweisaufnahme auf alle Tatsachen zu erstrecken, die für die Entscheidung von Bedeutung sind. Zu diesen

[41] *Eisenberg*, Beweisrecht der StPO, 2011, Rn. 1607.

[42] Was *Fischer* im übrigen auch selbst so feststellt, NStZ 1994, 1, 5.

entscheidenden Tatsachen gehört auch die umfassende Aufklärung der Vita des „Opferzeugen“, da sie Aufschluss über Motive einer möglichen Falschbelastung, mithin Anhaltspunkte über die Glaubwürdigkeit und Glaubhaftigkeit gibt.

Darüber hinaus können Fragen zum sexuellen Vorleben des „Opferzeugen“ für die Beurteilung der subjektiven Tatbestandsseite des angeklagten Delikts wichtig sein. So muss das Gericht in jedem Verfahren wegen sexuellen Missbrauchs bei einwilligungsfähigen „Opferzeugen“ prüfen, ob der Angeklagte erkennen musste, dass die objektiv festgestellte Gegenwehr des „Opferzeugen“ ernst gemeint war.[43] Aufschluss hierüber kann auch das sexuelle Vorleben des „Opferzeugen“ geben, da Gegenwehr mitunter bei sexuellen Spielarten zur Anwendung kommen kann.[44]

Bei der im Rahmen der richterlichen Aufklärungspflicht vorzunehmenden Verhältnismäßigkeitsprüfung muss das Zeugen- und das Sachaufklärungsinteresse gegeneinander abgewogen werden. Diese Prüfung muss wegen der besonderen Bedeutung für das gesamte Verfahren regelmäßig ergeben, dass Fragen zu dem persönlichen Lebensbereich und bei einwilligungsfähigen „Opferzeugen“ zum sexuellen Vorleben durch das Tatgericht gestellt oder durch die Verteidigung zugelassen werden müssen. Dabei ist als Ausgleich für den Eingriff in die Intimsphäre des „Opferzeugen“ bei der Befragung auch an flankierende, dem Schutz des „Opferzeugen“ dienende Maßnahmen zu denken: So kann etwa die Öffentlichkeit aus der Hauptverhandlung nach §§ 171b, 172 Nr. 4 GVG bzw. § 229 Abs. 1 Z 2 öStPO ausgeschlossen oder der „Opferzeuge“ getrennt von dem Angeklagten vernommen werden.

Schließlich muss der Tatrichter dem „Opferzeugen“ gegenüber solchen Fragen, die auf eine Ehrverletzung abzielen, Schutz gebieten. Das erfordert die Fürsorgepflicht des Gerichts gegenüber dem „Opferzeugen“ und findet seinen Niederschlag etwa in § 68a dStPO bzw. § 161 Abs. 3 S. 2 Alt. 2; § 158 Abs. 1 Z 1 bis 3 öStPO. Sind Fragen aber neutral – also ohne beleidigenden Charakter – gestellt und sollen die Persönlichkeit des „Opferzeugen“, wozu auch das intime Vorleben sexueller Art gehören muss, näher beleuchten, so müssen diese Fragen zulässig sein.

b) Obligatorische Exploration des „Opferzeugen“

Des weiteren ist erforderlich, eine Exploration des „Opferzeugen“ durch einen psychiatrischen Sachverständigen obligatorisch durchzuführen. Denn diese Untersuchung soll zeigen, ob möglicherweise eine Persönlichkeitsstörung vorliegt, die ursächlich für eine Falschbeschuldigung sein könnte.

Beispielhaft für eine solche Persönlichkeitsstörung ist die Borderlinestörung zu nennen.[45] Sie kann mit annähernd gleicher Wahrscheinlichkeit sowohl die Folge eines real erlebten Missbrauchsgeschehens als auch die Ursache einer Falschbezichtigung sein.[46] Eine Diagnose der Störung ist schwierig zu stellen, sie weist ein großes

[43] *Helmken*, StV 1983, 81, 83.

[44] Vgl. oben S. 8.

[45] Vgl. oben S. 9.

[46] *Eschelbach*/Graf, StPO, 2010, § 261 Rn. 6.3.

Spektrum an Variationen auf und wirkt sich durch ein manipulatives Verhalten aus.[47] Borderlinekranke „lügen wie gedruckt", was ohne Kenntnis von der Erkrankung unaufgedeckt bleibt, weil Richter in solchen Fällen gerade nicht die erforderliche Sachkunde zur Feststellung des Befundes, zur Abschätzung seiner Beweisbedeutung und zur Beurteilung der Ursachen und Wirkungen besitzen.[48]

aa) Bislang keine Pflicht des „Opferzeugen" zur Exploration

Problematisch ist, dass zu einer weitergehenden Exploration des „Opferzeugen" bislang weder in Deutschland noch in Österreich eine gesetzliche Pflicht besteht.

In Deutschland bestimmt zwar § 81c Abs. 1 dStPO, dass Zeugen ohne ihre Einwilligung untersucht werden dürfen, soweit zur Erforschung der Wahrheit festgestellt werden muss, ob sich an ihrem Körper eine bestimmte Spur oder Folge einer Straftat befindet. Dabei geht die Rspr. davon aus, dass die Duldungspflicht durch den Gesetzesvorbehalt in Art. 2 Abs. 2 S. 3 GG gedeckt sei.[49] Bei der weitergehenden Exploration handelt es sich aber nicht um einen unter § 81c dStPO fallenden Eingriff, da die Vorschrift insoweit abschließend ist.[50]

In Österreich ist der Zeuge überhaupt nicht verpflichtet, sich einer körperlichen Untersuchung zu unterziehen oder sonst an einer Befundaufnahme mitzuwirken (vgl. § 117 Z 3 iVm § 119 Abs. 2 Z 3 iVm § 120 Abs. 1 letzter Satz iVm § 121 Abs. 1 letzter Satz iVm § 123 Abs. 5 letzter Satz öStPO).[51] Der Gesetzgeber nimmt die Weigerung des „Opferzeugen" mit dem damit einhergehenden Beweismittelverlust in Kauf.[52]

Die Rspr. geht dementsprechend davon aus, dass niemand, also weder ein Angeklagter noch ein Zeuge verpflichtet sei, sich selbst, mithin seinen Körper, seine Persönlichkeit und seine Psyche als Beweismittel zur Verfügung zu stellen. Eine psychiatrische oder auch psychologische Exploration als eine möglicherweise im Zuge dieser Untersuchung dem freien Willen des Zeugen entzogene Inanspruchnahme von Persönlichkeitskomponenten als Beweismittel sei demnach an die Zustimmung des Zeugen oder seines gesetzlichen Vertreters gebunden.[53]

---

[47] *Rautenstrauch*, Selbstpräsentationsstrategien in Falschaussagen von Frauen mit Borderline-Persönlichkeitsstörungen, 2006.

[48] *Eschelbach*/Graf, StPO, 2010, § 261 Rn. 6.3.

[49] BVerfGE 5, 13, 15 = NJW 1956, 986 zu § 372a dZPO; KK-*Senge*, StPO, 2008, § 81c Rn. 1.

[50] BGHSt 13, 394, 398 = NJW 1960, 584, 585; 14, 21, 23 = NJW 1960, 586.

[51] *Ratz*, WK-StPO, Loseblatt, Stand: ab 2002, § 281 Rn. 350.

[52] *Kier*, WK-StPO, Loseblatt, Stand: ab 2002, § 66 Rn. 3.

[53] SSt 58/36; OGH, 15 Os 82/95 = ÖJZ-LSK 1996/106 bis 108; OGH, 15 Os 64/98; 15 Os 121/98; 15 Os 118/01; 11 Os 45/02; RSJustiz RS0097541.

bb) Lösung über Erweiterung der gesetzlichen Befugnisse bzw. Formulierung eines Regel-Ausnahme-Verhältnisses

Zur Lösung des Problems könnte eine gesetzliche Pflicht – in Deutschland etwa in Erweiterung des § 81c dStPO – zur psychiatrischen Untersuchung des „Opferzeugen" in einer Aussage-gegen-Aussage-Konstellation normiert werden.

Der „Opferzeuge" müsste sich dann einer Untersuchung durch einen von dem Gericht zu bestimmenden psychiatrischen Sachverständigen unterziehen, der die Vita aufklären sowie etwaige psychiatrische Besonderheiten des „Opferzeugen" feststellen könnte.

Sähe man in einer solchen vorgeschriebenen „Zwangsexploration" eine Missachtung des Grundsatzes, dass keiner zum bloßen Objekt staatlichen Handelns degradiert werden dürfe,[54] könnte die Ausgestaltung der zu erschaffenden Vorschrift als Regel-Ausnahme-Verhältnis zu formulieren sein. Als Regel müsste bei einer Aussage-gegen-Aussage-Konstellation grundsätzlich eine Untersuchung der Psyche des „Opferzeugen" vorgenommen werden.

Höchst ausnahmsweise könnte von einer zwingenden Untersuchung abgesehen werden, so etwa bei einer strikten Verweigerung des „Opferzeugen", sich einer Untersuchung zur Verfügung zu stellen. Allerdings müsste dann in Konsequenz zu dieser psychiatrischen Nichtbegutachtung der Beweiswert der Bekundungen des „Opferzeugen" sinken.

Wenn also kein Aufschluss über das Vorliegen oder Nichtvorliegen einer Persönlichkeitsstörung gewonnen werden könnte, die aber häufig Ursache für eine Falschbeschuldigung ist, müssten regelmäßig Zweifel an der Glaubwürdigkeit des „Opferzeugen" bestehen bleiben. Und diese Zweifel müssten in der tatrichterlichen Praxis zur Anwendung des *„in dubio pro reo"* – Grundsatzes führen. Denn bei einer Aussage-gegen-Aussage-Konstellation existiert nur die Aussage des „Opferzeugen" und die bestreitende Einlassung des Angeklagten. Damit entscheidet sich der Fall an der Beurteilung der Glaubwürdigkeit des „Opferzeugen" und der Glaubhaftigkeit seiner Angaben. Zwar ist „der Zweifelssatz nicht auf einzelne Beweiselemente, sondern erst bei der abschließenden Gewinnung der Überzeugung aufgrund der gesamten Beweissituation anzuwenden".[55] Kann aber nicht mit hinreichender Wahrscheinlichkeit die Glaubwürdigkeit des „Opferzeugen" festgestellt werden, verbleiben bei dem einzigen Beweismittel Zweifel, so dass *„in dubio pro reo"* der Angeklagte letztlich freigesprochen werden müsste. Der Zweifelssatz als rechtsstaatlicher Fundamentalsatz müsste in diesem Fall nachprüfbar für eine nachgeordnete Kontrollinstanz entgegen der bisherigen tatrichterlichen Praxis[56] zur Anwendung kommen und insoweit hinreichend berücksichtigt werden.

Bei anderen Verfahren außerhalb der Aussage-gegen-Aussage-Konstellation ist es Sache der Einzelfallentscheidung, inwieweit die Vita des Zeugen und psychiatrische Besonderheiten desselben aufgeklärt werden müssen. Es läuft auf die Frage hinaus,

---

[54] *Safferling*, ZStW 2010, 87, 89.

[55] BGH, NStZ 1999, 205, 206.

[56] Siehe S. 47 f.; 94 f.

ob gerade die Aussage des Zeugen „das Zünglein an der Waage“ für oder gegen eine Verurteilung des Angeklagten darstellt. Sind andere belastbare Beweise vorhanden, wird es regelmäßig nicht notwendig sein, eine umfassende Erörterung der Persönlichkeit des Zeugen und eine obligatorische Exploration desselben vorzunehmen. Je mehr die Aussage des Zeugen jedoch für die Begründung der richterlichen Überzeugung der Täterschaft des Angeklagten dient, desto eher muss der Tatrichter Kenntnis von dem Vorleben des Zeugen haben und diesen psychiatrisch begutachten lassen, um feststellen zu können, ob eventuell eine Falschbeschuldigung vorliegen könnte.

5. Zusätzliche Begutachtung der Angeklagtenseite mit Hilfe der Aussagepsychologie

Als weitere Korrekturmöglichkeit für beide Länder kommt eine Begutachtung auch der Angeklagtenseite mit Hilfe der Aussagepsychologie in Betracht. Warum sollen nicht die Glaubwürdigkeit seiner Person und die Glaubhaftigkeit seiner Einlassungen ebenfalls einer qualifizierten Begutachtung unterzogen werden?[57]

Der Wert dieser Begutachtung, sofern sie nach der für die Aussageanalyse anerkannten wissenschaftlichen Methodik durchgeführt wird, wäre für das Verfahren hoch. Denn in einer Aussage-gegen-Aussage-Konstellation sollte jede weitere Möglichkeit zur „prozessualen Wahrheitsfindung“ mangels schwieriger Sachaufklärung und weiterer Beweise genutzt werden. Hierunter sollte auch eine Begutachtung der Angeklagtenseite fallen, wobei sichergestellt sein muss, dass der Angeklagte freiwillig – bei Ablehnung ohne nachteilige Folgen – an einer solchen Begutachtung mitwirkt.

a) Freiwillige Begutachtung

Es bestehen solange keine rechtlichen Bedenken an der Zulässigkeit einer aussagepsychologischen Begutachtung des Angeklagten, wie diese freiwillig erfolgt, und das Gericht im Falle einer Ablehnung der Begutachtung keine negativen Schlüsse hieraus zieht. Der Angeklagte ist nicht verpflichtet, an einer Begutachtung teilzunehmen, die ihn bei der Feststellung von Unglaubwürdig- und Unglaubhaftigkeit auch belasten kann. Das würde dem „*nemo tenetur*“ – Grundsatz widersprechen.

Bei freiwilliger Teilnahme verstößt eine Begutachtung auch nicht etwa gegen die nach § 136a dStPO bzw. § 164 Abs. 4 öStPO geschützte Freiheit der Willensentschließung und -betätigung des Angeklagten, da insoweit nachfolgende Ausführungen zu der Lügendetektorentscheidung des BGH gelten.

Dass für die Begutachtung eine Einlassung des Angeklagten vorliegen muss, da ansonsten keine Aussageanalyse durchgeführt werden kann, liegt auf der Hand.

---

[57] Entgegen *Arntzen*, Vernehmungspsychologie, 2008, S. 83, der nur die Glaubhaftigkeitsprüfung der Aussage des Belastungszeugen als bedeutend ergiebiger ansieht.

b) „Lügendetektorentscheidung“ des Bundesgerichtshofs

Vergleichbar ist die Untersuchung der Glaubwürdigkeit des Angeklagten und der Glaubhaftigkeit seiner Angaben mit dem Einsatz eines Lügendetektors. In beiden Fällen stellt sich der Angeklagte einer weiteren Erkenntnismöglichkeit zur Verfügung. Nicht von Interesse ist in diesem Zusammenhang die Tatsache, dass die Ergebnisse des Lügendetektors gemäß allgemeiner Erkenntnis wissenschaftlich nicht zu verwerten sind,[58] da sich dieses Problem bei einer aussagepsychologischen Begutachtung nicht stellt.

Daher lässt sich die zustimmungswürdige Auffassung der deutschen Rspr. im Zusammenhang mit der Anwendung eines Lügendetektors auf die hier angesprochene Untersuchung des Angeklagten übertragen:

Die frühere deutsche Rspr. nahm im Falle eines Einsatzes eines Lügendetektors noch an, dass „die durch Art. 1 Abs. 1 GG und § 136a dStPO geschützte Freiheit der Willensentschließung und -betätigung des Beschuldigten verletzt werde, wenn mittels des Polygraphen unbewusste Körpervorgänge beim Untersuchten, die mit seinem Seelenzustand engstens zusammenhängen, festgehalten würden und so auf die Fragen, ohne dass der Beschuldigte es hindern könne, auch das Unbewusste antworte, dessen Erforschung – im Gegensatz zu offen hervortretenden Ausdrucksbewegungen – unzulässig sei“.[59]

Hingegen wird heute in der Verwertung der Erkenntnisse weder ein Verstoß gegen die Menschenwürde iSd Art. 1 Abs. 1 GG noch gegen § 136a dStPO angenommen, solange die Mitwirkung an einer polygraphischen Untersuchung freiwillig erfolge.[60]

Der BGH führt hierbei u.a. aus, dass „Art. 1 Abs. 1 GG nicht der Einschränkung, sondern dem Schutz der Würde des Menschen dienen solle, wozu die grundsätzliche Freiheit gehöre, über sich selbst verfügen und sein Schicksal eigenverantwortlich gestalten zu können.[61] Eine auf das Einverständnis des Beschuldigten abstellende Sichtweise werde dem Zweck der Menschenwürdegarantie am ehesten gerecht. In Hinblick darauf könne dem seine Entlastung erstrebenden Beschuldigten, der eine Erkenntnismöglichkeit ausschöpfen wolle, diese nicht unter Hinweis auf die allgemeine staatliche Verpflichtung zu Achtung und Schutz der Menschenwürde verwehrt werden; ein dem Willen des Beschuldigten widersprechender Schutz sei nicht gerechtfertigt“.[62]

Weiter ist nach Auffassung des BGH § 136a Abs. 1 S. 2 dStPO unter dem Gesichtspunkt des (mittelbaren) unzulässigen Zwangs nicht verletzt. Denn das Verhalten, einen mittels eines Polygraphen durchgeführten Test zu seiner Entlastung nicht von sich aus zu beantragen oder diesen gar ausdrücklich abzulehnen, dürfe vom Gericht ebenso wenig zu Lasten des Beschuldigten berücksichtigt werden wie dessen

[58] Vgl. oben S. 21 f.

[59] BGHSt 5, 332, 335; vgl. auch die gleichlautende und bis heute gültige österreichische Rspr., OGH, 12 Os 47/77; 12 Os 34/99.

[60] BGHSt 44, 308, 315.

[61] BGHSt 44, 308, 317; BVerfGE 49, 286, 298.

[62] BGHSt 44, 308, 317.

Entscheidung, sich zu den gegen ihn erhobenen Vorwürfen zu äußern oder zu schweigen.[63] Schließlich stellt der BGH sogar ausdrücklich in seiner Entscheidung zum Lügendetektor fest, dass „unter dem Gesichtspunkt der Menschenwürde keine Bedenken dagegen erhoben werden, dass in der gerichtlichen Praxis andere Untersuchungsverfahren – beispielsweise projektive psychologische Tests sowie psychoanalytische und psychiatrische Explorationsmethoden – verwendet werden, die zwar nicht ungewollte Körpervorgänge registrieren, wohl aber darauf abzielen, aus dem Unterbewussten des untersuchten Menschen Informationen über diesen zu erlangen“.[64] Die Auffassung des BGH zum Einsatz des Lügendetektors hat mittlerweile auch Zustimmung in der österreichischen Literatur gefunden.[65]

Die Rspr. zum Lügendetektor macht deutlich, dass als weitere Erkenntnismöglichkeit auch die Seite des Angeklagten genauer untersucht und für die Wahrheitsfindung grundsätzlich herangezogen werden kann. Darin liegt kein Verstoß gegen die Menschenwürde des Angeklagten, solange – was der BGH betont – das Einverständnis des Angeklagten bei Untersuchungen mitzuwirken, vorhanden ist.

c) Vier denkbare Konstellationen

Wenn eine aussagepsychologische Begutachtung von der Angeklagten- als auch der „Opferzeugenseite“ vorgenommen wird, sind vier verschiedene Konstellationen denkbar:

1. Nur der Angeklagte ist glaubwürdig und seine Angaben sind glaubhaft, wohingegen bei dem „Opferzeugen“ beides nicht vorliegt.
2. Nur der „Opferzeuge“ ist glaubwürdig und seine Angaben sind glaubhaft, der Angeklagte und seine Angaben dagegen nicht.
3. Sowohl Angeklagter als auch der „Opferzeuge“ sind glaubwürdig und machen glaubhafte Aussagen.
4. Sowohl Angeklagter als auch der „Opferzeuge“ sind unglaubwürdig und machen unglaubhafte Aussagen.

Die Vorteile für den Angeklagten und für das Verfahren sind offensichtlich:

In dem Fall, bei dem der „Opferzeuge“ glaubwürdig und seine Aussage glaubhaft wäre, spräche bei einer Nichtbegutachtung des Angeklagten viel für dessen Verurteilung. Als „stärkeres“ Beweismittel, da begutachtet, könnte so die Aussage des „Opferzeugen“ gegen die „schwächere“ Einlassung des Angeklagten – da nicht begutachtet und meist als Schutzeinlassung abgetan – gelten. Erfolgte aber eine Begutachtung auch der Einlassung des Angeklagten mit dem Ergebnis „glaubhaft“, bestünde damit ein von dem Tatrichter zu beachtender Gegenbeweis, so dass durch

---

[63] BGHSt 44, 308, 318.

[64] BGHSt 44, 308, 316; vgl. auch LR-*Gleß*, StPO, 2006–2011, § 136a Rn. 64.

[65] *Hollaender*, AnwBl 2002, 199, 204.

die konsequente Anwendung des „*in dubio pro reo*" – Grundsatzes ein Freispruch logische Konsequenz sein müsste.

Dasselbe müsste gelten, wenn der umgekehrte Fall einträte und der „Opferzeuge" und der Angeklagte als nicht glaubwürdig und die Aussagen dieser als nicht glaubhaft beurteilt würden.

Letztlich müsste es auch zu einem Freispruch kommen, wenn die Person des „Opferzeugen" unglaubwürdig und seine Aussage unglaubhaft und dagegen der Angeklagte glaubwürdig und seine Einlassung glaubhaft wäre.

Eine Begutachtung der Person des Angeklagten und seiner Angaben ist damit aus der Sicht der Verteidigung in diesem Fall immer anzustreben – mit dem ausdrücklichen Hinweis auf die Freiwilligkeit der Mitwirkung.

Auch bei anderen Verfahren als bei der Aussage-gegen-Aussage-Konstellation besteht regelmäßig die Gefahr, dass eine bestreitende Einlassung des unschuldig Angeklagten als reine Schutzbehauptung durch das Strafgericht abgetan wird. Die Berufserfahrung des Strafrichters lehrt es, dass es häufig Angeklagte gibt, die trotz Beteuerung ihrer Unschuld aufgrund anderer Beweise ihrer Täterschaft überführt werden. Damit hat es der unschuldig Angeklagte von vornherein mit seinem Vorbringen, er sei unschuldig, schwer, Gehör bei dem Tatrichter zu erlangen. Insofern könnte eine Begutachtung seiner Einlassung auf Glaubhaftigkeit und seiner Person auf Glaubwürdigkeit der vorschnellen richterlichen Festlegung auf eine Schutzeinlassung zumindest entgegenwirken. Die Forderung nach einer freiwilligen aussagepsychologischen Begutachtung auch der Angeklagtenseite ist mithin eine gleichsam für alle Strafverfahren allgemeingültige Möglichkeit, um in geeigneten Fällen der bestreitenden Einlassung des Angeklagten Gewicht gegenüber dem Tatgericht zu verleihen.

6. Ausbau der Kontrolle von Urteilen der ersten Tatsacheninstanz

Es muss dem Revisionsgericht in Deutschland bzw. dem OGH in Österreich eine bessere Möglichkeit zur Verfügung gestellt werden, Urteile der ersten Tatsacheninstanz auch hinsichtlich der Beweiswürdigung zu kontrollieren. Die bisherige Handhabung der revisionsrechtlichen Überprüfung von Urteilen hinsichtlich der Beweiswürdigung ist wenig zufriedenstellend. Eine Überprüfung der Beweiswürdigung findet bisher nur in engen Grenzen statt, die – von seltenen Ausnahmefällen abgesehen – nicht der Einzelfallgerechtigkeit dient.

So kann in Deutschland im Rahmen der Sachrüge die materielle Beweiswürdigung lediglich dann mit Erfolg angegriffen werden, wenn der Schuldspruch nicht auf einer tragfähigen Beweisgrundlage aufbaut, welche die objektiv hohe Wahrscheinlichkeit der Richtigkeit des Beweisergebnisses ergibt.[66]

In Österreich hat der Gesetzgeber mit der Einführung der Rüge nach § 281 Abs. 1 Z 5a bzw. § 345 Abs. 1 Z 10a öStPO zwar versucht, die Beweiswürdigung dem OGH

---

[66] Vgl. BVerfG, NJW 2003, 2444, 2445.

einer Kontrolle zugänglich zu machen. Doch die Rechtsprechung wendet diese Rüge äußerst restriktiv an, so dass eine Kontrolle praktisch nicht existiert.[67]

Insofern muss das Revisionsgericht bzw. der OGH unter bestimmten Voraussetzungen erneut in die Beweisaufnahme eintreten dürfen. Es bietet sich eine Ausgestaltung der revisionsrechtlichen Kontrolle entsprechend der aus dem deutschen Zivilverfahrensrecht bekannten Ausgestaltung des § 529 Abs. 1 Nr. 1 dZPO an.

a) § 529 Abs. 1 Nr. 1 dZPO

Nach § 529 Abs. 1 Nr. 1 dZPO hat das Berufungsgericht die vom Gericht des ersten Rechtszuges festgestellten Tatsachen, soweit nicht konkrete Anhaltspunkte Zweifel an der Richtigkeit oder Vollständigkeit der entscheidungserheblichen Feststellungen begründen und deshalb eine erneute Feststellung gebieten, seiner Verhandlung und Entscheidung zugrunde zulegen. Der Berufungsgrund dient damit primär dem Angriff gegen ein ungünstiges Beweisergebnis.[68] Die Beweisaufnahme ist dann zu wiederholen, wenn das erstinstanzliche Ergebnis mit konkreten Anhaltspunkten in Zweifel gezogen werden kann und daher eine Neufeststellung geboten ist.[69]

Anhaltspunkte können sich dabei aus dem erstinstanzlichen Vortrag der Parteien, dem Ablauf des erstinstanzlichen Verfahrens, dem Inhalt des angefochtenen Urteils oder aus neuem zweitinstanzlichen Vortrag der Parteien ergeben.[70] Darunter können Fehler im Verfahren oder bei der Beweisaufnahme[71] oder der Beweiswürdigung[72] oder die Berücksichtigung nicht vorgetragener Tatsachen, die grundlegende Änderung des Sachverhalts durch zulässigen neuen Vortrag[73] sein. Zweifel können sich weiterhin auch aus der Möglichkeit unterschiedlicher Wertung ergeben, insbesondere daraus, dass das Berufungsgericht der Beweiswürdigung des Erstgerichts nicht folgt; in diesem Fall ist eine Wiederholung der Beweisaufnahme erforderlich.[74]

Das gilt, wenn das Berufungsgericht die Glaubwürdigkeit eines Zeugen anders beurteilen will als die Vorinstanz,[75] die Aussage inhaltlich anders versteht oder gewichtet[76] oder die Aussage für ergänzungs- bzw. präzisierungsbedürftig hält.[77]

---

[67] Vgl. oben S. 90 ff.

[68] *Oberheim*, Der Anwalt im Berufungsverfahren, 2003, S. 168 Rn. 339.

[69] *Geipel*, AnwBl 2005, 346, 347.

[70] PG/*Oberheim*, ZPO, 2011, § 529 Rn. 12.

[71] BGH, MDR 2005, 1308 f.

[72] BGH, NJW 2005, 1583, 1584; 2004, 1876.

[73] BGH, NJW 2006, 152, 153; 2004, 2152, 2153; 2825, 2827.

[74] PG/*Oberheim*, ZPO, 2011, § 529 Rn. 12.

[75] BGH, NJW 2004, 1876, 1877.

[76] BGH, FamRZ 2006, 946.

[77] BGH, NJW-RR 1993, 510.

Geboten ist eine Neufeststellung der Tatsachen, wenn diese entscheidungserheblich sind und zumindest die konkrete Möglichkeit besteht, dass sie (aus der Sicht des Berufungsgerichts) vollständiger oder richtiger festgestellt werden können.[78]

b) Umsetzung im revisionsrechtlichen Verfahren bzw. im Nichtigkeitsverfahren

Dem Bedürfnis nach Einzelfallgerechtigkeit Rechnung zu tragen und der oftmals fehlenden zweiten Tatsacheninstanz in Verfahren wegen sexuellen Missbrauchs mit nur einer Beweisaufnahme entgegenzutreten, ist es für Deutschland wie auch für Österreich notwendig, eine bessere Kontrolle von Urteilen der ersten Tatsacheninstanz zu gewährleisten. Diese Gewährleistung wäre für beide Länder mit der Einführung einer Rügemöglichkeit in der deutschen und österreichischen Strafprozessordnung entsprechend der Gestaltung des § 529 Abs. 1 Nr. 1 dZPO denkbar.

Zwar soll das Revisionsgericht bzw. der OGH auch nach dieser einzuführenden Prüfungsmöglichkeit grundsätzlich an die Feststellungen des erstinstanzlichen Urteils gebunden sein. Denn eine vollumfängliche zweite Tatsacheninstanz wie bei dem Verfahren vor dem Berufungsgericht soll das Revisionsgericht bzw. der OGH auch dann nicht darstellen. Nur bei schlüssigen Gegenargumenten, welche die erhebliche Tatsachenfeststellung des erstinstanzlichen Urteils in Frage stellen,[79] soll das Revisionsgericht bzw. das Nichtigkeitsgericht erneut in die Beweisaufnahme eintreten und diese in beschränkter Form wiederholen können.

Bisher ist in beiden Ländern eine eigene Beweisaufnahme des Revisionsgerichts bzw. des OGH mit dem Wiedereintritt in die Beweisaufnahme des erstinstanzlichen Tatsachengerichts unbekannt. Lediglich eine Aufklärung über behauptete Formverletzungen und Verfahrensmängel, so in Österreich nach § 285f öStPO in nichtöffentlicher Beratung[80] bzw. in Deutschland nach §§ 351, 352 dStPO[81] ist aktuell möglich.

Um das Ergebnis des Erstgerichts in Zweifel ziehen zu können, müssen rational nachvollziehbare Anhaltspunkte vorliegen, die nicht ohne weiteres von der Hand gewiesen werden können.[82] Diese Anhaltspunkte können mit Ausklammerung von neuen Tatsachen ebenso diese sein, wie sie aus dem Zivilverfahren bekannt sind. Dazu sollte der erstinstanzliche Vortrag des Angeklagten, der Ablauf des erstinstanzlichen Verfahrens oder der Inhalt des angefochtenen Urteils gehören. Insbesondere sollte sich die Prüfung des Revisionsgerichts bzw. des Nichtigkeitsgerichts auch auf

[78] BGH, NJW 2004, 1876, 1877; 2828, 2830.

[79] *Heßler*, in: Zöller, ZPO, 2010, § 529 Rn. 3.

[80] *Moos*, ÖJZ 1989, 135, 142; vgl. auch *Steininger*, Die Kontrolle der Tatfrage im schöffengerichtlichen Verfahren, 1989, S. 422 f.

[81] KG, StV 2002, 122, 123.

[82] Vgl. zum Zivilverfahren: BGH, MDR 2004, 1313, 1314.

Zweifelsgründe stützen können, die sich (nur) aus den Akten ergeben.[83] Für den Fall der Überprüfung eines Urteils des Geschworenengerichts in Österreich könnten der Wahrspruch und die Niederschrift der Geschworenen als Anhaltspunkt dienen.

Durch die Einführung einer entsprechenden Rügemöglichkeit wäre es dann möglich, die Glaubwürdigkeitsprüfung der Person des „Opferzeugen" und die Glaubhaftigkeitsprüfung seiner Aussage, die in einer Aussage-gegen-Aussage-Konstellation über eine Verurteilung oder einen Freispruch des Angeklagten entscheidend ist, bei Zweifeln an der Richtigkeit des Begutachtungsergebnisses des Erstgerichts erneut einer Prüfung zu unterziehen. Das könnte etwa in Form einer erneuten Beweisaufnahme – also einer Vernehmung des „Opferzeugen" vor dem Revisionsgericht bzw. dem Nichtigkeitsgericht – erfolgen. Käme dann das Revisionsgericht zu dem Ergebnis, dass das Begutachtungsergebnis der tatgerichtlichen Instanz nicht richtig sein sollte, müsste es das Urteil aufheben und an eine andere Tatsacheninstanz zurückverweisen.

Festzuhalten ist, dass eine Erweiterung der revisionsrechtlichen Rügen und eine damit einhergehende umfassende Prüfungsmöglichkeit des Revisionsgerichts bzw. des Nichtigkeitsgerichts auch hinsichtlich der Beweiswürdigung mehr als wünschenswert ist. Ein Weg, diese Prüfung dem Revisionsgericht bzw. dem Nichtigkeitsgericht zu eröffnen, kann in der hier vorgestellten entsprechenden Anwendung von § 529 Abs. 1 Nr. 1 dZPO zu finden sein.

Die Einrichtung einer solchen erweiterten Kontrollmöglichkeit über die bislang ausschließlich dem Tatrichter überlassene Beweiswürdigung wäre einer besseren Wahrheitsfindung nicht nur bei den Fällen der Aussage-gegen-Aussage-Konstellation zuträglich. Denn die richterliche Aufgabe, Beweise zu würdigen, um anschließend zu einem Urteil zu gelangen, stellt sich in jedem Strafverfahren. Die hier aufgezeigte Korrekturüberlegung wäre insoweit auch bei Strafverfahren mit ganz anderen Tatvorwürfen überlegenswert. Bestände nun die Möglichkeit, wenigstens einmal erneut in die Beweisaufnahme einzutreten, wenn sich Zweifel aus den Akten, dem erstinstanzlichen Vortrag des Angeklagten, dem Ablauf des erstinstanzlichen Verfahrens oder dem Inhalt des angefochtenen Urteils geradezu aufdrängten, könnte die tatrichterliche „Freiheit" der Beweiswürdigung, die Darstellung derselben in den Urteilsgründen und die revisions- bzw. nichtigkeitsrechtliche „Unantastbarkeit" erheblich eingeschränkt werden. Das Revisions- bzw. Nichtigkeitsgericht könnte *realiter* in die Beweisaufnahme einsteigen und begründeten Zweifeln nachgehen sowie diese einer eigenen Würdigung unterziehen. Die bisherige Rechtslage verhindert dies, weil das Revisionsgericht in Deutschland seine Prüfung bei entsprechender Rüge nur auf die Darstellung in den Urteilsgründen durchführen und das Nichtigkeitsgericht in Österreich ebenfalls nicht erneut in die Beweisaufnahme einsteigen darf.

So ist insbesondere auch die Darstellung der Beweisaufnahme bislang bei allen Strafurteilen Sache des Tatrichters. Er kann sein Urteil revisions- bzw. nichtigkeitssicher abfassen, indem er eigene Zweifel oder Widersprüche, die sich in der Beweisaufnahme ergeben haben, weglässt.[84] Der Tatrichter wäre bei einer

[83] Die Bezugnahme auf die Akten ist dem österreichischen Revisionsverfahren nicht unbekannt: Im Rahmen des Nichtigkeitsgrunds nach § 281 Abs. 1 Z 5a bzw. § 345 Abs. 1 Z 10a öStPO können sich die erheblichen Bedenken gegen die schuldbegründeten Tatsachenfeststellungen u.a. aus den gesamten Akten ergeben.

[84] Vgl. hierzu auch LR-*Hanack*, StPO, 1997–2005, Vor § 333 Rn. 11.

entsprechenden Kontrollmöglichkeit gehalten, das tatsächliche Ergebnis der Beweisaufnahme abzubilden. Erfolgte dies nicht, müsste der Tatrichter die Aufhebung seines Urteils durch das Revisions- bzw. Nichtigkeitsgericht fürchten.

Damit ist der Ausbau der Kontrolle der ersten Tatsacheninstanz eine Forderung, die allgemein in allen Revisions- bzw. Nichtigkeitsverfahren zur Anwendung kommen sollte. Mit ihr ließe sich ein adäquater Ausgleich für die fehlende Tatsacheninstanz bei landgerichtlichen Urteilen in Deutschland bzw. bei kollegialgerichtlichen Entscheidungen in Österreich schaffen und wenigstens eine einmalige Kontrolle von Entscheidungen zulassen. Dem Bedürfnis nach Einzelfallgerechtigkeit wäre insofern ebenfalls hinreichend Rechnung getragen.

III. Zusätzliche Korrekturmöglichkeiten für Deutschland

Im Folgenden sollen Korrekturmöglichkeiten dargestellt werden, die neben den Vorschlägen für beide Länder zusätzlich für das Strafverfahren in Deutschland anzubringen sind.

1. Ersatz der fehlenden Berufungsinstanz durch effektiveres Wiederaufnahmerecht

Um der begrenzten Überprüfung von Strafurteilen nur auf Rechtsfehler durch die Revisionsgerichte entgegenzuwirken und dennoch trotz nur einer bestehenden Tatsacheninstanz in Strafkammer- und Schwurgerichtssachen in Deutschland hinreichend Rechtsschutz zu gewährleisten, könnte neben dem Ausbau der Kontrolle von Urteilen der ersten Tatsacheninstanz durch das Revisionsgericht auch das Wiederaufnahmeverfahren effektiver gestaltet werden.

a) Keine Rechtfertigung für fehlende Berufungsinstanz

Die fehlende Berufungsinstanz in Strafkammer- und Schwurgerichtssachen ist heute nicht einfach erklärlich, da sich die Prozesssituation bedeutend verändert hat: Gab es früher als Kompensationsmittel für den verkürzten Instanzenzug wenigstens die nominell höhere Kopfstärke von Berufsrichtern bei Gerichten höherer Ordnung, ist dieses Mittel heute weitgehend entfallen.[85] Vielmehr wird vor dem erweiterten Schöffengericht gemäß § 29 Abs. 2 GVG und der Strafkammer mit reduzierter Besetzung gemäß § 76 Abs. 2 GVG mit der selben Kopfstärke verhandelt.[86] Und das,

---

[85] KMR-*Eschelbach*, StPO, Loseblatt, Stand: ab 1998, Vor § 359 Rn. 36.

[86] *Wasserburg*, in: Brüssow/Gatzweiler/Krekeler/Mehle (Hrsg.), Die Wiederaufnahme des Strafverfahrens, 2007, § 15, S. 653, 661 Rn. 9.

obwohl für das Schöffengericht das Rechtsmittel der Berufung gemäß § 312 dStPO zur Verfügung steht, wohingegen der Angeklagte vor der Strafkammer auf dieses Rechtsmittel verzichten muss.

b) Verstoß gegen die Rechtsschutzgarantie

Das Revisionsgericht kann einen ausreichenden Ausgleich für die fehlende Berufungsinstanz nicht leisten. Denn die Überprüfung durch das Revisionsgericht bedeutet keine wirksame Kontrolle der Beweiswürdigung des Tatsachengerichts. Damit besteht jedoch die Gefahr, dass eine einmal getroffene – falsche – Entscheidung durch das Tatsachengericht nicht mehr kontrolliert werden kann und damit unumstößlich feststeht. Das verstößt aber gegen die verfassungsrechtliche Rechtsschutzgarantie des Art. 19 Abs. 4 GG.

Diese Auffassung steht gegen das vielfach in der Rechtsprechung und Rechtswissenschaft postulierte Dogma, Art. 19 Abs. 4 GG gewähre Rechtsschutz nur *durch* den Richter, nicht *gegen* ihn.[87] Es wird angenommen, dass die Rechtsprechung nicht zur öffentlichen Gewalt i.S.d. Art. 19 Abs. 4 GG gehöre[88] und damit auch kein Anspruch auf ein Rechtsmittel oder einen Rechtsbehelf gegen ein Strafurteil bestehe,[89] noch eine Mehrstufigkeit der Instanzen garantiert werde.[90] Ursächlich für diese Auffassung ist wohl die Sorge vor einem „Rechtsweg *ad infinitum*".[91]

Es gibt allerdings keinen Anlass, die Judikative aus dem Begriff der öffentlichen Gewalt herauszunehmen. Alle drei Gewalten, Judikative, Exekutive und Legislative sind nach Art. 1 Abs. 3 GG an die nachfolgenden Grundrechte gebunden, zu denen Art. 19 Abs. 4 GG gehört.[92] Das bedeutet, dass Rechtsmittel und Rechtsbehelfe an Art. 19 Abs. 4 GG zu messen sind.[93] Der Rechtsweg muss auch dort für jedermann in Form einer Kontrollinstanz vorhanden sein, bei dem die Möglichkeit besteht, dass er durch ein – falsches – Strafurteil in seinen Rechten verletzt sein könnte. Denn Rechtsweg ist nach dem Zweck der Rechtsschutzgarantie eher „Weg zum Recht" oder „Weg des Rechts", nicht so sehr „Weg zum Gericht".[94]

Damit muss ein mindestens zweigliedriger Instanzenzug[95] gewährleistet werden, hilfsweise die Möglichkeit einer nachträglichen Anrufung des *iudex a quo* oder ein vergleichbarer außerordentlicher Rechtsbehelf. So stellen *Wasserburg/Eschelbach*

---

[87] BGHSt 13, 102, 113; 15, 73, 75 f.; *Jarass*, in: Jarass/Pieroth, Grundgesetz für die Bundesrepublik Deutschland, 2011, Art. 19 Rn. 45.

[88] BGHSt 13, 102, 113; 15, 73, 75.

[89] *Meyer-Goßner*, StPO, 2011, Vor § 296 Rn. 3.

[90] BVerfGE 49, 329, 343; 96, 27, 39; 104, 220, 231; KK-*Pfeiffer/Hannisch*, StPO, 2008, Einleitung Rn. 136.

[91] *Voßkuhle*, Rechtsschutz gegen den Richter, 1993, S. 159, 167 m.w.N.

[92] *Wasserburg/Eschelbach*, GA 2003, 335, 336.

[93] *Wasserburg/Eschelbach*, GA 2003, 335, 337.

[94] *Rabe von Kühlewein*, Der Richtervorbehalt im Polizei- und Strafprozessrecht, 2001, S. 287.

[95] Vgl. *Voßkuhle*, Rechtsschutz gegen den Richter, 1993, S. 255 ff.

folgerichtig fest: „Aus ihm (*Art. 19 Abs. 4 GG*) ergibt sich das Gebot eines Rechtsschutzmindeststandards, das auch das Prinzip einer wenigstens einmaligen Kontrolle von Gerichtsentscheidungen einschließt.“[96]

Die strafprozessuale Verfahrenswirklichkeit entspricht aber nicht dem „Prinzip der Kontrolle“: Lediglich Urteile des Strafrichters und des Schöffengerichts, die durch die Berufungsinstanz vollumfänglich überprüft werden, genügen „dem Prinzip der Kontrolle“.[97] Anders sieht es bei Urteilen der Straf- und Schwurgerichtskammern aus. Hier bleibt nur die defizitäre Kontrolle der Revision, die somit gemäß „dem Prinzip der Kontrolle“ durch ein effektiveres Wiederaufnahmerecht ausgeglichen werden muss. Das gilt schon deshalb, da strafgerichtliche Entscheidungen oftmals schwere Grundrechtseingriffe darstellen.

Die Sorge vor einem „Rechtsweg *ad infinitum*“ ist schließlich unbegründet: es geht nicht darum, einen „uferlosen“ Rechtsweg vorzuhalten, sondern vielmehr eine wirksame Kontrolle der einen Instanz durch eine teleologische Reduktion des Art. 19 Abs. 4 GG auf eben diesen zweigliedrigen Instanzenzug bereitzustellen.

c) Ausgleich über effektiveres Wiederaufnahmerecht

Die Schaffung eines effektiveren Wiederaufnahmerechts bedeutet, das Wiederaufnahmeverfahren so zu gestalten, dass es nicht „nur ausnahmsweise mit ausreichender Aussicht auf Erfolg herangezogen werden kann“[98] und nicht grundsätzlich die Gerichte „im Zweifel für die Rechtskraft“ entscheiden.[99] Gesetzliche Rechtsbehelfsmöglichkeiten dürfen durch die Art der Anwendung des Prozessrechts nicht leer laufen.[100] Denn gerade nach dem historischen Willen des Gesetzgebers soll das Wiederaufnahmeverfahren unter anderem auch als Ersatz für eine zweite Tatsacheninstanz dienen.[101]

Dennoch werden an die Substantiierung des Wiederaufnahmeantrags und an die Wahrscheinlichkeit der Neuheit und Geeignetheit der Tatsachen und Beweismittel iSd §§ 359 Nr. 5, 368 Abs. 1 dStPO ein überstrenger Maßstab angelegt.[102] Dies lässt sich sicherlich mit der „justiziellen Abwehrhaltung“[103] gegenüber Wiederaufnahmeanträgen erklären: Fehlurteile der Justiz dürfen nicht vorkommen, notfalls

---

[96] *Wasserburg/Eschelbach*, GA 2003, 335, 337; vgl. auch *Huber*, in: Mangoldt, v./Klein/Starck, GG, 2010, Art. 19 Rn. 442.

[97] *Wasserburg/Eschelbach*, GA 2003, 335, 337.

[98] *Wasserburg*, in: Brüssow/Gatzweiler/Krekeler/Mehle (Hrsg.), Die Wiederaufnahme des Strafverfahrens, 2007, § 15, S. 653, 656 Rn. 1.

[99] *Peters, K.*, Fehlerquellen im Strafprozess, Bd. III, 1974, S. 84 ff.

[100] BVerfGE 96, 27, 39; 104, 220, 232.

[101] KMR-*Eschelbach*, StPO, Loseblatt, Stand: ab 1998, Vor § 359 Rn. 18.

[102] KMR-*Eschelbach*, StPO, Loseblatt, Stand: ab 1998, Vor § 359 Rn. 28 ff.; *Wasserburg/Eschelbach*, GA 2003, 335, 338.

[103] *Wasserburg*, in: Brüssow/Gatzweiler/Krekeler/Mehle (Hrsg.), Die Wiederaufnahme des Strafverfahrens, 2007 § 15, S. 653, 662 Rn. 14.

findet ein Abblocken von Verteidigungsvorbringen statt.[104] Bezeichnend für diese Abwehrhaltung ist die enorme Misserfolgsquote von Wiederaufnahmeverfahren. *Karl Peters* stellt fest: „Es wird gesagt, der Jurist hüte die Rechtskraft wie eine heilige Kuh. Sie sichere ihm einen bequemen Ruheplatz."[105] Viele Richter scheinen die Wiederaufnahme unterschwellig als Angriff gegen das Ansehen der Rechtsprechung schlechthin zu empfinden.[106]

Richtig wäre es, von einer subjektiven Bewertung und von vagen Definitionen – unter Berücksichtigung der Nichtgeltung der Unschuldsvermutung zugunsten des Verurteilten[107] – abzukommen und die objektiv gegebene Möglichkeit einer Änderung des Prozessergebnisses zu Gunsten des Antragstellers ausreichend und in wiederaufnahmerechtlichen Beschlüssen plausibel darzulegen.[108]

Dass ein effektiveres Wiederaufnahmerecht der Verfahrensgerechtigkeit bei allen Strafverfahren und nicht nur bei solchen der Aussage-gegen-Aussage-Konstellation dienen würde, liegt auf der Hand. Insofern müssen die Ausführungen zu diesem Korrekturerfordernis in gleicher Weise für andere rechtskräftig abgeschlossene Verfahren gelten, die nicht mit einer Verurteilung wegen sexuellen Missbrauchs nach einer Aussage-gegen-Aussage-Konstellation enden.

2. Möglichkeit einer obligatorischen Ton- und Bildaufzeichnung von Aussagen in der Hauptverhandlung

Sollte als Mindeststandard wenigstens eine wörtliche Protokollierung von Aussageinhalten in der Hauptverhandlung stattfinden, so wäre die Forderung nach einer obligatorischen Ton- und Bildaufzeichnung in der heutigen Zeit die angemessenste Form zur authentischen Dokumentation für die Eröffnung einer nachträglichen Kontrolle durch das Revisions- oder Wiederaufnahmegericht und für die Ermöglichung einer Aussageanalyse.

a) Lange Tradition der Forderung

Der Rechtswissenschaft ist die Forderung einer obligatorischen Ton- und Bildaufzeichnung nicht unbekannt: Von Seiten der psychologischen Wissenschaft existiert schon seit genau einem Jahrhundert das Bedürfnis, Vernehmungen authentisch – nach *Stern* durch die Verwendung der Stenographie – zu dokumentieren.[109] Und *Karl Peters* stellte den bis heute existierenden Rechtszustand bereits in den fünfziger

---

[104] *Wasserburg*, ZRP 1997, 412.

[105] *Peters, K.*, in: FS Gallas, 1973, S. 441, 455.

[106] *Wasserburg*, Die Wiederaufnahme des Strafverfahrens, 1984, S. 47.

[107] KK-*Schmidt*, StPO, 2008, § 368 Rn. 13.

[108] KMR-*Eschelbach*, StPO, Loseblatt, Stand: ab 1998, § 359 Rn. 215.

[109] Vgl. *Stern*, Deutsche Juristenzeitung 1909, 408, 409 f.

Jahren fest, dass „das Fehlen der inhaltlichen Angaben über eine Aussage in Strafkammer- und Schwurgerichtssachen das Protokoll in diesen Fällen als Beweismittel für das Gesagte untauglich macht.“[110] Dementsprechend gab es schon damals von Seiten der Anwaltschaft die Erkenntnis, dass der Niederschlag des Aussageinhalts, wie er sich im Urteil wiederfinde, Fehlerquellen größten Ausmaßes bedeuten könnten.[111] „Es ist erschütternd, in leider keineswegs seltenen Fällen zu hören, dass die Feststellungen im Urteil mit dem Inhalt der mündlichen Aussagen nicht übereinstimmen, sei es, weil das Gericht die Zeugen missverstanden hat oder weil es einem Denkfehler zum Opfer gefallen ist.“[112] *Von Stackelberg* erhebt daher die nachdrückliche Forderung nach einer Protokollierung der Zeugenaussagen in der Hauptverhandlung.[113] Auch *Fischinger* fordert bereits in dieser Zeit: „Ein einwandfreies Protokoll, das den genauen Inhalt der Aussagen während der Hauptverhandlung, überhaupt den ganzen Hergang der Hauptverhandlung festhält, ist die unabdingbare Voraussetzung für ein gerechtes Urteil in einem modernen rechtsstaatlichen Verfahren.“[114] Weiter sieht er Bedarf für den Einsatz moderner Technik in Form einer Tonbandaufnahme von der Hauptverhandlung. Diese Idee hat die Anwaltschaft weiterverfolgt, und der *Deutsche Anwaltverein* legte schließlich im Jahr 1993 einen Gesetzesentwurf zur Tonaufzeichnung der Hauptverhandlung in Strafsachen vor.[115] Er geht zutreffend davon aus, dass es gerade in längeren Vernehmungen, bei denen es auf den genauen Verlauf und den genauen Inhalt der Aussage ankomme, unentbehrlich sei, „die Aussage (als Gedächtnisstütze für eine möglichst getreue Wiedergabe und Vergegenwärtigung bei der Urteilsberatung) festzuhalten“. Die selbe Forderung stellen auch wieder seit den neunziger Jahren Aussagepsychologen auf.[116]

b) Ermöglichung einer nachträglichen Kontrolle, bessere Rekonstruktionsmöglichkeit und Durchführung einer Aussageanalyse

Bis heute hat sich allerdings in Deutschland weder eine Pflicht zur vollständigen Protokollierung, noch eine Tonaufzeichnung, geschweige denn eine Videoaufzeichnung der Aussagen in der Hauptverhandlung durchgesetzt. Das mag wohl weniger an fehlenden technischen Möglichkeiten, sondern mehr an der bewussten Vermeidung einer Kontrollierbarkeit liegen.[117] Es kann daher nicht oft genug wiederholt und gefordert werden: Eine nachvollziehbare Dokumentation der Aussagen, sei es mit einer schriftlichen Protokollierung oder einer Tonaufzeichnung oder einer Ton- und Bildaufzeichnung ist wegen der Ermöglichung einer nachträglichen Kontrolle und

---

110 *Peters, K.*, Strafprozess, 1952, S. 124.

111 *Fischinger*, GS Cüppers, 1955, S. 136, 145.

112 *Stackelberg, v.*, GS Cüppers, 1955, S. 122, 133.

113 *Stackelberg, v.*, GS Cüppers, 1955, S. 122, 133.

114 *Fischinger*, GS Cüppers, 1955, S. 136, 145.

115 AnwBl. 1993, 328 f.

116 Vgl. etwa *Fabian/Stadler*, Kriminalistik 1990, 338 ff.

117 Vgl. *Jansen*, Zeuge und Aussagepsychologie, 2004, S. 99 Rn. 225.

dem Bedürfnis der Rekonstruktion der Hauptverhandlung ein unbedingtes Erfordernis. Unbenommen stellt die letztere Möglichkeit der Dokumentation sicherlich die beste, weil umfassendste Alternative dar und lässt sich mit den heute vorhandenen technischen Mitteln problemlos einsetzen.[118]

Damit wäre ein erster Schritt getan, dem Revisionsgericht eine Überprüfung der Beweiswürdigung in dem Urteil auf Widersprüche in heute schon revisionsrechtlich zulässiger Weise zu ermöglichen – ohne dass erneut eine Beweisaufnahme durch das Revisionsgericht durchgeführt werden müsste. Auch das Wiederaufnahmegericht könnte – zusätzlich zu der effektiveren Gestaltung des Verfahrens – von einer authentischen Aufzeichnung der Zeugenaussage in der Hauptverhandlung des Tatgerichts bei einer Wiederaufnahme aufgrund der Rekonstruktionsmöglichkeit profitieren.

Darüber hinaus ist die Bedeutung der vollständigen Aufzeichnung der Aussage des „Opferzeugen“ für die Durchführung der Aussageanalyse zu beachten. Denn eine Untersuchung der Aussage anhand von Qualitätsmerkmalen nur auf Grundlage der richterlichen Erinnerung ist meist nicht mehr zuverlässig möglich.

Schließlich gilt diese Korrekturmöglichkeit nicht nur für die Aussage-gegen-Aussage-Konstellation. Eine Ton- und Bildaufzeichnung insbesondere der Aussagen der Zeugen würde eine nachträgliche authentische Reproduzierbarkeit der Beweisaufnahme und somit eine Kontrolle über die Darstellung des Beweisergebnisses in den Urteilsgründen sowie über die Beweiswürdigung des Tatgerichts zulassen. Insofern könnte die Revision hiervon und die Verfahrensfairness insgesamt auch in anderen Strafverfahren profitieren.

3. Streichung des § 24 Abs. 1 Nr. 3 GVG

Die Möglichkeit der Staatsanwaltschaft, nach § 24 Abs. 1 Nr. 3 GVG Verfahren vor dem Landgericht anzuklagen, obwohl eigentlich nach der Straferwartung die Zuständigkeit des Amtsgerichts eröffnet wäre, ist abzuschaffen. § 24 Abs. 1 Nr. 3 GVG ist auf Grund seiner Verfassungswidrigkeit und mangels eines konkreten Bedürfnisses ersatzlos zu streichen, insbesondere auch in Hinblick auf die Folgen: Dem Angeklagten steht keine zweite Tatsacheninstanz zur Verfügung und die Kontrolle der Aussagekonstanz wird zunichte gemacht.

IV. Zusätzliche Korrekturmöglichkeiten für Österreich

Neben den Korrekturmöglichkeiten beider Länder sind zusätzlich für Österreich zur Gewährleistung der Verfahrensfairness Verbesserungsvorschläge im Strafverfahren wegen sexuellen Missbrauchs zu unterbreiten.

[118] Vgl. auch *Nack*, FS Rieß, 2002, S. 361, 369; *Schünemann*, ZStW 2002, 1, 55; a.A. *Widmaier*, in: Lagodny (Hrsg.), Defizitäre Unmittelbarkeit – verbesserte Revisionsmöglichkeiten?, 2000, S. 183, 190.

1. Änderungen bei der kontradiktorischen Vernehmung

Da die kontradiktorische Vernehmung von wesentlichen Verfahrensdefiziten bei der Aussage-gegen-Aussage-Konstellation überlagert ist und in ihrer jetzigen Fassung gegen das „fair-trial"-Gebot gemäß Art. 6 EMRK verstößt, liegt die Aufgabe einer Korrektur in der verfahrensfairen Ausgestaltung der kontradiktorischen Vernehmung. Als besonders schwerwiegendes Verfahrensdefizit hat sich dabei herausgestellt, dass der Angeklagte bei der kontradiktorischen Vernehmung trotz der übergroßen Bedeutung für das weitere Verfahren nicht zwingend anwesend sein muss und zudem unverteidigt sein kann. Hinzu kommt als weiteres Verfahrensdefizit das Verbot der ergänzenden Befragung des „Opferzeugen", womit das Fragerecht des Angeklagten unzulässig beschnitten wird.

a) Einführung einer erneuten und ergänzenden Vernehmungsmöglichkeit

Gegenwärtig steht das „absolute" Zeugnisverweigerungsrecht für den „Opferzeugen", der einmal in der kontradiktorischen Vernehmung unabhängig von einer tatsächlichen Beteiligung des Beschuldigten vernommen worden ist, der ergänzenden oder erneuten Vernehmung des „Opferzeugen" in der Hauptverhandlung entgegen. Das führt einerseits zu der Undurchführbarkeit der wichtigen Konstanzprüfung hinsichtlich der Glaubhaftigkeit der Aussage des „Opferzeugen" mangels wiederholter Vernehmungen. Zudem ist es dem Angeklagten nicht mehr möglich, nach ausführlicher Akteneinsicht und Prüfung der Anklageschrift den „Opferzeugen" in der Beweisaufnahme zu den Vorwürfen zu befragen. Widersprüche in der Zeugenaussage können so nicht mehr aufgedeckt noch aufgeklärt werden. Eine sachgerechte Verteidigung kann nicht stattfinden. Auch entstehen Lücken für die materielle Wahrheitsfindung, die nicht aus vermeintlichen Gründen des Opferschutzes hingenommen werden sollten, da der Opferschutz durch andere, der österreichischen Strafprozessordnung bekannte zeugenschonende Regelungen hinreichend gewährleistet werden kann.[119] Insofern ist eine ergänzende oder erneute Zeugenvernehmung unbedingt in die Vorschrift der kontradiktorischen Vernehmung einzufügen und auch in der Praxis anzuwenden. Dass eine solche Verfahrensregelung möglich ist, hat der Vergleich mit Deutschland gezeigt: Bei der deutschen Ausgestaltung ist eine ergänzende Vernehmung des „Opferzeugen" gemäß § 255a Abs. 2 S. 2 dStPO iVm § 244 Abs. 2 und 3 dStPO zulässig.

Im Fall der (erneuten) Vernehmung in der Hauptverhandlung kann die Ton- und Bildaufzeichnung der früheren kontradiktorischen Vernehmung dem Zeugen vorgehalten oder im Anschluss ergänzend durch Vorspielen in Augenschein genommen werden.[120] Dies ist für die Überprüfung der Aussagekonstanz hinsichtlich der Beurteilung der Glaubhaftigkeit der „Opferzeugenaussage" von großem Vorteil, da

[119] Vgl. dabei auch den Absatz 3 des § 165 öStPO, der ausdrücklich zeugenschonende Maßnahmen zur Verfügung stellt.

[120] Vgl. BGHSt 49, 68, 71.

wiederholte Aussagen, die Ton- und Bildaufzeichnung der früheren richterlichen Vernehmung und die Vernehmung in der Hauptverhandlung vorliegen.

Bei anderen Verfahren als der Aussage-gegen-Aussage-Konstellation bei sexuellen Missbrauchsverfahren stellt sich Frage, ob ebenso die grundsätzliche Möglichkeit der erneuten oder ergänzenden Vernehmung des Zeugen nach einer kontradiktorischen Vernehmung eingeführt werden sollte.

Ob eine erneute oder ergänzende Vernehmung erforderlich ist, entscheidet sich daran, wie hoch die Beweisbedeutung der Aussage des Zeugen für das Beweisergebnis einzuschätzen ist. Gibt es in einem Verfahren viele andere eindeutig überführende Beweismittel, wird es auf die Zeugenaussage regelmäßig nicht mehr in dem Maße wie nur bei dem Vorliegen einer Aussage gegen Aussage ankommen. Insofern kann in einem solchen Fall unter Umständen nach einer pflichtgemäßen Ermessensentscheidung des Tatgerichts (die überprüfbar sein muss) von einer ergänzenden oder erneuten Vernehmung des Zeugen in der Hauptverhandlung abgesehen werden.

Anders sieht es hingegen aus, wenn die Beweislage dürftig ist und die Aussage des Zeugen einen erheblich höheren Beweiswert bei der Beweiswürdigung erhält. Dann muss insbesondere auch wegen der für die Aussageanalyse wichtigen Konstanzprüfung der Zeuge ein zweites Mal vernommen werden.

Bei der Ermessensentscheidung des Tatgerichts muss auch das Verteidigungsinteresse des Angeklagten berücksichtigt werden: Dabei stellt sich die Frage, ob der Beschuldigte tatsächlich an der kontradiktorischen Vernehmung teilgenommen sowie sein Fragerecht ausgeübt hat und ob er schon im Zeitpunkt der kontradiktorischen Vernehmung verteidigt gewesen ist.

Somit wäre die Änderung der Verfahrensregelung der kontradiktorischen Vernehmung hinsichtlich der Möglichkeit einer ergänzenden oder erneuten Befragung auch für andere Verfahren notwendig. So sollte ähnlich wie bei der Ausgestaltung der kontradiktorischen Vernehmung in Deutschland eine Befragung des Zeugen immer dann nochmals durchgeführt werden können, je höher die Beweisbedeutung der Aussage des Zeugen für das gesamte Verfahren ist, oder das Verteidigungsinteresse des Angeklagten oder die Aufklärungspflicht des Gerichts es gebietet.

b) Zwingende Verteidigerbestellung

Als weitere Korrekturmöglichkeit muss dem Angeklagten bei der Aussage-gegen-Aussage-Konstellation in sexuellen Missbrauchsverfahren schon bei der kontradiktorischen Vernehmung im Ermittlungsverfahren zwingend ein Verteidiger zur Seite gestellt werden. Dabei muss es sich um eine notwendige Verteidigung iSd § 61 Abs. 1 öStPO handeln.[121]

Die jetzige Verfahrensweise, dass der Beschuldigte entweder selbst einen Wahlverteidiger bei entsprechender Liquidität beauftragt oder einen Verfahrenshilfeverteidiger in den bekannten Ausnahmefällen nach § 61 Abs. 2 Z 2 oder 4 öStPO für

---

[121] *Hinterhofer*, Zeugenschutz und Zeugnisverweigerungsrechte im österreichischen Strafprozess, 2004, S. 329.

die kontradiktorische Vernehmung bestellt bekommt, wahrt die Rechte des Beschuldigten bzw. des späteren Angeklagten nicht. Unverständlich ist, dass die gesetzliche Vorschrift bis heute nicht geändert worden ist, obwohl in den „Erläuternden Bemerkungen zur Regierungsvorlage zum Strafrechtsänderungsgesetz 2003“ festgehalten ist: „Der Verdächtige sollte in all jenen Fällen bei kontradiktorischen Vernehmungen von einem Verteidiger vertreten sein müssen, in denen auch in der Hauptverhandlung notwendige Verteidigung angeordnet wäre.“[122] Wie *Stuefer/Soyer* zu Recht meinen, liegt hier „eine planwidrige – vom Gesetzgeber nicht beabsichtigte – Lücke vor“, die im Wege analoger Anwendung des § 61 Abs. 1 öStPO durch die Rechtsprechung zu schließen sei.[123]

c) Garantie zur Wahrnehmung prozessualer Rechte

Schließlich ist nicht bloß eine formale Anwesenheit oder sogar nur eine Ladung des Beschuldigten oder Angeklagten in der kontradiktorischen Vernehmung erforderlich, sondern vielmehr eine Garantie zur Wahrnehmung seiner prozessualen Rechte.[124] Diese Garantie korreliert einerseits mit der Forderung der notwendigen Verteidigung des Beschuldigten schon bei einer kontradiktorischen Vernehmung im Ermittlungsverfahren und andererseits stellt sie einen Ausgleich für die weitreichende Durchbrechung des Unmittelbarkeitsgrundsatzes der Beweisaufnahme in der Hauptverhandlung dar.

Um die Garantie zur Wahrnehmung der prozessualen Rechte des Angeklagten gewährleisten zu können, ist eine umfassende Aufklärungspflicht des die kontradiktorische Vernehmung leitenden Richters über die Bedeutung dieser Vernehmung für das gesamte weitere Verfahren zu fordern. Zu denken ist auch an eine Anwesenheitspflicht des Beschuldigten bei der kontradiktorischen Vernehmung ähnlich der Anwesenheitspflicht des Angeklagten während der Hauptverhandlung bei einem angeklagten Verbrechen iSv § 427 Abs. 1 und 2 öStPO. Dies gerade aus dem Grund, da der Beschuldigte oftmals über die Bedeutung der kontradiktorischen Vernehmung für die sich eventuell anschließende Hauptverhandlung nicht im Bilde ist. Bei der Anwesenheitspflicht des Angeklagten nach § 427 öStPO kommt zum Teil der Präventionsgesichtspunkt, vor allem aber auch der Fürsorgegedanke zum Ausdruck: Ab einer gewissen Schwere wird der Angeklagte zwangsweise vor Gericht gestellt, um ihm die Möglichkeit zu geben, seine Rechte zu wahren, und ihn vor Überraschungsentscheidungen zu schützen.[125] Das sollte ebenso bei der bei der kontradiktorischen Vernehmung gelten.

Es ist weiterhin darauf hinzuwirken, dass der Beschuldigte in der kontradiktorischen Vernehmung seine Stellungnahme tatsächlich abgibt und sein Fragerecht auch ausübt. Dabei ist entsprechend dem Grundsatz der Selbstbelastungsfreiheit zu

---

[122] *Schwaighofer*, AnwBl 2005, 456, 457; EBRV StRÄG 2003, 1, 30.

[123] *Steufer/Soyer*, ÖJZ 2007, 139, 147.

[124] Vgl. *Rieß,* NJW 1998, 3240, 3241 Fn. 30.

[125] *Schwaighofer*, in: FS Platzgummer, 1995, S. 265, 280.

beachten, dass eine Pflicht des Angeklagten zur Einlassung selbstverständlich nicht besteht.

Darüber hinaus muss der Beschuldigte im Falle einer kontradiktorischen Vernehmung zur Wahrung seiner prozessualen Rechte die zur Last gelegte Tat in der Ladung mitgeteilt bekommen und sofortiges Akteneinsichtsrecht erhalten. Schließlich muss gewährleistet sein, dass dem Beschuldigten genügend Zeit zur Vorbereitung für die kontradiktorische Vernehmung eingeräumt wird.

2. *Tatsächliche Anordnung von Ton- und Bildaufnahmen und Ausweitung der Kontrolle im Rahmen der Nichtigkeitsbeschwerde auch bezüglich der Ton- und Bildaufnahme*

Nach der österreichischen Strafprozessordnung können von der Beweisaufnahme, so insbesondere auch von Aussagen des „Opferzeugen" in der Hauptverhandlung zur Unterstützung der Protokollführung Ton- und Bildaufnahmen angeordnet werden. Wie oben dargestellt, liegt die Anordnung hierüber im Ermessen des Tatrichters.

Eine solche – zumindest nach der strafprozessualen Konzeption vorgesehene – Aufzeichnung ist ein Vorteil gegenüber Deutschland, welches eine entsprechende strafprozessuale Vorschrift nicht kennt. Gerade die technische Aufzeichnung lässt eine Rekonstruktion der Hauptverhandlung zu und schafft so die notwendige Kontrolle über die Darstellung und die Würdigung der Beweisaufnahme.

Dieser Vorteil darf jedoch nicht durch zwei Umstände in Österreich aufgezehrt werden: Zum einen dadurch, dass tatsächlich in der Praxis keine Ton- und Bildaufzeichnungen durch den Tatrichter angeordnet werden.

Zum anderen dadurch, dass eine Kontrolle der Beweisdarstellung und -würdigung anhand dieser Aufzeichnungen im Rahmen der Nichtigkeitsbeschwerde ausgeschlossen sein soll. Der Grund hierfür erschließt sich derweil nicht. Gerade die Rüge nach § 281 Abs. 1 Z 5 Alt. 5 öStPO soll einen Widerspruch bei den Angaben der Entscheidungsgründe über eine Aussage aufdecken. Um diesen Widerspruch darzulegen, benötigt der Rügeführer bei den Akten befindliche Unterlagen mit objektivem Beweiswert. Die Aufzeichnung der Ton- und Bildaufnahme der Hauptverhandlung wird Teil der Akte. Insofern könnte auch ein Widerspruch anhand einer Unterlage mit objektivem Beweiswert dargelegt werden. Der Wortlaut der Vorschrift § 281 Abs. 1 Z 5 Alt. 5 öStPO ist daher zu eng und muss erweiternd unter Hinzunahme der technischen Aufzeichnung ausgelegt werden.

Aber auch im Rahmen der „Tatsachenrüge", mit der die Beweiswürdigung angegriffen werden kann, muss die technische Aufzeichnung zur Argumentation herangezogen werden können. Sie ist Teil der Akte. Somit lassen sich die erheblichen Bedenken gegen die schuldbegründeten Tatsachenfeststellungen einerseits aus den Urteilsgründen und andererseits aus der Akte schöpfen.

Dass die tatsächliche Anordnung der Ton- und Bildaufnahme ebenso für alle anderen Strafverfahren gelten sollte, liegt auf der Hand. Denn die authentische Reproduzierbarkeit der Beweisaufnahme lässt nicht nur in der Aussage-gegen-Aussage-

Konstellation eine nachträgliche Kontrolle der Darstellung der Beweisaufnahme sowie der Beweiswürdigung durch das Nichtigkeitsgericht zu, sofern die Aufnahmen – unter Aufgabe der bisherigen Auffassung – als Argumentationsgrundlage für eine Nichtigkeitsrüge dienen dürfen.

3. Streichung des § 31 Abs. 3 Z 4 öStPO

§ 31 Abs. 3 Z 4 öStPO ist aufgrund seiner Verfassungswidrigkeit ersatzlos zu streichen. Auch bei dem Vorwurf des sexuellen Missbrauchs dürfen Vorschriften des Bundesverfassungsgesetzes mit der Zuständigkeitszuweisung des § 31 Abs. 3 Z 4 öStPO nicht aus den Angeln gehoben werden. Der Verfahrensfairness käme eine Aufhebung der Vorschrift zugute: Dem Angeklagten stände eine weitere Tatsacheninstanz zur Verfügung und eine Kontrolle der Aussagekonstanz wäre aufgrund einer zu wiederholenden Vernehmung des „Opferzeugen" durchführbar.[126]

---

[126] Die bisherige strafprozessuale Regelung verhindert eine erneute Vernehmung bei der bei sexuellem Missbrauch regelmäßig durchgeführten kontradiktorischen Vernehmung. Unter Beachtung der Korrekturmöglichkeiten für Österreich sollte eine erneute Vernehmung auch dann möglich sein, siehe oben, S. 150 f.

G. Zusammenfassung und Ausblick

Bei Berücksichtigung der dargestellten Korrekturmöglichkeiten, die keinen Anspruch darauf erheben sollen, abschließend zu sein, besteht die Chance, dem Angeklagten auch in der prekären Situation eines Verfahrens des sexuellen Missbrauchs das Recht auf ein faires Verfahren zu gewährleisten und die Rechtsstaatlichkeit im Ganzen zu bewahren. Es müssen daher die angesprochenen Fehlerquellen bestenfalls ausgeräumt, andernfalls wenigstens minimiert werden.

Der „Opferzeuge" ist erst dann „Opfer", wenn das an rechtsstaatlichen Maßstäben zu messende Verfahren die Schuld des Angeklagten zweifelsfrei ergeben hat.

Denn ein jeder sollte bedenken, dass das Strafprozessrecht aus der „Brille" des Unschuldigen betrachtet werden muss, dem insbesondere die Unschuldsvermutung zur Seite steht. Alle anderen abträglichen Bestrebungen, seien sie auch in einem für den Opferschutz ausschließlich gut gemeinten Deckmantel verpackt, dürfen und können in einem funktionierenden Rechtsstaat nicht geduldet werden. Für die am Strafverfahren von Berufs wegen Beteiligten ist es daher die Pflicht, wachsam und jeden Tag aufs Neue zu prüfen, ob sie die Prinzipien eines fairen Strafverfahrens beachten und für den Angeklagten berücksichtigen.

Thesenartig lassen sich für die Gewährleistung eines faireren Strafprozesses bei sexuellem Missbrauch und zur Vermeidung der im vorderen Teil der Arbeit dargestellten Verfahrensdefizite folgende Korrekturmöglichkeiten festhalten:

Für Österreich und Deutschland gleichermaßen:

- Vertiefte Ausbildung des Tatrichters in der forensischen Beweislehre, insbesondere in der Aussageanalyse und der Angewandten Kriminologie;[1]
- Mindestgebot einer Nachbesserung der verteidigungsrelevanten Informationen aus der Anklageschrift durch nachträgliche gerichtliche Hinweise, sobald diese möglich werden;[2]
- Beachtung der methodischen Regeln für die Aussagepsychologie – insbesondere der nachvollziehbar dargestellten Bildung von Nullhypothesen und Alternativ-

[1] Siehe S. 126 f.

[2] Siehe S. 127 ff.

DOI 10.1007/978-3-642-27422-0_7, © Springer-Verlag Berlin Heidelberg 2012

hypothesen – durch den Richter oder aussagepsychologische Begutachtung erforderlichenfalls mit Sachverständigenhilfe;[3]
- Umfassende Aufklärung der Persönlichkeit des „Opferzeugen“ und obligatorische Exploration desselben zur Erfassung von Glaubwürdigkeitsbedenken aus tatfernen Gründen;[4]
- Freiwillige Begutachtung auch der „Angeklagtenseite“ mit Hilfe der Aussagepsychologie;[5]
- Ausbau der Kontrolle von Urteilen der ersten Tatsacheninstanz insbesondere auch auf Zweifelsgründe, die sich (nur) aus den Akten ergeben.[6]

Zusätzlich für Deutschland:

- Ersatz für die fehlende Berufungsinstanz durch ein effektiveres Wiederaufnahmerecht;[7]
- Obligatorische Ton- und Bildaufzeichnung von Vernehmungen in der Hauptverhandlung zur Verbesserung der nachträglichen Kontrolle durch eine Revisionsinstanz oder ein Wiederaufnahmegericht und für die Aussageanalyse;[8]
- Streichung des § 24 Abs. 1 Nr. 3 GVG.[9]

Zusätzlich für Österreich:

- Änderung der Verfahrensregelungen der kontradiktorischen Vernehmung: Abschaffung des Zeugnisverweigerungsrechts durch Einführung einer erneuten und ergänzenden Vernehmungsmöglichkeit insbesondere auch unter dem Gesichtspunkt der Bedeutung der Konstanz für die Prüfung der Glaubhaftigkeit der „Opferzeugenaussage“ sowie notwendige Verteidigerbestellung schon im Ermittlungsverfahren;[10]
- Tatsächliche Anordnung der Ton- und Bildaufzeichnung und die Ausweitung der Kontrolle auf formale Richtigkeit und der inhaltlichen Beweiswürdigung auch hinsichtlich der Ton- und Bildaufzeichnung;[11]
- Streichung des § 31 Abs. 3 Z 4 öStPO.[12]

---

[3] Siehe S. 129 ff.

[4] Siehe S. 133 ff.

[5] Siehe S. 137 ff.

[6] Siehe S. 140 ff.

[7] Siehe S. 144 ff.

[8] Siehe S. 147 ff.

[9] Siehe S. 149.

[10] Siehe S. 150 ff.

[11] Siehe S. 153 f.

[12] Siehe S. 154.

Gesetzesauszüge

Deutsche Gesetze

Auszug aus der Strafprozessordnung (dStPO)

§ 58a StPO

(1) Die Vernehmung eines Zeugen kann auf Bild-Ton-Träger aufgezeichnet werden. Sie soll aufgezeichnet werden, wenn

1. dies bei Personen unter 18 Jahren, die durch die Straftat verletzt sind, zur Wahrung ihrer schutzwürdigen Interessen geboten ist oder
2. zu besorgen ist, dass der Zeuge in der Hauptverhandlung nicht vernommen werden kann und die Aufzeichnung zur Erforschung der Wahrheit erforderlich ist.

(2) Die Verwendung der Bild-Ton-Aufzeichnung ist nur für Zwecke der Strafverfolgung und nur insoweit zulässig, als dies zur Erforschung der Wahrheit erforderlich ist. § 101 Abs. 8 gilt entsprechend. Die §§ 147, 406e sind entsprechend anzuwenden, mit der Maßgabe, dass den zur Akteneinsicht Berechtigten Kopien der Aufzeichnung überlassen werden können. Die Kopien dürfen weder vervielfältigt noch weitergegeben werden. Sie sind an die Staatsanwaltschaft herauszugeben, sobald kein berechtigtes Interesse an der weiteren Verwendung besteht. Die Überlassung der Aufzeichnung oder die Herausgabe von Kopien an andere als die vorbezeichneten Stellen bedarf der Einwilligung des Zeugen.

(3) Widerspricht der Zeuge der Überlassung einer Kopie der Aufzeichnung seiner Vernehmung nach Absatz 2 Satz 3, so tritt an deren Stelle die Überlassung einer Übertragung der Aufzeichnung in ein schriftliches Protokoll an die zur Akteneinsicht Berechtigten nach Maßgabe der §§ 147, 406e. Wer die Übertragung hergestellt hat, versieht die eigene Unterschrift mit dem Zusatz, dass die Richtigkeit der Übertragung bestätigt wird. Das Recht zur Besichtigung der Aufzeichnung nach Maßgabe der §§ 147, 406e bleibt unberührt. Der Zeuge ist auf sein Widerspruchsrecht nach Satz 1 hinzuweisen.

F. Wille, *Aussage gegen Aussage in sexuellen Missbrauchsverfahren,*
DOI 10.1007/978-3-642-27422-0_8, © Springer-Verlag Berlin Heidelberg 2012

§ 68a StPO

(1) Fragen nach Tatsachen, die dem Zeugen oder einer Person, die im Sinne des § 52 Abs. 1 sein Angehöriger ist, zur Unehre gereichen können oder deren persönlichen Lebensbereich betreffen, sollen nur gestellt werden, wenn es unerlässlich ist.

(2) Fragen nach Umständen, die die Glaubwürdigkeit des Zeugen in der vorliegenden Sache betreffen, insbesondere nach seinen Beziehungen zu dem Beschuldigten oder der verletzten Person, sind zu stellen, soweit dies erforderlich ist. Der Zeuge soll nach Vorstrafen nur gefragt werden, wenn ihre Feststellung notwendig ist, um über das Vorliegen der Voraussetzungen des § 60 Nr. 2 zu entscheiden oder um seine Glaubwürdigkeit zu beurteilen.

§ 81c StPO

(1) Andere Personen als Beschuldigte dürfen, wenn sie als Zeugen in Betracht kommen, ohne ihre Einwilligung nur untersucht werden, soweit zur Erforschung der Wahrheit festgestellt werden muss, ob sich an ihrem Körper eine bestimmte Spur oder Folge einer Straftat befindet.

(2) Bei anderen Personen als Beschuldigten sind Untersuchungen zur Feststellung der Abstammung und die Entnahme von Blutproben ohne Einwilligung des zu Untersuchenden zulässig, wenn kein Nachteil für seine Gesundheit zu befürchten und die Maßnahme zur Erforschung der Wahrheit unerlässlich ist. Die Untersuchungen und die Entnahme von Blutproben dürfen stets nur von einem Arzt vorgenommen werden.

(3) Untersuchungen oder Entnahmen von Blutproben können aus den gleichen Gründen wie das Zeugnis verweigert werden. Haben Minderjährige wegen mangelnder Verstandesreife oder haben Minderjährige oder Betreute wegen einer psychischen Krankheit oder einer geistigen oder seelischen Behinderung von der Bedeutung ihres Weigerungsrechts keine genügende Vorstellung, so entscheidet der gesetzliche Vertreter; § 52 Abs. 2 Satz 2 und Abs. 3 gilt entsprechend. Ist der gesetzliche Vertreter von der Entscheidung ausgeschlossen (§ 52 Abs. 2 Satz 2) oder aus sonstigen Gründen an einer rechtzeitigen Entscheidung gehindert und erscheint die sofortige Untersuchung oder Entnahme von Blutproben zur Beweissicherung erforderlich, so sind diese Maßnahmen nur auf besondere Anordnung des Gerichts und, wenn dieses nicht rechtzeitig erreichbar ist, der Staatsanwaltschaft zulässig. Der die Maßnahmen anordnende Beschluss ist unanfechtbar. Die nach Satz 3 erhobenen Beweise dürfen im weiteren Verfahren nur mit Einwilligung des hierzu befugten gesetzlichen Vertreters verwertet werden.

(4) Maßnahmen nach den Absätzen 1 und 2 sind unzulässig, wenn sie dem Betroffenen bei Würdigung aller Umstände nicht zugemutet werden können.

(5) Die Anordnung steht dem Gericht, bei Gefährdung des Untersuchungserfolges durch Verzögerung auch der Staatsanwaltschaft und ihren Ermittlungspersonen (§ 152 des Gerichtsverfassungsgesetzes) zu; Absatz 3 Satz 3 bleibt unberührt. § 81a Abs. 3 gilt entsprechend.

(6) Bei Weigerung des Betroffenen gilt die Vorschrift des § 70 entsprechend. Unmittelbarer Zwang darf nur auf besondere Anordnung des Richters angewandt werden. Die Anordnung setzt voraus, dass der Betroffene trotz Festsetzung eines Ordnungsgeldes bei der Weigerung beharrt oder dass Gefahr im Verzuge ist.

§ 136a StPO

(1) Die Freiheit der Willensentschließung und der Willensbetätigung des Beschuldigten darf nicht beeinträchtigt werden durch Misshandlung, durch Ermüdung, durch körperlichen Eingriff, durch Verabreichung von Mitteln, durch Quälerei, durch Täuschung oder durch Hypnose. Zwang darf nur angewandt werden, soweit das Strafverfahrensrecht dies zulässt. Die Drohung mit einer nach seinen Vorschriften unzulässigen Maßnahme und das Versprechen eines gesetzlich nicht vorgesehenen Vorteils sind verboten.
(2) Maßnahmen, die das Erinnerungsvermögen oder die Einsichtsfähigkeit des Beschuldigten beeinträchtigen, sind nicht gestattet.
(3) Das Verbot der Absätze 1 und 2 gilt ohne Rücksicht auf die Einwilligung des Beschuldigten. Aussagen, die unter Verletzung dieses Verbots zustande gekommen sind, dürfen auch dann nicht verwertet werden, wenn der Beschuldigte der Verwertung zustimmt.

§ 157 StPO

Im Sinne dieses Gesetzes ist
Angeschuldigter
der Beschuldigte, gegen den die öffentliche Klage erhoben ist,
Angeklagter
der Beschuldigte oder Angeschuldigte, gegen den die Eröffnung des Hauptverfahrens beschlossen ist.

§ 200 StPO

(1) Die Anklageschrift hat den Angeschuldigten, die Tat, die ihm zur Last gelegt wird, Zeit und Ort ihrer Begehung, die gesetzlichen Merkmale der Straftat und die anzuwendenden Strafvorschriften zu bezeichnen (Anklagesatz). In ihr sind ferner die Beweismittel, das Gericht, vor dem die Hauptverhandlung stattfinden soll, und der Verteidiger anzugeben. Bei der Benennung von Zeugen ist deren Wohn- oder Aufenthaltsort anzugeben, wobei es jedoch der Angabe der vollständigen Anschrift nicht bedarf. In den Fällen des § 68 Absatz 1 Satz 2, Absatz 2 Satz 1 genügt die Angabe des Namens des Zeugen. Wird ein Zeuge benannt, dessen Identität ganz oder teilweise nicht offenbart werden soll, so ist dies anzugeben; für die Geheimhaltung des Wohn- oder Aufenthaltsortes des Zeugen gilt dies entsprechend.

(2) In der Anklageschrift wird auch das wesentliche Ergebnis der Ermittlungen dargestellt. Davon kann abgesehen werden, wenn Anklage beim Strafrichter erhoben wird.

§ 238 StPO

(1) Die Leitung der Verhandlung, die Vernehmung des Angeklagten und die Aufnahme des Beweises erfolgt durch den Vorsitzenden.
(2) Wird eine auf die Sachleitung bezügliche Anordnung des Vorsitzenden von einer bei der Verhandlung beteiligten Person als unzulässig beanstandet, so entscheidet das Gericht.

§ 241 StPO

(1) Dem, welcher im Falle des § 239 Abs. 1 die Befugnis der Vernehmung missbraucht, kann sie von dem Vorsitzenden entzogen werden.
(2) In den Fällen des § 239 Abs. 1 und des § 240 Abs. 2 kann der Vorsitzende ungeeignete oder nicht zur Sache gehörende Fragen zurückweisen.

§ 241a StPO

(1) Die Vernehmung von Zeugen unter 18 Jahren wird allein von dem Vorsitzenden durchgeführt.
(2) Die in § 240 Abs. 1 und Abs. 2 Satz 1 bezeichneten Personen können verlangen, dass der Vorsitzende den Zeugen weitere Fragen stellt. Der Vorsitzende kann diesen Personen eine unmittelbare Befragung der Zeugen gestatten, wenn nach pflichtgemäßem Ermessen ein Nachteil für das Wohl der Zeugen nicht zu befürchten ist.
(3) § 241 Abs. 2 gilt entsprechend.

§ 243 StPO

(1) Die Hauptverhandlung beginnt mit dem Aufruf der Sache. Der Vorsitzende stellt fest, ob der Angeklagte und der Verteidiger anwesend und die Beweismittel herbeigeschafft, insbesondere die geladenen Zeugen und Sachverständigen erschienen sind.
(2) Die Zeugen verlassen den Sitzungssaal. Der Vorsitzende vernimmt den Angeklagten über seine persönlichen Verhältnisse.
(3) Darauf verliest der Staatsanwalt den Anklagesatz. Dabei legt er in den Fällen des § 207 Abs. 3 die neue Anklageschrift zugrunde. In den Fällen des § 207 Abs. 2 Nr. 3 trägt der Staatsanwalt den Anklagesatz mit der dem Eröffnungsbeschluss

zugrunde liegenden rechtlichen Würdigung vor; außerdem kann er seine abweichende Rechtsauffassung äußern. In den Fällen des § 207 Abs. 2 Nr. 4 berücksichtigt er die Änderungen, die das Gericht bei der Zulassung der Anklage zur Hauptverhandlung beschlossen hat.

(4) Der Vorsitzende teilt mit, ob Erörterungen nach den §§ 202a, 212 stattgefunden haben, wenn deren Gegenstand die Möglichkeit einer Verständigung (§ 257c) gewesen ist und wenn ja, deren wesentlichen Inhalt. Diese Pflicht gilt auch im weiteren Verlauf der Hauptverhandlung, soweit sich Änderungen gegenüber der Mitteilung zu Beginn der Hauptverhandlung ergeben haben.

(5) Sodann wird der Angeklagte darauf hingewiesen, dass es ihm freistehe, sich zu der Anklage zu äußern oder nicht zur Sache auszusagen. Ist der Angeklagte zur Äußerung bereit, so wird er nach Maßgabe des § 136 Abs. 2 zur Sache vernommen. Vorstrafen des Angeklagten sollen nur insoweit festgestellt werden, als sie für die Entscheidung von Bedeutung sind. Wann sie festgestellt werden, bestimmt der Vorsitzende.

§ 244 StPO

(1) Nach der Vernehmung des Angeklagten folgt die Beweisaufnahme.

(2) Das Gericht hat zur Erforschung der Wahrheit die Beweisaufnahme von Amts wegen auf alle Tatsachen und Beweismittel zu erstrecken, die für die Entscheidung von Bedeutung sind.

(3) Ein Beweisantrag ist abzulehnen, wenn die Erhebung des Beweises unzulässig ist. Im übrigen darf ein Beweisantrag nur abgelehnt werden, wenn eine Beweiserhebung wegen Offenkundigkeit überflüssig ist, wenn die Tatsache, die bewiesen werden soll, für die Entscheidung ohne Bedeutung oder schon erwiesen ist, wenn das Beweismittel völlig ungeeignet oder wenn es unerreichbar ist, wenn der Antrag zum Zweck der Prozessverschleppung gestellt ist oder wenn eine erhebliche Behauptung, die zur Entlastung des Angeklagten bewiesen werden soll, so behandelt werden kann, als wäre die behauptete Tatsache wahr.

(4) Ein Beweisantrag auf Vernehmung eines Sachverständigen kann, soweit nichts anderes bestimmt ist, auch abgelehnt werden, wenn das Gericht selbst die erforderliche Sachkunde besitzt. Die Anhörung eines weiteren Sachverständigen kann auch dann abgelehnt werden, wenn durch das frühere Gutachten das Gegenteil der behaupteten Tatsache bereits erwiesen ist; dies gilt nicht, wenn die Sachkunde des früheren Gutachters zweifelhaft ist, wenn sein Gutachten von unzutreffenden tatsächlichen Voraussetzungen ausgeht, wenn das Gutachten Widersprüche enthält oder wenn der neue Sachverständige über Forschungsmittel verfügt, die denen eines früheren Gutachters überlegen erscheinen.

(5) Ein Beweisantrag auf Einnahme eines Augenscheins kann abgelehnt werden, wenn der Augenschein nach dem pflichtgemäßen Ermessen des Gerichts zur Erforschung der Wahrheit nicht erforderlich ist. Unter derselben Voraussetzung kann auch ein Beweisantrag auf Vernehmung eines Zeugen abgelehnt werden, dessen Ladung im Ausland zu bewirken wäre.

(6) Die Ablehnung eines Beweisantrages bedarf eines Gerichtsbeschlusses.

§ 247 StPO

Das Gericht kann anordnen, dass sich der Angeklagte während einer Vernehmung aus dem Sitzungszimmer entfernt, wenn zu befürchten ist, ein Mitangeklagter oder ein Zeuge werde bei seiner Vernehmung in Gegenwart des Angeklagten die Wahrheit nicht sagen. Das gleiche gilt, wenn bei der Vernehmung einer Person unter 18 Jahren als Zeuge in Gegenwart des Angeklagten ein erheblicher Nachteil für das Wohl des Zeugen zu befürchten ist oder wenn bei einer Vernehmung einer anderen Person als Zeuge in Gegenwart des Angeklagten die dringende Gefahr eines schwerwiegenden Nachteils für ihre Gesundheit besteht. Die Entfernung des Angeklagten kann für die Dauer von Erörterungen über den Zustand des Angeklagten und die Behandlungsaussichten angeordnet werden, wenn ein erheblicher Nachteil für seine Gesundheit zu befürchten ist. Der Vorsitzende hat den Angeklagten, sobald dieser wieder anwesend ist, von dem wesentlichen Inhalt dessen zu unterrichten, was während seiner Abwesenheit ausgesagt oder sonst verhandelt worden ist.

§ 247a StPO

Besteht die dringende Gefahr eines schwerwiegenden Nachteils für das Wohl des Zeugen, wenn er in Gegenwart der in der Hauptverhandlung Anwesenden vernommen wird, so kann das Gericht anordnen, dass der Zeuge sich während der Vernehmung an einem anderen Ort aufhält; eine solche Anordnung ist auch unter den Voraussetzungen des § 251 Abs. 2 zulässig, soweit dies zur Erforschung der Wahrheit erforderlich ist. Die Entscheidung ist unanfechtbar. Die Aussage wird zeitgleich in Bild und Ton in das Sitzungszimmer übertragen. Sie soll aufgezeichnet werden, wenn zu besorgen ist, dass der Zeuge in einer weiteren Hauptverhandlung nicht vernommen werden kann und die Aufzeichnung zur Erforschung der Wahrheit erforderlich ist. § 58a Abs. 2 findet entsprechende Anwendung.

§ 255a StPO

(1) Für die Vorführung der Bild-Ton-Aufzeichnung einer Zeugenvernehmung gelten die Vorschriften zur Verlesung einer Niederschrift über eine Vernehmung gemäß §§ 251, 252, 253 und 255 entsprechend.
(2) In Verfahren wegen Straftaten gegen die sexuelle Selbstbestimmung (§§ 174 bis 184g des Strafgesetzbuches) oder gegen das Leben (§§ 211 bis 222 des Strafgesetzbuches), wegen Misshandlung von Schutzbefohlenen (§ 225 des Strafgesetzbuches) oder wegen Straftaten gegen die persönliche Freiheit nach den §§ 232 bis 233a des Strafgesetzbuches kann die Vernehmung eines Zeugen unter 18 Jahren durch die Vorführung der Bild-Ton-Aufzeichnung seiner früheren richterlichen Vernehmung ersetzt werden, wenn der Angeklagte und sein Verteidiger Gelegenheit hatten, an dieser mitzuwirken. Eine ergänzende Vernehmung des Zeugen ist zulässig.

§ 261 StPO

Über das Ergebnis der Beweisaufnahme entscheidet das Gericht nach seiner freien, aus dem Inbegriff der Verhandlung geschöpften Überzeugung.

§ 265 StPO

(1) Der Angeklagte darf nicht auf Grund eines anderen als des in der gerichtlich zugelassenen Anklage angeführten Strafgesetzes verurteilt werden, ohne dass er zuvor auf die Veränderung des rechtlichen Gesichtspunktes besonders hingewiesen und ihm Gelegenheit zur Verteidigung gegeben worden ist.
(2) Ebenso ist zu verfahren, wenn sich erst in der Verhandlung vom Strafgesetz besonders vorgesehene Umstände ergeben, welche die Strafbarkeit erhöhen oder die Anordnung einer Maßregel der Besserung und Sicherung rechtfertigen.
(3) Bestreitet der Angeklagte unter der Behauptung, auf die Verteidigung nicht genügend vorbereitet zu sein, neu hervorgetretene Umstände, welche die Anwendung eines schwereren Strafgesetzes gegen den Angeklagten zulassen als des in der gerichtlich zugelassenen Anklage angeführten oder die zu den im zweiten Absatz bezeichneten gehören, so ist auf seinen Antrag die Hauptverhandlung auszusetzen.
(4) Auch sonst hat das Gericht auf Antrag oder von Amts wegen die Hauptverhandlung auszusetzen, falls dies infolge der veränderten Sachlage zur genügenden Vorbereitung der Anklage oder der Verteidigung angemessen erscheint.

§ 269 StPO

Das Gericht darf sich nicht für unzuständig erklären, weil die Sache vor ein Gericht niederer Ordnung gehöre.

§ 273 StPO

(1) Das Protokoll muss den Gang und die Ergebnisse der Hauptverhandlung im wesentlichen wiedergeben und die Beachtung aller wesentlichen Förmlichkeiten ersichtlich machen, auch die Bezeichnung der verlesenen Schriftstücke oder derjenigen, von deren Verlesung nach § 249 Abs. 2 abgesehen worden ist, sowie die im Laufe der Verhandlung gestellten Anträge, die ergangenen Entscheidungen und die Urteilsformel enthalten. In das Protokoll muss auch der wesentliche Ablauf und Inhalt einer Erörterung nach § 257b aufgenommen werden.
(1a) Das Protokoll muss auch den wesentlichen Ablauf und Inhalt sowie das Ergebnis einer Verständigung nach § 257c wiedergeben. Gleiches gilt für die Beachtung der in § 243 Absatz 4, § 257c Absatz 4 Satz 4 und Absatz 5 vorgeschriebenen Mitteilungen und Belehrungen. Hat eine Verständigung nicht stattgefunden, ist auch dies im Protokoll zu vermerken.

(2) Aus der Hauptverhandlung vor dem Strafrichter und dem Schöffengericht sind außerdem die wesentlichen Ergebnisse der Vernehmungen in das Protokoll aufzunehmen; dies gilt nicht, wenn alle zur Anfechtung Berechtigten auf Rechtsmittel verzichten oder innerhalb der Frist kein Rechtsmittel eingelegt wird. Der Vorsitzende kann anordnen, dass anstelle der Aufnahme der wesentlichen Vernehmungsergebnisse in das Protokoll einzelne Vernehmungen im Zusammenhang auf Tonträger aufgezeichnet werden. Der Tonträger ist zu den Akten zu nehmen oder bei der Geschäftsstelle mit den Akten aufzubewahren. § 58a Abs. 2 Satz 1 und 3 bis 6 gilt entsprechend.

(3) Kommt es auf die Feststellung eines Vorgangs in der Hauptverhandlung oder des Wortlauts einer Aussage oder einer Äußerung an, so hat der Vorsitzende von Amts wegen oder auf Antrag einer an der Verhandlung beteiligten Person die vollständige Niederschreibung und Verlesung anzuordnen. Lehnt der Vorsitzende die Anordnung ab, so entscheidet auf Antrag einer an der Verhandlung beteiligten Person das Gericht. In dem Protokoll ist zu vermerken, dass die Verlesung geschehen und die Genehmigung erfolgt ist oder welche Einwendungen erhoben worden sind.

(4) Bevor das Protokoll fertiggestellt ist, darf das Urteil nicht zugestellt werden.

§ 274 StPO

Die Beobachtung der für die Hauptverhandlung vorgeschriebenen Förmlichkeiten kann nur durch das Protokoll bewiesen werden. Gegen den diese Förmlichkeiten betreffenden Inhalt des Protokolls ist nur der Nachweis der Fälschung zulässig.

§ 312 StPO

Gegen die Urteile des Strafrichters und des Schöffengerichts ist Berufung zulässig.

§ 333 StPO

Gegen die Urteile der Strafkammern und der Schwurgerichte sowie gegen die im ersten Rechtszug ergangenen Urteile der Oberlandesgerichte ist Revision zulässig.

§ 337 StPO

(1) Die Revision kann nur darauf gestützt werden, dass das Urteil auf einer Verletzung des Gesetzes beruhe.

(2) Das Gesetz ist verletzt, wenn eine Rechtsnorm nicht oder nicht richtig angewendet worden ist.

§ 338 StPO

Ein Urteil ist stets als auf einer Verletzung des Gesetzes beruhend anzusehen,

1. wenn das erkennende Gericht nicht vorschriftsmäßig besetzt war; war nach § 222a die Mitteilung der Besetzung vorgeschrieben, so kann die Revision auf die vorschriftswidrige Besetzung nur gestützt werden, soweit
   a) die Vorschriften über die Mitteilung verletzt worden sind,
   b) der rechtzeitig und in der vorgeschriebenen Form geltend gemachte Einwand der vorschriftswidrigen Besetzung übergangen oder zurückgewiesen worden ist,
   c) die Hauptverhandlung nicht nach § 222a Abs. 2 zur Prüfung der Besetzung unterbrochen worden ist oder
   d) das Gericht in einer Besetzung entschieden hat, deren Vorschriftswidrigkeit es nach § 222b Abs. 2 Satz 2 festgestellt hat;
2. wenn bei dem Urteil ein Richter oder Schöffe mitgewirkt hat, der von der Ausübung des Richteramtes kraft Gesetzes ausgeschlossen war;
3. wenn bei dem Urteil ein Richter oder Schöffe mitgewirkt hat, nachdem er wegen Besorgnis der Befangenheit abgelehnt war und das Ablehnungsgesuch entweder für begründet erklärt war oder mit Unrecht verworfen worden ist;
4. wenn das Gericht seine Zuständigkeit mit Unrecht angenommen hat;
5. wenn die Hauptverhandlung in Abwesenheit der Staatsanwaltschaft oder einer Person, deren Anwesenheit das Gesetz vorschreibt, stattgefunden hat;
6. wenn das Urteil auf Grund einer mündlichen Verhandlung ergangen ist, bei der die Vorschriften über die Öffentlichkeit des Verfahrens verletzt sind;
7. wenn das Urteil keine Entscheidungsgründe enthält oder diese nicht innerhalb des sich aus § 275 Abs. 1 Satz 2 und 4 ergebenden Zeitraums zu den Akten gebracht worden sind;
8. wenn die Verteidigung in einem für die Entscheidung wesentlichen Punkt durch einen Beschluß des Gerichts unzulässig beschränkt worden ist.

§ 349 StPO

(1) Erachtet das Revisionsgericht die Vorschriften über die Einlegung der Revision oder die über die Anbringung der Revisionsanträge nicht für beobachtet, so kann es das Rechtsmittel durch Beschluss als unzulässig verwerfen.
(2) Das Revisionsgericht kann auf einen Antrag der Staatsanwaltschaft, der zu begründen ist, auch dann durch Beschluss entscheiden, wenn es die Revision einstimmig für offensichtlich unbegründet erachtet.
(3) Die Staatsanwaltschaft teilt den Antrag nach Absatz 2 mit den Gründen dem Beschwerdeführer mit. Der Beschwerdeführer kann binnen zwei Wochen eine schriftliche Gegenerklärung beim Revisionsgericht einreichen.
(4) Erachtet das Revisionsgericht die zugunsten des Angeklagten eingelegte Revision einstimmig für begründet, so kann es das angefochtene Urteil durch Beschluss aufheben.

(5) Wendet das Revisionsgericht Absatz 1, 2 oder 4 nicht an, so entscheidet es über das Rechtsmittel durch Urteil.

§ 351 StPO

(1) Die Hauptverhandlung beginnt mit dem Vortrag eines Berichterstatters.
(2) Hierauf werden die Staatsanwaltschaft sowie der Angeklagte und sein Verteidiger mit ihren Ausführungen und Anträgen, und zwar der Beschwerdeführer zuerst, gehört. Dem Angeklagten gebührt das letzte Wort.

§ 352 StPO

(1) Der Prüfung des Revisionsgerichts unterliegen nur die gestellten Revisionsanträge und, soweit die Revision auf Mängel des Verfahrens gestützt wird, nur die Tatsachen, die bei Anbringung der Revisionsanträge bezeichnet worden sind.
(2) Eine weitere Begründung der Revisionsanträge als die in § 344 Abs. 2 vorgeschriebene ist nicht erforderlich und, wenn sie unrichtig ist, unschädlich.

§ 359 StPO

Die Wiederaufnahme eines durch rechtskräftiges Urteil abgeschlossenen Verfahrens zugunsten des Verurteilten ist zulässig,

1. wenn eine in der Hauptverhandlung zu seinen Ungunsten als echt vorgebrachte Urkunde unecht oder verfälscht war;
2. wenn der Zeuge oder Sachverständige sich bei einem zuungunsten des Verurteilten abgelegten Zeugnis oder abgegebenen Gutachten einer vorsätzlichen oder fahrlässigen Verletzung der Eidespflicht oder einer vorsätzlichen falschen uneidlichen Aussage schuldig gemacht hat;
3. wenn bei dem Urteil ein Richter oder Schöffe mitgewirkt hat, der sich in Beziehung auf die Sache einer strafbaren Verletzung seiner Amtspflichten schuldig gemacht hat, sofern die Verletzung nicht vom Verurteilten selbst veranlasst ist;
4. wenn ein zivilgerichtliches Urteil, auf welches das Strafurteil gegründet ist, durch ein anderes rechtskräftig gewordenes Urteil aufgehoben ist;
5. wenn neue Tatsachen oder Beweismittel beigebracht sind, die allein oder in Verbindung mit den früher erhobenen Beweisen die Freisprechung des Angeklagten oder in Anwendung eines milderen Strafgesetzes eine geringere Bestrafung oder eine wesentlich andere Entscheidung über eine Maßregel der Besserung und Sicherung zu begründen geeignet sind,
6. wenn der Europäische Gerichtshof für Menschenrechte eine Verletzung der Europäischen Konvention zum Schutze der Menschenrechte und Grundfreiheiten oder ihrer Protokolle festgestellt hat und das Urteil auf dieser Verletzung beruht.

§ 368 StPO

(1) Ist der Antrag nicht in der vorgeschriebenen Form angebracht oder ist darin kein gesetzlicher Grund der Wiederaufnahme geltend gemacht oder kein geeignetes Beweismittel angeführt, so ist der Antrag als unzulässig zu verwerfen.
(2) Andernfalls ist er dem Gegner des Antragstellers unter Bestimmung einer Frist zur Erklärung zuzustellen.

§ 397 StPO

(1) Der Nebenkläger ist, auch wenn er als Zeuge vernommen werden soll, zur Anwesenheit in der Hauptverhandlung berechtigt. Er ist zur Hauptverhandlung zu laden; § 145a Absatz 2 Satz 1 und § 217 Absatz 1 und 3 gelten entsprechend. Die Befugnis zur Ablehnung eines Richters (§§ 24, 31) oder Sachverständigen (§ 74), das Fragerecht (§ 240 Absatz 2), das Recht zur Beanstandung von Anordnungen des Vorsitzenden (§ 238 Absatz 2) und von Fragen (§ 242), das Beweisantragsrecht (§ 244 Absatz 3 bis 6) sowie das Recht zur Abgabe von Erklärungen (§§ 257, 258) stehen auch dem Nebenkläger zu. Dieser ist, soweit gesetzlich nichts anderes bestimmt ist, im selben Umfang zuzuziehen und zu hören wie die Staatsanwaltschaft. Entscheidungen, die der Staatsanwaltschaft bekannt gemacht werden, sind auch dem Nebenkläger bekannt zu geben; § 145a Absatz 1 und 3 gilt entsprechend.
(2) Der Nebenkläger kann sich des Beistands eines Rechtsanwalts bedienen oder sich durch einen solchen vertreten lassen. Der Rechtsanwalt ist zur Anwesenheit in der Hauptverhandlung berechtigt. Er ist vom Termin der Hauptverhandlung zu benachrichtigen, wenn seine Wahl dem Gericht angezeigt oder er als Beistand bestellt wurde.

§ 403 StPO

Der Verletzte oder sein Erbe kann gegen den Beschuldigten einen aus der Straftat erwachsenen vermögensrechtlichen Anspruch, der zur Zuständigkeit der ordentlichen Gerichte gehört und noch nicht anderweit gerichtlich anhängig gemacht ist, im Strafverfahren geltend machen, im Verfahren vor dem Amtsgericht ohne Rücksicht auf den Wert des Streitgegenstandes.

Auszug aus dem Strafgesetzbuch (dStGB)

§ 174 StGB

(1) Wer sexuelle Handlungen

1. an einer Person unter sechzehn Jahren, die ihm zur Erziehung, zur Ausbildung oder zur Betreuung in der Lebensführung anvertraut ist,

2. an einer Person unter achtzehn Jahren, die ihm zur Erziehung, zur Ausbildung oder zur Betreuung in der Lebensführung anvertraut oder im Rahmen eines Dienst- oder Arbeitsverhältnisses untergeordnet ist, unter Missbrauch einer mit dem Erziehungs-, Ausbildungs-, Betreuungs-, Dienst- oder Arbeitsverhältnis verbundenen Abhängigkeit oder
3. an seinem noch nicht achtzehn Jahre alten leiblichen oder angenommenen Kind

   vornimmt oder an sich von dem Schutzbefohlenen vornehmen lässt, wird mit Freiheitsstrafe von drei Monaten bis zu fünf Jahren bestraft.

(2) Wer unter den Voraussetzungen des Absatzes 1 Nr. 1 bis 3

1. sexuelle Handlungen vor dem Schutzbefohlenen vornimmt oder
2. den Schutzbefohlenen dazu bestimmt, dass er sexuelle Handlungen vor ihm vornimmt,

   um sich oder den Schutzbefohlenen hierdurch sexuell zu erregen, wird mit Freiheitsstrafe bis zu drei Jahren oder mit Geldstrafe bestraft.

(3) Der Versuch ist strafbar.

(4) In den Fällen des Absatzes 1 Nr. 1 oder des Absatzes 2 in Verbindung mit Absatz 1 Nr. 1 kann das Gericht von einer Bestrafung nach dieser Vorschrift absehen, wenn bei Berücksichtigung des Verhaltens des Schutzbefohlenen das Unrecht der Tat gering ist.

§ 174a StGB

(1) Wer sexuelle Handlungen an einer gefangenen oder auf behördliche Anordnung verwahrten Person, die ihm zur Erziehung, Ausbildung, Beaufsichtigung oder Betreuung anvertraut ist, unter Missbrauch seiner Stellung vornimmt oder an sich von der gefangenen oder verwahrten Person vornehmen lässt, wird mit Freiheitsstrafe von drei Monaten bis zu fünf Jahren bestraft.

(2) Ebenso wird bestraft, wer eine Person, die in einer Einrichtung für kranke oder hilfsbedürftige Menschen aufgenommen und ihm zur Beaufsichtigung oder Betreuung anvertraut ist, dadurch missbraucht, dass er unter Ausnutzung der Krankheit oder Hilfsbedürftigkeit dieser Person sexuelle Handlungen an ihr vornimmt oder an sich von ihr vornehmen lässt.

(3) Der Versuch ist strafbar.

§ 174b StGB

(1) Wer als Amtsträger, der zur Mitwirkung an einem Strafverfahren oder an einem Verfahren zur Anordnung einer freiheitsentziehenden Maßregel der Besserung und Sicherung oder einer behördlichen Verwahrung berufen ist, unter Missbrauch der durch das Verfahren begründeten Abhängigkeit sexuelle Handlungen an demjenigen, gegen den sich das Verfahren richtet, vornimmt oder

an sich von dem anderen vornehmen lässt, wird mit Freiheitsstrafe von drei Monaten bis zu fünf Jahren bestraft.

(2) Der Versuch ist strafbar.

§ 174c StGB

(1) Wer sexuelle Handlungen an einer Person, die ihm wegen einer geistigen oder seelischen Krankheit oder Behinderung einschließlich einer Suchtkrankheit oder wegen einer körperlichen Krankheit oder Behinderung zur Beratung, Behandlung oder Betreuung anvertraut ist, unter Missbrauch des Beratungs-, Behandlungs- oder Betreuungsverhältnisses vornimmt oder an sich von ihr vornehmen lässt, wird mit Freiheitsstrafe von drei Monaten bis zu fünf Jahren bestraft.

(2) Ebenso wird bestraft, wer sexuelle Handlungen an einer Person, die ihm zur psychotherapeutischen Behandlung anvertraut ist, unter Missbrauch des Behandlungsverhältnisses vornimmt oder an sich von ihr vornehmen lässt.

(3) Der Versuch ist strafbar.

§ 176 StGB

(1) Wer sexuelle Handlungen an einer Person unter vierzehn Jahren (Kind) vornimmt oder an sich von dem Kind vornehmen lässt, wird mit Freiheitsstrafe von sechs Monaten bis zu zehn Jahren bestraft.

(2) Ebenso wird bestraft, wer ein Kind dazu bestimmt, dass es sexuelle Handlungen an einem Dritten vornimmt oder von einem Dritten an sich vornehmen lässt.

(3) In besonders schweren Fällen ist auf Freiheitsstrafe nicht unter einem Jahr zu erkennen.

(4) Mit Freiheitsstrafe von drei Monaten bis zu fünf Jahren wird bestraft, wer

1. sexuelle Handlungen vor einem Kind vornimmt,
2. ein Kind dazu bestimmt, dass es sexuelle Handlungen vornimmt, soweit die Tat nicht nach Absatz 1 oder Absatz 2 mit Strafe bedroht ist,
3. auf ein Kind durch Schriften (§ 11 Abs. 3) einwirkt, um es zu sexuellen Handlungen zu bringen, die es an oder vor dem Täter oder einem Dritten vornehmen oder von dem Täter oder einem Dritten an sich vornehmen lassen soll, oder
4. auf ein Kind durch Vorzeigen pornographischer Abbildungen oder Darstellungen, durch Abspielen von Tonträgern pornographischen Inhalts oder durch entsprechende Reden einwirkt.

(5) Mit Freiheitsstrafe von drei Monaten bis zu fünf Jahren wird bestraft, wer ein Kind für eine Tat nach den Absätzen 1 bis 4 anbietet oder nachzuweisen verspricht oder wer sich mit einem anderen zu einer solchen Tat verabredet.

(6) Der Versuch ist strafbar; dies gilt nicht für Taten nach Absatz 4 Nr. 3 und 4 und Absatz 5.

§ 176a StGB

(1) Der sexuelle Missbrauch von Kindern wird in den Fällen des § 176 Abs. 1 und 2 mit Freiheitsstrafe nicht unter einem Jahr bestraft, wenn der Täter innerhalb der letzten fünf Jahre wegen einer solchen Straftat rechtskräftig verurteilt worden ist.
(2) Der sexuelle Missbrauch von Kindern wird in den Fällen des § 176 Abs. 1 und 2 mit Freiheitsstrafe nicht unter zwei Jahren bestraft, wenn

1. eine Person über achtzehn Jahren mit dem Kind den Beischlaf vollzieht oder ähnliche sexuelle Handlungen an ihm vornimmt oder an sich von ihm vornehmen lässt, die mit einem Eindringen in den Körper verbunden sind,
2. die Tat von mehreren gemeinschaftlich begangen wird oder
3. der Täter das Kind durch die Tat in die Gefahr einer schweren Gesundheitsschädigung oder einer erheblichen Schädigung der körperlichen oder seelischen Entwicklung bringt.

(3) Mit Freiheitsstrafe nicht unter zwei Jahren wird bestraft, wer in den Fällen des § 176 Abs. 1 bis 3, 4 Nr. 1 oder Nr. 2 oder des § 176 Abs. 6 als Täter oder anderer Beteiligter in der Absicht handelt, die Tat zum Gegenstand einer pornographischen Schrift (§ 11 Abs. 3) zu machen, die nach § 184b Abs. 1 bis 3 verbreitet werden soll.
(4) In minder schweren Fällen des Absatzes 1 ist auf Freiheitsstrafe von drei Monaten bis zu fünf Jahren, in minder schweren Fällen des Absatzes 2 auf Freiheitsstrafe von einem Jahr bis zu zehn Jahren zu erkennen.
(5) Mit Freiheitsstrafe nicht unter fünf Jahren wird bestraft, wer das Kind in den Fällen des § 176 Abs. 1 bis 3 bei der Tat körperlich schwer misshandelt oder durch die Tat in die Gefahr des Todes bringt.
(6) In die in Absatz 1 bezeichnete Frist wird die Zeit nicht eingerechnet, in welcher der Täter auf behördliche Anordnung in einer Anstalt verwahrt worden ist. Eine Tat, die im Ausland abgeurteilt worden ist, steht in den Fällen des Absatzes 1 einer im Inland abgeurteilten Tat gleich, wenn sie nach deutschem Strafrecht eine solche nach § 176 Abs. 1 oder 2 wäre.

§ 176b StGB

Verursacht der Täter durch den sexuellen Missbrauch (§§ 176 und 176a) wenigstens leichtfertig den Tod des Kindes, so ist die Strafe lebenslange Freiheitsstrafe oder Freiheitsstrafe nicht unter zehn Jahren.

§ 177 StGB

(1) Wer eine andere Person

1. mit Gewalt,
2. durch Drohung mit gegenwärtiger Gefahr für Leib oder Leben oder

3. unter Ausnutzung einer Lage, in der das Opfer der Einwirkung des Täters schutzlos ausgeliefert ist,

nötigt, sexuelle Handlungen des Täters oder eines Dritten an sich zu dulden oder an dem Täter oder einem Dritten vorzunehmen, wird mit Freiheitsstrafe nicht unter einem Jahr bestraft.

(2) In besonders schweren Fällen ist die Strafe Freiheitsstrafe nicht unter zwei Jahren. Ein besonders schwerer Fall liegt in der Regel vor, wenn

1. der Täter mit dem Opfer den Beischlaf vollzieht oder ähnliche sexuelle Handlungen an dem Opfer vornimmt oder an sich von ihm vornehmen lässt, die dieses besonders erniedrigen, insbesondere, wenn sie mit einem Eindringen in den Körper verbunden sind (Vergewaltigung), oder
2. die Tat von mehreren gemeinschaftlich begangen wird.

(3) Auf Freiheitsstrafe nicht unter drei Jahren ist zu erkennen, wenn der Täter

1. eine Waffe oder ein anderes gefährliches Werkzeug bei sich führt,
2. sonst ein Werkzeug oder Mittel bei sich führt, um den Widerstand einer anderen Person durch Gewalt oder Drohung mit Gewalt zu verhindern oder zu überwinden, oder
3. das Opfer durch die Tat in die Gefahr einer schweren Gesundheitsschädigung bringt.

(4) Auf Freiheitsstrafe nicht unter fünf Jahren ist zu erkennen, wenn der Täter

1. bei der Tat eine Waffe oder ein anderes gefährliches Werkzeug verwendet oder
2. das Opfer

   a) bei der Tat körperlich schwer misshandelt oder
   b) durch die Tat in die Gefahr des Todes bringt.

(5) In minder schweren Fällen des Absatzes 1 ist auf Freiheitsstrafe von sechs Monaten bis zu fünf Jahren, in minder schweren Fällen der Absätze 3 und 4 auf Freiheitsstrafe von einem Jahr bis zu zehn Jahren zu erkennen.

§ 178 StGB

Verursacht der Täter durch die sexuelle Nötigung oder Vergewaltigung (§ 177) wenigstens leichtfertig den Tod des Opfers, so ist die Strafe lebenslange Freiheitsstrafe oder Freiheitsstrafe nicht unter zehn Jahren.

§ 179 StGB

(1) Wer eine andere Person, die

1. wegen einer geistigen oder seelischen Krankheit oder Behinderung einschließlich einer Suchtkrankheit oder wegen einer tiefgreifenden Bewusstseinsstörung oder

2. körperlich

zum Widerstand unfähig ist, dadurch missbraucht, dass er unter Ausnutzung der Widerstandsunfähigkeit sexuelle Handlungen an ihr vornimmt oder an sich von ihr vornehmen lässt, wird mit Freiheitsstrafe von sechs Monaten bis zu zehn Jahren bestraft.

(2) Ebenso wird bestraft, wer eine widerstandsunfähige Person (Absatz 1) dadurch missbraucht, dass er sie unter Ausnutzung der Widerstandsunfähigkeit dazu bestimmt, sexuelle Handlungen an einem Dritten vorzunehmen oder von einem Dritten an sich vornehmen zu lassen.

(3) In besonders schweren Fällen ist auf Freiheitsstrafe nicht unter einem Jahr zu erkennen.

(4) Der Versuch ist strafbar.

(5) Auf Freiheitsstrafe nicht unter zwei Jahren ist zu erkennen, wenn

1. der Täter mit dem Opfer den Beischlaf vollzieht oder ähnliche sexuelle Handlungen an ihm vornimmt oder an sich von ihm vornehmen lässt, die mit einem Eindringen in den Körper verbunden sind,
2. die Tat von mehreren gemeinschaftlich begangen wird oder
3. der Täter das Opfer durch die Tat in die Gefahr einer schweren Gesundheitsschädigung oder einer erheblichen Schädigung der körperlichen oder seelischen Entwicklung bringt.

(6) In minder schweren Fällen des Absatzes 5 ist auf Freiheitsstrafe von einem Jahr bis zu zehn Jahren zu erkennen.

(7) § 177 Abs. 4 Nr. 2 und § 178 gelten entsprechend.

Auszug aus den Richtlinien für das Strafverfahren und das Bußgeldverfahren (RiStBV)

Nr. 113 RiStBV

(1) Bei der Beurteilung der Frage, ob ein Fall von besonderer Bedeutung vorliegt und deshalb die Anklage beim Landgericht (§ 24 Abs. 1 Nr. 3 GVG) zu erheben ist, prüft der Staatsanwalt, ob die besondere Bedeutung einer Sache sich etwa aus dem Ausmaß der Rechtsverletzung oder den Auswirkungen der Straftat, z. B. nach einer Sexualstraftat, ergibt.

(2) Erhebt der Staatsanwalt wegen der besonderen Schutzbedürftigkeit von Verletzten der Straftat, die als Zeugen in Betracht kommen, des besonderen Umfangs oder der besonderen Bedeutung des Falles Anklage beim Landgericht (§ 24 Abs. 1 Nr. 3 GVG), so macht er die hierfür bedeutsamen Umstände aktenkundig, sofern diese nicht offensichtlich sind. Satz 1 gilt entsprechend, wenn der Staatsanwalt Anklage zur Wirtschaftsstrafkammer nach § 74c Abs. 1 Nr. 6 GVG erhebt, weil zur Beurteilung des Falles besondere Kenntnisse des Wirtschaftslebens erforderlich sind.

(3) Erhebt der Staatsanwalt Anklage beim Landgericht und hält er aus den in § 76 Abs. 2 GVG genannten Gründen die Mitwirkung eines dritten Richters für erforderlich, regt er dies an.
(4) Ist die Sache umfangreich, z. B. wegen der großen Anzahl der Angeschuldigten oder Zeugen, und erhebt der Staatsanwalt nicht Anklage beim Landgericht, so beantragt er, einen zweiten Richter beim Amtsgericht zuzuziehen (§ 29 Abs. 2 GVG).

Auszug aus dem Gerichtsverfassungsgesetz (GVG)

§ 24 GVG

(1) In Strafsachen sind die Amtsgerichte zuständig, wenn nicht

1. die Zuständigkeit des Landgerichts nach § 74 Abs. 2 oder § 74 a oder des Oberlandesgerichts nach § 120 begründet ist,
2. im Einzelfall eine höhere Strafe als vier Jahre Freiheitsstrafe oder die Unterbringung des Beschuldigten in einem psychiatrischen Krankenhaus, allein oder neben einer Strafe, oder in der Sicherungsverwahrung (§§ 66 bis 66b des Strafgesetzbuches) zu erwarten ist oder
3. die Staatsanwaltschaft wegen der besonderen Schutzbedürftigkeit von Verletzten der Straftat, die als Zeugen in Betracht kommen, des besonderen Umfangs oder der besonderen Bedeutung des Falles Anklage beim Landgericht erhebt.

(2) Das Amtsgericht darf nicht auf eine höhere Strafe als vier Jahre Freiheitsstrafe und nicht auf die Unterbringung in einem psychiatrischen Krankenhaus, allein oder neben einer Strafe, oder in der Sicherungsverwahrung erkennen.

§ 25 GVG

Der Richter beim Amtsgericht entscheidet als Strafrichter bei Vergehen,

1. wenn sie im Wege der Privatklage verfolgt werden oder
2. wenn eine höhere Strafe als Freiheitsstrafe von zwei Jahren nicht zu erwarten ist.

§ 28 GVG

Für die Verhandlung und Entscheidung der zur Zuständigkeit der Amtsgerichte gehörenden Strafsachen werden, soweit nicht der Strafrichter entscheidet, bei den Amtsgerichten Schöffengerichte gebildet.

§ 29 GVG

(1) Das Schöffengericht besteht aus dem Richter beim Amtsgericht als Vorsitzenden und zwei Schöffen. Ein Richter auf Probe darf im ersten Jahr nach seiner Ernennung nicht Vorsitzender sein.
(2) Bei Eröffnung des Hauptverfahrens kann auf Antrag der Staatsanwaltschaft die Zuziehung eines zweiten Richters beim Amtsgericht beschlossen werden, wenn dessen Mitwirkung nach dem Umfang der Sache notwendig erscheint. Eines Antrages der Staatsanwaltschaft bedarf es nicht, wenn ein Gericht höherer Ordnung das Hauptverfahren vor dem Schöffengericht eröffnet.

§ 76 GVG

(1) Die Strafkammern sind mit drei Richtern einschließlich des Vorsitzenden und zwei Schöffen (große Strafkammer), in Verfahren über Berufungen gegen ein Urteil des Strafrichters oder des Schöffengerichts mit dem Vorsitzenden und zwei Schöffen (kleine Strafkammer) besetzt. Bei Entscheidungen außerhalb der Hauptverhandlung wirken die Schöffen nicht mit.
(2) Bei der Eröffnung des Hauptverfahrens beschließt die große Strafkammer, dass sie in der Hauptverhandlung mit zwei Richtern einschließlich des Vorsitzenden und zwei Schöffen besetzt ist, wenn nicht die Strafkammer als Schwurgericht zuständig ist oder nach dem Umfang oder der Schwierigkeit der Sache die Mitwirkung eines dritten Richters notwendig erscheint. Ist eine Sache vom Revisionsgericht zurückverwiesen worden, kann die nunmehr zuständige Strafkammer erneut nach Satz 1 über ihre Besetzung beschließen.
(3) In Verfahren über Berufungen gegen ein Urteil des erweiterten Schöffengerichts (§ 29 Abs. 2) ist ein zweiter Richter hinzuzuziehen. Außerhalb der Hauptverhandlung entscheidet der Vorsitzende allein.

§ 171b GVG

(1) Die Öffentlichkeit kann ausgeschlossen werden, soweit Umstände aus dem persönlichen Lebensbereich eines Prozessbeteiligten, Zeugen oder durch eine rechtswidrige Tat (§ 11 Abs. 1 Nr. 5 des Strafgesetzbuches) Verletzten zur Sprache kommen, deren öffentliche Erörterung schutzwürdige Interessen verletzen würde, soweit nicht das Interesse an der öffentlichen Erörterung dieser Umstände überwiegt. Dies gilt nicht, soweit die Personen, deren Lebensbereiche betroffen sind, in der Hauptverhandlung dem Ausschluss der Öffentlichkeit widersprechen.
(2) Die Öffentlichkeit ist auszuschließen, wenn die Voraussetzungen des Absatzes 1 Satz 1 vorliegen und der Ausschluss von der Person, deren Lebensbereich betroffen ist, beantragt wird.
(3) Die Entscheidungen nach den Absätzen 1 und 2 sind unanfechtbar.

§ 172 GVG

Das Gericht kann für die Verhandlung oder für einen Teil davon die Öffentlichkeit ausschließen, wenn

1. eine Gefährdung der Staatssicherheit, der öffentlichen Ordnung oder der Sittlichkeit zu besorgen ist,
1a. eine Gefährdung des Lebens, des Leibes oder der Freiheit eines Zeugen oder einer anderen Person zu besorgen ist,
2. ein wichtiges Geschäfts-, Betriebs-, Erfindungs- oder Steuergeheimnis zur Sprache kommt, durch dessen öffentliche Erörterung überwiegende schutzwürdige Interessen verletzt würden,
3. ein privates Geheimnis erörtert wird, dessen unbefugte Offenbarung durch den Zeugen oder Sachverständigen mit Strafe bedroht ist,
4. eine Person unter 18 Jahren vernommen wird.

Auszug aus dem Grundgesetz (GG)

Art. 1 GG

(1) Die Würde des Menschen ist unantastbar. Sie zu achten und zu schützen ist Verpflichtung aller staatlichen Gewalt.
(2) Das Deutsche Volk bekennt sich darum zu unverletzlichen und unveräußerlichen Menschenrechten als Grundlage jeder menschlichen Gemeinschaft, des Friedens und der Gerechtigkeit in der Welt.
(3) Die nachfolgenden Grundrechte binden Gesetzgebung, vollziehende Gewalt und Rechtsprechung als unmittelbar geltendes Recht.

Art. 2 GG

(1) Jeder hat das Recht auf die freie Entfaltung seiner Persönlichkeit, soweit er nicht die Rechte anderer verletzt und nicht gegen die verfassungsmäßige Ordnung oder das Sittengesetz verstößt.
(2) Jeder hat das Recht auf Leben und körperliche Unversehrtheit. Die Freiheit der Person ist unverletzlich. In diese Rechte darf nur auf Grund eines Gesetzes eingegriffen werden.

Art. 3 GG

(1) Alle Menschen sind vor dem Gesetz gleich.
(2) Männer und Frauen sind gleichberechtigt. Der Staat fördert die tatsächliche Durchsetzung der Gleichberechtigung von Frauen und Männern und wirkt auf die Beseitigung bestehender Nachteile hin.

(3) Niemand darf wegen seines Geschlechtes, seiner Abstammung, seiner Rasse, seiner Sprache, seiner Heimat und Herkunft, seines Glaubens, seiner religiösen oder politischen Anschauungen benachteiligt oder bevorzugt werden. Niemand darf wegen seiner Behinderung benachteiligt werden.

Art. 19 GG

(1) Soweit nach diesem Grundgesetz ein Grundrecht durch Gesetz oder auf Grund eines Gesetzes eingeschränkt werden kann, muss das Gesetz allgemein und nicht nur für den Einzelfall gelten. Außerdem muss das Gesetz das Grundrecht unter Angabe des Artikels nennen.
(2) In keinem Falle darf ein Grundrecht in seinem Wesensgehalt angetastet werden.
(3) Die Grundrechte gelten auch für inländische juristische Personen, soweit sie ihrem Wesen nach auf diese anwendbar sind.
(4) Wird jemand durch die öffentliche Gewalt in seinen Rechten verletzt, so steht ihm der Rechtsweg offen. Soweit eine andere Zuständigkeit nicht begründet ist, ist der ordentliche Rechtsweg gegeben. Artikel 10 Abs. 2 Satz 2 bleibt unberührt.

Art. 101 GG

(1) Ausnahmegerichte sind unzulässig. Niemand darf seinem gesetzlichen Richter entzogen werden.
(2) Gerichte für besondere Sachgebiete können nur durch Gesetz errichtet werden.

Art. 103 GG

(1) Vor Gericht hat jedermann Anspruch auf rechtliches Gehör.
(2) Eine Tat kann nur bestraft werden, wenn die Strafbarkeit gesetzlich bestimmt war, bevor die Tat begangen wurde.
(3) Niemand darf wegen derselben Tat auf Grund der allgemeinen Strafgesetze mehrmals bestraft werden.

Auszug aus der Zivilprozessordnung (ZPO)

§ 529 ZPO

(1) Das Berufungsgericht hat seiner Verhandlung und Entscheidung zugrunde zu legen:

1. die vom Gericht des ersten Rechtszuges festgestellten Tatsachen, soweit nicht konkrete Anhaltspunkte Zweifel an der Richtigkeit oder Vollständigkeit der

entscheidungserheblichen Feststellungen begründen und deshalb eine erneute Feststellung gebieten;
2. neue Tatsachen, soweit deren Berücksichtigung zulässig ist.

(2) Auf einen Mangel des Verfahrens, der nicht von Amts wegen zu berücksichtigen ist, wird das angefochtene Urteil nur geprüft, wenn dieser nach § 520 Abs. 3 geltend gemacht worden ist. Im Übrigen ist das Berufungsgericht an die geltend gemachten Berufungsgründe nicht gebunden.

Österreichische Gesetze

Auszug aus der österreichischen Strafprozessordnung (öStPO)

§ 2 StPO

(1) Kriminalpolizei und Staatsanwaltschaft sind im Rahmen ihrer Aufgaben verpflichtet, jeden ihnen zur Kenntnis gelangten Verdacht einer Straftat, die nicht bloß auf Verlangen einer hiezu berechtigten Person zu verfolgen ist, in einem Ermittlungsverfahren von Amts wegen aufzuklären.
(2) Im Hauptverfahren hat das Gericht die der Anklage zu Grunde liegende Tat und die Schuld des Angeklagten von Amts wegen aufzuklären.

§ 13 StPO

(1) Die Hauptverhandlung bildet den Schwerpunkt des Verfahrens. In ihr sind die Beweise aufzunehmen, auf Grund deren das Urteil zu fällen ist.
(2) Im Ermittlungsverfahren sind die Beweise aufzunehmen, die für die Entscheidung über die Erhebung der Anklage unerlässlich sind oder deren Aufnahme in der Hauptverhandlung aus tatsächlichen oder rechtlichen Gründen voraussichtlich nicht möglich sein wird.
(3) Soweit ein Beweis unmittelbar aufgenommen werden kann, darf er nicht durch einen mittelbaren ersetzt werden. Der Inhalt von Akten und anderen Schriftstücken darf nur soweit als Beweis verwertet werden, als er in einer nach diesem Gesetz zulässigen Weise wiedergegeben wird.

§ 14 StPO

Ob Tatsachen als erwiesen festzustellen sind, hat das Gericht auf Grund der Beweise nach freier Überzeugung zu entscheiden; im Zweifel stets zu Gunsten des Angeklagten oder sonst in seinen Rechten Betroffenen.

§ 31 StPO

(1) Dem Einzelrichter des Landesgerichts obliegt im Ermittlungsverfahren

1. die Aufnahme von Beweisen gemäß § 104,
2. das Verfahren zur Entscheidung über Anträge auf Beschlagnahme, Verwertung sichergestellter oder beschlagnahmter Vermögenswerte und auf Verhängung und Fortsetzung der Untersuchungshaft sowie über Anträge auf Bewilligung anderer Zwangsmittel (§ 105),
3. die Entscheidung über Einsprüche wegen behaupteter Verletzung eines subjektiven Rechts durch die Staatsanwaltschaft oder die Kriminalpolizei (§§ 106 und 107),
4. die Entscheidung über Anträge auf Einstellung des Ermittlungsverfahrens (§ 108).

(2) Dem Landesgericht als Geschworenengericht obliegt das Hauptverfahren wegen

1. Straftaten, die mit lebenslanger oder einer Freiheitsstrafe bedroht sind, deren Untergrenze mehr als fünf Jahre und deren Obergrenze mehr als zehn Jahre beträgt,
2. des Verbrechens der Überlieferung an eine ausländische Macht (§ 103 StGB),
3. der Verbrechen des Hochverrats (§ 242 StGB) und der Vorbereitung des Hochverrats (§ 244 StGB),
4. des Verbrechens oder Vergehens staatsfeindlicher Verbindungen (§ 246 StGB),
5. des Vergehens der Herabwürdigung des Staates und seiner Symbole (§ 248 StGB),
6. der Verbrechen des Angriffs auf oberste Staatsorgane (§§ 249 bis 251 StGB),
7. der Verbrechen und Vergehen des Landesverrats (§§ 252 bis 258 StGB),
8. des Vergehens bewaffneter Verbindungen (§ 279 StGB),
9. des Vergehens des Ansammelns von Kampfmitteln (§ 280 StGB),
10. der Verbrechen und Vergehen der Störung der Beziehungen zum Ausland (§§ 316 bis 320 StGB),
11. des Vergehens der Aufforderung zu mit Strafe bedrohten Handlungen und der Gutheißung mit Strafe bedrohter Handlungen (§ 282 StGB) sowie des Vergehens der Unterlassung der Verhinderung einer mit Strafe bedrohten Handlung (§ 286 StGB), wenn die Tat mit Beziehung auf eine der unter Z 2 bis 10 angeführten strafbaren Handlungen begangen worden ist, und
12. strafbarer Handlungen, für die es auf Grund besonderer Bestimmungen zuständig ist.

(3) Dem Landesgericht als Schöffengericht obliegt, soweit es nicht als Geschworenengericht zuständig ist, das Hauptverfahren wegen

1. Straftaten, die mit einer fünf Jahre übersteigenden Freiheitsstrafe bedroht sind,

2. der Verbrechen der Tötung auf Verlangen (§ 77 StGB), der Mitwirkung am Selbstmord (§ 78 StGB) und der Tötung eines Kindes bei der Geburt (§ 79 StGB),
3. der Verbrechen des räuberischen Diebstahls (§ 131 StGB), der Gewaltanwendung eines Wilderers (§ 140 StGB) und des minderschweren Raubes (§ 142 Abs. 2 StGB),
4. der Verbrechen der geschlechtlichen Nötigung (§ 202 StGB), des sexuellen Missbrauchs einer wehrlosen Person (§ 205 StGB) und des sexuellen Missbrauchs von Unmündigen (§ 207 StGB),
5. des Vergehens des Landfriedensbruchs und des Verbrechens oder Vergehens des Landzwangs (§§ 274 und 275 StGB),
6. des Verbrechens des Missbrauchs der Amtsgewalt (§ 302 StGB) und
7. strafbarer Handlungen, für die es auf Grund besonderer Bestimmungen zuständig ist.

(4) Dem Einzelrichter des Landesgerichts obliegt, soweit nicht das Landesgericht als Geschworenen- oder Schöffengericht zuständig ist, das Hauptverfahren wegen

1. Straftaten, die mit einer ein Jahr übersteigenden Freiheitsstrafe bedroht sind,
2. der im § 30 Abs. 1 Z 1 bis 9 angeführten Vergehen,
3. Straftaten, für die der Einzelrichter des Landesgerichts auf Grund besonderer Bestimmungen zuständig ist.

(5) Dem Einzelrichter des Landesgerichts obliegt das Verfahren über Beschwerden gegen Entscheidungen

1. über die Kosten des Strafverfahrens nach dem 18. Hauptstück und
2. über die Bestimmung der Gebühren der Sachverständigen und Dolmetscher nach dem Gebührenanspruchsgesetz, BGBl. Nr. 136/1975.

(6) Dem Landesgericht als Senat von drei Richtern obliegt

1. das Verfahren über Rechtsmittel und Rechtsbehelfe gegen Urteile und gegen andere als in Abs. 5 angeführte Beschlüsse des Bezirksgerichts und über einen Kompetenzkonflikt untergeordneter Bezirksgerichte (§ 38),
2. die Entscheidung über einen Antrag auf Wiederaufnahme nach § 357, soweit nicht das Bezirksgericht zuständig ist, und über Beschlüsse nach § 495 in den Fällen, in denen nach § 494a Abs. 2 eine Zuständigkeit des Einzelrichters ausgeschlossen wäre, und
3. die Entscheidung über Anträge auf Fortführung (§ 195).

§ 32 StPO

(1) Das Landesgericht als Geschworenengericht setzt sich aus dem Schwurgerichtshof und der Geschworenenbank zusammen. Der Schwurgerichtshof besteht aus drei Richtern, die Geschworenenbank ist mit acht Geschworenen besetzt. Das Landesgericht als Schöffengericht besteht aus einem Richter und zwei Schöffen.

(2) Liegt dem Angeklagten die Begehung einer strafbaren Handlung nach den §§ 201 bis 207 StGB zur Last, so müssen dem Geschworenengericht mindestens zwei Geschworene, dem Schöffengericht mindestens ein Richter oder Schöffe des Geschlechtes des Angeklagten sowie dem Geschworenengericht mindestens zwei Geschworene, dem Schöffengericht mindestens ein Richter oder Schöffe des Geschlechtes jener Person angehören, die durch die Straftat in ihrer Geschlechtssphäre verletzt worden sein könnte.

(3) Soweit in diesem Gesetz nichts anderes bestimmt wird, entscheidet außerhalb der Hauptverhandlung der Vorsitzende allein.

(4) Die Geschworenen werden in dem vom Gesetz (15. Hauptstück) vorgesehenen Umfang tätig; die Schöffen üben in der Hauptverhandlung das Richteramt im vollen Umfang aus. Soweit im Einzelnen nichts anderes bestimmt wird, sind die für Richter geltenden Vorschriften auch auf Geschworene und Schöffen anzuwenden. Die Voraussetzungen und das Verfahren zur Berufung von Geschworenen und Schöffen sind im Geschworenen- und Schöffengesetz 1990, BGBl. Nr. 256, geregelt.

§ 48 StPO

(1) Im Sinne dieses Gesetzes ist

1. „Beschuldigter" jede Person, die auf Grund bestimmter Tatsachen konkret verdächtig ist, eine strafbare Handlung begangen zu haben, sobald gegen sie wegen dieses Verdachts ermittelt oder Zwang ausgeübt wird,
2. „Angeklagter" jeder Beschuldigte, gegen den Anklage eingebracht worden ist,
3. „Betroffener" jede Person, die durch Anordnung oder Durchführung von Zwang in ihren Rechten unmittelbar beeinträchtigt wird,
4. „Verteidiger" eine zur Ausübung der Rechtsanwaltschaft, eine sonst gesetzlich zur Vertretung im Strafverfahren berechtigte oder eine Person, die an einer inländischen Universität die Lehrbefugnis für Strafrecht und Strafprozessrecht erworben hat, sobald sie der Beschuldigte als Rechtsbeistand bevollmächtigt hat, und eine Person, die dem Beschuldigten nach den Bestimmungen dieses Gesetzes als Rechtsbeistand bestellt wurde.

(2) Soweit die Bestimmungen dieses Gesetzes auf den Beschuldigten verweisen und im Einzelnen nichts anderes bestimmt wird, sind sie auch auf Angeklagte und auf Personen anzuwenden, gegen die ein Verfahren zur Unterbringung in einer Anstalt für geistig abnorme Rechtsbrecher nach § 21 Abs. 1 StGB geführt wird.

§ 55 StPO

(1) Der Beschuldigte ist berechtigt, die Aufnahme von Beweisen zu beantragen. Im Antrag sind Beweisthema, Beweismittel und jene Informationen, die für

die Durchführung der Beweisaufnahme erforderlich sind, zu bezeichnen. Soweit dies nicht offensichtlich ist, ist zu begründen, weswegen das Beweismittel geeignet sein könnte, das Beweisthema zu klären.

(2) Unzulässige, unverwertbare und unmögliche Beweise sind nicht aufzunehmen. Im Übrigen darf eine Beweisaufnahme auf Antrag des Beschuldigten nur unterbleiben, wenn

1. das Beweisthema offenkundig oder für die Beurteilung des Tatverdachts ohne Bedeutung ist,
2. das beantragte Beweismittel nicht geeignet ist, eine erhebliche Tatsache zu beweisen, oder
3. das Beweisthema als erwiesen gelten kann.

(3) Im Ermittlungsverfahren kann die Aufnahme eines Beweises der Hauptverhandlung vorbehalten werden. Dies ist unzulässig, wenn das Ergebnis der Beweisaufnahme geeignet sein kann, den Tatverdacht unmittelbar zu beseitigen, oder die Gefahr des Verlustes des Beweises einer erheblichen Tatsache besteht.

(4) Die Kriminalpolizei hat im Ermittlungsverfahren den beantragten Beweis aufzunehmen oder den Antrag mit Anlassbericht (§ 100 Abs. 2 Z 2) der Staatsanwaltschaft vorzulegen. Die Staatsanwaltschaft hat ihrerseits die Beweisaufnahme zu veranlassen oder den Beschuldigten zu verständigen, aus welchen Gründen sie unterbleibt.

§ 61 StPO

(1) In folgenden Fällen muss der Beschuldigte durch einen Verteidiger vertreten sein (notwendige Verteidigung):

1. im gesamten Verfahren, wenn und solange er in Untersuchungshaft oder gemäß § 173 Abs. 4 in Strafhaft angehalten wird,
2. im gesamten Verfahren zur Unterbringung in einer Anstalt für geistig abnorme Rechtsbrecher nach § 21 StGB (§§ 429 Abs. 2, 430 Abs. 3, 436, 439 Abs. 1),
3. in der Hauptverhandlung zur Unterbringung in einer der in den §§ 22 und 23 StGB genannten Anstalten (§ 439 Abs. 1),
4. in der Hauptverhandlung vor dem Landesgericht als Geschworenen- oder Schöffengericht,
5. in der Hauptverhandlung vor dem Landesgericht als Einzelrichter, wenn für die Straftat, außer in den Fällen der §§ 129 Z 1 bis 3 und 164 Abs. 4 StGB, eine drei Jahre übersteigende Freiheitsstrafe angedroht ist,
6. im Rechtsmittelverfahren auf Grund einer Anmeldung einer Nichtigkeitsbeschwerde oder einer Berufung gegen ein Urteil des Schöffen- oder des Geschworenengerichts,
7. bei der Ausführung eines Antrags auf Erneuerung des Strafverfahrens und beim Gerichtstag zur öffentlichen Verhandlung über einen solchen (§§ 363a Abs. 2 und 363c).

(2) Ist der Beschuldigte außerstande, ohne Beeinträchtigung des für ihn und seine Familie, für deren Unterhalt er zu sorgen hat, zu einer einfachen Lebensführung notwendigen Unterhaltes die gesamten Kosten der Verteidigung zu tragen, so hat das Gericht auf Antrag des Beschuldigten zu beschließen, dass diesem ein Verteidiger beigegeben wird, dessen Kosten er nicht oder nur zum Teil (§ 393 Abs. 1a) zu tragen hat, wenn und soweit dies im Interesse der Rechtspflege, vor allem im Interesse einer zweckentsprechenden Verteidigung, erforderlich ist (Verfahrenshilfeverteidiger). Die Beigebung eines Verteidigers ist in diesem Sinn jedenfalls erforderlich:

1. in den Fällen des Abs. 1,
2. wenn der Beschuldigte blind, gehörlos, stumm, auf andere Weise behindert oder der Gerichtssprache nicht hinreichend kundig und deshalb nicht in der Lage ist, sich selbst zu verteidigen,
3. für das Rechtsmittelverfahren auf Grund einer Anmeldung einer Berufung,
4. bei schwieriger Sach- oder Rechtslage.

(3) In den Fällen des Abs. 1 sind der Beschuldigte und sein gesetzlicher Vertreter aufzufordern, einen Verteidiger zu bevollmächtigen oder die Beigebung eines Verfahrenshilfeverteidigers nach Abs. 2 zu beantragen. Bevollmächtigt weder der Beschuldigte noch sein gesetzlicher Vertreter für ihn einen Verteidiger, so hat ihm das Gericht von Amts wegen einen Verteidiger beizugeben, dessen Kosten er zu tragen hat (Amtsverteidiger), soweit nicht die Voraussetzungen des Abs. 2 erster Satz vorliegen.

(4) Die Beigebung eines Verfahrenshilfeverteidigers gilt, wenn das Gericht nicht im Einzelnen etwas anderes anordnet, für das gesamte weitere Verfahren bis zu dessen rechtskräftigem Abschluss sowie für ein allfälliges Verfahren auf Grund einer zur Wahrung des Gesetzes ergriffenen Nichtigkeitsbeschwerde oder eines Antrages auf Erneuerung des Strafverfahrens.

§ 65 StPO

Im Sinne dieses Gesetzes ist

(1) „Opfer“

a) jede Person, die durch eine vorsätzlich begangene Straftat Gewalt oder gefährlicher Drohung ausgesetzt oder in ihrer sexuellen Integrität beeinträchtigt worden sein könnte,
b) der Ehegatte, der eingetragene Partner, der Lebensgefährte, die Verwandten in gerader Linie, der Bruder oder die Schwester einer Person, deren Tod durch eine Straftat herbeigeführt worden sein könnte, oder andere Angehörige, die Zeugen der Tat waren,
c) jede andere Person, die durch eine Straftat einen Schaden erlitten haben oder sonst in ihren strafrechtlich geschützten Rechtsgütern beeinträchtigt worden sein könnte,

(2) „Privatbeteiligter“ jedes Opfer, das erklärt, sich am Verfahren zu beteiligen, um Ersatz für den erlittenen Schaden oder die erlittene Beeinträchtigung zu begehren,
(3) „Privatankläger“ jede Person, die eine Anklage oder einen anderen Antrag auf Einleitung des Hauptverfahrens wegen einer nicht von Amts wegen zu verfolgenden Straftat bei Gericht einbringt (§71),
(4) „Subsidiarankläger“ jeder Privatbeteiligte, der eine von der Staatsanwaltschaft zurückgezogene Anklage aufrecht hält.

§ 66 StPO

(1) Opfer haben – unabhängig von ihrer Stellung als Privatbeteiligte – das Recht,

1. sich vertreten zu lassen (§ 73),
2. Akteneinsicht zu nehmen (§ 68),
3. vor ihrer Vernehmung vom Gegenstand des Verfahrens und über ihre wesentlichen Rechte informiert zu werden (§ 70 Abs. 1),
4. vom Fortgang des Verfahrens verständigt zu werden (§§ 177 Abs. 5, 194, 197 Abs. 3, 206 und 208 Abs. 3),
5. Übersetzungshilfe zu erhalten, für die § 56 sinngemäß gilt,
6. an einer kontradiktorischen Vernehmung von Zeugen und Beschuldigten (§ 165) und an einer Tatrekonstruktion (§ 150 Abs. 1) teilzunehmen,
7. während der Hauptverhandlung anwesend zu sein und Angeklagte, Zeugen und Sachverständige zu befragen sowie zu ihren Ansprüchen gehört zu werden,
8. die Fortführung eines durch die Staatsanwaltschaft eingestellten Verfahrens zu verlangen (§ 195 Abs. 1).

(2) Opfern im Sinne des § 65 Z 1 lit. a oder b ist auf ihr Verlangen psychosoziale und juristische Prozessbegleitung zu gewähren, soweit dies zur Wahrung der prozessualen Rechte der Opfer unter größtmöglicher Bedachtnahme auf ihre persönliche Betroffenheit erforderlich ist. Psychosoziale Prozessbegleitung umfasst die Vorbereitung der Betroffenen auf das Verfahren und die mit ihm verbundenen emotionalen Belastungen sowie die Begleitung zu Vernehmungen im Ermittlungs- und Hauptverfahren, juristische Prozessbegleitung die rechtliche Beratung und Vertretung durch einen Rechtsanwalt. Die Bundesministerin für Justiz ist ermächtigt, bewährte geeignete Einrichtungen vertraglich zu beauftragen, Opfern im Sinne des § 65 Z 1 lit. a oder b nach Prüfung der gesetzlichen Voraussetzungen Prozessbegleitung zu gewähren.

§ 67 StPO

(1) Opfer haben das Recht, den Ersatz des durch die Straftat erlittenen Schadens oder eine Entschädigung für die Beeinträchtigung ihrer strafrechtlich geschützten

Rechtsgüter zu begehren. Das Ausmaß des Schadens oder der Beeinträchtigung ist von Amts wegen festzustellen, soweit dies auf Grund der Ergebnisse des Strafverfahrens oder weiterer einfacher Erhebungen möglich ist. Wird für die Beurteilung einer Körperverletzung oder Gesundheitsschädigung ein Sachverständiger bestellt, so ist ihm auch die Feststellung der Schmerzperioden aufzutragen.

(2) Opfer werden durch Erklärung zu Privatbeteiligten. In der Erklärung haben sie, soweit dies nicht offensichtlich ist, ihre Berechtigung, am Verfahren mitzuwirken, und ihre Ansprüche auf Schadenersatz oder Entschädigung zu begründen.

(3) Eine Erklärung nach Abs. 2 ist bei der Kriminalpolizei oder bei der Staatsanwaltschaft, nach Einbringen der Anklage beim Gericht einzubringen. Sie muss längstens bis zum Schluss des Beweisverfahrens abgegeben werden; bis dahin ist auch die Höhe des Schadenersatzes oder der Entschädigung zu beziffern. Die Erklärung kann jederzeit zurückgezogen werden.

(4) Eine Erklärung ist zurückzuweisen, wenn

1. sie offensichtlich unberechtigt ist,
2. sie verspätet abgegeben wurde (Abs. 3) oder
3. die Höhe des Schadenersatzes oder der Entschädigung nicht rechtzeitig beziffert wurde.

(5) Die Zurückweisung einer Erklärung nach Abs. 4 obliegt der Staatsanwaltschaft, nach Einbringen der Anklage dem Gericht.

(6) Privatbeteiligte haben über die Rechte der Opfer (§ 66) hinaus das Recht,

1. die Aufnahme von Beweisen nach § 55 zu beantragen,
2. die Anklage nach § 72 aufrechtzuerhalten, wenn die Staatsanwaltschaft von ihr zurücktritt,
3. Beschwerde gegen die gerichtliche Einstellung des Verfahrens nach § 87 zu erheben,
4. zur Hauptverhandlung geladen zu werden und Gelegenheit zu erhalten, nach dem Schlussantrag der Staatsanwaltschaft ihre Ansprüche auszuführen und zu begründen.
5. Berufung wegen ihrer privatrechtlichen Ansprüche nach § 366 zu erheben.

(7) Privatbeteiligten ist – soweit ihnen nicht juristische Prozessbegleitung zu gewähren ist (§ 66 Abs. 2) – Verfahrenshilfe durch unentgeltliche Beigebung eines Rechtsanwalts zu bewilligen, soweit die Vertretung durch einen Rechtsanwalt im Interesse der Rechtspflege, vor allem im Interesse einer zweckentsprechenden Durchsetzung ihrer Ansprüche zur Vermeidung eines nachfolgenden Zivilverfahrens erforderlich ist, und sie außerstande sind, die Kosten ihrer anwaltlichen Vertretung ohne Beeinträchtigung des notwendigen Unterhalts zu bestreiten. Als notwendiger Unterhalt ist derjenige anzusehen, den die Person für sich und ihre Familie, für deren Unterhalt sie zu sorgen hat, zu einer einfachen Lebensführung benötigt. Für die Beigebung und Bestellung eines solchen Vertreters gelten die Bestimmungen der §§ 61 Abs. 4, 62 Abs. 1, 2 und 4 sinngemäß.

§ 68 StPO

(1) Privatbeteiligte und Privatankläger sind zur Akteneinsicht berechtigt, soweit ihre Interessen betroffen sind; hiefür gelten die §§ 51, 52 Abs. 1, Abs. 2 Z 1 und 3 sowie 53 sinngemäß. Im Übrigen darf die Akteneinsicht nur verweigert oder beschränkt werden, soweit durch sie der Zweck der Ermittlungen oder eine unbeeinflusste Aussage als Zeuge gefährdet wäre.
(2) Dieses Recht auf Akteneinsicht steht auch Opfern zu, die nicht als Privatbeteiligte am Verfahren mitwirken.
(3) Das Verbot der Veröffentlichung nach § 54 gilt für Opfer, Privatbeteiligte und Privatankläger sinngemäß.

§ 96 StPO

(1) Die Aufnahme von Beweisen ist in einem Protokoll zu dokumentieren, welches insbesondere zu enthalten hat:

1. die Bezeichnung der Behörde und der an der Amtshandlung beteiligten Personen,
2. Ort, Zeit und Gegenstand der Amtshandlung,
3. den Inhalt von Aussagen,
4. andere wesentliche Vorgänge während der Amtshandlung,
5. allenfalls gestellte Anträge,
6. die Unterschriften der vernommenen Personen. Wird eine Unterschrift verweigert oder unterbleibt sie aus anderen Gründen, so sind die hiefür maßgebenden Umstände im Protokoll zu vermerken.

(2) Das Protokoll ist vom Leiter der Amtshandlung oder von einer anderen geeigneten Person als Schriftführer zu erstellen. Es ist in Vollschrift abzufassen. Sofern es diktiert wird, hat dies für die Anwesenden hörbar zu geschehen. Es ist aber zulässig, vorläufig Kurzschrift zu verwenden oder das Diktat mit einem technischen Hilfsmittel aufzunehmen. Eine solche Vorgangsweise und ein allenfalls verkündeter Beschluss sind jedenfalls sogleich in Vollschrift festzuhalten. Kurzschrift und Tonaufnahme sind unverzüglich in Vollschrift zu übertragen, die Tonaufnahme ist überdies zuvor wiederzugeben, sofern dies einer der Beteiligten verlangt.
(3) Soweit dies für die Beurteilung der Sache und der Ergebnisse der Amtshandlung erforderlich ist oder eine vernommene Person es verlangt, ist ihre Aussage im Protokoll wörtlich wieder zu geben; im Übrigen sind die Antworten ihrem wesentlichen Inhalt nach erzählungsweise festzuhalten. Die gestellten Fragen sind nur soweit aufzunehmen, als dies für das Verständnis der Antwort erforderlich ist.
(4) Das Protokoll ist der vernommenen Person zur Durchsicht mit der Information vorzulegen, dass sie berechtigt ist, Ergänzungen oder Berichtigungen zu

verlangen. Erhebliche Zusätze oder Einwendungen sind in einen Nachtrag aufzunehmen und gesondert zu unterfertigen. Sofern dies abgelehnt wird, hat die vernommene Person das Recht, dem Protokoll eine Stellungnahme beizufügen. Im Übrigen darf in dem einmal Niedergeschriebenen nichts Erhebliches ausgelöscht, zugesetzt oder verändert werden. Durchgestrichene Stellen sollen noch lesbar bleiben. Das Protokoll ist von der vernommenen Person auf jeder Seite und am Ende vom Leiter der Amtshandlung, vom Schriftführer und den übrigen Beteiligten zu unterschreiben.

(5) Das Protokoll ist zum Akt zu nehmen. Soweit die vernommene Person zur Akteneinsicht berechtigt ist, ist ihr auf Verlangen sogleich eine Abschrift oder Kopie auszufolgen, sofern dem schutzwürdige Interessen des Verfahrens oder Dritter nicht entgegen stehen; § 54 ist anzuwenden. Auf Kurzschriften und Tonaufnahmen (Abs. 2) ist § 271 Abs. 6 anzuwenden.

§ 117 StPO

Im Sinne dieses Gesetzes ist

1. „Identitätsfeststellung" die Ermittlung und Feststellung von Daten (§ 4 Z 1 DSG 2000), die eine bestimmte Person unverwechselbar kennzeichnen,
2. „Durchsuchung von Orten und Gegenständen" das Durchsuchen
   a. eines nicht allgemein zugänglichen Grundstückes, Raumes, Fahrzeuges oder Behältnisses,
   b. einer Wohnung oder eines anderen Ortes, der durch das Hausrecht geschützt ist, und darin befindlicher Gegenstände,
3. „Durchsuchung einer Person"
   a. die Durchsuchung der Bekleidung einer Person und der Gegenstände, die sie bei sich hat,
   b. die Besichtigung des unbekleideten Körpers einer Person,
4. „körperliche Untersuchung" die Durchsuchung von Körperöffnungen, die Abnahme einer Blutprobe und jeder andere Eingriff in die körperliche Integrität von Personen,
5. „molekulargenetische Untersuchung" die Ermittlung jener Bereiche in der DNA einer Person, die der Wiedererkennung dienen.

§ 119 StPO

(1) Durchsuchung von Orten und Gegenständen (§ 117 Z 2) ist zulässig, wenn auf Grund bestimmter Tatsachen anzunehmen ist, dass sich dort eine Person verbirgt, die einer Straftat verdächtig ist, oder Gegenstände oder Spuren befinden, die sicherzustellen oder auszuwerten sind.

(2) Durchsuchung einer Person (§ 117 Z 3) ist zulässig, wenn diese

1. festgenommen oder auf frischer Tat betreten wurde,
2. einer Straftat verdächtig ist und auf Grund bestimmter Tatsachen anzunehmen ist, dass sie Gegenstände, die der Sicherstellung unterliegen, bei sich oder Spuren an sich habe,
3. durch eine Straftat Verletzungen erlitten oder andere Veränderungen am Körper erfahren haben könnte, deren Feststellung für Zwecke eines Strafverfahrens erforderlich ist.

§ 120 StPO

(1) Durchsuchungen von Orten und Gegenständen nach § 117 Z 2 lit. b und von Personen nach § 117 Z 3 lit. b sind von der Staatsanwaltschaft auf Grund einer gerichtlichen Bewilligung anzuordnen; bei Gefahr im Verzug ist die Kriminalpolizei allerdings berechtigt, diese Durchsuchungen vorläufig ohne Anordnung und Bewilligung vorzunehmen. Gleiches gilt in den Fällen des § 170 Abs. 1 Z 1 für die Durchsuchung von Personen nach § 117 Z 3 lit.b. Das Opfer darf jedoch in keinem Fall dazu gezwungen werden, sich gegen seinen Willen durchsuchen zu lassen (§§ 119 Abs. 2 Z 3 und 121 Abs. 1 letzter Satz).

(2) Durchsuchungen nach § 117 Z 2 lit. a und nach § 117 Z 3 lit. a kann die Kriminalpolizei von sich aus durchführen.

§ 121 StPO

(1) Vor jeder Durchsuchung ist der Betroffene unter Angabe der hiefür maßgebenden Gründe aufzufordern, die Durchsuchung zuzulassen oder das Gesuchte freiwillig herauszugeben. Von dieser Aufforderung darf nur bei Gefahr im Verzug sowie im Fall des § 119 Abs. 2 Z 1 abgesehen werden. Die Anwendung von Zwang (§ 93) ist im Fall der Durchsuchung einer Person nach § 119 Abs. 2 Z 3 unzulässig.

(2) Der Betroffene hat das Recht, bei einer Durchsuchung nach § 117 Z 2 anwesend zu sein, sowie einer solchen und einer Durchsuchung nach § 117 Z 3 lit. b eine Person seines Vertrauens zuzuziehen; für diese gilt § 160 Abs. 2 sinngemäß. Ist der Inhaber der Wohnung nicht zugegen, so kann ein erwachsener Mitbewohner seine Rechte ausüben. Ist auch das nicht möglich, so sind der Durchsuchung zwei unbeteiligte, vertrauenswürdige Personen beizuziehen. Davon darf nur bei Gefahr im Verzug abgesehen werden. Einer Durchsuchung in ausschließlich der Berufsausübung gewidmeten Räumen einer der in § 157 Abs. 1 Z 2 bis 4 erwähnten Personen ist von Amts wegen ein Vertreter der jeweiligen gesetzlichen Interessenvertretung beziehungsweise der Medieninhaber oder ein von ihm namhaft gemachter Vertreter beizuziehen.

(3) Bei der Durchführung sind Aufsehen, Belästigungen und Störungen auf das unvermeidbare Maß zu beschränken. Die Eigentums- und Persönlichkeitsrechte sämtlicher Betroffener sind soweit wie möglich zu wahren. Eine Durchsuchung

von Personen nach § 117 Z 3 lit. b ist stets von einer Person desselben Geschlechts oder von einem Arzt unter Achtung der Würde der zu untersuchenden Person vorzunehmen.

§ 123 StPO

(1) Eine körperliche Untersuchung ist zulässig, wenn

1. auf Grund bestimmter Tatsachen anzunehmen ist, dass eine Person Spuren hinterlassen hat, deren Sicherstellung und Untersuchung für die Aufklärung einer Straftat wesentlich sind,
2. auf Grund bestimmter Tatsachen anzunehmen ist, dass eine Person Gegenstände im Körper verbirgt, die der Sicherstellung unterliegen, oder
3. Tatsachen, die für die Aufklärung einer Straftat oder die Beurteilung der Zurechnungsfähigkeit von maßgebender Bedeutung sind, auf andere Weise nicht festgestellt werden können.

(2) Eine körperliche Untersuchung nach Abs. 1 Z 1 ist auch an Personen zulässig, die einem durch bestimmte Merkmale individualisierbaren Personenkreis angehören, wenn auf Grund bestimmter Tatsachen anzunehmen ist, dass sich der Täter in diesem Personenkreis befindet und die Aufklärung einer mit mehr als fünf Jahren Freiheitsstrafe bedrohten Straftat oder eines Verbrechens nach dem 10. Abschnitt des Strafgesetzbuches andernfalls wesentlich erschwert wäre.

(3) Eine körperliche Untersuchung ist von der Staatsanwaltschaft auf Grund einer gerichtlichen Bewilligung anzuordnen. Bei Gefahr im Verzug kann die Untersuchung auch auf Grund einer Anordnung der Staatsanwaltschaft durchgeführt werden, doch hat die Staatsanwaltschaft in diesem Fall unverzüglich die gerichtliche Bewilligung einzuholen. Wird diese nicht erteilt, so hat die Staatsanwaltschaft die Anordnung sofort zu widerrufen und das Ergebnis der körperlichen Untersuchung vernichten zu lassen. Einen Mundhöhlenabstrich kann die Kriminalpolizei jedoch von sich aus abnehmen.

(4) Operative Eingriffe und alle Eingriffe, die eine Gesundheitsschädigung von mehr als dreitägiger Dauer bewirken könnten, sind unzulässig. Andere Eingriffe dürfen vorgenommen werden, wenn die zu untersuchende Person nach vorheriger Aufklärung über die möglichen Folgen ausdrücklich zustimmt. Ohne Einwilligung des Betroffenen darf eine Blutabnahme oder ein vergleichbar geringfügiger Eingriff, bei dem der Eintritt von anderen als bloß unbedeutenden Folgen ausgeschlossen ist, vorgenommen werden, wenn

1. die Person im Verdacht steht, durch Ausübung einer gefährlichen Tätigkeit in alkoholisiertem oder sonst durch ein berauschendes Mittel beeinträchtigtem Zustand eine Straftat gegen Leib oder Leben begangen zu haben, oder
2. die körperliche Untersuchung des Beschuldigten zur Aufklärung einer mit mehr als fünf Jahren Freiheitsstrafe bedrohten Straftat oder eines Verbrechens nach dem 10. Abschnitt des Strafgesetzbuches erforderlich ist.

(5) Jede körperliche Untersuchung ist von einem Arzt vorzunehmen; ein Mundhöhlenabstrich kann jedoch auch von einer anderen Person, die für diesen Zweck besonders geschult ist, abgenommen werden. Im Übrigen gelten die Bestimmungen der §§ 121 sowie 122 Abs. 1 letzter Satz und 3 über die Durchsuchung sinngemäß.

(6) Als Beweismittel dürfen die Ergebnisse einer körperlichen Untersuchung nur verwendet werden, wenn

1. die Voraussetzungen für eine körperliche Untersuchung vorlagen,
2. die körperliche Untersuchung rechtmäßig angeordnet worden ist und
3. die Verwendung zum Nachweis einer Straftat, deretwegen die körperliche Untersuchung angeordnet wurde oder hätte angeordnet werden können, dient.

(7) Ergebnisse einer körperlichen Untersuchung, die aus anderen als strafprozessualen Gründen durchgeführt wurde, dürfen in einem Strafverfahren nur als Beweismittel verwendet werden, wenn dies zum Nachweis einer Straftat, deretwegen die körperliche Untersuchung hätte angeordnet werden können, erforderlich ist.

§ 126 StPO

(1) Sachverständige sind zu bestellen, wenn für Ermittlungen oder für Beweisaufnahmen besonderes Fachwissen erforderlich ist, über welches die Strafverfolgungsbehörden durch ihre Organe, besondere Einrichtungen oder bei ihnen dauernd angestellte Personen nicht verfügen. Dolmetscher sind im Rahmen der Übersetzungshilfe und dann zu bestellen, wenn eine Person vernommen wird, die der Verfahrenssprache nicht kundig ist (§ 56), oder für die Ermittlungen wesentliche Schriftstücke in die Verfahrenssprache zu übersetzen sind.

(2) Als Sachverständige und Dolmetscher sind vor allem Personen zu bestellen, die in eine Sachverständigen- oder Dolmetscherliste (§ 2 Abs. 1 des Bundesgesetzes über die allgemein beeideten gerichtlichen Sachverständigen und Dolmetscher, BGBl. Nr. 137/1975) eingetragen sind. Werden andere Personen als Sachverständige oder Dolmetscher bestellt, so sind sie zuvor über ihre wesentlichen Rechte und Pflichten zu informieren. Bei der Wahl von Sachverständigen und der Bestimmung des Umfangs ihres Auftrags ist nach den Grundsätzen der Sparsamkeit, Wirtschaftlichkeit und Zweckmäßigkeit vorzugehen.

(2a) Als Dolmetscher ist von der Staatsanwaltschaft oder vom Gericht eine vom Bundesministerium für Justiz oder in dessen Auftrag von der Justizbetreuungsagentur zur Verfügung gestellte geeignete Person zu bestellen. Für diese gilt § 127 Abs. 1 nicht.

(2b) Steht eine geeignete Person nach Abs. 2a nicht oder nicht rechtzeitig zur Verfügung oder besteht Grund zur Annahme, dass hinsichtlich aller nach Abs. 2a in Betracht kommenden Personen einer der Gründe des Abs. 4 vorliegt, so kann auch eine andere geeignete Person als Dolmetscher bestellt werden. Dabei ist vorrangig eine in die Gerichtssachverständigen- und Gerichtsdolmetscherliste

(§ 2 Abs. 1 SDG) eingetragene Person zu bestellen, im Übrigen jedoch nach Abs. 2 letzter Satz vorzugehen.

(2c) Bei der Wahl von Sachverständigen oder Dolmetschern und der Bestimmung des Umfangs ihres Auftrags ist nach den Grundsätzen der Sparsamkeit, Wirtschaftlichkeit und Zweckmäßigkeit vorzugehen.

(3) Sachverständige sind von der Staatsanwaltschaft, für gerichtliche Ermittlungen oder Beweisaufnahmen (§§ 104, 105) und für das Hauptverfahren (§ 210 Abs. 2) jedoch vom Gericht zu bestellen. Werden Angehörige des wissenschaftlichen Personals einer Universitätseinheit als Sachverständige bestellt, so ist eine Ausfertigung des Auftrags auch dem Leiter der Einheit zuzustellen. Der Beschuldigte hat das Recht, binnen einer angemessen festzusetzenden, eine Woche nicht übersteigenden Frist begründete Einwände gegen die ausgewählte Person zu erheben; darüber ist er zu informieren, wobei ihm eine Ausfertigung der Bestellung zuzustellen ist.

(4) Für Sachverständige und Dolmetscher gelten die Befangenheitsgründe des § 47 Abs. 1 sinngemäß. Soweit sie befangen sind oder ihre Sachkunde in Zweifel steht, sind sie von der Staatsanwaltschaft, im Fall einer Bestellung durch das Gericht von diesem, von Amts wegen oder auf Grund von Einwänden (Abs. 3) ihres Amtes zu entheben, bei Vorliegen eines Befangenheitsgrundes gemäß § 47 Abs. 1 Z 1 und 2 bei sonstiger Nichtigkeit. Im Hauptverfahren kann die Befangenheit eines Sachverständigen oder Dolmetschers nicht bloß mit der Begründung geltend gemacht werden, dass er bereits im Ermittlungsverfahren tätig gewesen ist.

§ 156 StPO

(1) Von der Pflicht zur Aussage sind befreit:

1. Personen, die im Verfahren gegen einen Angehörigen (§ 72 StGB) aussagen sollen, wobei die durch eine Ehe oder eingetragene Partnerschaft begründete Eigenschaft einer Person als Angehöriger für die Beurteilung der Berechtigung zur Aussageverweigerung aufrecht bleibt, auch wenn die Ehe oder eingetragene Partnerschaft nicht mehr besteht;
2. Personen, die durch die dem Beschuldigten zur Last gelegte Straftat verletzt worden sein könnten und zur Zeit ihrer Vernehmung das vierzehnte Lebensjahr noch nicht vollendet haben oder in ihrer Geschlechtssphäre verletzt worden sein könnten, wenn die Parteien Gelegenheit hatten, sich an einer vorausgegangenen kontradiktorischen Einvernahme zu beteiligen (§§ 165, 247).

(2) Nach Abs. 1 Z 1 ist eine erwachsene Person, die als Privatbeteiligte am Verfahren mitwirkt (§ 67), von der Aussage nicht befreit.

(3) Besteht die Befreiung von der Aussage im Verfahren gegen mehrere Beschuldigte nur gegenüber einem von ihnen, so ist der Zeuge hinsichtlich der anderen nur dann befreit, wenn eine Trennung der Aussagen nicht möglich ist. Gleiches

gilt, wenn sich der Befreiungsgrund nur auf einen von mehreren Sachverhalten bezieht.

§ 158 StPO

(1) Die Beantwortung einzelner Fragen können verweigern:

1. Personen, soweit sie ansonsten sich oder einen Angehörigen (§ 156 Abs. 1 Z 1) der Schande oder der Gefahr eines unmittelbaren und bedeutenden vermögensrechtlichen Nachteils aussetzen würden,
2. Personen, die durch die dem Beschuldigten zur Last gelegte Straftat in ihrer Geschlechtssphäre verletzt wurden oder verletzt worden sein könnten, soweit sie Einzelheiten der Tat zu offenbaren hätten, deren Schilderung sie für unzumutbar halten,
3. Personen, soweit sie Umstände aus ihrem höchstpersönlichen Lebensbereich oder dem höchstpersönlichen Lebensbereich einer anderen Person zu offenbaren hätten.

(2) Die in Abs. 1 angeführten Personen können jedoch trotz Weigerung zur Aussage verpflichtet werden, wenn dies wegen der besonderen Bedeutung ihrer Aussage für den Gegenstand des Verfahrens unerlässlich ist.

§ 161 StPO

(1) Der Zeuge ist vor Beginn der Vernehmung zu ermahnen, richtig, vollständig und derart auszusagen, dass er seine Aussage erforderlichenfalls vor Gericht beeiden könne. Sodann ist er über Vor- und Familienname, Geburtsort und -datum, Beruf und Wohnort oder eine sonstige zur Ladung geeignete Anschrift sowie über sein Verhältnis zum Beschuldigten zu befragen. Im Falle der Anwesenheit anderer Personen ist darauf zu achten, dass die persönlichen Verhältnisse des Zeugen möglichst nicht öffentlich bekannt werden.

(2) Danach ist der Zeuge um eine zusammenhängende Darstellung seiner Wahrnehmungen zu ersuchen. Sodann sind allfällige Unklarheiten oder Widersprüche aufzuklären.

(3) Fragen, mit denen dem Zeugen Umstände vorgehalten werden, die erst durch seine Antwort festgestellt werden sollen, dürfen nur dann gestellt werden, wenn dies zum Verständnis des Zusammenhanges erforderlich ist; solche Fragen und die darauf gegebenen Antworten sind wörtlich zu protokollieren. Fragen nach allfälligen strafgerichtlichen Verfahren gegen den Zeugen und nach deren Ausgang sowie Fragen nach Umständen aus dem höchstpersönlichen Lebensbereich des Zeugen dürfen nicht gestellt werden, es sei denn, dass dies nach den besonderen Umständen des Falles unerlässlich ist.

§ 164 StPO

(1) Dem Beschuldigten ist vor Beginn der Vernehmung mitzuteilen, welcher Tat er verdächtig ist. Sodann ist er im Sinn des Abs. 2 und darüber zu informieren, dass er berechtigt sei, sich zur Sache zu äußern oder nicht auszusagen und sich zuvor mit einem Verteidiger zu beraten, soweit dieser Kontakt nicht gemäß § 59 Abs. 1 beschränkt werden kann. Der Beschuldigte ist auch darauf aufmerksam zu machen, dass seine Aussage seiner Verteidigung dienen, aber auch als Beweis gegen ihn Verwendung finden könne.

(2) Der Beschuldigte hat das Recht, seiner Vernehmung einen Verteidiger beizuziehen; dieser darf sich an der Vernehmung selbst auf keine Weise beteiligen, jedoch nach deren Abschluss ergänzende Fragen an den Beschuldigten richten. Während der Vernehmung darf sich der Beschuldigte nicht mit dem Verteidiger über die Beantwortung einzelner Fragen beraten. Von der Beiziehung eines Verteidigers kann jedoch abgesehen werden, soweit dies erforderlich erscheint, um eine Gefahr für die Ermittlungen oder eine Beeinträchtigung von Beweismitteln abzuwenden. In diesem Fall ist nach Möglichkeit eine Ton- oder Bildaufnahme (§ 97) anzufertigen.

(3) Der Beschuldigte ist zunächst über seine persönlichen Verhältnisse zu befragen. Dann ist ihm Gelegenheit zu geben, sich in einer zusammenhängenden Darstellung zu dem gegen ihn erhobenen Tatvorwurf zu äußern. Zu schwierigen Fragen, die besondere Sachkunde voraussetzen oder eine Beurteilung durch einen Sachverständigen erfordern, ist ihm zu gestatten, sich binnen angemessener Frist ergänzend schriftlich zu äußern.

(4) Es dürfen weder Versprechungen oder Vorspiegelungen noch Drohungen oder Zwangsmittel angewendet werden, um den Beschuldigten zu einem Geständnis oder zu anderen Angaben zu bewegen. Die Freiheit seiner Willensentschließung und seiner Willensbetätigung sowie sein Erinnerungsvermögen und seine Einsichtsfähigkeit dürfen durch keinerlei Maßnahmen oder gar Eingriffe in seine körperliche Integrität beeinträchtigt werden. Dem Beschuldigten gestellte Fragen müssen deutlich und klar verständlich und dürfen nicht unbestimmt, mehrdeutig oder verfänglich sein. Fragen, mit denen ihm Umstände vorgehalten werden, die erst durch seine Antwort festgestellt werden sollen, dürfen nur dann gestellt werden, wenn dies zum Verständnis des Zusammenhanges erforderlich ist; solche Fragen und die darauf gegebenen Antworten sind wörtlich zu protokollieren. Fragen, die eine vom Beschuldigten nicht zugestandene Tatsache als bereits zugestanden behandeln, sind nicht zulässig.

§ 165 StPO

(1) Eine kontradiktorische Vernehmung sowie die Ton- oder Bildaufnahme einer solchen Vernehmung des Beschuldigten oder eines Zeugen ist zulässig, wenn zu besorgen ist, dass die Vernehmung in einer Hauptverhandlung aus tatsächlichen oder rechtlichen Gründen nicht möglich sein werde.

(2) Die kontradiktorische Vernehmung hat das Gericht auf Antrag der Staatsanwaltschaft in sinngemäßer Anwendung der Bestimmungen der §§ 249 und 250 durchzuführen (§ 104). Das Gericht hat der Staatsanwaltschaft, dem Beschuldigten, dem Opfer, dem Privatbeteiligten und deren Vertretern Gelegenheit zu geben, sich an der Vernehmung zu beteiligen und Fragen zu stellen.

(3) Bei der Vernehmung eines Zeugen ist in seinem Interesse, besonders mit Rücksicht auf sein geringes Alter oder seinen seelischen oder gesundheitlichen Zustand, oder im Interesse der Wahrheitsfindung auf Antrag der Staatsanwaltschaft oder von Amts wegen die Gelegenheit zur Beteiligung derart zu beschränken, dass die Beteiligten des Verfahrens (Abs. 2) und ihre Vertreter die Vernehmung unter Verwendung technischer Einrichtungen zur Wort- und Bildübertragung mitverfolgen und ihr Fragerecht ausüben können, ohne bei der Befragung anwesend zu sein. Insbesondere wenn der Zeuge das vierzehnte Lebensjahr noch nicht vollendet hat, kann in diesem Fall ein Sachverständiger mit der Befragung beauftragt werden. In jedem Fall ist dafür Sorge zu tragen, dass eine Begegnung des Zeugen mit dem Beschuldigten und anderen Verfahrensbeteiligten möglichst unterbleibt.

(4) Einen Zeugen, der das vierzehnte Lebensjahr noch nicht vollendet hat und durch die dem Beschuldigten zur Last gelegte Straftat in seiner Geschlechtssphäre verletzt worden sein könnte, hat das Gericht in jedem Fall auf die in Abs. 3 beschriebene Art und Weise zu vernehmen, die übrigen im § 156 Abs. 1 Z 1 und 2 erwähnten Zeugen dann, wenn sie oder die Staatsanwaltschaft dies beantragen.

(5) Vor der Vernehmung hat das Gericht den Zeugen überdies darüber zu informieren, dass das Protokoll in der Hauptverhandlung verlesen und Ton- oder Bildaufnahmen der Vernehmung vorgeführt werden können, auch wenn er im weiteren Verfahren die Aussage verweigern sollte. Soweit ein Sachverständiger mit der Durchführung der Befragung beauftragt wurde (Abs. 3), obliegt diesem die Vornahme dieser Information und jener nach §§ 161 Abs. 1. Auf das Alter und den Zustand des Zeugen ist dabei Rücksicht zu nehmen. Die Informationen und darüber abgegebene Erklärungen sind zu protokollieren.

(6) Im Übrigen sind die Bestimmungen dieses Abschnitts sinngemäß anzuwenden.

§ 211 StPO

(1) Die Anklageschrift hat anzuführen:

1. den Namen des Angeklagten sowie weitere Angaben zur Person,
2. Zeit, Ort und die näheren Umstände der Begehung der dem Angeklagten zur Last gelegten Tat und die gesetzliche Bezeichnung der durch sie verwirklichten strafbaren Handlung,
3. die übrigen anzuwendenden Strafgesetze.

(2) In der Anklageschrift hat die Staatsanwaltschaft ihre Anträge für das Hauptverfahren zu stellen und dabei insbesondere auch die Beweise anzuführen, die im

Hauptverfahren aufgenommen werden sollen; die Zuständigkeit des angerufenen Gerichts ist erforderlichenfalls zu begründen. Schließlich ist der Sachverhalt nach den Ergebnissen des Ermittlungsverfahrens zusammenzufassen und zu beurteilen.

§ 220 StPO

Beteiligte des Hauptverfahrens sind neben der Staatsanwaltschaft (§ 210 Abs. 2) der Angeklagte (§ 48 Abs. 1 Z 2), der Haftungsbeteiligte (§ 64), der Privatankläger (§ 71), der Subsidiarankläger (§ 72) sowie der Privatbeteiligte (§ 67).

§ 229 StPO

(1) Die Öffentlichkeit einer Hauptverhandlung darf von Amts wegen oder auf Antrag eines Beteiligten des Verfahrens oder eines Opfers ausgeschlossen werden:

1. wegen Gefährdung der öffentlichen Ordnung oder der nationalen Sicherheit;
2. vor Erörterung des persönlichen Lebens- oder Geheimnisbereiches eines Angeklagten, Opfers, Zeugen oder Dritten;
3. zum Schutz der Identität eines Zeugen oder eines Dritten aus den in § 162 angeführten Gründen.

(2) Über einen Ausschluss gemäß Abs. 1 entscheidet das Schöffengericht in jeder Lage des Verfahrens mit Beschluss. Der Ausschluss kann das gesamte Verfahren oder einen Teil dessen umfassen, insoweit dies bei Überwiegen der schutzwürdigen Interessen (Abs. 1) geboten ist.

(3) Ein Beschluss gemäß Abs. 2 ist samt Gründen in öffentlicher Sitzung zu verkünden; gegen ihn steht ein selbständiges, die weitere Verhandlung hemmendes Rechtsmittel nicht zu.

(4) Die Verkündung des Urteils (§§ 259, 260) hat stets in öffentlicher Sitzung zu erfolgen.

§ 232 StPO

(1) Der Vorsitzende leitet die Verhandlung.

(2) Er ist verpflichtet, die Ermittelung (Anm.: richtig: Ermittlung) der Wahrheit zu fördern, und hat dafür zu sorgen, dass Erörterungen unterbleiben, die die Hauptverhandlung ohne Nutzen für die Aufklärung der Sache verzögern würden.

(3) Er vernimmt den Angeklagten und die Zeugen und bestimmt die Reihenfolge, in der die Personen zu sprechen haben, die das Wort verlangen.

(4) Wenn mehrere Anklagepunkte vorliegen, kann er verfügen, dass über jeden oder über einzelne davon abgesondert zu verhandeln sei.

§ 238 StPO

(1) Über Beweisanträge (§ 55 Abs. 1 und 2), die in der Hauptverhandlung gestellt werden, entscheidet das Schöffengericht mit Beschluss (§ 40 Abs. 2 und § 116 Abs. 4), soweit ihnen der Vorsitzende (§ 254) nicht Folge zu geben gedenkt.
(2) Nach Abs. 1 ist auch vorzugehen, wenn von den Beteiligten des Verfahrens in der Hauptverhandlung sonst gegensätzliche Anträge gestellt werden oder der Vorsitzende einem unbestrittenen Antrag eines Beteiligten nicht Folge zu geben gedenkt.
(3) Der Beschluss ist samt seinen Entscheidungsgründen sofort, jedenfalls jedoch vor Schluss der Verhandlung mündlich zu verkünden. Den Beteiligten steht ein selbständiges, die weitere Verhandlung hemmendes Rechtsmittel gegen ihn nicht zu (§ 86 Abs. 3).

§ 247 StPO

Zeugen und Sachverständige werden einzeln aufgerufen und in Anwesenheit der Beteiligten des Verfahrens vernommen. Sie sind vor ihrer Vernehmung zur Angabe der Wahrheit zu erinnern und über die Folgen einer falschen Aussage zu belehren.

§ 249 StPO

(1) Außer dem Vorsitzenden sind auch die übrigen Mitglieder des Schöffengerichts, die Beteiligten des Verfahrens und Opfer sowie deren Vertreter befugt, an jede zu vernehmende Person, nachdem sie das Wort hiezu vom Vorsitzenden erhalten haben, Fragen zu stellen.
(2) Der Vorsitzende hat unzulässige Fragen zurückzuweisen; Fragen, die sonst unangemessen erscheinen, kann er untersagen.
(3) Der Angeklagte kann zur Befragung eines Sachverständigen eine Person mit besonderem Fachwissen beiziehen, der ein Sitz neben dem Verteidiger zu gestatten ist. Diese darf den Verteidiger bei der Fragestellung unterstützen, ohne jedoch selbst Fragen an den Sachverständigen richten zu dürfen.

§ 250 StPO

(1) Der Vorsitzende ist befugt, ausnahmsweise den Angeklagten während der Abhörung eines Zeugen oder eines Mitangeklagten aus dem Sitzungssaal abtreten zu lassen. Er muss ihn aber, sobald er ihn nach seiner Wiedereinführung über den in seiner Abwesenheit verhandelten Gegenstand vernommen hat, von allem in Kenntnis setzen, was in seiner Abwesenheit vorgenommen wurde, insbesondere von den Aussagen, die inzwischen gemacht worden sind.
(2) Ist diese Mitteilung unterblieben, so muss sie jedenfalls bei sonstiger Nichtigkeit vor Schluss des Beweisverfahrens nachgetragen werden.

(3) Opfer gemäß § 65 Z 1 lit. a hat der Vorsitzende auf ihren Antrag auf die in § 165 Abs. 3 beschriebene Art und Weise zu vernehmen; im Übrigen hat er bei der Vernehmung von Zeugen § 165 sinngemäß anzuwenden. Dabei hat er auch den bei der Befragung nicht anwesenden Mitgliedern des Schöffengerichts Gelegenheit zu geben, die Vernehmung des Zeugen mitzuverfolgen und den Zeugen zu befragen.

§ 252 StPO

(1) Protokolle über die Vernehmung von Mitbeschuldigten und Zeugen, Protokolle über die Aufnahme von Beweisen, Amtsvermerke und andere amtliche Schriftstücke, in denen Aussagen von Zeugen oder Mitbeschuldigten festgehalten worden sind, Gutachten von Sachverständigen sowie Ton- und Bildaufnahmen über die Vernehmung von Mitbeschuldigten oder Zeugen dürfen bei sonstiger Nichtigkeit nur in den folgenden Fällen verlesen oder vorgeführt werden.

1. wenn die Vernommenen in der Zwischenzeit gestorben sind; wenn ihr Aufenthalt unbekannt oder ihr persönliches Erscheinen wegen ihres Alters, wegen Krankheit oder Gebrechlichkeit oder wegen entfernten Aufenthaltes oder aus anderen erheblichen Gründen füglich nicht bewerkstelligt werden konnte;
2. wenn die in der Hauptverhandlung Vernommenen in wesentlichen Punkten von ihren früher abgelegten Aussagen abweichen;

2a. wenn Zeugen die Aussage berechtigt verweigern (§§ 156, 157 und 158) und die Staatsanwaltschaft und der Angeklagte Gelegenheit hatten, sich an einer gerichtlichen Vernehmung zu beteiligen (§§ 165, 247);

3. wenn Zeugen, ohne dazu berechtigt zu sein, oder wenn Mitangeklagte die Aussage verweigern; endlich
4. wenn über die Vorlesung Ankläger und Angeklagter einverstanden sind.

(2) Amtsvermerke über einen Augenschein (§ 149 Abs. 2) und Befunde, gegen den Angeklagten früher ergangene Straferkenntnisse sowie Urkunden und Schriftstücke anderer Art, die für die Sache von Bedeutung sind, müssen vorgelesen werden.

(2a) Anstelle der Vorlesung oder Vorführung (Abs. 1 und 2) kann der Vorsitzende den erheblichen Inhalt der Aktenstücke vortragen, soweit die Beteiligten des Verfahrens zustimmen und die Aktenstücke sowohl allen Mitgliedern des Schöffengericht als auch den Beteiligten zugänglich sind.

(3) Nach jeder Vorlesung und jedem Vortrag (Abs. 2a) ist der Angeklagte zu befragen, ob er darüber etwas zu bemerken habe. Er kann dabei auch auf andere Teile der vorgetragenen Aktenstücke eingehen und die Vorlesung dieser oder anderer Aktenstücke verlangen, die für die Sache von Bedeutung sind.

(4) Die Bestimmungen des Abs. 1 dürfen bei sonstiger Nichtigkeit nicht umgangen werden.

§ 254 StPO

(1) Der Vorsitzende ist ermächtigt, ohne Antrag der Beteiligten des Verfahrens Zeugen und Sachverständige, von denen nach dem Gange der Verhandlung Aufklärung über erhebliche Tatsachen zu erwarten ist, im Laufe des Verfahrens vorladen und nötigenfalls vorführen zu lassen und zu vernehmen.
(2) Der Vorsitzende kann auch neue Sachverständige bestellen oder die Aufnahme anderer Beweise anordnen, insbesondere einen Augenschein in Anwesenheit der Beteiligten des Verfahrens durchführen oder durch den beisitzenden Richter vornehmen lassen. Soweit besondere Umstände eine Durchführung der Beweisaufnahme vor dem Schöffengericht nicht zulassen, ist über die Ergebnisse in der Hauptverhandlung zu berichten.

§ 258 StPO

(1) Das Gericht hat bei der Urteilsfällung nur auf das Rücksicht zu nehmen, was in der Hauptverhandlung vorgekommen ist. Aktenstücke können nur insoweit als Beweismittel dienen, als sie bei der Hauptverhandlung vorgelesen oder vom Vorsitzenden vorgetragen (§ 252 Abs. 2a) worden sind.
(2) Das Gericht hat die Beweismittel auf ihre Glaubwürdigkeit und Beweiskraft sowohl einzeln als auch in ihrem inneren Zusammenhange sorgfältig und gewissenhaft zu prüfen. Über die Frage, ob eine Tatsache als erwiesen anzunehmen sei, entscheiden die Richter nicht nach gesetzlichen Beweisregeln, sondern nur nach ihrer freien, aus der gewissenhaften Prüfung aller für und wider vorgebrachten Beweismittel gewonnenen Überzeugung.
(3) Bei der Beurteilung der Aussage eines Zeugen, dem nach § 162 gestattet worden ist, bestimmte Fragen nicht zu beantworten, ist insbesondere zu prüfen, ob dem Gericht und den Beteiligten ausreichend Gelegenheit geboten war, sich mit der Glaubwürdigkeit des Zeugen und der Beweiskraft seiner Aussage auseinanderzusetzen.

§ 260 StPO

(1) Wird der Angeklagte schuldig befunden, so muss das Strafurteil aussprechen:

1. welcher Tat der Angeklagte schuldig befunden worden ist, und zwar unter ausdrücklicher Bezeichnung der einen bestimmten Strafsatz bedingenden Tatumstände;
2. welche strafbare Handlung durch die als erwiesen angenommenen Tatsachen, deren der Angeklagte schuldig befunden worden ist, begründet wird, unter gleichzeitigem Ausspruch, ob die strafbare Handlung ein Verbrechen oder ein Vergehen ist;
3. zu welcher Strafe der Angeklagte verurteilt wird;

und zwar diese drei Punkte bei sonstiger Nichtigkeit; außerdem ist noch beizufügen:

4. welche strafgesetzlichen Bestimmungen auf ihn angewendet wurden;
5. die Entscheidung über die geltend gemachten Entschädigungsansprüche und über die Prozesskosten.

(2) Wird der Angeklagte wegen vorsätzlicher und fahrlässiger Taten

1. zu einer mehr als einjährigen Freiheitsstrafe verurteilt, so ist im Anschluss an den Strafausspruch festzustellen, ob auf eine oder mehrere vorsätzlich begangene Straftaten eine mehr als einjährige Freiheitsstrafe entfällt, oder
2. zu einer nicht bedingt nachgesehenen Freiheitsstrafe von mehr als sechs Monaten verurteilt, so ist im Anschluss an den Strafausspruch festzustellen, ob auf eine oder mehrere vorsätzlich begangene Straftaten eine nicht bedingt nachgesehene Freiheitsstrafe von mehr als sechs Monaten entfällt.

(3) Ist die im Abs. 2 genannte Feststellung im Strafurteil unterblieben, so ist sie von Amts wegen oder auf Antrag eines zur Ergreifung der Nichtigkeitsbeschwerde Berechtigten mit Beschluss nachzuholen. Gegen diesen Beschluss, der dem Ankläger und dem Angeklagten zuzustellen ist, steht jedem zur Ergreifung der Nichtigkeitsbeschwerde Berechtigten die binnen vierzehn Tagen einzubringende Beschwerde an das Oberlandesgericht zu. Ist außer über die Beschwerde noch über eine von wem immer ergriffene Nichtigkeitsbeschwerde zu entscheiden, so entscheidet der Oberste Gerichtshof auch über die Beschwerde.

§ 270 StPO

(1) Jedes Urteil muss binnen vier Wochen vom Tage der Verkündung schriftlich ausgefertigt und vom Vorsitzenden unterschrieben werden.

(2) Die Urteilsausfertigung muss enthalten:

1. die Bezeichnung des Gerichtes und die Namen der anwesenden Mitglieder des Schöffengerichts sowie der Beteiligten des Verfahrens;
2. den Vor- und den Familiennamen sowie alle früher geführten Namen, Tag und Ort der Geburt, die Staatsangehörigkeit und den Beruf des Angeklagten sowie den Namen des Verteidigers;
3. den Tag der Hauptverhandlung und des ergehenden Urteiles;
4. den Ausspruch des Schöffengerichts über die Schuld des Angeklagten, und zwar im Fall einer Verurteilung mit allen in § 260 angeführten Punkten; schließlich
5. die Entscheidungsgründe. In diesen muss in gedrängter Darstellung, aber mit voller Bestimmtheit angegeben sein, welche Tatsachen und aus welchen Gründen das Schöffengericht sie als erwiesen oder als nicht erwiesen angenommen hat, von welchen Erwägungen es bei der Entscheidung der Rechtsfragen und bei Beseitigung der vorgebrachten Einwendungen geleitet wurde und, im Fall einer Verurteilung, welche Erschwerungs- und

Milderungsumstände er gefunden hat. Im Falle einer Verurteilung zu einer in Tagessätzen bemessenen Geldstrafe sind die für die Bemessung des Tagessatzes maßgebenden Umstände (§ 19 Abs. 2 StGB) anzugeben. Bei einem freisprechenden Urteile haben die Entscheidungsgründe insbesondere deutlich anzugeben, aus welchem der im § 259 angegebenen Gründe sich das Schöffengericht zur Freisprechung bestimmt gefunden hat.

(3) Schreib- und Rechenfehler, ferner solche Formgebrechen und Auslassungen, die nicht die im § 260 Abs. 1 Z. 1 bis 3 und Abs. 2 erwähnten Punkte betreffen, hat der Vorsitzende jederzeit, allenfalls nach Anhörung der Beteiligten, zu berichtigen. Die Zurückweisung eines auf eine solche Berichtigung abzielenden Antrages sowie die vorgenommene Berichtigung können von jedem zur Ergreifung der Nichtigkeitsbeschwerde Berechtigten oder sonst Beteiligten mit der binnen vierzehn Tagen einzubringenden Beschwerde an das Oberlandesgericht angefochten werden. Ist außer über die Beschwerde noch über eine von wem immer ergriffene Nichtigkeitsbeschwerde zu entscheiden, so entscheidet der Oberste Gerichtshof auch über die Beschwerde. Die beschlossene Verbesserung ist am Rande des Urteils beizusetzen und muss allen Ausfertigungen beigefügt werden.

(4) Verzichten die Beteiligten des Verfahrens auf ein Rechtsmittel oder melden sie innerhalb der dafür offen stehenden Frist kein Rechtsmittel an, so kann das Urteil in gekürzter Form ausgefertigt werden, es sei denn, dass eine zwei Jahre übersteigende Freiheitsstrafe verhängt oder eine mit Freiheitsentziehung verbundene vorbeugende Maßnahme oder ein Tätigkeitsverbot (§ 220b StGB) angeordnet worden ist. Die gekürzte Urteilsausfertigung hat zu enthalten:

1. die im Abs. 2 enthaltenen Angaben mit Ausnahme der Entscheidungsgründe;
2. im Fall einer Verurteilung die vom Gericht als erwiesen angenommenen Tatsachen in gedrängter Darstellung sowie die für die Strafbemessung und gegebenenfalls die für die Bemessung des Tagessatzes (§ 19 Abs. 2 StGB) maßgebenden Umstände in Schlagworten;
3. im Fall eines Freispruchs eine gedrängte Darstellung der dafür maßgebenden Gründe.

§ 271 StPO

(1) Über die Hauptverhandlung ist bei sonstiger Nichtigkeit ein Protokoll aufzunehmen, für das – soweit im Folgenden nicht anderes bestimmt wird – § 96 Abs. 2 und 3 anzuwenden ist; es hat insbesondere zu enthalten:

1. die Bezeichnung des Gerichts sowie Ort, Beginn und Ende der Hauptverhandlung,
2. die Namen der Mitglieder des Schöffengerichts, der Beteiligten des Verfahrens und ihrer Vertreter und, wenn ein Schriftführer beigezogen wurde, dessen Namen,
3. die Namen der beigezogenen Dolmetscher, der vernommenen Zeugen und Sachverständigen,

4. alle wesentlichen Förmlichkeiten des Verfahrens,
5. die Bezeichnung der verlesenen und vorgetragenen Schriftstücke (§ 252 Abs. 2a und 3),
6. alle Anträge der Beteiligten des Verfahrens und die darüber getroffenen Entscheidungen,
7. den Spruch des Urteils mit den in § 260 Abs. 1 Z 1 bis 3 bezeichneten Angaben.

   Den Beteiligten des Verfahrens steht es frei, die Feststellung einzelner Punkte im Protokoll zur Wahrung ihrer Rechte zu verlangen.

(1a) Unter den Voraussetzungen des § 270 Abs. 4 kann das Verhandlungsprotokoll durch einen vom Vorsitzenden zu unterschreibenden Vermerk ersetzt werden, der lediglich die in Abs. 1 Z 1 bis 3 angeführten Angaben enthält.

(2) Dem Schriftführer kann bei entsprechender Eignung die selbstständige Abfassung der Verhandlungsmitschrift und deren Übertragung überlassen werden, ansonsten nach Abs. 4 zweiter Satz vorzugehen ist. Der Schriftführer darf sich zur Unterstützung eines technischen Hilfsmittels bedienen.

(3) Die Antworten des Angeklagten (§ 245) und die Aussagen von Zeugen und Sachverständigen sind ihrem wesentlichen Inhalt nach zusammengefasst in das Protokoll aufzunehmen, soweit nicht deren wörtliche Wiedergabe für die Urteilsfällung erforderlich erscheint. Werden Zeugen oder Sachverständige in der Hauptverhandlung nicht das erste Mal vernommen, so sind nur Abweichungen, Veränderungen oder Zusätze der bereits in den Akten enthaltenen Angaben in das Protokoll aufzunehmen.

(4) Hat der Vorsitzende von der Beiziehung eines Schriftführers abgesehen, so sind die Angaben nach Abs. 1 Z 1 bis 3 in Vollschrift festzuhalten. Im Übrigen sind die Angaben über Verlauf und Inhalt der Hauptverhandlung nach Abs. 1 Z 4 bis 7 und Abs. 3 vom Vorsitzenden oder einem von ihm beauftragten richterlichen Mitglied des Schöffengerichts für die Anwesenden hörbar zu diktieren. Das Diktat ist unter Verwendung eines technischen Hilfsmittels aufzunehmen oder sofort zu übertragen.

(5) Sachverständige haben auf Anordnung des Vorsitzenden Befund und Gutachten sowie deren Ergänzungen selbst auf die im Abs. 4 beschriebene Art zu diktieren.

(6) Der Inhalt der Aufnahme oder der Mitschrift ist auf Verlangen eines Beteiligten des Verfahrens wiederzugeben. Tonaufnahme und Verhandlungsmitschrift sind unverzüglich in Vollschrift zu übertragen. Diese Übertragung sowie die bereits in Vollschrift aufgenommenen Angaben bilden das Verhandlungsprotokoll, das vom Vorsitzenden sowie, soweit ein solcher beigezogen wurde, vom Schriftführer zu unterschreiben ist. Eine Ausfertigung des Protokolls ist den Beteiligten, soweit sie nicht darauf verzichtet haben, ehestmöglich, spätestens aber zugleich mit der Urteilsausfertigung zuzustellen.

(7) Für die Berichtigung von Schreib- und Rechenfehlern im Verhandlungsprotokoll gilt § 270 Abs. 3 erster Satz sinngemäß. Im Übrigen hat der Vorsitzende das Protokoll von Amts wegen oder auf Antrag einer zur Ergreifung von Berufung oder Nichtigkeitsbeschwerde berechtigten Partei nach Vornahme der erforderlichen Erhebungen durch Beschluss zu ergänzen oder zu berichtigen, soweit

erhebliche Umstände oder Vorgänge im Protokoll der Hauptverhandlung zu Unrecht nicht erwähnt oder unrichtig wiedergegeben wurden. Der Antrag ist spätestens mit Ablauf der für die Ausführung einer gegen das Urteil angemeldeten Nichtigkeitsbeschwerde oder Berufung offen stehenden Frist einzubringen, ansonsten als unzulässig zurückzuweisen. Den Parteien ist Gelegenheit zur Stellungnahme zur in Aussicht genommenen oder begehrten Berichtigung oder Ergänzung und zu den Ergebnissen der gepflogenen Erhebungen binnen festzusetzender angemessener Frist einzuräumen. § 270 Abs. 3 zweiter bis vierter Satz gilt sinngemäß. Wird eine Ergänzung oder Berichtigung des Verhandlungsprotokolls nach Zustellung der Abschrift des Urteils an den Beschwerdeführer vorgenommen, so löst erst die neuerliche Zustellung die Fristen zur Ausführung angemeldeter Rechtsmittel (§§ 285 und 294) aus.

§ 271a StPO

(1) Wenn der Vorsitzende es für zweckmäßig erachtet, kann die Protokollführung nach Maßgabe der den Gerichten zur Verfügung stehenden Ausstattung durch die Verwendung technischer Einrichtungen zur Wort- oder Bildaufnahme unterstützt werden. In diesem Fall ist der gesamte Verlauf der Hauptverhandlung unmittelbar aufzunehmen und dies allen Beteiligten zuvor bekannt zu machen. Abgesehen von den in § 271 Abs. 1 Z 1 bis 3 erwähnten Angaben kann der Vorsitzende Verhandlungsmitschrift oder Diktat auf die Anordnung beschränken, welche Teile der Aufnahme in Schriftform zu übertragen sind.

(2) Den Beteiligten des Verfahrens steht das Recht zu, die Wiedergabe der Aufnahme oder ihre Übersendung auf einem elektronischen Datenträger in einem allgemein gebräuchlichen Dateiformat zu verlangen. Zu übertragen ist eine solche Aufnahme nur, wenn es der Vorsitzende für zweckmäßig erachtet oder ein Beteiligter ein besonderes rechtliches Interesse daran glaubhaft macht und die vom Vorsitzenden zu bestimmenden Kosten der Übertragung übernimmt; § 77 Abs. 1 und 3 ist anzuwenden. Die Aufnahme ist als Beilage zum Akt zu nehmen.

(3) Wurde der gesamte Verlauf der Hauptverhandlung nach Abs. 1 aufgenommen und verzichten die Beteiligten des Verfahrens auf ein Rechtsmittel oder melden sie innerhalb der hiefür offen stehenden Frist kein Rechtsmittel an, so kann das Verhandlungsprotokoll durch einen vom Vorsitzenden zu unterschreibenden Vermerk ersetzt werden, der lediglich die in § 271 Abs. 1 Z 1 bis 3 angeführten Angaben enthält. Sofern sie ein rechtliches Interesse glaubhaft machen, können die Beteiligten des Verfahrens binnen vierzehn Tagen nach Verkündung des Urteils die Herstellung des Protokolls und die Zustellung einer Ausfertigung verlangen.

§ 281 StPO

(1) Die Nichtigkeitsbeschwerde kann gegen ein freisprechendes Urteil nur zum Nachteile, gegen ein verurteilendes sowohl zum Vorteile als auch zum Nachteile

des Angeklagten ergriffen werden, jedoch, sofern sie nicht nach besonderen gesetzlichen Vorschriften auch in anderen Fällen zugelassen ist, nur wegen eines der folgenden Nichtigkeitsgründe:

1. wenn das Schöffengericht nicht gehörig besetzt war, wenn nicht alle Richter der ganzen Verhandlung beiwohnten oder wenn sich ein ausgeschlossener Richter (§§ 43 und 46) an der Entscheidung beteiligte; es sei denn, dass der die Nichtigkeit begründende Tatumstand dem Beschwerdeführer noch vor oder während der Hauptverhandlung bekannt und von ihm nicht gleich beim Beginne der Hauptverhandlung oder sofort, nachdem er in dessen Kenntnis gelangt war, geltend gemacht wurde;

1a. wenn der Angeklagte nicht während der ganzen Hauptverhandlung durch einen Verteidiger vertreten war, obwohl dies zwingend vorgeschrieben war;

2. wenn ein Protokoll oder ein anderes amtliches Schriftstück über eine nichtige Erkundigung oder Beweisaufnahme im Ermittlungsverfahren trotz Widerspruchs des Beschwerdeführers in der Hauptverhandlung verlesen wurde;

3. wenn in der Hauptverhandlung eine Bestimmung verletzt oder missachtet worden ist, deren Einhaltung das Gesetz bei sonstiger Nichtigkeit anordnet (§§ 126 Abs. 4, 140 Abs. 1, 144 Abs. 1, 155 Abs. 1, 157 Abs. 2 und 159 Abs. 3, 221 Abs. 2, 228, 240a, 250, 252, 260, 271, 427, 430 Abs. 3 und 4 sowie 439 Abs. 1 und 2);

4. wenn während der Hauptverhandlung über einen Antrag des Beschwerdeführers nicht erkannt worden ist oder wenn durch einen gegen seinen Antrag oder Widerspruch gefassten Beschluss Gesetze oder Grundsätze des Verfahrens hintangesetzt oder unrichtig angewendet worden sind, deren Beobachtung durch grundrechtliche Vorschriften, insbesondere durch Art. 6 der Europäischen Konvention zum Schutze der Menschenrechte und Grundfreiheiten, BGBl. Nr. 210/1958 oder sonst durch das Wesen eines die Strafverfolgung und die Verteidigung sichernden, fairen Verfahrens geboten ist;

5. wenn der Ausspruch des Schöffengerichts über entscheidende Tatsachen (§ 270 Abs. 2 Z. 4 und 5) undeutlich, unvollständig oder mit sich selbst im Widerspruch ist; wenn für diesen Ausspruch keine oder nur offenbar unzureichende Gründe angegeben sind; oder wenn zwischen den Angaben der Entscheidungsgründe über den Inhalt einer bei den Akten befindlichen Urkunde oder über eine Aussage und der Urkunde oder dem Vernehmungs- oder Sitzungsprotokoll selbst ein erheblicher Widerspruch besteht;

5a. wenn sich aus den Akten erhebliche Bedenken gegen die Richtigkeit der dem Ausspruch über die Schuld zugrunde gelegten entscheidenden Tatsachen ergeben;

6. wenn das Schöffengericht zu Unrecht seine Unzuständigkeit (§ 261) ausgesprochen hat;

7. wenn das ergangene Endurteil die Anklage nicht erledigt oder

8. diese gegen die Vorschrift der §§ 262, 263 und 267 überschritten hat;

9. wenn durch den Ausspruch über die Frage,
   a) ob die dem Angeklagten zur Last fallende Tat eine zur Zuständigkeit der Gerichte gehörige strafbare Handlung begründe;
   b) ob Umstände vorhanden seien, durch die die Strafbarkeit der Tat aufgehoben oder die Verfolgung wegen der Tat ausgeschlossen ist, endlich
   c) ob die nach dem Gesetz erforderliche Anklage fehle, ein Gesetz verletzt oder unrichtig angewendet wurde;
10. wenn die der Entscheidung zugrunde liegende Tat durch unrichtige Gesetzesauslegung einem Strafgesetz unterzogen wurde, das darauf nicht anzuwenden ist;

10a. wenn nach der Bestimmung des § 199 über die Einstellung des Verfahrens, anderen auf sie verweisenden Vorschriften oder nach § 37 SMG vorzugehen gewesen wäre;

11. wenn das Schöffengericht seine Strafbefugnis überschritten oder bei dem Ausspruch über die Strafe für die Strafbemessung maßgebende entscheidende Tatsachen offenbar unrichtig beurteilt oder in unvertretbarer Weise gegen Bestimmungen über die Strafbemessung verstoßen hat.

(2) Die im Abs. 1 Z. 1a und 5a erwähnten Nichtigkeitsgründe können zum Nachteil des Angeklagten nicht geltend gemacht werden.

(3) Die unter Abs. 1 Z. 2, 3 und 4 erwähnten Nichtigkeitsgründe können zum Vorteile des Angeklagten nicht geltend gemacht werden, wenn unzweifelhaft erkennbar ist, dass die Formverletzung auf die Entscheidung keinen dem Angeklagten nachteiligen Einfluss üben konnte. Zum Nachteile des Angeklagten können sie, abgesehen von dem im § 282 Abs. 2 geregelten Fall, nur geltend gemacht werden, wenn erkennbar ist, dass die Formverletzung einen die Anklage beeinträchtigenden Einfluss auf die Entscheidung zu üben vermochte, und wenn außerdem der Ankläger sich ihr widersetzt, die Entscheidung des Schöffengerichts begehrt und sich sofort nach der Verweigerung oder Verkündung dieser Entscheidung die Nichtigkeitsbeschwerde vorbehalten hat.

§ 281a StPO

Der Umstand, dass ein unzuständiges Oberlandesgericht die Rechtswirksamkeit der Anklageschrift festgestellt hat (§ 215), kann mit einer gegen das Urteil gerichteten Nichtigkeitsbeschwerde geltend gemacht werden.

§ 282 StPO

(1) Zugunsten des Angeklagten kann die Nichtigkeitsbeschwerde sowohl von ihm selbst als auch von seinem gesetzlichen Vertreter und von der Staatsanwaltschaft

ergriffen werden. Soweit es sich um die Beurteilung der geltend gemachten Nichtigkeitsgründe handelt, ist die zugunsten des Angeklagten von anderen ergriffene Nichtigkeitsbeschwerde als von ihm selbst eingelegt anzusehen.

(2) Zum Nachteile des Angeklagten kann die Nichtigkeitsbeschwerde nur vom Staatsanwalt oder vom Privatankläger sowie vom Privatbeteiligten, jedoch von diesem nur im Fall eines Freispruchs und aus dem Grund des § 281 Abs. 1 Z 4 ergriffen werden. Der Privatbeteiligte kann den zuvor angeführten Nichtigkeitsgrund überdies nur insoweit geltend machen, als er wegen des Freispruchs auf den Zivilrechtsweg verwiesen wurde und erkennbar ist, dass die Abweisung eines von ihm in der Hauptverhandlung gestellten Antrags einen auf die Geltendmachung seiner privatrechtlichen Ansprüche nachteiligen Einfluss zu üben vermochte.

§ 285f StPO

Bei der nichtöffentlichen Beratung kann ferner die Einholung tatsächlicher Aufklärungen über behauptete Formverletzungen oder Verfahrensmängel angeordnet werden.

§ 310 StPO

(1) Nach Schluss des Beweisverfahrens stellt der Vorsitzende nach vorläufiger Beratung des Schwurgerichtshofes die an die Geschworenen zu richtenden Fragen fest. Sie sind schriftlich abzufassen, vom Vorsitzenden zu unterfertigen und bei sonstiger Nichtigkeit vorzulesen. Sowohl dem Ankläger als auch dem Verteidiger ist eine Niederschrift der Fragen zu übergeben.

(2) Nach Verlesung der Fragen ist ein Rücktritt des Anklägers von der Anklage nicht mehr zulässig.

(3) Die Parteien sind berechtigt, eine Änderung oder Ergänzung der Fragen zu beantragen. Über einen solchen Antrag entscheidet der Schwurgerichtshof; gibt er ihm statt, so müssen die Fragen von neuem schriftlich abgefasst, vom Vorsitzenden unterfertigt und bei sonstiger Nichtigkeit nochmals vorgelesen werden.

(4) Der Vorsitzende übergibt sodann mindestens zwei Ausfertigungen der Fragen den Geschworenen.

§ 312 StPO

(1) Die Hauptfrage ist darauf gerichtet, ob der Angeklagte schuldig ist, die der Anklage zugrunde liegende strafbare Handlung begangen zu haben. Dabei sind alle gesetzlichen Merkmale der strafbaren Handlung in die Frage aufzunehmen und die besonderen Umstände der Tat nach Ort, Zeit, Gegenstand usw. soweit

beizufügen, als es zur deutlichen Bezeichnung der Tat oder für die Entscheidung über die Entschädigungsansprüche notwendig ist.

(2) Treffen in der dem Angeklagten in der Anklage zur Last gelegten Tat die Merkmale mehrerer strafbarer Handlungen zusammen, ohne dass eine in der anderen aufgeht, so ist für jede der zusammentreffenden strafbaren Handlungen eine besondere Hauptfrage zu stellen.

§ 317 StPO

(1) Die an die Geschworenen zu richtenden Fragen sind so zu fassen, dass sie sich mit Ja oder Nein beantworten lassen.

(2) Welche Tatsachen in einer Frage zusammenzufassen oder zum Gegenstande besonderer Fragen zu machen sind, bleibt ebenso wie die Reihenfolge der Fragen der Beurteilung des Schwurgerichtshofes im einzelnen Fall überlassen.

(3) Fragen, die nur für den Fall der Bejahung (Zusatzfragen) oder für den Fall der Verneinung einer anderen Frage (Eventualfragen) gestellt werden, sind als solche ausdrücklich zu bezeichnen.

§ 330 StPO

(1) Der Obmann der Geschworenen lässt über die einzelnen Fragen der Reihe nach mündlich abstimmen, indem er jeden Geschworenen um seine Meinung befragt; er selbst gibt seine Stimme zuletzt ab.

(2) Die Geschworenen stimmen über jede Frage mit „ja“ oder „nein“ ab; doch ist ihnen auch gestattet, eine Frage nur teilweise zu bejahen. In diesem Fall ist die Beschränkung kurz beizufügen (zum Beispiel: „Ja, aber nicht mit diesen oder jenen in der Frage enthaltenen Umständen“).

§ 331 StPO

(1) Zur Bejahung der an die Geschworenen gerichteten Fragen ist absolute Stimmenmehrheit, das ist mehr als die Hälfte sämtlicher Stimmen, erforderlich; bei Stimmengleichheit gibt die dem Angeklagten günstigere Meinung den Ausschlag. Ist eine Schuldfrage zuungunsten des Angeklagten bejaht worden, so können sich die überstimmten Geschworenen der Abstimmung über die für diesen Fall gestellten Zusatzfragen enthalten; ihre Stimmen werden dann den dem Angeklagten günstigsten zugezählt.

(2) Der Obmann zählt die Stimmen und schreibt in zwei Niederschriften der Fragen neben jede Frage, je nachdem sie durch die Geschworenen beantwortet worden ist, „ja“ oder „nein“, mit den allfälligen Beschränkungen, unter Angabe des Stimmenverhältnisses und unterschreibt diese Aufzeichnung des Wahrspruches

der Geschworenen. Es dürfen darin keine Radierungen vorkommen; Ausstreichungen, Randbemerkungen oder Einschaltungen müssen vom Obmanne durch eine von ihm unterschriebene Bemerkung ausdrücklich genehmigt sein.

(3) Nach Beendigung der Abstimmung hat der Obmann in einer kurzen Niederschrift, gesondert für jede Frage, die Erwägungen anzugeben, von denen die Mehrheit der Geschworenen bei der Beantwortung dieser Frage ausgegangen ist. Die Niederschrift ist im Einvernehmen mit diesen Geschworenen abzufassen und vom Obmanne zu unterfertigen.

(4) Der Obmann der Geschworenen benachrichtigt sodann den Vorsitzenden des Schwurgerichtshofes schriftlich von der Beendigung der Abstimmung.

§ 338 StPO

Ist der Angeklagte schuldig befunden worden und ist er nicht nach § 336 oder § 337 freizusprechen, so entscheidet der Schwurgerichtshof gemeinsam mit den Geschworenen (§ 303) über die zu verhängende Strafe und die etwa anzuwendenden Maßnahmen der Besserung und Sicherung sowie über die privatrechtlichen Ansprüche und die Kosten des Strafverfahrens.

§ 343 StPO

(1) Für die Führung des Protokolls über die Hauptverhandlung sowie über die Beratungen und Abstimmungen des Schwurgerichtshofs oder des Geschworenengerichtes während und am Schlusse der Hauptverhandlung gelten die Vorschriften der §§ 271, 271a, 272 und 305 Abs. 3 mit der Maßgabe, dass stets ein Schriftführer beizuziehen und ein Protokollvermerk (§ 271 Abs. 1a) nicht zulässig ist.

(2) Das Hauptverhandlungsprotokoll muss auch die Namen der Geschworenen einschließlich der Ersatzgeschworenen enthalten. Ist infolge Verhinderung eines Geschworenen ein Ersatzgeschworner an dessen Stelle getreten, so ist das im Hauptverhandlungsprotokoll zu beurkunden.

§ 345 StPO

(1) Die Nichtigkeitsbeschwerde kann, sofern sie nicht nach besonderen gesetzlichen Vorschriften auch in anderen Fällen zugelassen ist, nur wegen eines der folgenden Nichtigkeitsgründe ergriffen werden:

1. wenn der Schwurgerichtshof oder die Geschworenenbank nicht gehörig besetzt war, wenn nicht alle Richter und Geschworenen der ganzen Verhandlung beigewohnt haben oder wenn sich ein ausgeschlossener Richter oder Geschworener (§§ 43 und 46) an der Verhandlung beteiligt hat; als nicht gehörig besetzt gilt die Geschworenenbank auch dann, wenn in einer Jugendstrafsache nicht Geschworene für Jugendstrafsachen oder nicht

mindestens zwei im Lehrberufe tätige oder tätig gewesene Personen der Geschworenenbank angehört haben;

2. wenn die Hauptverhandlung ohne Beiziehung eines Verteidigers geführt worden ist;
3. wenn ein Protokoll oder ein anderes amtliches Schriftstück über eine nichtige Erkundigung oder Beweisaufnahme im Ermittlungsverfahren trotz Widerspruchs des Beschwerdeführers in der Hauptverhandlung verlesen wurde;
4. wenn in der Hauptverhandlung eine Bestimmung verletzt oder missachtet worden ist, deren Einhaltung das Gesetz bei sonstiger Nichtigkeit anordnet (§§ 126 Abs. 4, 140 Abs. 1, 144 Abs. 1, 155 Abs. 1, 157 Abs. 2 und 159 Abs. 3, 221 Abs. 2, 228, 250, 252, 260, 271, 305, 310, 329, 340, 427, 430 Abs. 3 und 4 sowie 439 Abs. 1 und 2);
5. wenn in der Hauptverhandlung über einen Antrag des Beschwerdeführers nicht erkannt worden ist oder wenn durch einen gegen seinen Antrag oder Widerspruch gefassten Beschluss Gesetze oder Grundsätze des Verfahrens hintangesetzt oder unrichtig angewendet worden sind, deren Beobachtung durch grundrechtliche Vorschriften, insbesondere durch Art. 6 der Europäischen Konvention zum Schutze der Menschenrechte und Grundfreiheiten, BGBl. Nr. 210/1958, oder sonst durch das Wesen eines die Strafverfolgung und die Verteidigung sichernden, fairen Verfahrens geboten ist;
6. wenn eine der in den §§ 312 bis 317 enthaltenen Vorschriften verletzt worden ist;
7. wenn an die Geschworenen eine Frage mit Verletzung der Vorschrift des § 267 gestellt und diese Frage bejaht worden ist;
8. wenn der Vorsitzende den Geschworenen eine unrichtige Rechtsbelehrung erteilt hat (§§ 321, 323, 327);
9. wenn die Antwort der Geschworenen auf die gestellten Fragen undeutlich, unvollständig oder in sich widersprechend ist;
10. wenn der Schwurgerichtshof den Geschworenen die Verbesserung des Wahrspruches gegen den Widerspruch des Beschwerdeführers mit Unrecht aufgetragen oder, obgleich ein oder mehrere Geschworenen ein bei der Abstimmung unterlaufenes Missverständnis behauptet haben, mit Unrecht nicht aufgetragen hat (§ 332 Abs. 4);

10a. wenn sich aus den Akten erhebliche Bedenken gegen die Richtigkeit der im Wahrspruch der Geschworenen festgestellten entscheidenden Tatsachen ergeben;

11. wenn durch die Entscheidung über die Frage,

    a) ob die dem Angeklagten zur Last fallende Tat eine zur Zuständigkeit der Gerichte gehörige strafbare Handlung begründet oder
    b) ob die Verfolgung der Tat aus Gründen des Prozessrechtes ausgeschlossen ist,ein Gesetz verletzt oder unrichtig angewendet worden ist;

12. wenn die der Entscheidung zugrunde liegende Tat durch unrichtige Gesetzesauslegung einem Strafgesetz unterzogen worden ist, das darauf nicht anzuwenden ist;

12a. wenn nach der Bestimmung des § 199 über die Einstellung des Verfahrens, anderen auf sie verweisenden Vorschriften oder nach § 37 SMG vorzugehen gewesen wäre;

13. wenn das Geschworenengericht seine Strafbefugnis überschritten oder bei dem Ausspruch über die Strafe für die Strafbemessung maßgebende entscheidende Tatsachen offenbar unrichtig beurteilt oder in unvertretbarer Weise gegen Bestimmungen über die Strafbemessung verstoßen hat.

(2) Die in der Z 1 des Abs. 1 angeführten Nichtigkeitsgründe können nur dann geltend gemacht werden, wenn der Beschwerdeführer den die Nichtigkeit begründenden Umstand gleich bei Beginn der Verhandlung oder, wenn er ihm erst später bekanntgeworden ist, sogleich, nachdem er ihm zur Kenntnis gekommen war, geltend gemacht hat.

(3) Die unter Abs. 1 Z 3 bis 6 und 10 erwähnten Nichtigkeitsgründe können zum Vorteile des Angeklagten nicht geltend gemacht werden, wenn unzweifelhaft erkennbar ist, dass die Formverletzung auf die Entscheidung keinen dem Angeklagten nachteiligen Einfluss üben konnte.

(4) Zum Nachteile des Angeklagten können die unter Abs. 1 Z 2, 7 und 10a erwähnten Nichtigkeitsgründe niemals, die unter Abs. 1 Z 3 bis 6 und 10 erwähnten aber nur dann geltend gemacht werden, wenn erkennbar ist, dass die Formverletzung einen die Anklage beeinträchtigenden Einfluss auf die Entscheidung üben konnte, wenn sich außerdem der Ankläger widersetzt, die Entscheidung des Schwurgerichtshofes begehrt und sich sofort nach der Verweigerung oder Verkündung dieser Entscheidung die Nichtigkeitsbeschwerde vorbehalten hat. § 282 Abs. 2 gilt sinngemäß.

§ 366 StPO

(1) Wird der Angeklagte freigesprochen, so ist der Privatbeteiligte mit seinen Ansprüchen auf den Zivilrechtsweg zu verweisen.

(2) Wird der Angeklagte verurteilt, so ist im Urteil (§§ 260 Abs. 1 Z 5 und 270 Abs. 2 Z 4) über die privatrechtlichen Ansprüche des Privatbeteiligten zu entscheiden (§§ 395, 407 und 409 ZPO). Bieten die Ergebnisse des Strafverfahrens keine ausreichende Grundlage für eine auch nur teilweise Beurteilung des geltend gemachten privatrechtlichen Anspruchs (§ 69 Abs. 1), so ist der Privatbeteiligte auch in diesem Fall auf den Zivilrechtsweg zu verweisen, es sei denn, dass die erforderlichen Entscheidungsgrundlagen durch eine die Entscheidung in der Schuld- und Straffrage nicht erheblich verzögernde Beweisaufnahme ermittelt werden können.

(3) Wird der Privatbeteiligte trotz Verurteilung auf den Zivilrechtsweg verwiesen, so steht diesem, seinem Nachlass und seinen Erben die Berufung aus dem Grund zu,

dass über den privatrechtlichen Anspruch bereits gemäß Abs. 2 hätte entschieden werden können.

§ 427 StPO

(1) Ist der Angeklagte bei der Hauptverhandlung nicht erschienen, so darf bei sonstiger Nichtigkeit in seiner Abwesenheit die Hauptverhandlung nur dann durchgeführt und das Urteil gefällt werden, wenn es sich um ein Vergehen handelt, der Angeklagte gemäß §§ 164 oder 165 zum Anklagevorwurf vernommen wurde und ihm die Ladung zur Hauptverhandlung persönlich zugestellt wurde. Das Urteil ist in diesem Fall dem Angeklagten in seiner schriftlichen Ausfertigung zuzustellen.

(2) Soweit die Hauptverhandlung in Abwesenheit des Angeklagten nicht durchgeführt werden kann, sei es, weil die Voraussetzungen gemäß Abs. 1 nicht vorliegen oder der Vorsitzende die Anwesenheit des Angeklagten zur umfassenden Beurteilung des Anklagevorwurfs für erforderlich hält, so ist die Hauptverhandlung gemäß § 226 zu vertagen und gegebenenfalls die Vorführung des Angeklagten anzuordnen. Ist der Angeklagte jedoch flüchtig oder unbekannten Aufenthalts, so ist gemäß § 197 Abs. 1 vorzugehen.

(3) Gegen das in Abwesenheit des Angeklagten gefällte Urteil kann dieser beim Landesgericht innerhalb von vierzehn Tagen Einspruch erheben. Die Nichtigkeitsbeschwerde und die Berufung gegen ein Abwesenheitsurteil können auch nach Ablauf der Anmeldungsfrist zusammen mit dem Einspruch angemeldet werden. Dem Einspruch ist stattzugeben, wenn nachgewiesen wird, dass der Angeklagte durch ein unabweisbares Hindernis abgehalten wurde, in der Hauptverhandlung zu erscheinen. In diesem Fall ist eine neue Hauptverhandlung anzuordnen. Über den Einspruch entscheidet das Oberlandesgericht nach Anhörung der Oberstaatsanwaltschaft in nichtöffentlicher Sitzung. Weist es den Einspruch zurück, so steht dem Angeklagten gegen das Urteil ein Rechtsmittel nicht mehr offen. Hat der Verurteilte zugleich mit dem Einspruche die Nichtigkeitsbeschwerde oder die Berufung ergriffen oder liegt eine von anderer Seite ergriffene Berufung oder Nichtigkeitsbeschwerde vor, so ist von dem Gerichte, dem die Akten nach Vorschrift der §§ 285 und 294 vorgelegt werden, vorerst über den Einspruch in nichtöffentlicher Sitzung nach Anhörung der Staatsanwaltschaft zu entscheiden; nur wenn der Einspruch zurückgewiesen wird, ist in die Prüfung der Berufung oder Nichtigkeitsbeschwerde einzugehen.

§ 464 StPO

Die Berufung kann ergriffen werden:

1. wegen vorliegender Nichtigkeitsgründe;
2. wegen des Ausspruches über die Schuld und die Strafe, wegen des Strafausspruches jedoch nur unter den im § 283 bezeichneten Voraussetzungen;

3. wegen des Ausspruches über die privatrechtlichen Ansprüche.

§ 467 StPO

(1) Der Beschwerdeführer hat das Recht, binnen vier Wochen nach der Anmeldung der Berufung, wenn ihm eine Urteilsabschrift aber erst nach der Anmeldung des Rechtsmittels zugestellt wurde, binnen vier Wochen nach der Zustellung eine Ausführung der Gründe seiner Berufung beim Bezirksgerichte zu überreichen und allenfalls neue Tatsachen oder Beweismittel unter genauer Angabe aller zur Beurteilung ihrer Erheblichkeit dienenden Umstände anzuzeigen.
(2) Er hat entweder bei der Anmeldung der Berufung oder in der Berufungsschrift ausdrücklich zu erklären, durch welchen Ausspruch (§ 464) er sich beschwert finde und welche Nichtigkeitsgründe er geltend machen wolle, widrigens auf die Berufung oder auf Nichtigkeitsgründe vom Landesgericht keine Rücksicht zu nehmen ist. Doch steht es der Berücksichtigung eines deutlich und bestimmt bezeichneten Beschwerdepunktes oder Nichtigkeitsgrundes nicht entgegen, dass sich der Beschwerdeführer in der gesetzlichen Benennung vergriffen hat.
(3) Die zugunsten des Angeklagten ergriffene Berufung wegen Nichtigkeit ist auch als Berufung gegen die Aussprüche über die Schuld und die Strafe zu betrachten, die Berufung wegen des Ausspruches über die Schuld auch als Berufung gegen den Strafausspruch.
(4) Geschieht die Anmeldung der Berufung mündlich, so hat der Richter, der das Protokoll hierüber aufnimmt, den Beschwerdeführer zur genauen Angabe der Beschwerdepunkte besonders aufzufordern und über die Rechtsfolgen der Unterlassung dieser Angabe zu belehren.
(5) Die Berufung oder Berufungsausführung ist in zweifacher Ausfertigung vorzulegen oder aufzunehmen. Eine Ausfertigung ist dem Gegner mit dem Bedeuten mitzuteilen, dass er binnen vier Wochen seine Gegenausführung überreichen könne. Die Gegenausführung ist dem Beschwerdeführer zuzustellen; danach sind alle Akten dem Landesgericht vorzulegen.

§ 489 StPO

(1) Gegen die vom Landesgericht als Einzelrichter ausgesprochenen Urteile kann außer dem Einspruch gemäß § 427 Abs. 3 nur das Rechtsmittel der Berufung wegen der in § 281 Abs. 1 Z 1 bis 5 und 6 bis 11 und § 468 Abs. 1 Z 1 und 2 aufgezählten Nichtigkeitsgründe oder gegen die im § 464 Z 2 und 3 genannten Aussprüche ergriffen werden. Für das Verfahren sind die §§ 285 Abs. 2 bis Abs. 5, 465 bis 475 und 479 sinngemäß anzuwenden. Für den Nichtigkeitsgrund des § 281 Abs. 1 Z 3 gelten die in § 468 Abs. 1 Z 3 zitierten Bestimmungen.
(2) Die Gerichtstage zur öffentlichen Verhandlung über die Berufung finden am Sitz des Oberlandesgerichts statt. Doch kann der Vorsitzende mit Rücksicht auf den Aufenthalt der Beteiligten des Verfahrens oder nach Anhörung des Anklägers

und des Angeklagten auch aus anderen wichtigen Gründen anordnen, dass der Gerichtstag an einem anderen im Sprengel des Oberlandesgerichts gelegenen Ort abgehalten wird. Einer solchen Anhörung bedarf es nicht, wenn sich der Angeklagte im Sprengel des Landesgerichts in Haft befindet, bei welchem der Gerichtstag abgehalten wird.

(3) Von der Verhandlung und Entscheidung über eine Berufung sind auch Mitglieder des Oberlandesgerichts ausgeschlossen, die im vorangegangenen Verfahren an der Entscheidung über eine Beschwerde gegen die vom Landesgericht als Einzelrichter beschlossene Zurückweisung oder Einstellung (§ 485) beteiligt waren.

Auszug aus dem Strafgesetzbuch (öStGB)

§ 1 StGB

(1) Eine Strafe oder eine vorbeugende Maßnahme darf nur wegen einer Tat verhängt werden, die unter eine ausdrückliche gesetzliche Strafdrohung fällt und schon zur Zeit ihrer Begehung mit Strafe bedroht war.

(2) Eine schwerere als die zur Zeit der Begehung angedrohte Strafe darf nicht verhängt werden. Eine vorbeugende Maßnahme darf nur angeordnet werden, wenn zur Zeit der Begehung diese vorbeugende Maßnahme oder eine der Art nach vergleichbare Strafe oder vorbeugende Maßnahme vorgesehen war. Durch die Anordnung einer bloß der Art nach vergleichbaren vorbeugenden Maßnahme darf der Täter keiner ungünstigeren Behandlung unterworfen werden, als sie nach dem zur Zeit der Tat geltenden Gesetz zulässig war.

§ 201 StGB

(1) Wer eine Person mit Gewalt, durch Entziehung der persönlichen Freiheit oder durch Drohung mit gegenwärtiger Gefahr für Leib oder Leben (§ 89) zur Vornahme oder Duldung des Beischlafes oder einer dem Beischlaf gleichzusetzenden geschlechtlichen Handlung nötigt, ist mit Freiheitsstrafe von sechs Monaten bis zu zehn Jahren zu bestrafen.

(2) Hat die Tat eine schwere Körperverletzung (§ 84 Abs. 1) oder eine Schwangerschaft der vergewaltigten Person zur Folge oder wird die vergewaltigte Person durch die Tat längere Zeit hindurch in einen qualvollen Zustand versetzt oder in besonderer Weise erniedrigt, so ist der Täter mit Freiheitsstrafe von fünf bis zu fünfzehn Jahren, hat die Tat aber den Tod der vergewaltigten Person zur Folge, mit Freiheitsstrafe von zehn bis zu zwanzig Jahren oder mit lebenslanger Freiheitsstrafe zu bestrafen.

§ 202 StGB

(1) Wer außer den Fällen des § 201 eine Person mit Gewalt oder durch gefährliche Drohung zur Vornahme oder Duldung einer geschlechtlichen Handlung nötigt, ist mit Freiheitsstrafe von sechs Monaten bis zu fünf Jahren zu bestrafen.
(2) Hat die Tat eine schwere Körperverletzung (§ 84 Abs. 1) oder eine Schwangerschaft der genötigten Person zur Folge oder wird die genötigte Person durch die Tat längere Zeit hindurch in einen qualvollen Zustand versetzt oder in besonderer Weise erniedrigt, so ist der Täter mit Freiheitsstrafe von einem bis zu zehn Jahren, hat die Tat aber den Tod der genötigten Person zur Folge, mit Freiheitsstrafe von fünf bis zu fünfzehn Jahren zu bestrafen.

§ 205 StGB

(1) Wer eine wehrlose Person oder eine Person, die wegen einer Geisteskrankheit, wegen Schwachsinns, wegen einer tiefgreifenden Bewusstseinsstörung oder wegen einer anderen schweren, einem dieser Zustände gleichwertigen seelischen Störung unfähig ist, die Bedeutung des Vorgangs einzusehen oder nach dieser Einsicht zu handeln, unter Ausnützung dieses Zustands dadurch missbraucht, dass er an ihr eine geschlechtliche Handlung vornimmt oder von ihr an sich vornehmen lässt oder sie zu einer geschlechtlichen Handlung mit einer anderen Person oder, um sich oder einen Dritten geschlechtlich zu erregen oder zu befriedigen, dazu verleitet, eine geschlechtliche Handlung an sich selbst vorzunehmen, ist mit Freiheitsstrafe bis zu fünf Jahren zu bestrafen.
(2) Hat die Tat eine schwere Körperverletzung (§ 84 Abs. 1) oder eine Schwangerschaft zur Folge, so ist der Täter mit Freiheitsstrafe von einem bis zu zehn Jahren zu bestrafen. Hat die Tat jedoch den Tod der missbrauchten Person zur Folge, so ist der Täter mit Freiheitsstrafe von fünf bis zu fünfzehn Jahren zu bestrafen.

§ 206 StGB

(1) Wer mit einer unmündigen Person den Beischlaf oder eine dem Beischlaf gleichzusetzende geschlechtliche Handlung unternimmt, ist mit Freiheitsstrafe von einem bis zu zehn Jahren zu bestrafen.
(2) Ebenso ist zu bestrafen, wer eine unmündige Person zur Vornahme oder Duldung des Beischlafes oder einer dem Beischlaf gleichzusetzenden geschlechtlichen Handlung mit einer anderen Person oder, um sich oder einen Dritten geschlechtlich zu erregen oder zu befriedigen, dazu verleitet, eine dem Beischlaf gleichzusetzende geschlechtliche Handlung an sich selbst vorzunehmen.
(3) Hat die Tat eine schwere Körperverletzung (§ 84 Abs. 1) oder eine Schwangerschaft der unmündigen Person zur Folge, so ist der Täter mit Freiheitsstrafe von fünf bis zu fünfzehn Jahren, hat sie aber den Tod der unmündigen Person zur

Folge, mit Freiheitsstrafe von zehn bis zu zwanzig Jahren oder mit lebenslanger Freiheitsstrafe zu bestrafen.

(4) Übersteigt das Alter des Täters das Alter der unmündigen Person nicht um mehr als drei Jahre, besteht die geschlechtliche Handlung nicht in der Penetration mit einem Gegenstand und hat die Tat weder eine schwere Körperverletzung (§ 84 Abs. 1) noch den Tod der unmündigen Person zur Folge, so ist der Täter nach Abs. 1 und 2 nicht zu bestrafen, es sei denn, die unmündige Person hätte das 13. Lebensjahr noch nicht vollendet.

§ 207 StGB

(1) Wer außer dem Fall des § 206 eine geschlechtliche Handlung an einer unmündigen Person vornimmt oder von einer unmündigen Person an sich vornehmen lässt, ist mit Freiheitsstrafe von sechs Monaten bis zu fünf Jahren zu bestrafen.

(2) Ebenso ist zu bestrafen, wer eine unmündige Person zu einer geschlechtlichen Handlung (Abs. 1) mit einer anderen Person oder, um sich oder einen Dritten geschlechtlich zu erregen oder zu befriedigen, dazu verleitet, eine geschlechtliche Handlung an sich selbst vorzunehmen.

(3) Hat die Tat eine schwere Körperverletzung (§ 84 Abs. 1) zur Folge, so ist der Täter mit Freiheitsstrafe von fünf bis zu fünfzehn Jahren, hat sie aber den Tod der unmündigen Person zur Folge, mit Freiheitsstrafe von zehn bis zu zwanzig Jahren oder mit lebenslanger Freiheitsstrafe zu bestrafen.

(4) Übersteigt das Alter des Täters das Alter der unmündigen Person nicht um mehr als vier Jahre und ist keine der Folgen des Abs. 3 eingetreten, so ist der Täter nach Abs. 1 und 2 nicht zu bestrafen, es sei denn, die unmündige Person hätte das zwölfte Lebensjahr noch nicht vollendet.

Auszug aus dem Bundes-Verfassungsgesetz (B-VG)

Art. 83 B-VG

(1) Die Verfassung und Zuständigkeit der Gerichte wird durch Bundesgesetz festgestellt.

(2) Niemand darf seinem gesetzlichen Richter entzogen werden.

(3) (Anm.: Aufgehoben durch Art. I Z 1 BGBl. Nr. 73/1968)

Art. 87 B-VG

(1) Die Richter sind in Ausübung ihres richterlichen Amtes unabhängig.

(2) In Ausübung seines richterlichen Amtes befindet sich ein Richter bei Besorgung aller ihm nach dem Gesetz und der Geschäftsverteilung zustehenden

gerichtlichen Geschäfte, mit Ausschluss der Justizverwaltungssachen, die nicht nach Vorschrift des Gesetzes durch Senate oder Kommissionen zu erledigen sind.

(3) Die Geschäfte sind unter die Richter eines Gerichtes für die in der Gerichtsverfassung bestimmte Zeit im voraus zu verteilen. Eine nach dieser Geschäftsverteilung einem Richter zufallende Sache darf ihm nur durch Verfügung des durch die Gerichtsverfassung hiezu berufenen Senates und nur im Fall seiner Verhinderung oder dann abgenommen werden, wenn er wegen des Umfangs seiner Aufgaben an deren Erledigung innerhalb einer angemessenen Frist gehindert ist.

Art. 91 B-VG

(1) Das Volk hat an der Rechtsprechung mitzuwirken.

(2) Bei den mit schweren Strafen bedrohten Verbrechen, die das Gesetz zu bezeichnen hat, sowie bei allen politischen Verbrechen und Vergehen entscheiden Geschworene über die Schuld des Angeklagten.

(3) Im Strafverfahren wegen anderer strafbarer Handlungen nehmen Schöffen an der Rechtsprechung teil, wenn die zu verhängende Strafe ein vom Gesetz zu bestimmendes Maß überschreitet.

Auszug aus dem Jugendgerichtsgesetz (öJGG)

§ 39 JGG

Einem jugendlichen Beschuldigten muss, wenn für seine Verteidigung nicht anderweitig gesorgt ist, von Amts wegen ein Verteidiger, wenn aber die Verpflichtung zur Zahlung der Verteidigungskosten sein Fortkommen erschweren würde oder die Voraussetzungen des § 61 Abs. 2 StPO vorliegen, nach dieser Gesetzesstelle ein Verteidiger beigegeben werden:

1. im Verfahren vor den Landesgerichten für das gesamte Verfahren;
2. im bezirksgerichtlichen Verfahren, wenn dies im Interesse der Rechtspflege, vor allem zur Wahrung der Rechte des Jugendlichen, notwendig oder zweckmäßig ist, jedenfalls aber dann, wenn kein gesetzlicher Vertreter dem Jugendlichen im Strafverfahren beistehen kann oder trotz ordnungsgemäßer Ladung kein gesetzlicher Vertreter zu den in § 49 Z 10 StPO genannten Beweisaufnahmen und Verhandlungen erschienen ist.

Auszug aus dem Mediengesetz (MedienG)

§ 7 MedienG

(1) Wird in einem Medium der höchstpersönliche Lebensbereich eines Menschen in einer Weise erörtert oder dargestellt, die geeignet ist, ihn in der Öffentlichkeit bloßzustellen, so hat der Betroffene gegen den Medieninhaber Anspruch

auf eine Entschädigung für die erlittene Kränkung. Der Entschädigungsbetrag darf 20 000 Euro nicht übersteigen; im übrigen ist § 6 Abs. 1 zweiter Satz anzuwenden.

(2) Der Anspruch nach Abs. 1 besteht nicht, wenn

1. es sich um einen wahrheitsgetreuen Bericht über eine Verhandlung in einer öffentlichen Sitzung des Nationalrates, des Bundesrates, der Bundesversammlung, eines Landtages oder eines Ausschusses eines dieser allgemeinen Vertretungskörper handelt,
2. die Veröffentlichung wahr ist und in unmittelbarem Zusammenhang mit dem öffentlichen Leben steht,
3. nach den Umständen angenommen werden konnte, dass der Betroffene mit der Veröffentlichung einverstanden war,
4. es sich um eine unmittelbare Ausstrahlung im Rundfunk (Live-Sendung) handelt, ohne dass ein Mitarbeiter oder Beauftragter des Rundfunks die gebotene journalistische Sorgfalt außer acht gelassen hat, oder
5. es sich um die Abrufbarkeit auf einer Website handelt, ohne dass der Medieninhaber oder einer seiner Mitarbeiter oder Beauftragten die gebotene Sorgfalt außer Acht gelassen hat.

§ 7a MedienG

(1) Werden in einem Medium der Name, das Bild oder andere Angaben veröffentlicht, die geeignet sind, in einem nicht unmittelbar informierten größeren Personenkreis zum Bekanntwerden der Identität einer Person zu führen, die

1. Opfer einer gerichtlich strafbaren Handlung geworden ist oder
2. einer gerichtlich strafbaren Handlung verdächtig ist oder wegen einer solchen verurteilt wurde,

und werden hiedurch schutzwürdige Interessen dieser Person verletzt, ohne dass wegen deren Stellung in der Öffentlichkeit, wegen eines sonstigen Zusammenhanges mit dem öffentlichen Leben oder aus anderen Gründen ein überwiegendes Interesse der Öffentlichkeit an der Veröffentlichung dieser Angaben bestanden hat, so hat der Betroffene gegen den Medieninhaber Anspruch auf Entschädigung für die erlittene Kränkung. Der Entschädigungsbetrag darf 20000 Euro nicht übersteigen; im übrigen ist § 6 Abs. 1 zweiter Satz anzuwenden.

(2) Schutzwürdige Interessen des Betroffenen werden jedenfalls verletzt, wenn die Veröffentlichung

1. im Fall des Abs. 1 Z 1 geeignet ist, einen Eingriff in den höchstpersönlichen Lebensbereich oder eine Bloßstellung des Opfers herbeizuführen,
2. im Fall des Abs. 1 Z 2 sich auf einen Jugendlichen oder bloß auf ein Vergehen bezieht oder das Fortkommen des Betroffenen unverhältnismäßig beeinträchtigen kann.

(3) Der Anspruch nach Abs. 1 besteht nicht, wenn

1. es sich um einen wahrheitsgetreuen Bericht über eine Verhandlung in einer öffentlichen Sitzung des Nationalrates, des Bundesrates, der Bundesversammlung, eines Landtages oder eines Ausschusses eines dieser allgemeinen Vertretungskörper handelt,
2. die Veröffentlichung der Angaben zur Person amtlich veranlasst war, insbesondere für Zwecke der Strafrechtspflege oder der Sicherheitspolizei,
3. der Betroffene mit der Veröffentlichung einverstanden war oder diese auf einer Mitteilung des Betroffenen gegenüber einem Medium beruht
4. es sich um eine unmittelbare Ausstrahlung im Rundfunk (Live-Sendung) handelt, ohne dass ein Mitarbeiter oder Beauftragter des Rundfunks die gebotene journalistische Sorgfalt außer acht gelassen hat, oder
5. es sich um die Abrufbarkeit auf einer Website handelt, ohne dass der Medieninhaber oder einer seiner Mitarbeiter oder Beauftragten die gebotene Sorgfalt außer Acht gelassen hat.

Auszug aus dem Rechtspraktikantengesetz (RPG)

§ 7 RPG

(1) Rechtspraktikanten, die die Aufnahme in den richterlichen Vorbereitungsdienst anstreben (Aufnahmewerber), haben an den für Richteramtsanwärter eingerichteten Übungskursen (§ 14 des Richter- und Staatsanwaltschaftsdienstgesetzes (RStDG) teilzunehmen. Nach Maßgabe der personellen und räumlichen Voraussetzungen können für Aufnahmewerber auch eigene Übungskurse eingerichtet werden.

(2) Den Rechtspraktikanten, die die Aufnahme in den richterlichen Vorbereitungsdienst nicht anstreben, steht es frei, an den für Aufnahmewerber eingerichteten Übungskursen teilzunehmen.

Auszug aus dem Richter- und Staatsanwaltschaftsdienstgesetz (RStDG)

§ 14 RStDG

(1) Beim Oberlandesgericht, erforderlichenfalls auch beim Gerichtshof erster Instanz sind Übungskurse zur Ausbildung der Richteramtsanwärter einzurichten.

(2) Die Übungskurse sollen den Richteramtsanwärter in Stand setzen, seine Rechtskenntnisse praktisch zu verwerten, seine Fähigkeit, Rechtsfälle mündlich und schriftlich darzustellen und zu entscheiden, fördern, seine sozialen Fähigkeiten (z. B. Kritik-, Konflikt-, Kommunikations- und Teamfähigkeit) stärken und sein

Verständnis für die gesellschaftlichen und wirtschaftlichen Zusammenhänge und ihre Bedeutung für die Rechtsanwendung wecken.

(3) Dem Richteramtsanwärter ist im Rahmen von Kursen, Seminaren, Exkursionen und Übungen Gelegenheit zu geben, auch die für den Richter unerlässlichen Kenntnisse auf den Gebieten der Kriminologie, der Rede-, Gesprächs- und Verhandlungstechnik, der Vernehmungstaktik, des Verhaltens im Parteienverkehr, der Kommunikation, des Konflikt- und Zeitmanagements, der Soziologie, der forensischen Medizin, der Psychologie, der Psychiatrie und der automationsunterstützten Datenverarbeitung sowie auf kulturellem, technischem, volkswirtschaftlichem und betriebswirtschaftlichem Gebiet zu erwerben.

(4) Soweit es mit dem Ausbildungszweck und den dienstlichen Interessen vereinbar ist, ist dem Richteramtsanwärter auch Gelegenheit zu geben, an Aus- und Fortbildungsveranstaltungen anderer Behörden, Anstalten und Organisationen teilzunehmen.

(5) An den in Abs. 1 bis 3 aufgezählten Veranstaltungen haben auch Richteramtsanwärter mit Herabsetzung der Auslastung oder mit Teilauslastung teilzunehmen. Soweit die Teilnahme an diesen Veranstaltungen die auf Grund der Herabsetzung der Auslastung oder der Teilauslastung vorgesehene dienstliche Anwesenheit des Richteramtsanwärters übersteigt, hat innerhalb der nächsten zehn Wochen ein Ausgleich zu erfolgen.

§ 16 RStDG

(1) Durch die Richteramtsprüfung sollen die für den Gerichtsdienst nötigen theoretischen und praktischen Kenntnisse und die Fähigkeit des Kandidaten zur gewandten und richtigen rechtlichen Beurteilung und Entscheidung von Zivil- und von Straffällen nachgewiesen werden.

(2) Die Richteramtsprüfung ist schriftlich und mündlich abzulegen. Sie hat mit der schriftlichen Prüfung zu beginnen.

(3) Gegenstand der schriftlichen Prüfung sind zwei an Hand von Gerichtsakten unter Aufsicht zu verfassende Klausurarbeiten über je ein Thema aus dem Zivilrecht und dem Strafrecht. Diese Arbeiten sind an zwei verschiedenen Tagen innerhalb eines Zeitraumes von längstens je zehn Stunden anzufertigen. Dem Kandidaten ist die Benützung der Gesetzesausgaben und der literarischen Behelfe gestattet; ausgenommen sind Sammlungen von Musterbeispielen und Formularbücher.

(4) Folgende Gebiete der österreichischen Rechtsordnung – hinsichtlich der Z 1 bis 8 unter Berücksichtigung bestehender europarechtlicher und internationaler Bezüge – sind insbesondere in ihrer praktischen Anwendung durch die Gerichte Gegenstände der mündlichen Prüfung:

1. bürgerliches Recht einschließlich des Internationalen Privatrechts sowie das Arbeits- und Sozialrecht;
2. Unternehmensrecht einschließlich des Wechsel- und Scheckrechts, des Immaterialgüterrechts sowie des gewerblichen Rechtsschutzes;

3. Zivilverfahrensrecht einschließlich des Außerstreitverfahrens-, Exekutions-, Insolvenz- und Anfechtungsrechts;
4. Strafrecht und Strafverfahrensrecht einschließlich des Strafvollzugsrechts sowie der Grundzüge der Kriminologie;
5. Verfassung und innere Einrichtung der Gerichte einschließlich der wichtigsten Bestimmungen der Geschäftsordnung für die Gerichte I. und II. Instanz;
6. Verfassungsrecht, die Grund- und Menschenrechte einschließlich des Gleichbehandlungs- und Antidiskriminierungsrechts, die Verfassungs- und die Verwaltungsgerichtsbarkeit sowie die Grundzüge des Verwaltungs- und des Finanzrechts;
7. Dienstrecht der Richter und Staatsanwälte unter Berücksichtigung der Grundzüge des Dienstrechts der anderen Bundesbediensteten;
8. Verfahrensleitung und Verhandlungsführung durch den Richter einschließlich des adäquaten Umgangs mit besonderen Verhandlungssituationen, die Gestaltung richterlicher Entscheidungen und Verfügungen, die Besorgung der Aufgaben der Staatsanwaltschaft, die Zusammenarbeit und Koordination zwischen Justiz- und Exekutivorganen sowie Opferschutzeinrichtungen und Interventionsstellen sowie die Gewaltprävention und das Gewaltschutzrecht;
9. Grundzüge des materiellen und formellen Europarechts, insbesondere Vorabentscheidungsverfahren.

(5) Die mündliche Prüfung ist nicht öffentlich und soll mindestens zwei Stunden dauern. Die gleichzeitige Vornahme der Prüfung ist nur mit zwei Kandidaten zulässig; in diesem Falle soll die Prüfung mindestens drei Stunden dauern.
(6) (Anm.: aufgehoben durch BGBl. I Nr. 96/2007)

Auszug aus der Europäischen Menschenrechtskonvention (EMRK)

Art. 6 EMRK

(1) Jedermann hat Anspruch darauf, dass seine Sache in billiger Weise öffentlich und innerhalb einer angemessenen Frist gehört wird, und zwar von einem unabhängigen und unparteiischen, auf Gesetz beruhenden Gericht, das über zivilrechtliche Ansprüche und Verpflichtungen oder über die Stichhaltigkeit der gegen ihn erhobenen strafrechtlichen Anklage zu entscheiden hat. Das Urteil muss öffentlich verkündet werden, jedoch kann die Presse und die Öffentlichkeit während der gesamten Verhandlung oder eines Teiles derselben im Interesse der Sittlichkeit, der öffentlichen Ordnung oder der nationalen Sicherheit in einem demokratischen Staat ausgeschlossen werden, oder wenn die Interessen von Jugendlichen oder der Schutz des Privatlebens der Prozessparteien es verlangen, oder, und zwar unter besonderen Umständen, wenn die öffentliche Verhandlung die Interessen der Rechtspflege beeinträchtigen würde, in diesem Fall jedoch nur in dem nach Auffassung des Gerichts erforderlichen Umfang.

(2) Bis zum gesetzlichen Nachweis seiner Schuld wird vermutet, dass der wegen einer strafbaren Handlung Angeklagte unschuldig ist.

(3) Jeder Angeklagte hat mindestens (englischer Text) insbesondere (französischer Text) die folgenden Rechte:

a) in möglichst kurzer Frist in einer für ihn verständlichen Sprache in allen Einzelheiten über die Art und den Grund der gegen ihn erhobenen Beschuldigung in Kenntnis gesetzt zu werden;
b) über ausreichende Zeit und Gelegenheit zur Vorbereitung seiner Verteidigung zu verfügen;
c) sich selbst zu verteidigen oder den Beistand eines Verteidigers seiner Wahl zu erhalten und, falls er nicht über die Mittel zur Bezahlung eines Verteidigers verfügt, unentgeltlich den Beistand eines Pflichtverteidigers zu erhalten, wenn dies im Interesse der Rechtspflege erforderlich ist;
d) Fragen an die Belastungszeugen zu stellen oder stellen zu lassen und die Ladung und Vernehmung der Entlastungszeugen unter denselben Bedingungen wie die der Belastungszeugen zu erwirken;
e) die unentgeltliche Beiziehung eines Dolmetschers zu verlangen, wenn der Angeklagte die Verhandlungssprache des Gerichts nicht versteht oder sich nicht darin ausdrücken kann.

Art. 7 EMRK

(1) Niemand kann wegen einer Handlung oder Unterlassung verurteilt werden, die zur Zeit ihrer Begehung nach inländischem oder internationalem Recht nicht strafbar war. Ebenso darf keine höhere Strafe als die im Zeitpunkt der Begehung der strafbaren Handlung angedrohte Strafe verhängt werden.

(2) Durch diesen Artikel darf die Verurteilung oder Bestrafung einer Person nicht ausgeschlossen werden, die sich einer Handlung oder Unterlassung schuldig gemacht hat, welche im Zeitpunkt ihrer Begehung nach den von den zivilisierten Völkern allgemein anerkannten Rechtsgrundsätzen strafbar war.

Literatur

Ambos, Der Europäische Gerichtshof für Menschenrechte und die Verfahrensrechte, ZStW 2003, 583–637.

Angermaier/Freh, 37. Ottensteiner Fortbildungsseminar aus Strafrecht und Kriminologie, RZ 2009, 135–137.

Arnold, Bewegliche Zuständigkeit versus gesetzlicher Richter, ZIS 2008, 92–100.

Arntzen, Vernehmungspsychologie, Psychologie der Zeugenvernehmung, 3. Auflage, München 2008.

Bart, Kinder als Zeugen im Strafverfahren – insbesondere als Opfer sexuellen Missbrauchs, ÖJZ 1998, 818–826.

Barth, Statement, Fernsehgerecht, in: Soyer (Hrsg.), Strafverteidigung – Neue Herausforderungen, 4. Österreichischer StrafverteidigerInnentag, Bd. VI, Wien u. a. 2006, S. 33–35.

Bartl, Defizite des Grundrechtsschutzes im Strafverfahren, JSt 2007, 45–46.

Barton, Fragwürdigkeiten des Zeugenbeweises, in: Barton (Hrsg.), „Redlich aber falsch." Die Fragwürdigkeit des Zeugenbeweises, Baden-Baden 1995, S. 23–63.

Bender/Nack, Grundzüge einer allgemeinen Beweislehre, DRiZ 1980, 121–127.

dies., Tatsachenfeststellung vor Gericht, Band I, Glaubwürdigkeits- und Beweislehre, 1.Auflage, München 1981.

Bender/Nack/Treuer, Tatsachenfeststellung vor Gericht, 3. Auflage, München 2007.

Benn-Ibler, Zur Frage der Geschworenengerichtsbarkeit, AnwBl 2009, 417.

Bertel, Die Identität der Tat, Wien u. a. 1970.

ders., Die Überprüfung der Tatfrage im schöffen- und geschworenengerichtlichen Verfahren, AnwBl 2005, 386–390.

ders., Die Willkür der Justiz und die Ohnmacht des Bürgers – Was man aus einem Fehlurteil lernen sollte, juridicum 2004, 122–124.

Bertel/Venier, Strafprozessrecht, 5. Auflage, Wien 2011.

Beulke, Strafprozessrecht, 11. Auflage, Heidelberg 2010.

Binding, Die Normen und ihre Übertretung Bd. I, 2. Auflage, Leipzig 1890.

Birklbauer, Anforderungen an eine kontradiktorische Zeugenvernehmung außerhalb der Hauptverhandlung, AnwBl 2002, 512–518.

ders., Die Identität von angeklagter und verurteilter Tat, JAP 2001/2002, 97–104.

Boetticher, Das Urteil über die Einführung von Mindeststandards in aussagepsychologischen Gutachten und seine Wirkungen, NJW-Sonderheft für Gerhard Schäfer, 2002, 8–18.

Böhm/Meuren/Storm-Wahlich, Die Borderlinestörung als Quelle (nicht)-intentionaler Falschaussagen, Praxis der Rechtspsychologie 2002, 209–223.

Brandstetter, Zur Reform des strafprozessualen Hauptverfahrens, Verhandlungen des 15. österreichischen Juristentages in Innsbruck 2003, Band IV (1), Wien 2003.

Brause, Zum Zeugenbeweis in der Rechtsprechung des BGH, NStZ 2007, 505–512.

F. Wille, *Aussage gegen Aussage in sexuellen Missbrauchsverfahren*, DOI 10.1007/978-3-642-27422-0, © Springer-Verlag Berlin Heidelberg 2012

Burgheim/Friese, Sexualdelinquenz und Falschbezichtigung. Eine vergleichende Analyse realer und vorgetäuschter Sexualdelikte, Frankfurt a. M. 2006.

Busse/Steller/Volbert, Missbrauchsverdacht in familiengerichtlichen Verfahren, Praxis der Rechtspsychologie 2000, 3–98.

Busse/Volbert/Steller, Belastungserleben von Kindern in Hauptverhandlungen, Bonn 1996.

Busse/Volbert, Glaubwürdigkeitsgutachten in Strafverfahren wegen sexuellen Missbrauchs, in: Greuel/Fabian/Stadler, Psychologie der Zeugenaussage, Weinheim 1997, S. 131–142.

dies., Zur Situation kindlicher Zeugen vor Gericht, in: Steller/Volbert (Hrsg.), Psychologie des Strafverfahrens, Bern u. a. 1997, S. 224–246.

Campbell, Der intrafamiliäre sexuelle Kindesmissbrauch im deutschen und kalifornischen Strafrecht, Dissertation 2004, online abrufbar unter http://docserv.uni-duesseldorf.de/servlets/DocumentServlet?id=2819.

Dahs, Handbuch des Strafverteidigers, 7. Auflage, Köln 2005.

Dahs/Dahs, Die Revision im Strafprozess, 7. Auflage, München 2008.

Danek, Wahrheitsfindung und Prozessökonomie – Welche Rolle kommt dem Vorsitzenden in der Hauptverhandlung zu?, RZ 2004, 122–130.

Deckers, Aussage gegen Aussage – zur Entwicklung der revisionsgerichtlichen Rechtsprechung und der Aussagepsychologie, in: Festschrift für Rainer Hamm zum 65. Geburtstag, Berlin 2008, S. 53–62.

ders., Glaubwürdigkeit kindlicher Aussagen – Vernehmungsfehler und Begutachtung, NJW 1999, 1365–1371.

ders., Sexualstrafverfahren, in: Brüssow/Gatzweiler/Krekeler/Mehle (Hrsg.), Strafverteidigung in der Praxis, 4. Auflage, Bonn 2007, S. 927–1000.

ders., Vom Nutzen und zur Qualität aussagepsychologischer Gutachten im Strafprozess, in: Arbeitsgemeinschaft Strafrecht des Deutschen Anwaltsvereins (Hrsg.), Strafverteidigung im Rechtsstaat, Baden-Baden 2009, S. 411–427.

Degenhart, Gerichtsverfahren, in: Isensee/Kirchhof (Hrsg.), Handbuch des Staatsrechts, Bd. V, 3. Auflage, Heidelberg u. a. 2007, § 115, S. 761–812.

Döhring, Die Erforschung des Sachverhalts im Prozess: Beweiserhebung und Beweiswürdigung; ein Lehrbuch, Berlin 1963.

Dölling/Duttge/Rössner, Gesamtes Strafrecht, Handkommentar, 2. Auflage, Baden-Baden 2011 (zit. HK-GS/*Bearb.*).

Eder-Rieder, Der Opferschutz, Schutz und Hilfe für Opfer einer Straftat in Österreich, Wien u. a. 1998.

Ehlers, Zwar ist Justitia blind..., Psychologie Heute 2004, 62–67.

Eisenberg, Beweisrecht der StPO, Spezialkommentar, 7. Auflage, München 2011.

Englich, Urteilseinflüsse vor Gericht, in: Volbert/Steller (Hrsg.), Handbuch der Rechtspsychologie, Göttingen u. a. 2008, S. 486–496.

Erb, Die Möglichkeiten einer abschließenden Erledigung von Seriendelikten in einem einzigen Verfahren, GA 1995, 430–441.

Eschelbach, Feststellungen, in: Festschrift für Gunter Widmaier zum 70. Geburtstag, Köln u. a. 2008, S. 127–146.

ders., Anklageschrift, Eröffnungsbeschluss und Urteil als Angriffspunkte der Verteidigung, in: Bockemühl (Hrsg.), Handbuch des Fachanwalts Strafrecht, 4. Auflage, Köln 2009, S. 1302–1367

Esser, Auf dem Weg zu einem europäischen Strafverfahrensrecht, Berlin 2002.

Fabian/Stadler, Tonbandaufnahmen von Vernehmungen, Kriminalistik 1990, 338–343.

Fabrizy, Die Handhabung des Nichtigkeitsgrundes des § 281 Abs. 1 Z 5a StPO durch den Obersten Gerichtshof, in: Festschrift für Roland Miklau zum 65. Geburtstag, Innsbruck u. a. 2006, S. 131–136.

ders., Die österreichische Strafprozessordnung, 11. Auflage, Wien 2011.

Fegert, Kinderpsychiatrische Begutachtung und die Debatte um den Missbrauch mit dem Missbrauch, Zeitschrift für Kinder- und Jugendpsychiatrie 1995, 9–19.

Festinger, Theorie der kognitiven Dissonanz, Bern u. a. 1978.

Fezer, Grenzen der Beweisaufnahme durch das Revisionsgericht, in: Ebert (Hrsg.), Aktuelle Probleme der Strafrechtspflege, Berlin u. a. 1991, S. 89–116.
ders., Rechtsprechung des Bundesgerichtshof zum Strafverfahrensrecht – Teil 2, JZ 1996, 655–668.
Fischer, Glaubwürdigkeitsbeurteilung und Beweiswürdigung – Von der Last der „ureigenen Aufgabe", NStZ 1994, 1–5.
ders., Strafgesetzbuch, Kommentar, 58. Auflage, München 2011.
Fischinger, Die Vorschläge von Josef Cüppers zur Gestaltung der Rechtsmittel in künftigen Strafverfahren, in: Gedenkschrift für Josef Cüppers, Essen 1955, S. 136–150.
Foregger/Litzka, Mediengesetz, 4. Auflage, Wien 2000.
Forsthuber, Das Geschworenengericht, Bereicherung oder Bürde des Rechtsstaates, Tagung der Richtervereinigung vom 23. – 25.9.2009 in Fohnsdorf, ÖJZ 2009, 1002–1003.
Frey/Gaska, Die Theorie der kognitiven Dissonanz, in: Frey/Irle (Hrsg.), Theorien der Sozialpsychologie, Bd. I, Kognitive Theorien, 2. Auflage, Bern u. a. 1993, S. 275–324.
Fuchs/Ratz (Hrsg.), Wiener Kommentar zur Strafprozessordnung, Loseblattsammlung, Wien, Stand ab 2002 (zit. *Bearb.*, WK-StPO).
Füllgrabe, Irrtum und Lüge, Stuttgart u. a. 1995.
Gaede, Fairness als Teilhabe – Das Recht auf konkrete und wirksame Teilhabe durch Verteidigung gemäß Art. 6 EMRK, Berlin 2007.
Geipel, Die Wiederholung einer Beweisaufnahme nach neuem Berufungsrecht, AnwBl 2005, 346–347.
ders., Handbuch der Beweiswürdigung, Münster 2008.
Gerbert, 2475 verlorene Jahre, FOCUS 37/2007, 116–121.
Goodman/Taub/Jones/England/Port/Rudy/Prado, Testifying in criminal court: Emotional effects on child sexual assault victims. Monographs of the Society for Research in Child Development, Vol. 57, Boston u. a. 1992.
Göppinger/Bock, Kriminologie, 6. Auflage, München 2008.
Graf, Strafprozessordnung, 1. Auflage, München 2010 (zit. *Bearb.*/Graf).
Greuel, Suggestibilität und Aussagezuverlässigkeit: ein (neues) Problem in der forensisch-psychologischen Praxis?, in: Greuel/Fabian/Stadler (Hrsg.), Psychologie der Zeugenaussage, Weinheim 1997, S. 211–220.
dies., Wirklichkeit – Erinnerung – Aussage, Weinheim 2001.
Greuel/Offe/Fabian/Wetzels/Fabian/Offe/Stadler, Glaubhaftigkeit der Zeugenaussage, Theorie und Praxis der forensisch-psychologischen Begutachtung, Weinheim 1998.
Groß-Bölting/Lewitzki, Sexualstrafverfahren, in: Bockemühl (Hrsg.), Handbuch des Fachanwalts Strafrecht, 4. Auflage, Köln 2009, S. 976–1015.
Gubitz, Der Anwalt als Strafverteidiger, Vierter Teil: Verteidigung im Berufungs- und Revisionsverfahren, JA 2009, 451–457.
Gunsch/Marchewka, Schuldig auf Verdacht – Ein Interview, in: Marchewka (Hrsg.), Weißbuch sexueller Mißbrauch, Bonn 1996, S. 209–212.
Hamm/Leipold, Beck'sches Formularbuch für den Strafverteidiger, 5. Auflage, München 2010 (zit. *Bearb.*, in: Hamm/Leipold).
Heghmanns, Die sachliche Gerichtszuständigkeit nach dem Opferrechtsreformgesetz, DRiZ 2005, 288–292.
Heintschel-Heinegg, v./Stöckel (Hrsg.), Loseblattkommentar zur Strafprozessordnung und zum Gerichtsverfassungsgesetz, 7. Auflage, Neuwied u. a. Stand ab 1998 (zit. KMR-*Bearb.*).
Helmken, Zur Zulässigkeit von Fragen zur sexuellen Vergangenheit von Vergewaltigungsopfern, StV 1983, 81–87.
Henkel, Strafverfahrensrecht, 2. Auflage, Stuttgart u. a. 1968.
Herdegen, Das Beweisantragsrecht, Betrachtungen anhand und zur Rechtsprechung – Teil II, in: Lagodny (Hrsg.), Der Strafprozess vor neuen Herausforderungen?, Baden-Baden 2000, S. 63–76.
ders., Die Überprüfung der tatsächlichen Feststellungen durch das Revisionsgericht auf Grund einer Verfahrensrüge, StV 1992, 590–597.

Herrmann, Medizinische Diagnostik bei Kindesmisshandlungen, in: Deegener/Körner (Hrsg.), Kindesmisshandlung und Vernachlässigung, Göttingen 2005, S. 446–465.
Heyden/Jarosch, Missbrauchstäter, Stuttgart 2009.
Hinterhofer, Zeugenschutz und Zeugnisverweigerungsrechte im österreichischen Strafprozess, Wien 2004.
Hoffrage, Die Illusion der Sicherheit bei Entscheidungen unter Unsicherheit, in: Hell/Fiedler/Gigerenzer (Hrsg.), Kognitive Täuschungen, Heidelberg u. a. 1993, S. 73–97.
Hollaender, Die Zulässigkeit des freiwilligen Lügendetektor- und Polygraphen-Tests im Strafverfahren, AnwBl 2002, 199–204.
Höpfel/Ratz (Hrsg.), Wiener Kommentar zum Strafgesetzbuch, 2. Auflage, Wien, Stand ab 1999 (zit. *Bearb.*, WK-StGB).
Hübner, Praxistipps zur Vernehmung und zur Glaubhaftigkeitsbeurteilung von Aussagen, RZ 2010, 6–14.
Jansen, Überprüfung aussagepsychologischer Gutachten, StV 2000, 224–229.
dies., Zeuge und Aussagepsychologie, Heidelberg 2004.
Jarass/Pieroth, Grundgesetz für die Bundesrepublik Deutschland, 11. Auflage, München 2011 (zit. *Bearb.*, in: Jarass/Pieroth).
Jesionek, Die Entwicklung der Opferrechte im österreichischen Strafprozessrecht, in: Festschrift für Roland Miklau zum 65. Geburtstag, Innsbruck u. a. 2006, S. 211–227.
Joecks/Miebach (Hrsg.), Münchener Kommentar zum Strafgesetzbuch, Bd. 2/2, 1. Auflage, München 2005 (zit. MüKo/*Bearb.*).
Jost, Forensisch-psychologische Begutachtung von Straftätern, Stuttgart 2008.
Kaiser, Medienkriminalität – Spiegel der Wirklichkeit oder Instrument der Kriminalpolitik?, ZRP 2002, 30–34.
Kanin, False rape allegations, Archives of sexual behavior 1994, 81–92.
Kanka, Das Gesetz zur Änderung der Strafprozessordnung und des Gerichtsverfassungsgesetzes (StPÄG) von 1964, MDR 1965, 245–250.
Kindhäuser/Neumann/Paeffgen (Hrsg.), Nomos-Kommentar zum Strafgesetzbuch, 3. Auflage, Baden-Baden 2010 (zit. NK-*Bearb.*).
Köhnken, Fehlerquellen in aussagepsychologischen Gutachten, in: Deckers/Köhnken (Hrsg.), Die Erhebung von Zeugenaussagen im Strafprozess, Berlin 2007, S. 1–41.
Korinek/Holoubek, Österreichisches Bundesverfassungsrecht, Kommentar, Loseblattsammlung, Wien u. a., Stand ab 1999 (zit. *Bearb.*, in: Korinek/Holoubek).
Krauthan, Psychologisches Grundwissen für die Polizei, 4. Auflage, Weinheim u. a. 2004
Krekeler/Löffelmann/Sommer (Hrsg.), Strafprozessordnung, Anwaltkommentar, 2. Auflage, Bonn 2010 (zit. *Bearb.*, in: Krekeler/Löffelmann).
Krey, Deutsches Strafverfahrensrecht, Band 2, 1. Auflage, Stuttgart 2007.
Kühne, Strafprozessrecht, 8. Auflage, Heidelberg 2010.
Kusch, Aus der Rechtsprechung des BGH zum Strafverfahrensrecht – Januar bis Juli 1993, NStZ 1994, 23–27.
Lässig, Das Rechtsschutzsystem der StPO und dessen Effektuierung durch den OGH, ÖJZ 2006, 406–410.
Laubenthal, Strafvollzug, 6. Auflage, Berlin u. a. 2011.
Leitner, Das Protokoll im Strafverfahren, Eine wechselvolle Geschichte, in: Festschrift für Rainer Hamm zum 65. Geburtstag, Berlin 2008, S. 405–418.
Loos, Probleme des neuen Adhäsionsverfahrens, GA 2006, 195–210.
Löwe/Rosenberg, Die Strafprozessordnung und das Gerichtsverfassungsgesetz, Kommentar, 25. Auflage, Berlin u. a. 1997–2005; 26. Auflage, Berlin u. a. 2006–2011: in 11 Bänden (zit. LR-*Bearb.*).
Maier, Anmerkung zu BGH NStZ 2003, 559, NStZ 2003, 674–677.
ders., Aussage gegen Aussage und freie Beweiswürdigung, NStZ 2005, 246–251.
Mangoldt, v./Klein/Starck, Kommentar zum Grundgesetz, 6. Auflage, München 2010 (zit. *Bearb.*, in: Mangoldt, v./Klein/Starck).

Meyer-Goßner, Strafprozessordnung, 54. Auflage, München 2011.
Meyer-Mews, Das Wortprotokoll in der strafrechtlichen Hauptverhandlung, NJW 2002, 103–108.
ders., Die „in dubio contra reo" Rechtsprechung bei Aussage gegen Aussage Delikten, NJW 2000, 916–919.
Michael, Der Grundsatz in dubio pro reo im Strafverfahrensrecht, Frankfurt 1981.
Michaelis-Arntzen, Die Vergewaltigung aus kriminologischer, viktimologischer und aussagepsychologischer Sicht, 2. Auflage, München 1994.
Miebach, Aus der (vom BGH nicht veröffentlichten) Rechtsprechung des Bundesgerichtshofs in Strafsachen zum Verfahrensrecht, NStZ 1988, 209–214.
Moos, Die Ausdehnung der Nichtigkeitsbeschwerde auf die Beweiswürdigung nach § 281 Abs. 1 Z 5a StPO, ÖJZ 1989, 97–106 (Teil 1) und 135–214 (Teil 2).
ders., Die Reform der Hauptverhandlung, ÖJZ 2003, 321–332 (Teil 1), 369–381 (Teil 2).
Murmann, Über den Zweck des Strafprozesses, GA 2004, 65–86.
Nack, Abhängigkeit des Richters vom Sachverständigen, GA 2009, 201–212.
ders., Revisibilität der Beweiswürdigung – Teil 2, StV 2002, 558–565.
ders., Gewährleistung der Rechtskultur durch das Revisionsrecht, in: Festschrift für Peter Rieß zum 70. Geburtstag, Berlin u. a. 2002, S. 361–374.
ders., Indizienbeweisführung und Denkgesetze, NJW 1983, 1035–1037.
ders., Der Indizienbeweis, MDR 1986, 366–371.
Noack, Tatsächliche und unklare Sachverhalte im Strafrecht: Zu „in dubio pro reo" sowie eindeutigen und wahldeutigen Straffeststellungen, Jura 2004, 539–545.
Nowakowski, Fortgesetztes Verbrechen und gleichartige Verbrechensmenge, Bonn 1950.
Oberheim, Der Anwalt im Berufungsverfahren, München u. a. 2003.
Oehler, Der gesetzliche Richter und die Zuständigkeit in Strafsachen, ZStW 1952, 292–305.
Offe/Offe/Wetzels, Zum Umgang mit dem Verdacht des sexuellen Missbrauchs, in: Marchewka (Hrsg.), Weißbuch sexueller Mißbrauch, Bonn 1996, S. 179–207.
Ofshe/Watters, Die missbrauchte Erinnerung, München 1996.
Peiffer/Miebach, Aus der (vom BGH nicht veröffentlichten) Rechtsprechung des Bundesgerichtshofs in Strafsachen zum Verfahrensrecht, NStZ 1985, 13–17.
Peters, K., Fehlerquellen im Strafprozess, Band I, Einführung und Dokumentation, Karlsruhe 1970; Band II, Systematische Untersuchungen und Folgerungen, Karlsruhe 1972; Band III, Wiederaufnahmerecht, Karlsruhe 1974.
ders., Gescheiterte Wiederaufnahmeverfahren, in: Festschrift für Wilhelm Gallas zum 70. Geburtstag, Berlin u. a. 1973, S. 441–457.
ders., Strafprozess – Ein Lehrbuch, 1. Auflage, Karlsruhe 1952; 4. Auflage, Heidelberg 1985.
ders., Strafrechtspflege und Menschlichkeit, Heidelberg 1988.
Peters, R., Anmerkung zu BGH, NStZ 1994, 350, NStZ 1994, 591–592.
Pfäfflin, Schützen Videovernehmungen kindliche Zeugen vor sekundärer Traumatisierung?, StV 1997, 95–99.
Pfeiffer (Hrsg.), Karlsruher Kommentar zur Strafprozessordnung, 5. Auflage, München 2003, 6. Auflage, München 2008 (zit. KK-*Bearb.*).
Prütting/Gehrlein, Zivilprozessordnung, Kommentar, 3. Auflage, Köln 2011 (zit. PG/*Bearb.*).
Quas/Goodman/Ghetti/Alexander/Edelstein/Redlich/Cordon/Jones, Childhood sexual assault victims: long-term outcomes after testifying in criminal court, Boston u. a. 2005.
Rabe von Kühlewein, Der Richtervorbehalt im Polizei- und Strafprozessrecht, Frankfurt a. M. u. a. 2001.
Ranft, Strafprozessrecht, 3. Auflage, Stuttgart u. a. 2005.
Rautenstrauch, Selbstpräsentationsstrategien in Falschaussagen von Frauen mit Borderline-Persönlichkeitsstörungen, Diplomarbeit Berlin Charité, 2006.
Rech, Laiengerichtsbarkeit in Österreich – Eine Themeneinführung – Strafverteidigung – Neue Herausforderungen – 4. Österreichischer StrafverteidigerInnentag – Salzburg 2006, JSt 2006, 38.
Renzikowski, Das Konfrontationsrecht im Fokus des Anspruchs auf ein faires Verfahren, in: Festschrift für Volkmar Mehle zum 65. Geburtstag, Baden-Baden 2009, S. 529–548.

Rieß, Einige Bemerkungen über das sog. Adhäsionsverfahren, in: Festschrift für Hans Dahs zum 70. Geburtstag, Köln 2005, S. 425–436.
ders., Revision, in: Brüssow/Gatzweiler/Krekeler/Mehle, Strafverteidigung in der Praxis, 4. Auflage, Bonn 2007, § 13, S. 521–640.
ders., Zeugenschutz bei Vernehmungen im Strafverfahren. Das neue Zeugenschutzgesetz vom 30.4.1998, NJW 1998, 3240–3243.
Rohleder, Die Folgen des Wegfalls der fortgesetzten Tat bei sexuellem Missbrauch, Berlin 2001.
Roxin/Schünemann, Strafverfahrensrecht, 26. Auflage, München 2009.
Rückert, Unrecht im Namen des Volkes, Hamburg 2007.
dies., Zwei blaue Flecke und ein Nullbefund, in: Die Zeit, 09/2011, S. 18.
Rudolphi/Frisch/Paeffgen/Rogall/Schlüchter/Wolter (Hrsg.), Systematischer Kommentar zur Strafprozessordnung und zum Gerichtsverfassungsgesetz, Loseblattsammlung, Frankfurt a. M. Stand ab Sept. 2003 (zit. SK-StPO/*Bearb.*).
Runyan/Everson/Edelsohn/Hunter/Coulter, Impact of legal intervention on sexual abused children, Journal of Pediatrics 1988 (113), 647–653.
Sadoghi, Die Geschworenengerichtsbarkeit in den internationalen Strafverfahrenssystemen, ZfRV 2007, 231–237.
dies., Thesen zur Geschworenengerichtsbarkeit – historische Aufarbeitung und Perspektiven, Linz 2007.
Safferling, Die Rolle des Opfers im Strafverfahren – Paradigmenwechsel im nationalen und internationalen Recht?, ZStW 2010, 87–116.
Sander, Zur Beweiswürdigung, vor allem bei Aussage gegen Aussage, StV 2000, 45–48.
Sarstedt/Hamm, Die Revision in Strafsachen, 6. Auflage, Berlin u. a. 1998.
Saß/Wittchen/Zaudig/Houben, Diagnostische Kriterien DSM-IV, Göttingen u. a. 1998.
Satzger/Schmitt/Widmaier (Hrsg.), Strafgesetzbuch, Kommentar, 1. Auflage, Köln 2009 (zit. SSW-StGB/*Bearb.*).
Sautner, Überlegungen zur Einführung einer Wiedergutmachungsstrafe in das österreichische Strafrecht, JBl 2010, 341–351.
dies., Opferinteressen und Strafrechtstheorien, Innsbruck u. a. 2010
Schade, Der Verdacht auf sexuellen Mißbrauch von Kindern in familiengerichtlichen Verfahren, in: Marchewka (Hrsg.), Weißbuch sexueller Mißbrauch, Bonn 1996, S. 111–128.
Schaefer, Mehr Professionalität in Jugendschutzverfahren, NJW 2000, 928–929.
Schäfer, Freie Beweiswürdigung und revisionsrechtliche Kontrolle, StV 1995, 147–157.
Schäffer, Verfassungsinterpretation in Österreich, Wien u. a. 1971.
Schedlberger, Verbesserungen der Rechtsstellung des Opfers im Strafrechtsänderungsgesetz 1987, AnwBl 1989, 465–475.
Schlothauer, Unvollständige und unzutreffende tatrichterliche Urteilsfeststellungen – Verteidigungsmöglichkeiten in der Revisions- und Tatsacheninstanz -, StV 1992, 134–141.
Schlüchter, Zu Anklageschrift und Eröffnungsbeschluss bei fortgesetzter Handlung, JR 1990, 10–16.
Schmidt, Eb., Lehrkommentar zur Strafprozessordnung und zum Gerichtsverfassungsgesetz, Teil I, Göttingen 1952, Teil II, Göttingen 1957.
Schmidt, M., Verfassungswidrigkeiten im Strafrechtsänderungsgesetz 1987, JBl 1989, 137–154.
Schmitt, Die richterliche Beweiswürdigung im Strafprozess, Lübeck 1992.
Schmoller, Bedeutung und Grenzen des fortgesetzten Delikts, Wien 1988.
ders., Neu geregelte Beweisverwertungsverbote im StPÄG 1993, in: Festschrift Winfried Platzgummer zum 65. Geburtstag, Wien 1995, S. 283–308.
Schönke/Schröder, Strafgesetzbuch, Kommentar, 28. Auflage, München 2010 (zit. *Bearb.*, in: Schönke/Schröder).
Schroll/Schillhammer, Rechtsmittel gegen Urteile, Ein Leitfaden für den Verteidiger zur Rechtsmittelausführung, AnwBl 2006, 441–460 (Teil 1) und 505–511 (Teil II).
Schroth, 2. Opferrechtsreformgesetz – Der Strafverfahren auf dem Weg zum Parteienprozess?, NJW 2009, 2916–2919.

Schünemann, Der Ausbau der Opferstellung im Strafprozess, Fluch oder Segen?, in: Festschrift für Rainer Hamm zum 65. Geburtstag, Berlin 2008, S. 687–700.

ders., Der deutsche Strafprozess im Spannungsfeld von Zeugenschutz und materieller Wahrheit – Kritische Anmerkungen zum Thema des 62. Deutschen Juristentages 1998 -, StV 1998, 391–401.

ders., Der Richter im Strafverfahren als manipulierter Dritter? Zur empirischen Bestätigung von Perseveranz- und Schulterschlusseffekt, StV 2000, 159–165.

ders., Wohin treibt der deutsche Strafprozess?, ZStW 2002, 1–62.

Schütz, Aufgabe der Rechtsfigur des fortgesetzten Delikts, JBl 2008, 467–472.

Schwaighofer, Materielle und formelle Probleme des Sexualstrafrechts, ÖJZ 2003, 528–539.

ders., Notwendige Verteidigung bei kontradiktorischen Vernehmungen?, AnwBl 2005, 456–458.

ders., Recht und Pflicht des Angeklagten zur Anwesenheit in der Hauptverhandlung, in: Festschrift Winfried Platzgummer zum 65. Geburtstag, Wien 1995, S. 265–282.

ders., Zur Verwendbarkeit kontradiktorischer Zeugenaussagen, ÖJZ 2006, 235–239.

Schwenn, Fehlurteile und ihre Ursachen – die Wiederaufnahme im Verfahren wegen sexuellen Missbrauchs, StV 2010, 705–711.

Seiler, Strafprozessrecht, 11. Auflage, Wien 2010.

Spee, v., Cautio criminalis oder rechtliches Bedenken wegen der Hexenprozesse, Weimar 1939.

Stackelberg, v., Gedanken zur Reform des deutschen Strafverfahrens – Unter besonderer Berücksichtigung des anglo-amerikanischen Parteiprozess, in: Gedenkschrift für Josef Cüppers, Essen 1955, S. 122–135.

Steininger, Der Oberste Gerichtshof als Tatsacheninstanz bei der Erledigung von Nichtigkeitsbeschwerden, in: Festschrift Winfried Platzgummer zum 65. Geburtstag, Wien 1995, S. 325–348.

ders., Die Anfechtung mangelhafter Tatsachenfeststellungen im Geschworenenverfahren, ÖJZ 1992, 686–696.

ders., Die Kontrolle der Tatfrage im schöffengerichtlichen Verfahren, Wien 1989.

ders., Handbuch der Nichtigkeitsgründe im Strafverfahren, 5. Auflage, Wien 2008.

Stekl, Sexueller Kindesmissbrauch, Wien 2000.

Steller, Aussagepsychologie und Strafjustiz: Kooperation ohne Trauma, NJW-Sonderheft für Schäfer 2002, 69–76.

ders., Glaubhaftigkeitsbegutachtung, in: Volbert/Steller (Hrsg.), Handbuch der Rechtspsychologie, Göttingen u. a. 2008, S. 300–310.

ders., Psychologische Diagnostik – Menschenkenntnis oder angewandte Wissenschaft?, in: Kröber/Steller (Hrsg.), Psychologische Begutachtung im Strafverfahren, 2. Auflage, Darmstadt 2005, S. 1–20.

Steller/Volbert, Glaubwürdigkeitsbegutachtung, in: Steller/Volbert (Hrsg.), Psychologie im Strafverfahren, Bern u. a. 1997, S. 12–39.

Stern, Zur Reform der Strafprozessordnung, Zur Reform der Zeugenvernehmung vom Standpunkt der Psychologie, Deutsche Juristenzeitung, 1909, 408–412.

Steufer/Soyer, Kritik des Grundrechtschutzes in der Strafjudikatur des OGH, ÖJZ 2007, 139–148.

Stree, In dubio pro reo, Tübingen 1962.

Strüwe, Verteidigung in Fällen „Aussage gegen Aussage im Ermittlungs-, Haupt- und Revisionsverfahren, StRR 2009, 284–288.

Tews, Aussagepsychologie – ein verfemtes Fachgebiet in Österreichs Strafjustiz?, RZ 2005, 58–62.

Trankell, Der Realitätsgehalt von Zeugenaussagen, Göttingen 1971.

Triffterer/Rosbaud/Hinterhofer (Hrsg.), Salzburger Kommentar zum Strafgesetzbuch, Loseblattsammlung, Wien Stand ab Nov. 2004 (zit. *Bearb.*, SbgK-StGB).

Undeutsch, Beurteilung der Glaubhaftigkeit von Aussagen, in: Undeutsch (Hrsg.), Handbuch der Psychologie, Band 11: Forensische Psychologie, Göttingen 1967, S. 26–181.

ders., Die aussagepsychologische Realitätsprüfung bei Behauptung sexuellen Missbrauchs, in: Kraheck-Brägelmann (Hrsg.), Die Anhörung von Kindern als Opfer sexuellen Missbrauchs, Rostock 1993, S. 69–162.

ders., Zur Problematik des psychologischen Sachverständigen, in: Festschrift für Richard Lange zum 70. Geburtstag, Berlin u. a. 1976, S. 703–722.
Vargha, Die Vertheidigung in Strafsachen, Wien 1879.
Volbert, Glaubwürdigkeitsbegutachtung bei Verdacht auf sexuellen Missbrauch von Kindern, Zeitschrift für Kinder- und Jugendpsychiatrie 1995, 20–26.
dies., Sekundäre Viktimisierung, in: Volbert/Steller (Hrsg.), Handbuch der Rechtspsychologie, Göttingen u. a. 2008, S. 198–208.
dies., Suggestibilität kindlicher Zeugen, in: Steller/Volbert (Hrsg.), Psychologie des Strafverfahrens, Bern u. a. 1997, S. 40–62.
dies., Suggestion, in: Volbert/Steller (Hrsg.), Handbuch der Rechtspsychologie, Göttingen u. a. 2008, S. 331–341.
Volbert/Steller, Die Begutachtung der Glaubhaftigkeit, in: Foerster/Dreßer (Hrsg.), Psychiatrische Begutachtung, 5. Auflage, München u. a. 2009, S. 817–850.
Voßkuhle, Rechtsschutz gegen den Richter, München 1993.
Wahl, Prüfung der Verletzung des rechtlichen Gehörs durch das Revisionsgericht, NJW-Sonderheft für Schäfer 2002, 73–79.
Walter/Mayer/Kucsko-Stadlmayer, Grundriss des österreichischen Bundesverfassungsrechts, 10. Auflage, Wien 2007.
Wasserburg, Bemerkungen zur audiovisuellen Vernehmung, in: Festschrift Christian Richter II, Verstehen und Widerstehen, Baden-Baden 2006, S. 547–562.
ders., Die Wiederaufnahme des Strafverfahrens, in: Brüssow/Gatzweiler/Krekeler/Mehle (Hrsg.), Strafverteidigung in der Praxis, 4. Auflage, Bonn 2007, S. 653–724.
ders., Die Wiederaufnahme des Strafverfahrens, Stuttgart u. a. 1984.
ders., Zur Notwendigkeit einer Reform der Wiederaufnahme im Strafverfahren, ZRP 1997, 412–416.
Wasserburg/Eschelbach, Die Wiederaufnahme des Verfahrens propter nova als Rechtsschutzmittel, GA 2003, 335–352.
Wassermann (Hrsg.), Reihe Alternativkommentare, Kommentar zur Strafprozessordnung in drei Bänden, Neuwied 1996 (zit. AK-StPO/*Bearb.*).
Wegscheider, Echte und scheinbare Konkurrenz, Berlin 1980.
Weh, Die Öffentlichkeit des summing up als Kernstück des fairen Geschworenenverfahrens, juridicum 2002, 163–167.
Weigend, Deliktsopfer und Strafverfahren, Berlin 1989.
Weishaupt, Besonderer Schutz minderjähriger Opfer im Strafverfahren, Teilrevision OHG, ZStrR 2002, 231–248.
Wessels/Beulke, Strafrecht Allgemeiner Teil, 41. Auflage, Heidelberg u. a. 2011.
Whitcomb/Runyan/de Vos/Hunter/Cross/Everson/Peeler/Porter/Toth/Cropper, The child victim as a witness: Research Report, Washington 1991.
Widmaier, Defizitäre Unmittelbarkeit – verbesserte Revisionsmöglichkeiten?, in: Lagodny (Hrsg.), Der Strafprozess vor neuen Herausforderungen?, Baden-Baden 2000, S. 183–190.
ders., Münchner Anwaltshandbuch Strafverteidigung, 1. Auflage, München 2006 (zit. Widmaier/*Bearb.*).
Wilhelm, „Versteckte Gesetzesverstöße" in der Revision: Zur Revisibilität der fehlerhaften oder unvollständigen Mitteilung der Ergebnisse der Beweisaufnahme in der Urteilsniederschrift, ZStW 2005, 143–170.
Wille, K., Zum sexuellen Mißbrauchsvorwurf in familienrechtlichen Streitigkeiten, Diplomarbeit, Humboldt-Universität zu Berlin, Philosophische Fakultät IV, 1995
Wimmer, Materiales Verfassungsverständnis, Wien u. a. 1971.
Ziegert, Die prozessuale Wahlfeststellung, StV 1996, 279–282.
Zöller, Zivilprozessordnung, 28. Auflage, Köln 2010 (zit. *Bearb.*, in: Zöller, ZPO).
Zopfs, Der Grundsatz „in dubio pro reo", Baden-Baden 1999.

Sachverzeichnis

F. Wille, *Aussage gegen Aussage in sexuellen Missbrauchsverfahren*,
DOI 10.1007/978-3-642-27422-0, © Springer-Verlag Berlin Heidelberg 2012

MIX
Papier aus verantwortungsvollen Quellen
Paper from responsible sources
FSC® C105338

If you have any concerns about our products,
you can contact us on
ProductSafety@springernature.com

In case Publisher is established outside the EU,
the EU authorized representative is:
Springer Nature Customer Service Center GmbH
Europaplatz 3, 69115 Heidelberg, Germany

Printed by Libri Plureos GmbH
in Hamburg, Germany